【目　次】

共通論題

共通論題①　知的財産保護の国際的実現における現代的課題

座長コメント …………………………………………………… 奥邨弘司　1

通商法上の知的財産保護の現状と課題 ………………………… 加藤暁子　11
　――地理的表示の保護，及び，医薬品アクセス問題を事例として――

知的財産保護と国際的なエンフォースメント ………………… 大熊靖夫　29
　――主要EPA等における権利行使の規律比較――

知的財産保護の多層化と自由の確保 …………………………… 上野達弘　53

知的財産保護と私法によるエンフォースメント ……………… 西谷祐子　70
　――デジタル時代の仲介者の責任をめぐって――

共通論題②　国際経済法・国際取引法における仮想通貨の諸問題

座長コメント …………………………………………………… 竹下啓介　99

暗号資産取引に関する法的規律の全体像 ……………………… 森下哲朗　106

分散台帳技術と資金洗浄の国際的規制 ………………………… 石井由梨佳　131

国際的な仮想通貨取引における利用者・投資家の保護 ……… 早川吉尚　155

自由論題

投資家対国家紛争処理（ISDS）における
　管轄権・準拠法に関する考察 ………………………………… 森田清隆　171

「質の高いインフラ」原則に関する一考察 …………………… 福永佳史　196
　――フォーラム選択の視点から――

Intel事件とEU競争法域外適用の規制アプローチの新展開 … 王　威駟　218

i

文献紹介

Pablo Ibáñez Colomo,
The Shaping of EU Competition Law ⋯⋯⋯⋯⋯⋯⋯ 多　田　英　明 244

Piotr Szwedo,
Cross-Border Water Trade:
Legal and Interdisciplinary Perspectives ⋯⋯⋯⋯⋯ 玉　田　　大 249

Ariel Ezrachi & Maurice E. Stucke,
Virtual Competition:
The Promise and Perils of The Algorithm-Driven Economy
⋯⋯⋯⋯⋯⋯⋯⋯⋯⋯⋯⋯⋯⋯⋯⋯⋯⋯⋯⋯⋯⋯ 大　槻　文　俊 254

Yun Zhao (eds.),
International Governance and the Rule of Law
in China under the Belt and Road Initiative ⋯⋯⋯⋯ 張　　博　一 258

Jarrod Hepburn,
Domestic Law in International Investment Arbitration
⋯⋯⋯⋯⋯⋯⋯⋯⋯⋯⋯⋯⋯⋯⋯⋯⋯⋯⋯⋯⋯⋯⋯ 二　杉　健　斗 263

Taylor St John,
The rise of investor-state arbitration:
politics, law and unintended consequences ⋯⋯⋯⋯⋯ 山　下　朋　子 269

Mavluda Sattorova,
The Impact of Investment Treaty Law on Host States:
Enabling Good Governance? ⋯⋯⋯⋯⋯⋯⋯⋯⋯⋯ 平　野　実　晴 274

芳賀雅顯
『外国判決の承認』⋯⋯⋯⋯⋯⋯⋯⋯⋯⋯⋯⋯⋯⋯ 岩　本　　学 278

種村佑介
『国際不法行為法の研究』⋯⋯⋯⋯⋯⋯⋯⋯⋯⋯⋯ 西　岡　和　晃 283

石井由梨佳
『越境犯罪の国際的規制』⋯⋯⋯⋯⋯⋯⋯⋯⋯⋯⋯ 田　村　暁　彦 288

2018年貿易・投資紛争事例の概況

WTO 紛争事例 ……………………………………………… 伊 藤 一 頼　294

投資仲裁決定 ……………………………………………… 坂 田 雅 夫　299

編集後記 ………………………………………………………… 307

共通論題①　知的財産保護の国際的実現における現代的課題

座長コメント

奥 邨 弘 司

1　企画趣旨

　第28回研究大会（2018年11月10日　於：岡山大学）の午後の部においては共通論題として「知的財産保護の国際的実現における現代的課題」を取り上げた。その企画趣旨を改めて記すと、次の通りである。

　「従来の知的財産保護のための制度は、主権国家の併存を前提とする属地主義の下に領域ごとに分断されており、知的成果物を広く活用する上で阻害要因となってきた。そこで、国家は、産業財産権の国際出願及び登録、単一の知的財産権、各国間の知的財産の相互認証などを制度化することで属地主義を緩和してきたが、なお問題は解決していない。

　近時は、WTO・TRIPS 協定及び WIPO 諸条約による多数国間主義が揺らぎ、機能不全の懸念を生じさせかねない中で、国家及び私人の双方から新たなアプローチが見られるようになっている。

　すなわち、国家は、地域的法文書や二国間条約において、自国の国益に資すべく、知的財産の保護のために詳細な『TRIPS プラス』規定を設けると共に、米国スーパー301条に代表される一方的措置の発動も辞さなくなっている。また、各国が整備する、GDPR 等のような知的財産法制以外の制度が、知的財産の保護及びエンフォースメントに影響を与える事態も生じつつある。

　その一方で、グローバルにビジネスを展開するコンテンツ企業やフラットフォーマーが、各サービスに採用する独自のルールは、国境を越えたデフォルトの規範として機能することで知的財産の保護と利用に影響を与えつつある。

　条約、国家法、デフォルトルールの組み合わせによるモザイク的な規律は、知的財産保護の枠組みを複雑にし、私人の表現の自由や知る権利にも影響を与

共通論題① 知的財産保護の国際的実現における現代的課題

えかねない。本セッションでは，知的財産の保護及びエンフォースメントに関する規範が多元化し，新しい事象を生じさせている現状を捉えて多角的に検討し，知的財産保護の国際的実現における現代的課題を明らかにすることにしたい。」

2 登壇者の紹介

以上の企画趣旨を踏まえ，本シンポジウムでは，知的財産保護の国際的実現をはかる上での課題を，登壇者各位の問題意識に照らして論じてもらった。登壇願ったのは，加藤暁子会員（日本大学准教授），大熊靖夫氏（経済産業省国際知財制度調整官），上野達弘教授（早稲田大学教授），西谷祐子会員（京都大学教授）の4名であり，論じられたテーマは，次の4つである（以下の報告紹介は，各論文の内容にもとづく）。

① 通商法上の知的財産保護の現状と課題──地理的表示の保護，及び，医薬品アクセス問題を事例として──（加藤会員）

② 知的財産保護と国際的なエンフォースメント──主要EPA等における権利行使の規律比較──（大熊調整官）

③ 知的財産保護の多層化と自由の確保（上野教授）

④ 知的財産保護と私法によるエンフォースメント──デジタル時代の仲介者の責任をめぐって──（西谷会員）

3 加藤会員の報告

加藤論文は，前半で国際的な知的財産保護の法的枠組みの発展の経緯を示した後に，その後，通商問題としての知的財産保護の特徴を，GIと医薬品アクセスに着目して論じるものである。

加藤論文の前半部分は，本シンポジウムの総論的役割を担うものである。加藤論文によれば，知的財産権は国家法によって付与され，属地主義が原則である一方で，無体物であるが故に越境的に利用可能であるという特徴から，19世紀後半以降，国際的な保護の法的枠組みが生み出されてきた。最初は，工業所有権の保護に関するパリ条約（1883年）や文学的及び美術的著作物の保護に関

座長コメント

するベルヌ条約（1886年）のように，実体規範を統一させる動きである。次に，国家間の知的財産権の登録や維持に関する手続きを調和させる動きが生まれ，さらにそれを制度的に実現可能とするための国際的な組織（加藤論文にいう「機構」）の成立が求められる段階に至る。ただ，これらの取り組みによっても，各国の法制度には様々な不統一事項が残されているため，紛争解決に関する制度的手当や，法の抵触を解決する国際私法の発展が求められるようになる。

また，加藤論文は，「国家による知的財産保護は，その発祥時から，知的財産を生んだ私人の利益の保護と並んで，知的財産が国家にもたらす経済的社会的利益の保護を目的としてきた」との認識からも，国際的な知的財産保護の法的枠組みの変遷を分析する。1950～60年代の新興国が主導したアンチパテントの時代（報告者は広い意味でプロパテント的な動きでもあると指摘している）。1970～90年代の，先進国が主導したプロパテントの時代。この時代には，知的財産保護は通商上の問題になり，その象徴が知的所有権の貿易関連の側面に関する協定（TRIPS協定）であろう。そして，これらの動きに対するハレーションとして，1990年代後半からは，知的財産保護と他の政策課題の実現との調整が求められ，また，全世界的な規模での規範形成が難しくなり，2国間や地域単位での協定が多用されるようになることが指摘される。

以上を踏まえて，加藤論文は，現状を「国家による知的財産保護が行き着いた先の，通商問題としての知的財産保護」と指摘する。そして，次のような仮説を提示する。すなわち，通商問題としての知的財産保護は，フォーラム・ルール作成者の分散化・多層化を招くとともに，その過程で地域的な条約への回帰が生じ，一部の国はその状況を利用して，国内ルールを「輸出」する戦略をとっている。一方で，このような知的財産権の保護強化がもたらすデメリット緩和のため，（限定的ではあるが）保護の例外をもうける傾向が生じており，また分散化・多層化の流れの中で，デジタル・サービス・プラットフォーマーのような私的な主体がデファクトルールを形成している傾向がみられ，さらには抵触法整備の必要性が高まっている。

その後，加藤論文では，GIと医薬品アクセスを例として，上記仮説が，概ね妥当であることを検証している。その上で，分散化・多層化の現状に鑑みて

日本国際経済法学会年報第28号（2019）　3

共通論題①　知的財産保護の国際的実現における現代的課題

「高い保護水準における普遍的なルールの策定に当たっては，各国・地域に対して，国内外での調整が可能なように，十分な裁量の余地を残すべき」と結んでいる。

4　大熊調整官の報告

大熊論文は，TRIPS 協定，偽造品の取引の防止に関する協定（ACTA），環太平洋パートナーシップ協定（TPP 協定），米国・メキシコ・カナダ協定（USMCA），日 EU 経済連携協定（日 EU・EPA）を取り上げ，各協定における知的財産権の行使に関する規定に焦点を当てて，その規律内容を比較・考察している。このような視点からの比較・考察は，これまであまり例がなく，大変意義あるものと考える。

大熊論文は，TRIPS 協定を，「権利行使について具体的に規定したはじめての国際協定」と位置づけた上で，次に続く ACTA については，効果的な知財権の権利行使の実現と，インターネットなどのデジタル環境への対応を意識した，権利行使に特化した国際協定であったが故に――ACTA 自体は，米欧のインターネット利用者や，関連サービス提供企業を中心とした強力な反対運動の結果，発効にはいたらなかったものの――後続する協定に大きな影響を及ぼしている点を指摘する。すなわち，TPP 協定や USMCA においては，ACTA における権利行使関係規定の内容がひとつのスタンダードとなり，その上で，より詳細かつ厳しい内容の規定が盛り込まれていることが明らかにされている。一方で，日 EU・EPA は，ACTA との類似性が高くないことも指摘する。大熊論文には明言されていないが，ACTA のベースに，米国の利害が強く反映していることが示唆されよう。

また，大熊論文は，権利行使に関する規律の不整合問題も検討している。具体的には，日インドネシア EPA に関する事例と，米国が結んだ FTA に関する事例が取り上げられている。前者は，EPA が求める，不正商標商品または著作権侵害物の輸出入の差止めに関して，インドネシア法上は規定があるものの，運用のための細則が長らく整備されなかったという不整合であり，後者は，（米国の強い要請で）協定上禁じられていた国際消尽について，米国の最高

4

裁が容認する判断を下したことによって生じた不整合である。大熊論文は，さらに進んで，「規律内容の更なる高度化，複雑化も見込まれるところ，所謂スパゲッティボウル化の懸念と共に，これまでは専ら途上国の課題であった国内法制整合性について，先進国においても身近な課題となりつつある。」と指摘する。マルチでのアプローチが難しくなる中，EPA 等の国際協定の締結が今後も増加するであろうことを考えると，極めて重要な指摘だろう。

5 上野教授の報告

上野論文に，著作権分野に焦点を当てて，国際的な規範形成の「多層化」と「非国家化」について論じるものである。

まず，上野論文は，ACTA や TPP 協定，欧州デジタル単一市場指令などによる権利保護の強化の動きが存在する一方で，ACTA などに対する広範な反対運動が繰り広げられた事実，マラケシュ条約（盲人，視覚障害者その他の印刷物の判読に障害のある者が発行された著作物を利用する機会を促進するためのマラケシュ条約）の発効や，WIPO における権利の制限と例外に関する条約案の検討，前記欧州指令に設けられている義務的な権利制限規定の存在を指摘する。さらに，デジタル・サービス・プラットフォーマーのような私企業が形成する「非国家規範」についても，権利保護強化の動きと自由確保の動きの両方が見られることも指摘する。そして，国際的な規範形成の「多層化」と「非国家化」には，権利保護に向かう流ればかりではなくて，自由を確保する動きも存在するのではないかとの問題意識で，分析を進めている。

上野論文は，国際社会における著作権を巡る利害関係が多様化・複雑化した結果，世界規模の多国間条約の形成が困難になりつつあることを，多層化の背景として指摘する。そして，多層化には，規範形成の促進や円滑化という効果がある一方で，問題点として，規範の細分化をあげる。細分化の具体例としては，著作物の保護期間の問題を取り上げ，同時に我が国が抱える戦時加算の問題についても詳細に分析している。「一見すると，わが国は2018年に保護期間を延長して欧米の制度に合わせたように見えるが，実際には，保護期間およびその算定方法は依然として各国の相違が大きく，そこには規範の細分化が見ら

れるのである。」との指摘は，重要なものである。

　さらに，多層化した権利規範には，権利の保護強化を指向する部分がある一方で，冒頭挙げたような様々な自由確保の動きの存在を指摘し，近時の著作権に関する国際条約は，権利保護と自由確保の両面で最低基準を示す役割を果たし，両者のバランス確保が目指されているのではないかとの認識を示す。

　規範の非国家化については，デジタル・サービス・プラットフォーマーが提供する権利保護システムが，保護と利用のバランスを崩している可能性を指摘する一方で，プロバイダに与えられるセーフハーバが，著作権制度を回避したビジネスを実現し，結果，ユーザーの自由を拡大している側面があることを明らかにしている。さらに，世界規模でサービスを提供しているプラットフォーマーの多くが米国企業であるために，実質的に DMCA のセーフハーバ・ルールがデファクト化しているといえる一方で，それらのサービスにどこの国の著作権が及ぶかという問題が顕在化しつつあることも指摘する。この指摘は，次の西谷論文にも通じるものである。

6　西谷会員の報告

　インターネットが広範に普及し，デジタル・サービス・プラットフォーマーがグローバルにビジネスを展開する現在，インターネット上で知的財産権侵害が生じた場合，権利者は，その権利を実現するために，まずはプラットフォーマーやサービス・プロバイダーなどの情報の仲介者に対して，発信者情報の開示や流通情報の削除を求めることになる。ところで，知的財産権に関する私法上のエンフォースメントを実現するためには，現状，各国法によらなければならず，仲介者の責任についても，国際私法上の準則に基づいて判断されることになる。

　西谷論文は，「国際的な知的財産保護と私法によるエンフォースメントのあり方について，国際私法の視点から論ずることを目的」としてインターネット上の著作権侵害を中心に「仲介者の責任について検討し，あるべき国際私法の準則について考察する」ものである。ここで取り上げられるテーマは，国際的な知的財産保護を実現する上で，実務上も，最も重要な関心事の１つであり，

座長コメント

大いに注目されよう。

　西谷論文は，まず，仲介者の責任を定める法制度のありようを，日本，米国，EU について概観した上で，各国ごとに法制度が異なるため，インターネット上で提供された情報を巡って仲介者の責任を問う上では，国際裁判管轄と準拠法が重要になることを指摘する。

　次に，国際裁判管轄についての考え方に照らして，例えば，著作権者等が仲介者に自らの著作物の送信停止措置や損害賠償を請求するケースにおいては，①仲介者の住所地・営業所所在地が日本である場合（一般管轄権），②仲介者の差押え可能な財産が日本にある場合（特別管轄権），③仲介者の従たる営業所が日本にありその関連業務に関する場合もしくは仲介者が日本で事業を行っておりその日本での業務に関するものである場合，④不法行為の結果発生地が日本である場合などに，日本に国際裁判管轄権が肯定されることを指摘する。その上で，インターネット上の侵害の場合に，前記④において，ダウンロード可能な地を全て結果発生地と捉えて管轄を認めてよいかどうかを検討し，特許権と異なり，創作の瞬間に（ほぼ）全世界で同時に権利が発生する著作権の場合，ダウンロードが可能であることに加え，行為者が，当該国に行為を向け，かつ，結果発生を予見できる事情があった場合に限るべきとする。一方，発信者情報開示請求に関する国際裁判管轄（および準拠法）については，同請求権が実体法上の特殊なものであることを勘案した上での見解が示されている。

　さらに，仲介者の責任については，（ア）著作物性についての準拠法に照らして，対象物の著作物性が判断され，（イ）権利帰属についての準拠法に照らして，権利を主張している者に著作権が帰属しているか否かが検討され，（ウ）不法行為としての著作権侵害の準拠法に照らして，問題の行為が著作権侵害に当たる否かが判断された後に，（エ）仲介者の責任に関する準拠法に照らして，責任の存否が判断される流れとなることが示された上で，（ア）〜（エ）のそれぞれについて具体的な考察が行われる。この内，例えば（ウ）について取り上げれば，従来の裁判例が，差止請求の場合と損害賠償請求の場合に分けて，性質決定を行う傾向にあったことなどに疑問を呈し，条理により保護国法を準拠法とする解釈の可能性が示される。さらに，インターネット上のユビキタス

侵害の場合には，侵害が発生する全ての保護国法を適用することは現実的ではないことから，加害者の主たる営業所在地法を適用することが相当と指摘されている。また（エ）の準拠法に関しては，（ウ）のそれとは一致させず，仲介者が事業活動を行っている地の法とすることが相当であると指摘されている。

最後に，西谷論文では，国際的な知財紛争解決のオルタナティブとして，仲裁合意に基づく仲裁手続きがあげられており，その場合，柔軟な準拠法選択と複数国での紛争の一括解決の可能性があることも指摘されている。

7　むすびにかえて

筆者は，学会当日，シンポジウムの冒頭に概要次のように述べた。

「先日，政府が明らかにしたところによれば，TPP11は，2018年12月30日に発効することとなったが，TPP11の元となったTPP12の交渉過程では，知的財産権に関するイシューが，重要ポイントのひとつであったことは，広く知られるところである。米国の不参加により，TPP12がTPP11に衣替えするに際して，知的財産権関係事項の多くが凍結されたことは，それらが，米国の強い要請でTPP12に盛り込まれたことを再確認させた。

米国は，トランプ政権となって以降，通商問題に関して，強硬な姿勢を貫いている。多国間協定よりも2国間協定の方が，より自国に有利な内容を引き出せるとの姿勢をあらわにし，TPP12から脱退する一方で，日本と個別協議を始めようとしていることはその典型例であろう。また，中国に対しては，知的財産権侵害などを理由に，巨額の制裁関税を発動し，それが中国の報復措置を誘発するなど，最早忘れてしまっていた貿易戦争という言葉を思い出すような事態となりつつある。

確かに，WTOなどにおけるマルチの交渉は，いろいろな行き詰まりを見せつつあったとはいえ，トランプ政権誕生からわずか2年で，世界経済と国際通商を巡る環境は，大きく変化してしまった。この変化は，知的財産権保護の国際的な実現にも大きく影響するものと思われる。

ところで，11月5日，経済産業省，公正取引委員会，総務省の連名による『デジタル・プラットフォーマーを巡る取引環境整備に関する検討会中間論点

整理（案）』が公表されたが，GAFA（Google・Apple・Facebook・Amazon）に代表されるプラットフォーマー対応の最初の一歩ということができるだろう。GAFA は，グローバル・レベルでデジタル・エコノミーを，よくいえば牽引，悪くいえば支配している状況にあり，しかも，ビッグデータに基づくデータ・ドリブン・エコノミーの特性上，良い意味でも，悪い意味でも，GAFA が，ますます力を強め，存在感を増していくことは否定できない。先に紹介した3省連名の中間報告は，GAFA をはじめとするプラットフォーマーへの対処を示すものであるが，欧州に比べれば出遅れ感は否めない。EU は，デジタル税を検討したり，GDPR を施行したりと，プラットフォーマー対策を着実に進めつつあることに注目すべきだろう。そして，存在感を強めるプラットフォーマーの振る舞いは，知的財産権保護の国際的な実現を考える上でも，様々な影を投げかけている。

　本日は，以上のような状況を踏まえつつ，知的財産権保護を国際的に実現する上での様々な課題について，多面的に検討したい。」

　それから10ヶ月あまり，各種状況は，一層混沌としつつあるといってよいであろう。TPP11協定は発効したが，それが我が国経済にどのような影響をもたらすかは，未だ明らかではない。米中「貿易戦争」は激しくなる一方で，2つの強国のせめぎ合いに，世界経済は翻弄され続けている。また，プラットフォーマー規制の声も，高まる一方である。さらに言えば，日韓の対立もエスカレートし，（現在は歴史問題と安全貿易管理の分野に留まっているが）そう遠くない将来に，（米中のそれには及ばないものの）両国間でミニ貿易戦争が始まる可能性も否定できない。そしてこれらは，本シンポジウムで取り上げた，知的財産の国際的保護の実現に関する課題に，小さくない影を投げかけるであろう。このように考えると，本シンポジウムはまさに時宜に適ったものであり，そこで論じられた内容の持つ意義は，日々増していると言っても良いように思う。

　改めて，すばらしい報告をして下さった登壇者各位に感謝すると共に，当日参加された全ての方に心からお礼を申しあげたい。最後ではあるが，このような意義深いシンポジウムの座長を務めることができたことにつき，研究企画委

共通論題①　知的財産保護の国際的実現における現代的課題

員会の先生方に心から感謝する次第である。

（慶應義塾大学大学院法務研究科教授）

> **共通論題①　知的財産保護の国際的実現における現代的課題**

通商法上の知的財産保護の現状と課題
——地理的表示の保護，及び，医薬品アクセス問題を事例として——

加 藤 暁 子

Ⅰ　はじめに
Ⅱ　国際的な知的財産保護の法的枠組みの発展の経緯
　1　知的財産制度の特徴と国家間条約締結の必然性
　2　国際的な知的財産保護の法的枠組みの発展の4側面
　3　国家による知的財産保護の意義の変遷
Ⅲ　通商問題としての知的財産保護の特徴——GI の保護，及び，医薬品アクセス問題を事例として
　1　「新たな」保護対象に関する国際的な対応を国内法制に取り込むことによる保護の強化
　2　国内における知的財産保護のルールの強化とその「輸出」を通じた普及
　3　知的財産保護のルール強化の作用緩和のための限定的な例外の設定
　4　非国家主体による de facto ルールの策定と利用者・公衆の関与
Ⅳ　おわりに

Ⅰ　は じ め に

　知的財産法は，最も古くから国際条約による法統一が試みられてきたとされ，[1] かつ，今日まで長期にわたり多数の締約国・地域を擁し，現実に知的財産の保護制度として活用されている条約が多く存在する。[2] 本稿は，これらの知的財産関連条約が形成する国際的な知的財産保護の法的枠組みの発展の経緯を踏まえながら，近時，知的財産の保護が通商協定において扱われるようになったことがどのような課題を生じさせているかを検討する。[3] その事例として，通商協定において普遍的な保護が実現したことを契機に保護のありようが大きく変わった地理的表示（geographical indications，以下「GI」とする。）[4] の保護，及び，医薬品アクセスに関わる特許権及びノウハウ等知的財産を取り上げる。

　GI の保護は，19世紀後半以降に欧州諸国において，GI を冠する産品（以下「GI 産品」とする。）を生産する国家・地域の産業及び開発政策に基づいて制度

共通論題① 知的財産保護の国際的実現における現代的課題

化されてきたために，国家間で相違が大きく，他の知的財産にもまして，私権と評価できるのか否かが議論されてきた。その GI の保護を，1995年に WTO・TRIPS 協定（以下「TRIPS」とする。）が WTO 加盟国・地域に義務づけたことにより，GI の保護は普遍化された。さらに，FTA/EPA において各国の輸出戦略に応じた保護が進み，政策目標に応じた手段としての道具主義的な理解が一層，妥当するようになったとされる。

また，医薬関連発明に関する特許権及びノウハウも，TRIPS の適用によって初めて普遍的な保護を与えられた知的財産である。その保護はさらに，FTA/EPA に設けられた，TRIPS 所定の保護水準を上回る「TRIPS プラス」条項によって強化されている。こうした保護の普遍化及び強化に対して，TRIPS が国家に認めている知的財産制度に関する裁量の余地が注目されるようになる。これらの余地は，2001年に WTO ドーハ閣僚会議が採択した「TRIPS 協定と公衆衛生に関する宣言」（以下「ドーハ宣言」とする。）を経て「TRIPS の柔軟性」（TRIPS flexibility）と称されるようになった。

このように，GI，及び，医薬に関する特許及びノウハウは，TRIPS の適用を通じて保護が普遍化した知的財産であり，知的財産の保護が通商上の課題となった作用を見る上で好素材であると考えられる。

以下，Ⅱでは国際的な知的財産保護の法的枠組みの発展の経緯を述べ，続くⅢで，通商問題としての知的財産保護の特徴に関して仮説を提示した上で，GI，及び，医薬品アクセスと知的財産の保護の現状に即してそれら仮説が妥当するか否かを検証する。その過程では，条約及び国内法等のハード・ローのみならず，国際機関や私的主体が策定するソフト・ローやそれにつながる取り組みにも目配りをして論じることとする。以上を受けたⅣにおいて所見を述べる。

Ⅱ　国際的な知的財産保護の法的枠組みの発展の経緯

1　知的財産制度の特徴と国家間条約締結の必然性

知的財産権は，無体であり本来非排他的に利用可能で越境的な財を客体として，国家が産業の発達，文化の発展を目的として，法制度として人為的に独占

排他的な権利を私人に対して設定する制度である。ここから，知的財産制度は，国家が私人による財産権の取得及び維持に深く関与しこれをコントロールするという意味で，公法的な側面が強く，かつ，属地主義を原則としてきた。他方で，前述のような客体の性格ゆえに，権利者の許諾無くそれら客体を利活用する模倣行為を効果的に禁じる上で，知的財産保護を目的とした国際的な法的枠組みが必然的に求められ，19世紀後半以降に形成されてきた。

2 国際的な知的財産保護の法的枠組みの発展の4側面

国際的な知的財産保護の法的枠組みの発展は，大きく4つの側面に分けることができる。

第1に，知的財産をいかに保護するかという保護の態様にかかわる，各国法における実体規範の統一である。1883年の工業所有権の保護に関するパリ条約（以下「パリ条約」とする。），及び，1886年の文学的及び美術的著作物の保護に関するベルヌ条約（以下「ベルヌ条約」とする。）を嚆矢として，両条約の「特別の取極め」として，植物新品種から衛星放送信号に至る多様な知的財産の保護の態様を定める条約が多数締結されてきた。さらに，それら権利の民事，刑事，行政にわたる行使（いわゆる知的財産権の執行）を可能にする規範も，TRIPS を先例として近時の通商条約に設けられるようになっている。

第2に，国家間の知的財産の登録及び維持に関する手続きを調和させて，行政及びユーザーの負担を軽減させるためのルール策定である。特許，実用新案，意匠及び商標に関して，一の締約国に出願し国際登録を行えば他の任意の締約国でも同時に出願したとされ，審査及び／又は権利登録が開始される国際登録出願制度や，[5] 有用な微生物の管理負担を軽減する国際寄託制度が設けられ[6]ている。社会的経済的に同質性が高い，或いは，利害関係が共通する国家の間で知的財産の保護制度を設ける例もある。[7] さらに，各国法の法制の接近を目指す条約の締結や行政協力も進んでいる。

以上の側面を制度的に実現可能にするために，第3に，機構の設立が要請される。知的財産は営業主体に関わる私権であり，パリ及びベルヌ条約も，産業団体や著作者団体等の私的主体が問題を提起し，欧州各国の政府が呼応して交

渉が進んだ。これら条約の運用は，条約が設立した同盟の合同事務局（BIRPI），及び，それを受け継ぎ，国連の専門機関となった WIPO（世界知的所有権機関）が担っている。

こうした発展はあるものの依然，各国の法制度には多くの不統一な事項が残されている。ここから，第4に，紛争解決に関する制度的手当や，法の抵触を解決する国際私法の発展が求められており，今日の経済活動のグローバル化及び緊密化に対応する上でその必要性は一層強まっている。

3　国家による知的財産保護の意義の変遷

前項と観点を変えて，時系列的に国家による知的財産保護の意義の変遷を理解することもできる[8]。国家による知的財産保護は，その発祥時から，知的財産を生んだ私人の利益の保護と並んで，知的財産が国家にもたらす経済的社会的利益の保護を目的としてきた。後者は，第二次世界大戦後の国際通商体制の確立と並行して特に強調されるようになり，さらに，国家の法政策上の目的達成の一手段にされてきたと考えられる。

1950～60年代に新興途上国が開発推進を目的としてそれまでの知的財産の国際的な保護制度の改革を要請した結果，パリ条約の改正交渉は頓挫したものの，ベルヌ条約において著作権の排他的効力の制限措置を盛り込む改正が実現した。当時の新興途上国の姿勢は，知的財産の保護を弱体化させる方向性を有するゆえにアンチパテントと評されるが，知的財産の保護を国家政策実現の一手段と捉えていたと見れば，広義のプロパテントとも評価できる。

1970～90年代には，先進国がバイオテクノロジーや IT 等の技術革新がもたらした新たな知的財産や自国が競争力を有する知的財産に関して普遍的な保護の実現を強く求める（狭義の）プロパテントの姿勢を取り，知的財産の保護は通商上の議題になる。TRIPS が，また，WIPO での交渉を通じて多くの多数国間条約が締結され，既存の知的財産関連条約も保護強化に向けた改正が施される[9]。1990年代後半以降は，WTO 及び TRIPS が有する履行確保措置を通じて TRIPS の適用が国際的に徹底される[10]。これらを通じて，知的財産の国際的な保護は飛躍的に強化された。

この保護強化の反射的な作用として，第1に，知的財産の保護が他の国内外の政策課題の実現との間で調整を求められるようになる。2001年のドーハ宣言及び2017年に発効したTRIPS改正議定書（後述）は，その象徴である。WIPOにおいても，知的財産の保護と医薬品アクセスや環境，人権の保護，地域開発等をいかに調和させるかという「開発の課題」（Development Agenda）が活動の主流に位置づけられている。第2に，国家間の利害が対立してWIPO，WTO等の際際フォーラムにおける普遍的な規範の形成が困難になり，TRIPSの水準を超える知的財産保護の強化は二国間や地域の単位でFTA/EPA等の通商協定に章を設けて追求されるようになる。以上のような国家による知的財産保護が行き着いた先の，通商問題としての知的財産保護の特徴を，次章でGIと医薬品アクセス問題を事例として見ることにする。

Ⅲ　通商問題としての知的財産保護の特徴
── GIの保護，及び，医薬品アクセス問題を事例として

20世紀後半以降に強まった，通商問題として知的財産の保護に関する政策を位置づける傾向の帰結は，以下のように仮定できる。

TRIPSの適用が徹底される過程で，「新たな」保護対象への国際的な対応が進み，それらが国内法制に取り込まれる結果，各国における保護は強化される。強化は国内外における利害対立の激化を招来し，TRIPS以降の知的財産の保護に関する普遍的な意思決定が困難になり，フォーラム及びルール策定者が分散・多層化する。

国家がWTOのような多数国間条約から少数国間，地域的な条約へ「回帰」し，さらには一方的措置を復活させる傾向は，分散・多層化のひとつの現れである。[11] その際，一部の国家・地域は，強化された国内の知的財産保護のルールを，局所的な国際約束を通じて「輸出」し，普遍化する戦略を採っている。

他方で，国際条約及び国内法において，知的財産の保護強化がもたらす否定的な作用を緩和するために限定的な保護の例外を設ける傾向が指摘できる。

さらに，分散・多層化のもうひとつの現れは，知的財産の創出及び利活用に影響を及ぼしている私的主体が，国家のルール策定を待たずにde factoルー

共通論題① 知的財産保護の国際的実現における現代的課題

ルを策定し，その過程に知的財産の利用者，公衆が関与する傾向である。これ[12]
と並行して，TRIPS 以降も各国の裁量に委ねられている事項に関して，分散・
多層化もあいまって，抵触法を整備する必要性が高まることも指摘できる。[13]

以下では，これらの仮説は適切なものといえるか，GI の保護，及び，医薬
品アクセス問題を事例として検討する。

1 「新たな」保護対象に関する国際的な対応を国内法制に取り込むことによる保護の強化

GI の保護は，1905年にフランスが制定したワインラベルに関する規制法に
端を発して，欧州諸国からその他の国へと広がる中で，保護対象とする産品，
禁じられる GI の使用の態様，それらを律する法令が異なり，その結果，GI と
隣接する商標権及び不正競争の規律との関係も異なる，多様な制度が形成され
てきた。[14]例えば，一般に EU 並びに欧州諸国は，第三者が認定する一定の品質
基準を満たす GI 産品を市場に提供している生産者に GI の使用を認め，基準
に満たない産品を政府が規制するという，農業や手工業に関する補助金にも類
する，GI の保護に宛てた特別な（sui generis）保護制度を設けている。一方，
米国のように，商標制度中の証明商標，団体商標という私権を与えて保護して
きた国家もある。このような積極的な保護の他にも，商標法の枠組みにおいて
原産地ではない GI を含むものを商標として登録，使用する行為を禁じる，或
いは，不正競争や消費者保護に関する規制としてそれらの使用を禁じるといっ
た消極的な保護に依る国家もあり，日本もそうであるが，以上の手法の複数を
並行して設ける場合もある。ここから，GI は知的財産であるか，私権である
かという問題提起が今日まで議論されてきた。[15]

GI のこうした概念の不統一は，これらの知的財産の国際的な保護に関わる
条約の相互関係を複雑なものにした。[16]例えば，パリ条約は締結時から，原産地
表示又は原産地名称の不正使用行為に対して輸入時及び国内の差し押さえや輸
入禁止を要請しているが，規制の対象は特定の地名又は国名を産品の原産地と
する虚偽の表示であり，地理上の原産地の名称に限らず，また，生産者，製造
者若しくは販売人に関する虚偽の表示も含むとされており，「原産地表示」と
「原産地名称」の区別も不明確である。[17]これに対してフランス法を筆頭に欧州

16

の法制度は不正競争を防止し，消費者に製品の地理的出所を正確に伝える必要性に基づき立法されたゆえに，GI 産品の品質とその生産地域の結びつき（terroir）を厳格に要請しており，この要件は GI の保護の正当性の中核をなしてきた[18]。このため欧州諸国はパリ条約に満足せず，terroir の概念を包含した保護対象を定める1891年の原産地表示に関するマドリッド協定[19]，及び，出所表示に関する最も包括的な国際制度の設立を目指した出所表示の保護及び国際登録に関する1958年のリスボン協定[20]を締結した[21]。

　しかし，両条約の締約国は今日でも欧州を中心に少数にとどまっており[22]，GI が普遍的に保護されるようになったのは TRIPS に至ってである。TRIPS は WTO 加盟国に，GI の不正な使用行為を規制し（22条 2 〜 4 項），ぶどう酒及び蒸留酒の GI については混同のおそれが無い使用も含めて規制する「追加的保護」（23条）を義務づけるとともに，一般名称化した GI や TRIPS の実施前に善意で使用・登録された商標，自己の氏名・名称等を例外として扱うことも認めている（24条 4 項以下）。さらに，リスボン協定をモデルとして，ぶどう酒及び蒸留酒の GI に関する多数国間の国際通報・登録制度の設立，及び，個々の GI の保護強化に向けた交渉を予定している（23条 4 項，24条 1 項）。中でも，TRIPS が普遍的な条約としては初めて置いた GI の定義（22条 1 項）は現在，WIPO や WTO，及び，各国法も用いる国際標準となっている[23]。しかし，その定義は依然として曖昧であるのに加えて，terroir と産品の「名声」（reputation）を混同して従来の要件を緩和しており[24]，これと平仄を取る形で，2015年に採択されたリスボン協定ジュネーブ改正議定書の 2 条 1 項は産品の地理的出所，素材，製造プロセスに関する定義を緩和したという指摘がある[25]。

　とりもなおさず，TRIPS は GI の保護を実体及び執行の両面で普遍化し，その適用の過程で，GI をめぐる議論は西欧を越えて他の大陸，途上国世界に拡大した。アジア，アフリカ，中南米の諸国が GI 保護法制を整備した結果，「ダージリンティー」「セイロンティー」「神戸牛」「ブルーマウンテンコーヒー」等の世界的に著名な非西欧 GI が生まれた[26]。このような GI への関心の高まりから，アジア太平洋の一部の国は工芸品等を，西欧諸国はチーズ等新たな農産物を「追加的保護」の対象に加えるよう，TRIPS 理事会及び WIPO の

商標，意匠及び GI に関する常設委員会（SCT）において繰り返し提案を行っているが，GI の国際通報・登録制度に関する交渉とともに，GI 保護に消極的，或いは，商標制度において GI を保護する国家の反対により膠着状態に陥っている。

他方で，医薬品関連発明を保護する特許及びノウハウもまた，TRIPS の締結と適用により，普遍的な保護が顕著に進んだ分野である。

2　国内における知的財産保護のルールの強化とその「輸出」を通じた普及

1 に見た知的財産の保護の強化は，かねてより国内法による規制の段階において存在した保護の是非に関する対立を顕在化させると共に，普遍的な保護の強化に向かう交渉を膠着させる。そのため，保護の強化を志向する国家は，TRIPS プラス条項を導入した FTA/EPA 等の締結を相手国に求め，TRIPS の最恵国待遇（4条）に基づき，相手国が他の国と締結する通商協定における TRIPS プラス条項の導入を求める「輸出」戦略を採っている。そうした戦略は時に，国内で議論が紛糾していた論点を決着させる，或いは，新たな保護制度を導入する契機にもなっている[27]。

医薬品アクセスに関して，米国が交渉を主導した環太平洋パートナーシップ協定（以下「TPP12」とする。）に置かれた知的財産の保護に関する18章は，TPP 締約国に TRIPS 改正議定書を批准する義務を課すとともに，締約国は国家が TRIPS の柔軟性に基づき措置をとる主権を承認する，同章に定める義務はそれら主権の行使を妨げないと確認している。また，特許権の排他的効力の例外及び制限に関する措置の要件を設ける TRIPS の30条及び31条を承認している[28]。このように，医薬品アクセスへの配慮を抽象的に求める一方で，TPP12は，一般医薬品や生物製剤に関する特許及び臨床試験データの保護[29]，及び，医薬品の販売承認手続きと特許制度の間のリンケージに関する義務づけ[30]を要請した。この枠組みは，1984年の米国 Hatch-Waxman 法に由来し，以降に米国が締結した NAFTA や米韓 FTA 等において設けられてきたものであった。これらの規定は交渉参加国の間に激しい対立を生み，その大部分は CPTPP（以下「TPP11」とする。）において「凍結」されている。

他方，GI についてみると，前述のように，TRIPS は GI の保護を普遍的に義務づけたものの，その保護規範は未だ多様であり，多国間の国際登録制度や GI の保護強化に関する議論も膠着状態にある。その下で，米国及び EU は各々の保護制度を，FTA/EPA の締約国に対して「輸出」する方針を持っている。[31]そうした方針に影響を受けながらも，欧米以外の国は，地域の開発促進，国家の文化的遺産の保護という GI の保護が有する潜在的な利益にも意義を見出して，GI の保護制度の導入や保護の強化を行っている[32]。

日本の現状を見ると，海外において日本の GI が出願，登録された事例はまだ無いが，近い将来には保護されるという[33]。日本は，TPP12締結に伴う国内法整備の一環として GI 保護法を改正して，日本と同等の GI 保護水準を有する外国との間で個別の国際協定を締結し，一の締約国が国内で保護している GI を他の締約国においても保護する手続きを設けた（以下「相互保護」とする。）[34]。農林水産省はタイ及びベトナムと，GI 産品を相互に申請し保護する試行的事業の実施について合意し，インドネシア等とも同様の協議を進める方針という[35]。さらに，日欧 EPA の下で2019年２月１日以降，交渉時に合意した日本側の48産品，EU 側の71産品について相互保護を開始している。この相互保護は，EU に端を発しており[36]，国際協定に基づき，知的財産について一定の保護水準が確保されているとみなす相手国の国家・領域が認めた知的財産を，そのまま自国に取り込み，従来の登録出願手続きを経て保護を享受している知的財産と同等に自国制度上で保護するものであり，知的財産制度の発展において新しい段階をなすものとも考えられる[37]。TRIPS における多数国間の GI 登録制度に関する議論が進展しない下で，独自の保護網を構築する動きといえる。

3　知的財産保護のルール強化の作用緩和のための限定的な例外の設定

知的財産に関する条約及び国内法において，保護を強化する一方で限定的な例外を設定して均衡をとることは従来から行われてきた。今日，知的財産の保護が普遍的に強化されたのに伴い，改めてこの均衡のありかたに注目が集まるようになっている。

医薬品関連発明・ノウハウの保護における限定的な例外の象徴といえるの

は，TRIPS 改正議定書である。同議定書は，医薬品の自給が困難な WTO 加盟国が，公衆衛生の改善のために必要なジェネリック薬の輸出を可能とするために，先発医薬品に関する特許に対して強制実施権を設定し，他の加盟国に輸出するという，極めて限定的な状況にあてられている。議定書により，実施権の下で製造等された製品は専ら当該実施権を付与した国の市場に供出されなければならない等の TRIPS 上の義務に対する違反は免責される。その下で，当事国は，ジェネリック薬の目的外の領域への流入を防止するために，特別のラベリングを施したジェネリック薬を取引し，その詳細は WTO 事務局に通報されて，WTO のホームページにおいて公開される。この「特別の強制実施権制度」は，カナダからルワンダへの抗レトロウィルス薬のジェネリック薬の取引で使われたのみである。[38] その背景には，2000年以降，非国家主体及び国際機関が製薬企業に自発的実施権の付与を促す取り組みが一定，功を奏して，強制実施権の付与を不要にしていることがある（後掲）。

　そもそも，強制実施権は途上国における医薬品アクセスを根本的に改善する方策ではなく，ドーハ宣言が掲げた「TRIPS の柔軟性」は，公的な定義は無いものの，幅広い措置を含み得る。[39] 近時では，国家が「TRIPS の柔軟性」をどのように利用しているかが報告されている。Lo によれば，ドーハ宣言の採択以降に強制実施権を付与しているのは，主にジェネリック薬の国内製造が可能な途上国であり，より事態が深刻な LDC は強制実施権を利用せず，他の措置を通じてより安価な医薬品を入手しているという。[40]

't Hoen らのより包括的な調査によれば，[41] 2001～16年に89か国が特許医薬品へのアクセス確保を目的にして採った176の事例のうち144件（81.8%）が「TRIPS の柔軟性」を利用していた。利用事例の 8 割近くを①強制実施権又は公的かつ非商業的な実施に関する許諾，[42] 及び，②LDC の医薬品特許保護に関する移行措置（TRIPS66条）の利用が占め，他には③並行輸入が 1 件，④特許権の排他的効力に対する試験・研究の例外の適用が 3 件であった。ただし，特許権並びに「TRIPS の柔軟性」と関係しないとされていた事例の 3 分の 2 は，実際には関わりがあり，[43] これらの事例も合わせると「TRIPS の柔軟性」は86.4%に当たる152の事例で活用されたという。その多くは，緊急事態ではな

く日常的な医薬品調達の過程において申請されて成功裏に実施されており，ブラジル，インド及びタイ等の中収入国が国家緊急事態を根拠にして強制実施権を付与した事例が国際的に大きな注目を集めたのとは，極めて対照的であるという。

　以上のような途上国における慢性的な医薬品アクセス問題への対応と並んで，薬価の高騰への対応として先進国が強制実施権の付与を検討する[44]，バイオテクノロジー関連特許に関して当事者間の自発的実施権の付与を促すために，それら特許に関する強制実施権制度を追加する動きもある。

　また，試験・研究の例外，及び／又は，より特定的に，後発医薬品の販売承認の取得を目的とする特許発明の実施一般を特許権侵害に当たらないものとして扱う試験・研究の例外（いわゆる販売承認（regulatory approval）の例外）も，WTO 紛争解決手続きにおいてカナダ特許法の販売承認の例外の TRIPS 整合性を認容した事例（WT/DS114）を契機として，普遍的な条約には規定されていないが，地域的な条約や国内法において，普及が進んでいる[45]。

　対照的に，GI の国際協定及び国内法による保護においては，国家間における制度の「輸出」戦略との兼ね合いで，GI と商標権との調整が大きな論点となっているが，GI の保護そのものについて例外を設ける議論は見られないのが特徴的である。

4　非国家主体による de facto ルールの策定と利用者・公衆の関与

　ハード・コーによる規制を補充するように，国家及び非国家主体が策定するソフト・ロー的な実行が当事者間の利害を調整し，結果として知的財産の利活用を促進している側面も，医薬品アクセス問題について指摘することができる。

　WHO による公衆衛生・イノベーション・知的財産に関する委員会（CIPIH）の2006年の報告書と，それを受けた2011年の世界戦略・行動計画の策定・実施[46]，また，国連事務総長の諮問に基づく「医薬品アクセスに関する国連ハイレベルパネル」による2016年の勧告[47]が，医薬品アクセス問題の解決に関するグランド・デザインを提供した。

その下で，知的財産と関わって，官民パートナーシップ協定に基づき，市場の失敗により治療薬の開発が進まない疾病への対策が進んでいる。2011年10月から WIPO は官民とのパートナーシップ協定を締結して，彼らから提供された19の「顧みられない熱帯病（NTDs）」，マラリア及び肺結核の治療に関する特許やノウハウ，研究資源のデータをデータベース化して公開し，研究開発上のマッチングを進める取り組み（Re: Search）を開始している[48]。同様の手法の取り組みにグローバルヘルス技術振興基金（GHIT Fund）[49] や GAVI[50] がある。

また，2010年に HIV/AIDS 対策を担う国連の専門機関 UNITAID により設立されたスイスの NPO 法人，医薬特許プール財団（Medicines Patent Pool (MPP) Foundation）は，HIV/AIDS，肺結核及び C 型肝炎の治療薬に関して特許権を有する製薬企業との間で自発的ライセンスの付与を交渉して特許プールを形成し，得られたライセンスに基づいて低・中収入国（LMICs）にジェネリック薬を提供するシステムを運用している[51]。この特許プールがカバーする医薬品については途上国が自ら強制実施権を付与する必要がなくなったことも，2010年以降，強制実施権の付与の件数，ひいては TRIPS 改正議定書の枠組による「特別な強制実施権制度」の利用のニーズを減少させたと考えられる[52]。

さらに，NPO 組織である医薬品アクセス財団は，世界の製薬企業20社の医薬品アクセスに関するポリシー及び活動について指標を用いて評価する報告書を継続的に公表して，企業行動，及びそれら企業に対する投資行動に影響を与えつつある[53]。

一方，GI においては，1 で見たように，その保護の強化を通じて社会的経済的な利益を得る目的で，より多くの国家，広範な産業関係者が関与しつつある。その下で，前述のように，GI の保護の正当性に関わり得る GI の概念の変化が，産業関係者及び GI 製品を消費する公衆の利益に影響を与えるのではないかという指摘もあり，非国家主体のより積極的な関与，さらにはルール策定の動機も醸成されつつあると考えられる。

IV　おわりに

ここまで述べたように，GI 及び医薬品に関する知的財産の保護は，TRIPS

の締結を契機として，また，それを跳躍台として普遍化し強化されて，国家が執る知的財産の保護に関わる措置，及び，他の公共政策上の措置の双方に対して影響を及ぼしている。医薬品に関する知的財産については，官民問わず国内外でより多くの主体が関わり，保護の強化と制限の両面において調整が試みられてきた。これに対してGIにおいては，国家が，政策上の手段として，国家間の相互保護も取り入れながら，専ら保護を強化している。その違いは，両者の私権としての確立の違いに由来すると思われる。

　そうした違いはありつつも，これらの事例は，知的財産の保護は法制度に大きく依拠した人為性の高い法分野であり，通商の一分野に位置づけるならばなおのこと，手続き的な正当性を伴い，より多様な主体の意思を吸い上げてのルールの形成及び運用が重要であることを示している。そのためにも，高い保護水準における普遍的なルールの策定に当たっては，各国・地域に対して，国内外での調整が可能なように，十分な裁量の余地を残すべきと考えられる。なお，そのような裁量の余地を残すことは，必ずしも，条約や国内法制度，私的ルールの各段階における，遵守を目的としたさまざまな仕組みを否定しない。むしろ，知的財産の国際的な保護における現状からも，国内外，官民相互に，主体の間でチェックを行い透明性及びアカウンタビリティーを確保する上で，それらの仕組みは積極的な意義を有するのではないかと考えられる。

1)　加藤暁子「国際知的財産法の形成──私法統一と公法化のはざまで──」『民商法雑誌』153巻6号（2018年）869頁。
2)　例えば，2019年9月時点で，WIPO（世界知的所有権機関）が所管する26条約のうち，締約国・地域が50以上の条約が18，100を超える条約は9である。また，164か国・地域が批准するWTO協定の附属書1C，TRIPS協定は，WIPOが所管する4条約（パリ，ベルヌ，ワシントン，ローマ条約）の実体規定を遵守する義務を加盟国に課している。UPOV（植物の新品種の保護に関する国際条約，UPOV同盟所管）は75，万国著作権条約（UNESCO所管）は65の当事者を持つ。
3)　本稿は，日本国際経済法学会2018年度研究大会（2018年11月10日，岡山大学）の共通論題「知的財産保護の国際的実現における現代的課題」における筆者報告に加筆修正したものである。セッションを通じて諸先生方から頂戴した貴重なコメントに感謝申し上げます。
4)　本稿ではGIの定義について，TRIPS協定22条1項にいう「この協定の適用上，『地

共通論題① 知的財産保護の国際的実現における現代的課題

理的表示』とは，ある商品に関し，その確立した品質，社会的評価その他の特性が当該商品の地理的原産地に主として帰せられる場合において，当該商品が加盟国の領域又はその領域内の地域若しくは地方を原産地とするものであることを特定する表示をいう。」を用いる。

5) PCT（特許協力条約），意匠の国際登録に関するハーグ協定，標章の国際登録に関するマドリッド協定及び同協定の議定書が締結されている。

6) 特許手続き上の微生物の寄託の国際承認に関するブダペスト条約。

7) 実体及び／又は手続きに関するルールをハーモナイズした NAFTA やアンデス共同体，複数国間で単一の知的財産権を付与するアフリカ知的所有権機関（OAPI），ベネルクス共同体，ユーラシア特許庁，これらの両面を有する EU の知的財産関連制度，アフリカ地域産業財産権機構（ARIPO）等がある。

8) 以下の経緯について加藤「前掲論文」（注1）886頁以下を参照。

9) 例えば，1970年の PCT 締結，1979年の標章の国際登録に関するマドリッド協定の改正及び1989年の同協定議定書の締結。知的財産権の保護対象の国際分類を設定する4協定もこの時期に締結・改正された。

10) 例えば，2019年9月までに WTO・DSB に申し立てられた TRIPS に関する紛争42件（同一事象に関する異なる国による申立てを別々に数える）のうち，TRIPS の適用開始から4年目の2000年末までの申し立てが21件である。

11) 共通論題①の大熊論文を参照。ただし，本稿で以下に触れる GI 及び医薬品アクセスの事例の解釈は執筆者による。以下2つの注について同じ。

12) 共通論題①の上野論文を参照。

13) 共通論題①の西谷論文を参照。

14) GI の概念の包括的な検討で，Dev Gangjee, *Relocating the Law of Geographical Indications* (Cambridge U.P.), 2012。Gangjee は，GI の概念の発展の経緯に即して，「出所表示（Indication of Source: IS）」「出所の名称（Appellation of Origin: AO 及び Appellation d'Origine Contrôlée: AOC）」「保護を受ける出所表示（Protected Designation of Origin: PDO）」「保護を受ける地理的表示（Protected Geographical Indication: PGI）」，及び，WIPO が概念の確立を試み，WTO・TRIPS に引き継がれた「地理的表示（Geographical Indication）」を検討している。GI の保護により禁じられる使用の態様も，①誤った理解を導く又は混乱させるような使用，②地理的出所の表示の識別力を浸食する又はその名声を変質させるような，①以外の損失に関係する暗示的な使用，③他者の努力の不当な横領又はただ乗り，④ある地理的な表示を，それに関わる地域以外に在る者によるあらゆる使用が禁じられているとみなす「絶対的な」保護に類型化できるが，その相互関係に関して議論は収斂しておらず，包括的な検討が待たれるという（3-5頁）。

15) *Ibid*, pp. 202-213: 今村哲也「地理的表示保護制度に関する法的課題について」高林・三村・上野『年報知的財産法2017-2018』（日本評論社，2017年）54-55頁。

16) 今村「前掲論文」（注15）56-57頁。

17) 後藤晴男『パリ条約講話〔第13版〕』（発明協会，2007年）547-549頁。

18) Irene Calboli, "Geographical Indications between Trade, Development, Culture, and Marketing: Framing a Fair (er) System of Protection in the Global Economy?" in Irene Calboli & Ny-Loy Woo Loon (eds.) *Geographical Indications at the Crossroads of Trade, Development, and Culture* (Cambridge U. P., 2017), pp. 10-11.

19) マドリッド協定は，1891年のパリ条約マドリッド外交会議において，原産地名称の保護を強く求める国がパリ条約10条１項を削除してより広範に原産地の虚偽表示を禁じる提案を行ったが，成立しなかったことから，パリ条約の「特別の取極め」として締結された。「虚偽の表示」に加え，原産地について「誤認を生じさせる表示」に関して，一般名称化や協定の適用の有無を決定する権原を同盟国に認めるが，ブドウ生産物の原産地の地方的名称に関しては認めていない（後藤『前掲書』（注17）460-468頁）。

20) パリ条約及びマドリッド協定では原産地名称の保護が不十分であるとして，「原産地表示」と区別される「原産地名称」という財産権的性格を持った概念の確立を目指すパリ条約の「特別の取極め」として成立した。名称が国際事務局に登録されると，原産国で保護を受けていることを条件として，更新を要さずに他の加盟国において永久に保護されると定めている（後藤『前掲書』（注17）469-470頁）。

21) Calboli, *supra* note 18, p. 11.

22) 2019年４月現在でマドリッド協定が36，リスボン協定が29。

23) 例えば，WIPO 及び WTO による各国・地域の GI 保護制度に関する調査や，調査対象の国家・地域での使用について，Gangjee, *supra* note 14, pp. 199-202: 214を参照。

24) Gangjee, *supra* note 14, p. 17.

25) Calboli, *supra* note 18, pp. 22-29. Calboli は，一連の要件緩和の背景には通商活動の活発化，及び，関税率の低減による海外所在の原材料へのアクセスの容易化があり，著名な GI ほど農業補助金等の非関税障壁に替わる法的措置となっている現状があると指摘している。さらに，GI の地理的な正確さを復興させて保護の正当性を維持する方策として，GI を冠する地域に由来しない全ての原材料の出所や製造工程の公表も提案しており（pp. 6-8），今後の検討課題としたい。

26) Calboli *supra* note 18, pp. 9-10.

27) 例えば，日本が TPP12の国内実施法によって著作権の保護の存続期間（51-54条）を著作者の死後50年から70年へ延長した事例。

28) TPP12の18.6条，18.40条及び41条。

29) TPP12の18.47条，48条，50条，51条。これらの条文は，TPP11の２条で停止（凍結）すると定める対象として附属書Ⅱに列挙されている。

30) 医薬品の販売承認申請において特許侵害の懸念を払拭するために特許権者及びジェネリックメーカーに特許権に関する情報を提示させ，侵害が疑われる場合にジェネリック薬の申請手続きを停止させる制度。その導入を義務づける53条は TPP11の「凍結」対象に含まれていない。

31) 大町真義「FTA/EPA への多数国間知財問題の波及とその含意——先進国・開発途上国及び新旧世界による地域貿易協定の利用の新たな段階か？——」『A.I.P.P.I.』57巻10号（2012年）628-649頁。今村「前掲論文」（注15）55-59頁。

共通論題① 知的財産保護の国際的実現における現代的課題

32) Calboli, *supra* note 18, pp. 15-22.

33) 高原千鶴子「海外における日本の地理的表示の保護」『発明』115巻10号（2018年）26頁。

34) 特定農林水産物等の名称の保護に関する法律について，TPP12の締結に伴う関係法律の整備に関する法律による改正が平成28年12月26日に施行された。政府は，TPP12は，諸外国と相互にGIを保護する場合における①二国間・多国間の国際協定により，GIの相互保護が可能（個別の申請が無くても保護）であり，②事前の異議申立手続きの義務化，GI保護の拒絶事由の明確化等からなる共通ルールを確立したと説明している（内閣官房「環太平洋パートナーシップ協定の締結に伴う関係法律の整備に関する法律案の概要」10頁，平成28年3月）。さらに，平成29年11月24日付のTPP等総合対策本部決定「総合的なTPP等関連政策大綱」は，「TPP等を契機として，輸出促進に向けた地理的表示（GI）等に関する措置を講ずる。」として，「地理的表示（GI）の相互保護制度整備による農林水産物の輸出促進等（我が国の地理的表示（GI）の海外での保護を通じた農林水産物の輸出促進を図るための諸外国と相互に地理的表示（GI）を保護できる制度整備）」を挙げている（10頁，17頁）。これに対して，TPP12は，個別のGI保護に際して遵守しなければならない事項を定めているものの，諸外国と相互にGIを保護することを「共通ルール」として定めるものでもなければ，「共通ルール」の前提として定めるものでもないという指摘があり，筆者も同感である（田中佐知子「改正農水地理的表示（GI）法の最恵国待遇（MFN）義務整合性についての考察」『A.I.P. P.I.』61巻12号（2016年）19頁を参照）。平成27年10月時点の内閣官房TPP政府対策本部「環太平洋パートナーシップ協定（TPP協定）の概要」でも，「地理的表示の保護又は認定のための行政手続を定める場合，①過度の負担となる手続を課することなく申請等を処理すること，②申請等の対象である地理的表示を公開し，これに対して異議を申し立てる手続を定めること，③地理的表示の保護又は認定の取消しについて定めること等が規定されている。」（31頁）とあり，相互保護の義務づけへの言及は無い。なお，GIの保護に関する18.30～36条はTPP11における「凍結」対象ではない。

35) 高原「前掲論文」（注33）26頁。

36) EUは2019年4月末時点で，FTAを通じたGIの相互保護を韓国，ベトナム，ニュージーランド，シンガポールとの間で取り決め（シンガポールは批准手続き中），オーストラリアと交渉中である。他の国家とのFTAでも同様の条項がある可能性が高い。

37) 日本のGI法においては，相手国が保護を求めるGIのリストを国内で公示し（農林水産省のホームページで実施），それに対する意見書の提出受付を3か月間設け，学識経験者の意見も聴取した上で，協定発効日に（通常の登録出願手続きにおける「登録」とは異なり）「指定」される。この点も，日本の制度はTRIPSの最恵国待遇の義務に抵触するおそれがある一方，日本と同じくEUとFTAを締結した韓国やシンガポールは，外国とのGIの相互保護を行うために外国のGIを格別に「指定」する制度を設けていないと指摘されている（田中「前掲論文」（注34）19-21頁）。GI法改正に先だち，これらFTAの詳細な検討を通じて，「指定」前の国内における異議申し立て制度の整備が鍵になるという指摘もみられたが，この点はなお未解決であるおそれがあり，検討したい

（大町真義「EUの『新世代』FTAと地理的表示（GI）：いかにして旧世界を新世界との出会いに導けるか？── EU・シンガポールFTAとその実施法からの示唆を含めて──（上）」『A.I.P.P.I.』60巻2号（2015年）110-130頁を参照）。

38）　TRIPS Council, "Annual Review of the Special Compulsory Licensing System: Report to the General Council," IP/C/82, 27 Nov. 2018, para. 6.

39）　WIPO特許法常設委員会（SCP）の事務局は、「柔軟性」はTRIPSの締結及びドーハ宣言の採択を通じてより広範な意味合いを持つようになったが、従来からTRIPSの一部として存在してきたものであり、先進国、途上国及びLDC等の類別に関わらず、WTO加盟国がTRIPSを国内実施する際に多様な選択肢及び法的手段を活用する権利であると述べている。その類型として、(i)国際公法の解釈における慣習法の適用、特に、趣旨及び目的に照らしてTRIPSの諸規定を読むこと、(ii)TRIPSが明確に定義していない表現を、条約解釈の一般ルールに沿って解釈し適用するに当たっての加盟国の選択の幅（例えば「国家緊急事態その他の緊急事態」「新規性」等の解釈）、(iii)TRIPSが示す明確な選択肢をどの時点でいかに実施するかを選択する各加盟国の裁量権（例えば強制実施権の付与、消尽制度の確立）、(iv)TRIPS協定が定めていない事項に関して決定する加盟国の裁量権（例えば強制実施権の付与事由、TRIPS62条が要請する範囲を超える特許審査等の手続）を挙げている。"Constraints Faced by Developing Countries and LDCs in Making Full Use of Patent Flexibilities and Their Impacts on Access to Affordable Especially Essential Medicines for Public Health Purposes in Those Countries: Document prepared by the Secretariat," SCP/26/5, June 2nd, 2017, paras. 6-13.

40）　Chang-fa Lo, "Compulsory Licensing: Threats, Use and Recent Trends," in Brian Mercurio & Daria Kim（eds.）, *Contemporary Issues in Pharmaceutical Patent Law: Setting the Framework and Exploring Policy Options*（Routledge, 2017）, pp. 156-159.

41）　Ellen FM 't Hoen et al., "Medicine Procurement and the Use of Flexibilities in the Agreement on Trade-Related Aspects of Intellectual Property Rights, 2001-2016," 96 *Bulletin of World Health Organization*（2018）, pp. 185-193.

42）　「TRIPSの柔軟性」を利用していた144事例において、強制実施権又は公的かつ非商業的な実施権の付与が100（79.5％）を占めた。26か国において34の強制実施権が付与されたと推定している。

43）　残りの32件のうち26件では、現実に特許権が存在しなかった4件を除く22件で、特許権の現状に言及せずに、又は、特許権の存在を知りながら、対象製品の輸入を許諾する等してジェネリック薬が調達されていた。

44）　例えば、ドイツ連邦最高裁がHIV/AIDS治療薬raltegravirに関する特許権について2017年に強制実施権の付与を認めた事例（後に特許無効審決が確定）。Bundesgerichtshof Mitteilung der Pressestelle, „Bundesgerichtshof gestattet weiteren Vertrieb eines HIV-Medikaments" Nr. 111/2017, X ZB 2/17 - Urteil vom 11. juli 2017（2019年9月20日最終アクセス。以下、本論文中のurlについて同じ。）。

45）　2018年のWIPO特許常設委員会（SCP）の調査では、試験・研究の例外は広域特許に

関する5協定及び113か国の法体系が導入していた。販売承認の例外も，広域特許に関する2協定及び65か国以上の法体系で，試験・研究の例外とは別に／その一部をなす類型として，認められていた（SCP/29/3, Nov. 26, 2018: SCP/28/3, May. 14, 2018）。また，TPP12は，試験・研究の例外を含む一般的な特許権の効力の例外を認めるTRIPSの30条及び31条の文言を確認すると共に（18.40条及び41条），販売承認の例外の導入を義務づけており（18.49条），これらはTPP11で「凍結」されていない。

46) WHO, *Public Health, Innovation and Intellectual Property Rights: Report of the Commission on Intellectual Property Rights, Innovation and Public Health* (2006); WHO, *Global Strategy and Plan of Action on Public Health, Innovation and Intellectual Property* (2011).

47) *Report of the United Nations Secretary-General's High-Level Panel on Access to Medicines: Promoting Innovation and Access to Heath Technologies,* 2016.

48) https://www.wipo.int/research/en/ オーストラリア及び日本の政府，日本企業2社を含む研究開発型企業9社が出資し，2017年4月時点で35か国から126の資源の提供者及び／又は利用者が参加している。14の疾病を対象にした取り組みに関して107の資源の提供者及び／又は利用者が協定を締結し，19か国の56の主体が34の取り組みを進めている（*WIPO Re: Search Strategic Plan 2017-2021,* pp. 12, 26-31）。強制実施権制度の利用以前に，途上国では官民問わず，医薬関連特許の特定自体が困難であり，強制実施権の設定のみではジェネリック製品の製造が困難であるという現状に対して，ノウハウ他の資源を含めて情報共有及び利活用を図っている点に特色がある。

49) https://www.ghitfund.org/jp 日本政府，研究開発型企業及び米国Gates財団を主要パートナーとして，2018年3月末までに114の製品開発パートナーとの間で80の投資案件を進めている。

50) Global Alliance for Vaccines and Immunisation (https://www.gavi.org/).

51) https://medicinespatentpool.org/ 現在，WHOが設定する必須医薬品の網羅を視野に入れて，がん治療薬に関する特許のデータを収集している。

52) Lo, *supra* note 40, p. 159; 't Hoen et al., *supra* note 41, p. 189. MPP「ホームページ」前掲（注51）によれば，MPPが製薬企業や公的研究機関から得たライセンスは全体で131か国をカバーしている。

53) Access to Medicine Foundation (https://accesstomedicinefoundation.org/). 詳細は内記香子・加藤暁子「指標とランキングによるグローバル・ガバナンス――製薬企業の医薬品アクセス貢献度ランキングを事例として――」『国際法外交雑誌』118巻4号（2020年1月発刊予定）を参照。

（日本大学法学部准教授）

| 共通論題① 知的財産保護の国際的実現における現代的課題 |

知的財産保護と国際的なエンフォースメント
——主要 EPA 等における権利行使の規律比較——

大 熊 靖 夫

Ⅰ　はじめに
Ⅱ　主要協定における知財権利行使規定の概要
　1　TRIPS 協定における権利行使関連規定
　2　ACTA における権利行使関連規定
　3　TPP 協定における権利行使関連規定
　4　USMCA における権利行使関連規定
　5　日 EU・EPA における権利行使関連規定
Ⅲ　権利行使に関する主要規律の内容比較
　1　民事措置における侵害品廃棄命令権限
　2　民事措置における損害賠償額算定
　3　国境措置における当局の差止権限
　4　刑事措置の商標・著作権侵害における「商業的規模」の定義
　5　デジタル環境
　6　営業秘密保護に関する権利行使
Ⅳ　整合性が懸念される権利行使に関する事例
　1　インドネシア（日インドネシア EPA 119条1項）
　2　米国（米シンガポール FTA 16.7.2条，米豪 FTA 17.9.4条，米モロッコ FTA 15.9.4条）
Ⅴ　おわりに

Ⅰ　は じ め に

　我が国はこれまでに21の国や地域との間で18の経済連携協定（EPA）などを発効している。近年では昨年12月に環太平洋パートナーシップに関する包括的及び先進的な協定（CPTPP 協定）が，本年2月には日 EU 経済連携協定（日EU・EPA）がそれぞれ発効した。現在も，東アジア地域包括的経済連携（RCEP）や日中韓 FTA，日トルコ EPA などいくつかの協定交渉が進められている。

　これまでに我が国が締結した EPA 等は，その多くに知財章が設けられてお

共通論題① 知的財産保護の国際的実現における現代的課題

り[1]，近年はその内容も充実してきている。すなわち，2002年に我が国が初めて締結した日シンガポール EPA や，2005年に二番目に発効した日メキシコ EPA においては，知財に関する規律は，協力に関する内容を中心に数条設けられたのみであったが，2016年に署名された環太平洋パートナーシップ（TPP）の知財章は全83条，本年発効した日 EU・EPA の同章は全55条からなる大きな章となっている。知財章の充実に併せて，権利行使に関する規定も増加しており，TPP 協定には全10条，日 EU・EPA には全12条からなる権利行使節が設けられた。

このように知財章が増大する背景としては，知財制度の国際的な調和や統合の動きについても，WIPO や WTO のマルチ交渉の停滞から EPA 等の二国間や地域的な国際協定へシフトしており，特に権利行使の規律に関しては，模倣品や海賊版などの国境を跨いだ不正商品問題の深刻化が挙げられる。不正商品問題は，2000年代に入っても被害改善の動きはみられず，むしろインターネットなどデジタル環境の発達によって，権利侵害の態様は広がりを見せている。そのため，特に先進国は，EPA 等の国際協定を用いて対象国における規律の強化を押し進めている。

そこで，本項では，EPA 等における権利行使に関する規律を取り上げる。権利行使のミニマムスタンダードといえる TRIPS 協定や，権利行使に特化したはじめての国際協定である偽造品の取引の防止に関する協定（ACTA），日米が参加した大型協定である TPP 協定，米国の強いイニシアティブで合意した米国・メキシコ・カナダ協定（USMCA），本年発効した日 EU・EPA の各協定における権利行使の規律について，権利行使の条文を確認し，特定の規律内容について比較する。その後，協定不整合性に関する事例を確認し，最後に簡単な考察を加える。

Ⅱ　主要協定における知財権利行使規定の概要

本節では，TRIPS 協定，ACTA，TPP 協定，USMCA，及び日 EU・EPA の各協定における権利行使の規律を，既存協定との異同を中心に確認する。

1　TRIPS 協定における権利行使関連規定

　1995年に発効した TRIPS 協定は，権利行使について具体的に規定したはじめての国際協定とされる。同協定は，その前文において，貿易関連の知的所有権の行使のための，効果的かつ適当な手段の提供に関する新たな規則及び規律の必要性を認め，不正商品の国際貿易に関する原則や規則などに関する多数国間の枠組みの必要性を示している。そして，パリ条約やベルヌ条約の遵守を義務づけた（2条）上で，民事，国境，刑事措置などの権利行使について1つの部（第3部：知的所有権の行使）を設け，その中に一般的義務，民事上及び行政上の手続き及び救済措置，暫定措置，国境措置に関する特別の要件，刑事上の手続きの各節を設けることによって，具体的な規律を設けた。

　一般的義務規定においては，知的所有権の侵害行為に対する権利行使手続の法定化（41条1項）や，知財権行使の公正性の確保，不必要に複雑な手続きや高額な費用の排除，手続きの遅延の防止などが規律され（41条2項），本案決定についての書面主義や不当遅延の排除，証拠主義（41条3項），司法審査や上訴機会の確保（41条4項）も規律された。これらの規律の中には，後に成立した ACTA や TPP 協定，日 EU・EPA，USMCA においても同様に規律されているものも多い。

　民事上及び行政上の手続及び救済措置においては，主に司法当局の権能が規定された。それらは，証拠提示（43条1項）や侵害品差止（44条1項），損害賠償支払（45条1項），訴訟費用負担（45条2項），侵害品の排除・廃棄，及び材料及び道具の排除（46条），侵害者から権利者への情報提供（47条）に関する命令権限などである。なお，これらはいずれも司法当局に権能に踏み込んだ規定であるものの，これらの条文における義務化のレベルは様々である。損害賠償支払命令権限など義務を課すものや，侵害品の流通経路排除又は廃棄命令権限のように選択的な規律の採用を求めるもの，侵害者から権利者への情報提供などの任意規定があり，そのレベルは条文ごとに異なるため注意を要する。

　国境措置に関しては，税関を含む関係当局の権能を規律するものが多く，商標・著作権侵害品の輸入差止申立（51条）や，申立人の証拠提出（52条），担保金供出命令（53条1項），輸入者等の担保納付による通関（53条2項），申立手

続時の物品解放停止に関する輸入者及び申立人への通知（54条），申立手続時の物品解放停止延長（55条），申立人への賠償命令権限（56条），輸入品点検機会付与，侵害認定後の権利者情報提供（57条），侵害品の職権差止規定（58条）などが挙げられる。

　刑事措置に関する規定は一条文のみであり（61条），前述した民事措置や国境措置と比べると少ない。同条においては，故意による商業的規模での商標の不正使用及び著作物の違法な複製に対する刑罰化を規定し，十分に抑止的な拘禁刑又は罰金を含み，また，適当な場合には侵害物品や材料，道具の差押えや廃棄を含む旨が規律されている。

　このように，TRIPS 協定における権利行使の規律は，濃淡はありつつ，既存の国際協定であるパリ条約やベルヌ条約と比べて，権利行使に関しても具体的に踏み込んだ内容となっている。

2　ACTA における権利行使関連規定

　ACTA は，知財権の権利行使に特化したはじめての国際協定である。その前文によると，デジタル環境を含む権利侵害に対する，より効果的な知財権の権利行使の実現と，そのための国際的な枠組みを構築することなどが目的とされており，特に模倣品や海賊版の拡散防止を目指した協定である。

　ACTA 交渉は，2008年6月に第1回会合が開催された。日本，米国，EU，スイス，カナダ，豪州，NZ，韓国，シンガポール，メキシコ，モロッコの11カ国・地域による交渉が始まり，11回の交渉会合を経て2010年大筋合意に至り，2011年10月，我が国における署名式で8カ国（日本，米国，カナダ，豪州，ニュージーランド，韓国，シンガポール，モロッコ）が署名した。その後，2012年1月にはEU 及びEU 加盟国のうち22カ国が署名，7月にはメキシコも署名し，我が国は2012年10月に受諾書を寄託，最初の締約国となったものの，後に続く国はなく，残念ながら今日まで ACTA は発効していない[2]。その点では，ACTA は日の目を見ていないといえる。しかしながら，TPP 協定や USMCA をはじめとして後に合意された国際協定には，ACTA と同一，あるいは類似の規律が散見され，このことからは，ACTA がその後の協定交渉に大きな影

響を与えていることが見てとれる。

　ACTA の条文構成は，基本規定及び一般的定義，知的財産権に関する執行のための法的枠組み，執行実務，国際協力など全6章からなる。ここで，権利行使に特化した ACTA の特徴のひとつとして，権利行使に関する執行実務，及び国際協力の章の設置が挙げられる。

　すなわち，執行実務に関しても，具体的な規律が設けられている。統計資料等の収集・分析促進（28条2項），執行当局間の調整促進・共同行動の容易化（28条3項），権利者その他利害関係者の意見聴取促進（28条4項），国境措置のための関係者間の協議や情報共有の促進（29条1項），輸入物品差止国から輸出国への情報提供（29条2項），手続きや法令の公開等による透明化促進（30条），公衆の意識啓発（31条），侵害品廃棄時の環境配慮（32条）などである。

　また，国際協力に関しても，協力の内容や対象機関などが具体的に規定された。国際協力の推進（33条1項），税関を含む執行機関間の模倣対策の協力促進（33条2項），各国法や EPA に沿った協力実施（33条3項），情報共有の促進（34条），能力開発・技術支援（35条1項），そのための協力推進（35条2項），民間機関や国際機関等との協働と重複排除（35条3項）などである。

　このような ACTA における執行実務や国際協力に関する規律充実の背景には，国際協力の強化及びより効果的な国際的な執行を通じた侵害品などの拡散阻止や，関係国際機関において実施される国際的な執行に係る業務，及び国際協力と相互に補完的な態様での本協定の運用という，協定前文にも記された同協定の目的がある。

　執行に関する法的枠組みの章には，民事上の執行，国境措置，刑事上の執行，デジタル環境などの節が設けられ，同章では，TRIPS 協定の目的や原則を確認しつつ（2条），TRIPS 協定にも規律された民事措置，刑事措置における個別の規律内容を具体化，高度化するものや，デジタル環境において生ずる侵害行為に対応するためのデジタル節などが新たに設けられている。

　例えば，民事措置において，損害賠償額決定に際しての逸失利益を含む権利者提示評価の考慮（9条1項），商標・著作権侵害に関する侵害者利益の支払い命令（9条2項），侵害品の廃棄命令（10条1項）や，材料・道具の選択的廃棄

共通論題①　知的財産保護の国際的実現における現代的課題

命令（10条2項），締約国に対する商標・著作権侵害に関する法定損害賠償，賠償額推定，又は著作権に関する追加的損害賠償（9条3項）の規律化などが挙げられる。[3]民事措置においては，損害賠償額や廃棄権限に関する規律をはじめ，ほとんどが司法当局の権限を規律するものである。

国境措置においては，その多くが税関など執行当局の権能を規律するものであり，侵害被疑品に対する輸出入差止手続（16条1項）や，複数回の輸送に対する一括差止申立手続（17条2項），当局による濫用防止目的の担保提供要求権限（18条），侵害品の廃棄命令権限（20条1項），当局による権利者への情報提供（22条）などが規定されている。[4]輸出入の差止は，申立てと職権のいずれをも対象としており，申立てによる輸入の差止のみを義務としていたTRIPS協定とは異なる。

刑事措置においては，商標権侵害ラベル又は包装の輸入や国内における商業的使用の刑罰化（23条2項）や，映画館における映画盗撮の刑罰化任意規定（23条3項），ほう助及び教唆の刑罰化（23条4項），法人重科の任意規定（23条5項），拘禁刑及び高額な罰金刑（24条），侵害被疑品・材料・道具・証拠・取得資産に対する差押命令権限（25条1項），被疑品特定のための過度な詳細説明要求禁止（25条2項），侵害品の没収又は廃棄命令権限（25条3項），材料及び道具の没収又は廃棄命令，重大な犯罪に関する資産の没収又は廃棄命令（25条4項），資産の差押え・没収命令（25条5項），適当な場合の職権捜査（26条）などが規律された。特に刑事措置においては，TRIPS協定と比べて大幅に具体化し，踏み込んだ規定ぶりとなっている。

デジタル環境節においては，侵害目的の頒布を含むデジタル通信網における著作権侵害への適用（27条2項）や，当局によるオンライン・サービス・プロバイダ（OSP）から権利者への情報開示命令権限（27条4項），著作権侵害につながる技術的手段回避防止のための法的保護及び救済（27条5-6項）や，電磁的な権利管理情報保護のための法的保護及び救済（27条7項）の規律化，適当な制限又は例外の採用（27条8項）が規定された。デジタル通信網における著作権侵害への適用に当たっては，執行手続きにおいて，表現の自由，公正な手続き，プライバシーその他の基本原則に配慮することも規定されている（27条

2項)。

なお，デジタル環境はTRIPS協定において規律化されておらず，ACTAにおけるデジタル環境の規律化は，特に2000年代以降の時代の要請といえる。その後のTPP協定やUSMCAにおけるデジタル環境に関する規律も，ACTAの条文からさらにISPの役割や免責について具体化した規律が設けられており，また，衛星信号やケーブル信号の保護も規律化されるなど，規律の高度化が進んでいる。民事措置や国境措置といった「古典的」な権利行使分野と比べると，デジタル環境分野は，技術の進歩や社会への実装状況の変化に応じて，国際協定における権利内容もそれに大きく左右される。

3　TPP協定における権利行使関連規定

　TPP協定は，シンガポール，ブルネイ，チリ，ニュージーランド，日本，米国，豪州，ベトナム，ペルー，マレーシア，カナダ，メキシコの12カ国で交渉が進められ，2016年2月に署名されたものの，米国が離脱した結果，米国以外の11カ国によるCPTPP協定が2018年3月に署名され，同年12月30日に発効した。CPTPP協定は，TPP協定の規律のいくつかを凍結しており，凍結全22項目のうち半分の11項目を知財関連が占める。凍結項目の中には，権利行使に関する規定も含まれているところ，本項では，CPTPP協定における凍結項目を含む，TPP協定における知財章の権利行使の規律を取り上げる。

　TPP協定の知財章は全11節，全83条からなり，このうち権利行使には全10条からなる1つの節が設けられている。同節の条文には，ACTAと同水準の規律も多く含まれつつ，それを上回るレベルの規律も設けられている[5]。後者の規律としては，民事措置における，商標・著作権侵害に対する将来の侵害抑止を目的とした十分な補償額となる法定賠償，又は懲罰的損害賠償を含む追加的賠償の選択（18.74条6-9項）や，司法当局等による司法手続中の秘密情報保護命令違反に対する制裁権限（18.74条14項）などが挙げられる。国境措置においては，ACTAが，その適用対象となる知財権から特許と営業秘密を除外していたのに対して，TPP協定にはそのような除外規定が設けられず，また，適用される権利の種類が広がった点が挙げられる。刑事措置については，故意か

共通論題① 知的財産保護の国際的実現における現代的課題

つ商業的規模で行われる商標・著作権侵害への刑事罰適用に関して，権利者に市場関係の悪影響を及ぼす場合を，特に商業的規模の類型として規律した点（18.77条1項）や，自由貿易地区における輸出入の刑事対象化（18.77条2項），映画館における映画盗撮の刑罰化義務化（18.77条4項），職権捜査（26条）などが挙げられる。

デジタル分野に関しては，特にインターネット・サービス・プロバイダ（ISP）の節が設けられ，ISP の役割や免責につき，ACTA よりも具体的，詳細な規律が設けられている点が挙げられる。これらの規律は，ISP に対する著作権侵害対策へのインセンティブと金銭救済排除制限（18.82条1，2項），ISP による著作権侵害の素材削除やアクセス無効化に伴う免責，その通知手段（18.82条3項），反対通知制度を有する場合の，ISP への素材回復要求（18.82条4項），制度濫用者に対する金銭賠償制度（18.82条5項），ISP 金銭救済排除制限に関する自己サービス監視義務排除（18.82条6項），権利者の ISP からの迅速な侵害情報入手手続整備（18.82条7項）などである。このように ISP の規律が詳細化した背景には，インターネットを通じた世界的な知財侵害行為の深刻な状況がうかがえる。ただし，これらの TPP における ISP 関連条項は，その多くが CPTPP 協定において凍結項目とされた。

また，TPP 協定においては，衛星放送用及びケーブル放送用の暗号化された番組伝送信号の保護も規律化されている。衛星放送の不正受信行為等に関する装置やシステムの製造や販売，輸出入や，不正な信号受信，配信行為などの刑罰化，利害関係者への民事措置の規律化（18.79条1，2項），ケーブル放送用暗号信号の不正受信のための機器の製造や頒布，不正な信号受信などに関する刑罰又は民事上の救済措置の規律化（18.79条3項）などである。ただし，これらの規律も CPTPP 協定においては凍結されている。

なお，TPP 協定においては，営業秘密に関する権利行使についても，従来の協定と比べて踏み込んだ規律化がなされている。それらは，コンピュータ保管秘密情報への不正アクセス等の営業秘密侵害に対する刑事罰の適用（18.78条2項）や，それら刑事制裁の適用に際しての商業利益目的などの限定（18.78条3項）などである。TRIPS 協定における営業秘密に関する規律は，保護の具体

36

的態様には触れていなかったところ（39条1，2項），TPP協定おいては，営業秘密の不正な開示や使用防止のための法的手段を義務化し，さらに上述した特定行為を刑罰化するなど，規律レベルを大幅に高めている。このような営業秘密に関する規律増加の背景には，先進国を中心とした国際的な営業秘密保護に対する意識の高まりがうかがえる。

4 USMCA における権利行使関連規定

米国，メキシコ及びカナダによる北米自由貿易協定（NAFTA）の再交渉は，2017年8月に交渉会合が始まり，2018年11月に USMCA として3カ国によって署名された。現在は各国が批准に向けた国内手続きを進めている。

USMCA における知財章は全11節，全90条からなり，うち権利行使節は全11条からなる。権利行使に関する条文の多くは TPP 協定のコピーであるが，TPP 協定を上回る規律も一部に設けられている。[6]一例として，民事措置においては，一方当事者が文書提出命令に従わない場合の決定権限を義務化（20.82条14項）し，法定損害賠償額について，将来の侵害抑止を構成し，権利者への完全な補償として十分な額とすること（20.82条8項）が規定された。また，国境措置においては，当局による職権差止の対象行為を，輸出入や通過のほか，FTZ 又は保税倉庫への搬入出に対しても規律した点（20.84条5項）など，刑事措置においては，複製目的などの映画館での未遂を含む映画盗撮の刑罰化（20.85条4項）や，職権捜査の規定において，TPP 協定に設けられていた著作権侵害への適用を市場影響時に限定する例外規定が削除された点（20.85条6項g）などが挙げられる。

デジタル関係においても，多くの条文は TPP 協定のコピーであるが，TPP協定を上回る規律も一部設けられている。ISP への復活要請対応に関して，反対通知制度を有する場合との条件が削除された点（20.89条4項）や，反復侵害者への対策等 ISP 免責条件の具体化（20.89条6項）などである。また，ケーブル放送用暗号信号の不正復号化装置の製造販売や受信行為についても，TPP協定においては民事又は刑事の救済措置が選択的に規律されていたところ，USMCA においては両措置の採用が義務づけられている（20.86条3項）。

共通論題① 知的財産保護の国際的実現における現代的課題

　営業秘密関連の権利行使についても，TPP 協定には存在しなかった複数の規律が設けられている。営業秘密侵害に対する民事救済の規律化（20.71条ａ）や，営業秘密保護期間の制限禁止（20.71条ｂ），誠実な商慣行に反する営業秘密の取得への差止め（20.76条ａ），営業秘密取得による損害賠償（20.76条ｂ），公判手続きにおける秘密保持（20.75条），公判中の政府職員による営業秘密情報開示の禁止及び罰則（20.78条），（TPP 協定よりも絞り込まれた）刑事制裁の制限可能条件（20.72条2項），民事措置への暫定手続きの適用（20.74条）などである。

　このように，USMCA における権利行使に関する規律は，その多くが TPP 協定のコピーであるものの，一部においては規律を高めたものとなっており，現時点でもっとも規律内容のレベルが高い協定のひとつといえる。

5 日 EU・EPA における権利行使関連規定

　日 EU・EPA は，2013年3月に交渉を開始し，2017年12月に妥結した後，2018年7月に署名，2019年2月1日に発効した。本協定の知財章は全4節，全55条からなり，このうち権利行使は，12条からなるひとつの節を構成している。本協定における権利行使節の特徴のひとつは，同節が専ら民事措置や国境措置，営業秘密に関する規律から成っており，刑事規定が設けられていない点である。また，同節の規律内容について，ACTA や TPP との類似性は必ずしも高くはなく，たとえば，ACTA や TPP 協定に設けられた民事措置における法定賠償や，侵害者から権利者への情報提供義務などは設けられていない。一方で，ACTA 等では商標権又は著作権侵害に限定していた対象権利について，日 EU・EPA においては，営業秘密及び秘密データを除く知財一般に広げている[7]。

　国境措置についても，ACTA や TPP 協定が著作権，商標権侵害のみを対象権利とした申立てによる輸入差止について，日 EU・EPA は，地理的表示や特許，実用新案，意匠，植物新品種の侵害も対象とし，また，TPP 協定及び USMCA においては輸入のみを対象としていた差止申立ての対象行為についても，輸出を加えている（14.51条1項）。他方で，TPP 及び USMCA において

38

は義務化された通過物品の職権差止について，日本に対する任意規定（14.51条5項）が規定されたのみである。

　こうしてみると，日 EU・EPA の規律内容は，刑事措置が設けられていないほか，民事措置や国境措置に関しても，ACTA や TPP 協定と比較して，規律の構成が異なることがわかる。

　なお，日 EU・EPA は，営業秘密の権利行使に関しては，比較的詳細な規律化がなされている。営業秘密侵害に対する民事救済（14.50条1項）や，民事訴訟中の営業秘密不開示命令（14.50条2項）及び違反者への制裁（14.50条3項d），営業秘密不正取得防止目的の差止（14.50条3項a），営業秘密不正取得等による損害賠償（14.50条3項b），裁判中の営業秘密の秘密保持（14.50条3項c）などである。ここでも刑事措置は規律されていないが，このような詳細な規律化がなされた背景のひとつとしては，2016年に営業秘密に関する EU 指令2016/943が採択されたことが挙げられる。

Ⅲ　権利行使に関する主要規律の内容比較

　本節では，Ⅱで確認した国際協定おける知財権侵害に関する権利行使の規律について，主要な規律をいくつか取り上げ，協定間の異同を改めて確認する。

1　民事措置における侵害品廃棄命令権限

　司法当局による侵害品の廃棄命令権限に関して，TRIPS 協定は，権利者に損害を与えないような態様で，いかなる補償もなく流通経路から排除し，又は，現行の憲法上の要請に反さない限り，廃棄することを命じる権限が規律化されている（46条）。

　ACTA においては，商標権・著作権侵害に対象を限定しつつ，例外的な場合を除き，無補償での廃棄命令権限が規定され（10条1項），同様の規律がTPP 協定（18.74条12項a）や USMCA（20.82条12項a）にも設けられている。また，ACTA においては，材料，装置の廃棄命令権限についても，主として侵害品製造のために使用される場合に，流通経路排除との選択的採用として規律されている（10条2項）。これに類似した規定が TPP 協定（18.74条12項b）や

共通論題① 知的財産保護の国際的実現における現代的課題

表1 司法当局の廃棄命令権限に関する主な規律要素

廃棄対象	侵害品	材料・道具
TRIPS	・流通経路からの排除との選択的記載 ・廃棄命令は憲法に反しない場合のみ可	
ACTA	・商著侵害対象	・侵害品製造を主用途とする材料・道具 ・流通経路からの排除との選択的記載 ・商著侵害対象
TPP	・商著侵害対象	・侵害品製造に用いられた材料・道具 ・流通経路からの排除との選択的記載 ・商著侵害対象
USMCA	・商著侵害対象	・侵害品製造に用いられた材料・道具 ・流通経路からの排除との選択的記載 ・商著侵害対象
日 EU	・流通経路からの完全除去との選択的記載	・侵害品製造を主用途とする材料・道具

USMCA（20.82条12項ｂ）に設けられているが，侵害品製造を主用途とする条件が外れた点において，ACTA よりも高いレベルの規律といえる。

日 EU・EPA においても，侵害品や材料，装置の廃棄命令権限は規律されているものの（14.45条），ACTA や TPP 協定，USMCA とは対象権利の範囲やその詳細には異なる点がある。すなわち，ACTA 等は上述の通り対象を商標権，著作権に限定しているが，日 EU・EPA は，営業秘密及び秘密データを除く知財と広い。また，侵害品の廃棄命令権限を流通経路排除との選択的規律としている点において TRIPS 協定と共通する一方，特に流通経路からの完全な除去を求めている点においては，TRIPS 協定を上回る規律レベルといえる。

民事措置における侵害品や材料・道具の廃棄命令権限については，その対象とする権利種別などを限定しつつも，義務化など，より高いレベルの規律が設けられてきた。このような動きの背景には，差押えた侵害品などの，その後の流通経路への環流や横流しに対する根強い懸念がうかがえる。

2 民事措置における損害賠償額算定

民事措置における損害賠償に関しては，TRIPS 協定において，司法当局が侵害者に対し，適当な賠償を命じる権限を有することや（45条１項），利益の回

知的財産保護と国際的なエンフォースメント

表2　民事措置の損害賠償額算定に関する主な規律要素

規律内容	権利者提示資料考慮	侵害者利益支払	法定賠償	追加的賠償
TRIPS			・任意規定	
ACTA*1	○	・商著侵害対象	・商著侵害対象 ・選択的規律*2	・著侵害対象 ・選択的規律*2
TPP	○	・商著侵害対象	・商著侵害対象 ・選択的規律*3 ・補償に十分な額 　かつ将来侵害防 　止目的	・著侵害対象 ・選択的規律*3 ・将来侵害防止目 　的等考慮の適当 　な額
USMCA	○	・商著侵害対象	・商著侵害対象 ・選択的規律*3 ・将来の侵害抑止 　を構成し，損害 　を完全に補償す 　る十分な額	・著侵害対象 ・選択的規律*3 ・将来侵害防止目 　的等考慮の適当 　な額
日EU	○	○		

*1　特許と営業秘密は対象除外可
*2　法定損害賠償，十分な損害額算定のための推定規定，さらに著作権侵害の場合は懲罰的賠償のうち1つ以上の選択
*3　法定損害賠償，または懲罰的賠償のうち1つ以上の選択

復や法定損害賠償の支払いを命じうることが規定された（45条2項）。

　ACTAにおいては，このような損害賠償に関する司法当局の権限も踏み込んで規律されている。司法当局は，権利者が提示する逸失利益，被侵害品等の市場価格や希望小売価格を含む合理的価値評価の考慮（9条1項）や，商標・著作権侵害における侵害行為から生じた侵害者利益の支払命令，当該利益額の損害賠償額推定規定などが規律された（9条2項）。また，法定損害賠償，十分な損害額算定のための推定規定，著作権侵害の場合の追加的賠償のうち，1つ以上の採用が規律されている（9条3項）。

　TPPにおいては，損害賠償額の決定に際しての司法当局の権限が規定されるなど，ACTAと同レベルの規律が多く設けられたが，法定損害賠償や追加的賠償などの選択的な制度導入の規律については，その選択肢が限定されるかたちで，ACTAよりも高いレベルの規律が設けられている。すなわち，法定損害賠償，または追加的賠償のいずれかを設けることが規律され，このうち，法定損害賠償の金額については，補償に十分な額を，将来の侵害を抑止するこ

とを目的として定めることが規定され（18.74条），追加的賠償については，将来における同様の侵害の抑止の必要性などを考慮した適当な額とする権限が規定され，その額の算定についても，より具体的な規律が設けられた。

USMCAにおける損害賠償額の算出に関する規律は，TPP協定のそれとほぼ同様であるが，法定損害賠償の金額に関しては，将来の侵害抑止を構成し，侵害により生じた損害を完全に補償する十分な額とされている。この記述ぶりは，2012年に発効した米韓FTAにも設けられており（18.10条6項），米国の影響がうかがえる。

日EU・FTAにおいても，司法当局は，侵害者に対して権利者への補償に適当な損害賠償の支払命令権限を有することが規定され，また，損害賠償額の決定にあたっては，権利者が提示する逸失利益を含め，合理的な価値の評価を考慮し得るとされた（14.47条2項）。加えて，損害賠償額決定のための推定規定を定め得るとして，知財権の使用料や侵害者利益，侵害物品数に権利者利益を乗じた額などが例示された（14.47条3項）。

国際協定における損害賠償額に関する規律は，あくまで司法当局の考慮権限を規律するにすぎないものの，ACTA，TPP協定，USMCAへと，法定損害賠償や追加的賠償の規律レベルを高めることによって，賠償水準の高額化が図られているといえる。一方で，日EU・EPAにはこれらの規律がない点において，対照的である。

3 国境措置における当局の差止権限

国境措置における当局による侵害品の差止について，TRIPS協定は，申立てに基づく商標・著作権侵害品の輸入差止を義務，輸出差止を任意として規定した（51条）。一方で，職権に基づく差止手続は，その制度を有する場合に関する規律はあるものの，差止手続そのものの設置に関する規律は設けられなかった。

これに対して，ACTAでは，申立てと職権のいずれも輸出入の差止が規律され，加えて，通過物品の差止についても任意規定として規律された。TPP協定においては，申立てに基づく商標権・著作権侵害品の差止に関して，さら

表3　国境措置の侵害品差止権限に関する主な規律要素

	申立			職権			
	輸入	輸出	通過	輸入	輸出	通過	FTZ・保税倉庫
TRIPS	・商著侵害対象	・任意		*2			
ACTA*1	・義務	・義務	・任意	・義務	・義務	・任意	
TPP	・商著侵害対象 ・商標誤認混同含む			・義務	・義務	・義務*3	
USMCA	・商著侵害対象 ・商標誤認混同含む			・義務	・義務	・義務*3	・義務
日 EU	・義務	・義務		・義務	・義務	*4	

*1　特許と営業秘密は対象外
*2　差止制度を有する場合に関する規定のみ
*3　仕向国への情報提供で担保可
*4　日本のみ罰則任意規定

に誤認混同物品も差止申立の対象として規律され（18.76条1項），職権差止については，輸出入のほか通過貨物の差止権限も義務化された（18.76条5項）。USMCAにける国境措置の規律は，その多くがTPP協定のコピーであるものの，自由貿易地域や保税倉庫からの搬入出については，職権差止の対象としてさらに規律されている。日EU・EPAにおいても，申立てや職権による侵害品の輸出入差止が規律された。

　このように，差止権限については，ACTAが申立と職権のいずれの差止も輸出入について義務化し，日EU・EPAにおいても同様の規律が設けられているのに対して，TPP協定，USMCAは，申立てによる差止を商標・著作権侵害の輸入品のみに限定する一方，職権差止については，輸出入に加えて，通過物品やFTZへの搬入出まで対象を拡大している。この背景のひとつには，申立てによる差止の限界が考えられる。すなわち，侵害品の世界的な流通量と比べると税関における差止実績はそのごく一部に過ぎない。そして，権利者が侵害品を積んだコンテナを特定し，差止申立を行うことも現実には極めて稀であり，近年の個人売買などによる輸出入品の小口化はそれをより困難にしている。そのような実情に鑑みれば，TPP協定やUSMCAにおける職権差止の積極的な規律化志向も理解し得る。

共通論題① 知的財産保護の国際的実現における現代的課題

表4 刑事措置の商標・著作権侵害行為に関する「商業的規模」の規律要素

	故意かつ商業的規模の侵害行為を刑罰化	「商業的規模で行われる行為」に，商業上の利益目的の行為を含む	「商業的規模で行われる行為」に，著作権者の利益に実質的かつ有害な影響を及ぼす重大な行為を含む
TRIPS	○		
ACTA	○	○	
TPP	○	○	○
USMCA	○	○	○
日 EU			

4 刑事措置の商標・著作権侵害における「商業的規模」の定義

TRIPS 協定は，故意による商業的規模の商標の不正使用及び著作物の違法な複製について，刑事上の手続及び刑罰を規律している（61条）。これに関して ACTA は，同様の規律を有するものの，加えて，「商業的規模」の行為類型として，少なくとも直接又は間接に，経済上又は商業上の利益を得るための商業活動として行われる行為を含むことを明記した（23条1項）。また，TPP 協定においては，ACTA と同様の規律における「商業的規模」の行為類型に，さらに，商業上の利益又は金銭上の利得のために行われるものでない重大な行為であって，市場との関連において当該著作権又は関連する権利の権利者の利益に実質的かつ有害な影響を及ぼすものも含まれる旨が明記された（18.77条1項）。そして，USMCA においても，TPP 協定と同じ規律が用いられている（20.85条1項）。これら一連の協定においては，「商業的規模」要件の「緩和」が進みつつあるといえる。

5 デジタル環境

近年急成長したインターネットなどのデジタル環境は，知財侵害の観点からも今日的な問題である。TRIPS 協定の成立時には環境そのものが未成熟であり，同協定にデジタル環境に関する規律は設けられていない。一方，2011年に署名された ACTA は，デジタル環境において生ずる侵害を含む知財権侵害の

表5　デジタル環境の権利行使に関する主な規律要素

	デジタル環境侵害への刑事・民事適用	IPS・OSP			衛星信号・ケーブル信号保護	技術的手段回避・権利管理情報保護
		ISPの協力義務&免責	反対通知対象素材の復活要求	ISP・OSPから権利者への情報開示		
TRIPS						
ACTA	・義務			・商著侵害に関する任意規定		・法的保護
TPP	・商著侵害対象	・著作権者との協力&免責条件	・反対通知制度採用時	・著作権者による要求手続	・衛星信号：刑事罰・ケーブル信号：民事又は刑事罰	・民事措置の具体的内容規律
USMCA	・商著侵害対象	・著作権者との協力&免責条件	・義務	・著作権者による要求手続	・衛星信号：刑事罰・ケーブル信号：民事及び刑事罰	・民事措置の具体的内容規律
日 EU						

問題への対処や，サービスプロバイダと権利者の協力促進が謳われ，デジタル環境節における知財侵害に関する規律が多く設けられた。そして，その後に成立した TPP 協定や USMCA においても，ISP の協力義務や，衛星信号・ケーブル信号保護に関する規律など，デジタル環境に関する規定が充実している。

　このように，デジタル環境における権利行使に関する規律は，ACTA を嚆矢として，TPP 協定においてより具体化され，USMCA にはさらに高い規律が設けられている。中でも ISP に関する規律は TPP 協定において詳細が規定され，CPTPP 協定においては凍結されたものの，USMCA においても規律されている。他方で，日 EU・EPA には特段の規律はみられず，特に米国の強い関心がうかがえる。

6　営業秘密保護に関する権利行使

　営業秘密保護の権利行使に関して，TRIPS 協定には，契約違反や信義則違反などによる営業秘密の不正な開示や取得の防止が一般的に規定されたのみであった。これに対して，TPP 協定では，営業秘密保護のための法的手段の確

表6　営業秘密保護の権利行使に関する主な規律要素

	法的保護	刑事措置	民事措置	司法手続きにおける営業秘密情報の秘密保持	営業秘密保護期間
TRIPS	・法的保護可能性				
ACTA					
TPP	・法的手段確保	・特定場合の刑事手続き・罰則規定			
USMCA	・法的手段確保	・特定場合の刑事手続き・罰則規定	・義務	・義務	・制限禁止
日 EU	（民事措置）		・義務	・義務	

保や，刑事罰の規律化がなされ，USMCA においては，民事措置や，営業秘密保護期間の制限を禁ずる規律も設けられた。また，日 EU・EPA においても，民事措置や訴訟中の営業秘密の不開示命令などが規律されている。

　営業秘密の保護については，USMCA における規律内容が充実している。権利行使の多くの規律に関して，USMCA は TPP 協定のコピーであるのに対し，営業秘密の保護に関しては異なっており，また，日 EU・EPA においても，前述のとおり比較的詳細な規律がなされている。営業秘密保護に関する規律内容の具体化，詳細化からは，先進各国の関心の高さがうかがえる。

IV　整合性が懸念される権利行使に関する事例

　前述のとおり，EPA 等の国際協定は，締結数の増加とともに，高度化，複雑化が進んでおり，結果として，知財分野においても不整合が懸念される事案が散見される。本節では，特に権利行使に関する規律の不整合懸念が示される事例を2件紹介する。

1　インドネシア（日インドネシア EPA119条1項）

　2008年に発効した日インドネシア EPA の119条1項は，不正商標商品又は著作権侵害物品が輸入され，又は輸出されるおそれがあると疑うに足りる正当な理由を有する権利者が，これらの物品の自由な流通への解放を税関当局が停止するよう，行政上又は司法上の権限のある当局に対して，書面による申立て

を可能とする手続きを規定している。

　これに対して，当時のインドネシア関税法第54条は，権利者からの申立てに基づき，裁判所は税関に対して差止を命じることができる旨が規定されていたものの，当該規定を運用するために必要な細則が整備されておらず，結果，差止申立ては実際には不可能であり，協定不整合が懸念されていた。

　この問題に対して，2012年，インドネシア最高裁判所は「一時差し止め命令に関するインドネシア共和国最高裁判所規則2012年第4号」を公布，施行し，商事裁判所に対して行う申立の条件及び手続きを規定した。これによって，運用の開始が期待されたものの，当局は同規則の施行後も細則等の整備が必要として，運用は始まらなかった。さらに5年後の2017年6月，インドネシア大統領府が「知的財産権侵害物品又は知的財産権侵害疑義物品である輸入品又は輸出品の取締りに関する2017年インドネシア共和国政令第20号」を公布，8月に施行し，翌2018年4月，インドネシア財務省が同政令を実施するための「知的財産権侵害物品又は知的財産権侵害疑義物品である輸入品又は輸出品の取締りにおける，登録，停止，担保，一時差止，監視及び評価に関する2018年4月インドネシア共和国財務大臣規則第40号」を公布，6月に施行したことによって，ようやく差止申立てを行い得る環境が整ったとされる。

　ただし，2019年2月時点で税関での差止め実績は未だ報告されていないところ，同協定の履行を確認するためにも，今後の差止実績を確認する必要がある。

2　米国（米シンガポールFTA16.7.2条，米豪FTA17.9.4条，米モロッコFTA15.9.4条）

　米国が2000年代初頭に結んだいくつかのFTAには，所謂国際消尽を禁じる規律が設けられている。すなわち，2004年1月に発効した米シンガポールFTAは，権利者とライセンシーとの間の契約違反により流通された製品であることを知った第三者による，権利者の同意の無い，特許医薬品の調達排除や補償が訴因となり得ることや，そのような訴因を国内への調達以前に，国外においてのみ販売或いは流通された製品に対するものに限定し得ることを規律している。また，2005年1月に発効した米豪FTAは，権利者の同意の無い特許

共通論題① 知的財産保護の国際的実現における現代的課題

製品の輸入を排除する特許権者の独占権は，少なくとも権利者が契約等によって輸入に制限を設けた場合において，国外における製品の販売や流通によって制限されないことを規律している。2006年1月に発効した米モロッコFTAは，権利者の同意が無い特許製品の輸入を防止する権利者の排他権利は，国外における製品の販売や流通によっても制約されないことや，そのような制約の適用を，権利者が契約等により輸入の制限を課す場合に限定し得ることを規律している。これらの国際協定は，特許製品の輸入に対する特許権の排他的権利が，国外における当該製品の販売等によって制限されないことを規律し，特に，特許権者が輸入制限を課した商品について，特許権の国際消尽を否定したものであった。

　これに対して，2017年5月，米国連邦最高裁は，Impression社対Lexmark社の判決[8]において，特許権者の意図した制限や販売地の国内外にかかわらず，特許権者による製品の販売は，当該製品に伴う特許権を消尽すると判示した。国際消尽を認めた同判決は，上記した国際協定の規律内容と整合しない。このような既存の国際協定との不整合に関連して，前審のCAFCは判決中で次のように述べていた[9]。「議会は，米国特許権者に対して，外国での販売にかかわらず，その米国特許権を維持する権利を保証するため，3つの事案において正式に行動した。議会は両院による可決と大統領の署名による立法を通じて，3つの国際協定を承認した。米モロッコFTA施行法，米豪FTA施行法，米星FTA施行法である。……もし，外国での販売によって米国特許権者が彼らの米国特許権を失うというImpression社による特許法の見解が採用されたならば，これらの議会が承認した保証が損なわれかねない」（筆者仮訳）。

　国際消尽に関しては，主要な国際協定において，そもそもそれを扱わないことが規律されている。TRIPS協定には，知的所有権の消尽を扱わない旨が規定されており（6条），国境措置における申立に基づく侵害品差止についても，所謂並行輸入品の輸入手続に適用する義務はない点が確認されている（51条脚注13）。ACTAにおいても，並行輸入品への国境措置規律の適用義務は無いことが確認されており（3節脚注5），TPP協定（18.11条）やUSMCA（20.11条）においても，消尽に関する各国法制の決定を妨げないことや，締約国が締結す

48

る国際協定において定めた消尽の規定の適用は妨げない旨が規定されている。日EU・EPAにおいても，国境措置については，所謂並行輸入品への適用義務はないことが確認されている（14.51条10項）。

　このように主要な国際協定が国際消尽を規律化しないところ，上述した米国の二国間FTAにおいて国際消尽を否定していたことからは，少なくとも当時の米国政府の強い意向が見てとれる。しかし，Impression社対Lexmark社の訴訟において，CAFCの判断を覆した連邦最高裁は，CAFCが指摘した国際協定との整合性には触れていない。今回の最高裁判決を受けて，既存の国際協定との整合性のほか，今後の米国の国際協定戦略も注目される。

Ⅴ　おわりに

　2000年以降，WTOドーハラウンドをはじめマルチ交渉の停滞と共に，二国間や地域的な国際協定は特に増加傾向にある。JETROの調査によると，2018年12月時点における発行済・暫定適用のFTAは300件を超えている。[10] 既述の通り，我が国も積極的に経済連携協定交渉を進めている。

　知財分野においては，TRIPS協定によって最低限の法制度は整備されたものの，特に新興国，途上国においては，運用・執行面での不十分な保護水準も問題となっている。そのような保護水準の向上も，主に先進国にとっては，国際協定における知財分野の目的のひとつである。一方で，新興国や途上国の多くは，知財保護の規律強化に必ずしも積極的ではなく，知財分野の規律は，市場アクセスなどとのパッケージ交渉のために合意する側面が強い。

　主に知財侵害を受ける立場の先進国にとっては，国際協定における知的財産章の強化は共通の課題，目的であり，先進国が関わる多くの国際協定のコンセプトに共通性がみられる。さらに交渉国が共通する場合，例えばTPP協定とUSMCAなどでは，条文の文言レベルでも共通点が多い。他方で，先進国間の立場にも当然様々な違いがあり，日米欧間の権利行使に関する立場も無論一枚岩ではない。

　我が国は，実効的な権利行使のため，権利行使の対象となる権利種別の拡大や，差止に関する規律の充実化などを進めてきた。例えば，TRIPS協定にお

ける国境措置や刑事措置は，その対象が不正商標商品及び著作権侵害物品のみ
であったところ，その適用権利範囲を特許権や意匠権などに拡大し，また，税
関における権利者への情報提供の義務化など，手続き面の規律強化による権利
行使強化を図ってきた。

　米国の知財分野における FTA 戦略は，司法当局の権限をより高く規律し，
また，分野重点的に要求を行っている。前者については，例えば，TRIPS 協
定をはじめ前述した各協定にも規律化された損害賠償額の算定が挙げられる。
ACTA や TPP 協定においても，法定賠償や追加的倍書などの規律が含まれて
いたところ，USMCA においても，法定賠償額について完全に十分な額の補
償を規律されており，このような司法権限規律化への関心の高さがうかがえ
る。後者については，二国間 FTA で規律された医薬品等の並行輸入の規制
や，TPP で規律され，USMCA でより高い規律となっているデジタル環境に
関する権利行使の強化などが挙げられる。

　欧州は，相対的にはマルチ指向が強く，かつては EPA 等も一般的な義務規
定や，関連条約への加盟義務が中心の簡潔な規定であった。しかしながら，日
EU・EPA にも見られるように，近年はより詳細な規律内容となっている。欧
州は特に GI 保護への関心が高く，権利行使についても行使対象の権利を広く
設ける傾向がある。一方で，刑事措置やデジタル，インターネットに関する権
利行使の規律化については，日 EU・EPA においても一切の記載が無いなど，
特に ACTA 以降の極めて慎重な様子もうかがえる。

　日米欧の先進国間においても，各国の関心事項は必ずしも一致しない。各国
法制も大陸法や判例法といった法体系の違いや，権利行使に関しては行政当局
や司法当局の権能にも国毎の違いがある中で，国際協定における規律の高度化
は，複雑な条文や例外規定を生み，また自縛も懸念される。

　本稿で紹介した不整合懸念事例は，法律は存在するものの，実際には履行義
務を果たしていない可能性を示した事例と，国際協定の規律と司法判断との間
で不整合を生じうる懸念を示した事例である。後者のように，先進国おいても
国際協定の不整合が問題になる可能性は当然あり，本稿では取り上げなかった
が，例えば国際協定締結後の国内法改正によって，不整合状態が疑われる事例

などもある。

　これまで知財権の権利行使に関して，我が国が紛争解決手段に訴えた事例は無いものの，整合性に関する懸念や指摘は知財分野において様々に存在する。国際協定の締結は今後も増加し，規律内容の更なる高度化，複雑化も見込まれるところ，所謂スパゲッティボウル化の懸念と共に，これまでは主に途上国の課題であった国内法制整合性について，先進国においても身近な課題となりつつある。

　　[追記]　なお，本稿に記載された意見はすべて筆者の個人的な見解にもとづくもので　筆者が所属する組織の見解を示すものではない。

1)　知財章や知財条が設けられていない協定としては，日 ASEAN 包括的経済連携（AJCEP）などが挙げられる。ただし，AJCEP においても，第 8 章経済的協力における経済的協力の分野のひとつに知的財産が挙げられている。そして，経済的協力に関する活動の各分野の範囲及び形態を定める事業計画を定めた附属書には，特に知的財産に関する規定が設けられており，同規定には，全締約国の共通目標のひとつとして，知的財産の効果的な保護及び権利行使についての情報交換，及び最良の慣行の共有が挙げられ，また，同規定を効果的に実施し運用するため，知的財産に関する特別小委員会を設置することなどが規律されている。
2)　ACTA は 6 番目の批准書が寄託された日の後30日で発効する。
3)　なお，ACTA の民事措置については，特許と非開示情報保護をその適用範囲から除外する任意規定が設けられている。
4)　なお，ACTA の国境措置においては，特許と非開示情報保護をその適用範囲から除外する規定が設けられている。
5)　なお，TPP 協定よりも ACTA が充実している規律としては，執行実務や国際協力関係の規律が挙げられる。ただし，この規律は USMCA や日 EU においても充実しておらず，むしろ，不正商品対策，権利行使に特化した ACTA に特有といえる。
6)　なお，本年 4 月25日，「世界知的所有権の日」に因んで公表された大統領声明には，「USMCA には，これまでの自由貿易協定の中で最もハイレベルで包括的な知的財産条項が含まれている。USMCA が議会によって承認されれば，同協定は，営業秘密を保護し，国境取締りを強化し，イノベーションの推進，経済成長，およびアメリカの雇用の創出に欠かせない商標，著作権，および特許に関する包括的な保護を提供する」と記されている。https://www.whitehouse.gov/presidential-actions/proclamation-world-intellectual-property-day-2019/
7)　例えば　司法当局による損害賠償算定に当たっての侵害者利益などの推定（14.47条 3 項）や，侵害品や材料・装置の廃棄命令（14.45条 1 項），侵害被疑品や材料，装置ほ

共通論題① 知的財産保護の国際的実現における現代的課題

か証拠の押収（14.42条3項）などについて，日 EU・EPA においては，特許権や意匠権も対象になる。

8) Impression Prods., Inc. v. Lexmark Int'l, Inc., 137S. Ct. 1523（2017）.

9) Lexmark Int'l, Inc. v. Impression Prods., Inc., 816 F. 3d 721（Fed. Cir. 2016）.

10) JETRO「世界と日本の FTA 一覧」(2018).

11) 日フィリピン EPA では輸入差止申立てや刑事罰，日チリ EPA では輸出入差止申立て，日タイ EPA 及び日インドネシア EPA では刑事罰対象の対象を，それぞれ特許権や意匠権にまで拡大している。

（経済産業省通商政策局通商機構部国際知財制度調整官）

> 共通論題①　知的財産保護の国際的実現における現代的課題

知的財産保護の多層化と自由の確保

上 野 達 弘

Ⅰ　はじめに
Ⅱ　著作権に関する国際的規範形成の「多層化」
　1　状　況
　2　検　討
Ⅲ　著作権に関する規範形成の「非国家化」
　1　状　況
　2　検　討
Ⅳ　おわりに

Ⅰ　は じ め に

　筆者に与えられた課題は，著作権をめぐる国際的な規範形成の「多層化」と私企業による「非国家規範」の形成（「非国家化」と呼ばれる）について，そうした「国家法及び非国家法による著作権保護の強化とその問題点を検討する」というものであった。

　たしかに，国際的な規範形成の「多層化」および「国家法……による著作権保護の強化」という傾向は，2011年に署名された「偽造品の取引の防止に関する協定」（ACTA），2016年に署名された「環太平洋パートナーシップ協定」（TPP），あるいは，2016年の法案を経て2019年に可決した「欧州デジタル単一市場指令」など，著作権法の分野で複数の具体例を思い浮かべることができる。

　もっとも，他方で，2012年頃に見られた ACTA への反対運動（そのため ACTA は現在も未発効である），同年頃から見られた TPP 協定の知的財産条項に対する反対運動，2016年頃から見られた欧州デジタル単一市場指令に対する反対運動など，国際的な規範形成による権利保護の強化に反対して自由確保を訴える主張も目立っているように思われる。

日本国際経済法学会年報第28号（2019）　53

共通論題① 知的財産保護の国際的実現における現代的課題

また，近時の国際条約の中には，2013年に署名された「盲人，視覚障害者その他の印刷物の判読に障害のある者が発行された著作物を利用する機会を促進するためのマラケシュ条約」や，同条約を含めて2000年代から WIPO で検討が続けられている権利の制限と例外に関する条約案，あるいは，欧州デジタル単一市場指令に設けられている義務的な権利制限規定のように，権利を制限して自由を確保することを加盟国に義務づけるものも増えているように思われる。

さらに，私企業による「非国家規範」の形成についても，たしかに権利強化に向けた動きが見られる一方で，例えば，動画投稿サイトがプロバイダの免責に関する法制度を活用して発展してきたように，プラットフォーマである私企業は，むしろ自由確保を指向する側面があるようにも見える。

このように見てくると，著作権をめぐる規範形成の「多層化」と「非国家化」においては，権利保護を強化しようとする方向性のみならず，自由を確保しようとする方向性が見受けられるように思われるのである。

そこで，本報告は，与えられた課題に沿いつつ，「権利保護の強化」に「自由の確保」の側面を追加した上で，インターネット環境を中心として，著作権をめぐる規範の「多層化」と「非国家化」に見られる権利保護強化と自由確保の相克について若干の検討を試みるものである。

Ⅱ 著作権に関する国際的規範形成の「多層化」

1 状 況

著作権をめぐる国際的規範形成の「多層化」は，以下のような形で見受けられる。

(1) 多国間条約 (Multilateral treaty)

第1に，世界的な規模での締結が目指される多国間条約である。歴史的には，著作権に関してもこのような多国間条約の締結が目指されてきたところであり，特に，19世紀以降，「文学的及び美術的著作物の保護に関するベルヌ条約」(1886年：ベルヌ条約)，「実演家，レコード製作者及び放送機関の保護に関する国際条約」(1961年：ローマ条約)，「著作権に関する世界知的所有権機関条

約」（1996年：WIPO 著作権条約〔WCT〕），「実演及びレコードに関する世界知的所有権機関条約」（1996年：WIPO 実演・レコード条約〔WPPT〕），「視聴覚的実演に関する北京条約」（2012年：北京条約），「盲人，視覚障害者その他の印刷物の判読に障害のある者が発行された著作物を利用する機会を促進するためのマラケシュ条約」（2013年：マラケシュ条約）など，WIPO（世界知的所有権機関）が管理する条約が多い[1]。

(2) 複数国間条約（Plurilateral treaty）

第2に，地域的関係や目的等を共有した複数国による締結が目指される多国間条約である（「複数国間条約」とも呼ばれる[2]）。最近では，2016年に署名された「環太平洋パートナーシップ協定」（TPP 協定）と，その米国離脱後2018年に署名された「環太平洋パートナーシップに関する包括的及び先進的な協定」（TPP11協定），2018年に締結された「日本・EU 経済連携協定」（日 EU・EPA）のほか，ヨーロッパには著作権に関する欧州指令が多数ある（例：欧州データベース指令〔1996年〕[3]，欧州情報社会指令〔2001年〕[4]，欧州追及権指令〔2001年〕[5]，欧州貸与権指令〔2006年〕[6]，欧州コンピュータプログラム指令〔2009年〕，欧州保護期間指令[7]〔2011年〕[8]，欧州孤児著作物指令〔2012年〕[9]，欧州管理団体指令〔2014年〕[10]，欧州デジタル単一市場指令〔2019年〕[11]）。また，2012年以降交渉が行われている東アジア地域包括的経済連携（RCEP）案にも知的財産条項が設けられているようである。

(3) 二国間条約（Bilateral treaty）

第3に，2つの国によって締結される二国間条約である。特に二国間で締結される自由貿易協定（FTA）に知的財産条項が設けられる場合があり，わが国に関するものとしては，「日本・スイス経済連携協定」（2009年），「日・豪経済連携協定」（2014年）等がある。また，現在は廃止されているが，著作権に特化した二国間条約として「日米間著作権保護ニ関スル条約」（1905年署名）があった。

2 検 討

こうした著作権をめぐる国際的規範形成の「多層化」については，以下の点のみ指摘しておきたい。

共通論題① 知的財産保護の国際的実現における現代的課題

(1)「多層化」の背景

第1に，世界的な規模での締結が目指される多国間条約による規範形成の限界についてである。もちろん歴史的には，著作権制度のハーモナイゼーションは，WIPO 関連条約が中心的な役割を果たしてきた。しかし，利害関係が多様化・複雑化する昨今の国際社会において，そうした世界的規模の多国間条約の形成は次第に困難になりつつあると考えられる。

例えば，WIPO においては，かなり以前から，デジタル化・ネットワーク化に対応した放送機関の権利保護に関する条約案の検討を続けており，1998年に新たなルール（条約）の策定を目指して議題化され，さらに2007年以降は一般総会のマンデート（伝統的な意味での放送機関の保護を定めること）にしたがって議論が行われているものの，議題化から20年以上たった2019年現在も，いまだまとまっていない[12]。

また，WIPO 関連条約の中には，署名を経ても発効に至っていないものがある。例えば，2012年に署名された北京条約は30か国による批准書または加入書の寄託後3ヶ月で発効することになっているが（26条），2019年6月時点で依然として未発効である。

これに対して，2019年6月時点で，ベルヌ条約の加盟国は177に上り，世界的な規模で著作権制度の基本的な部分をハーモナイズする重要なものと言えるが，他方で，インターネット時代に対応するために創設された WCT および WPPT の加盟国はいずれも102となっている[13]。

2017年10月23日，WIPO 主催により「著作権に係るアジア・太平洋地域会合」（WIPO Asia-Pacific Regional Workshop）が東京で開催された際[14]，参加した全27か国のうち，当時，ベルヌ条約加盟国は21か国であったが，WCT および WPPT に加入しているのは6か国のみであり，ローマ条約に至っては3か国しか加入していなかった[15]。そのため，WIPO では条約加盟国の拡大を目指している。

ただ，経済連携協定のようなパッケージ交渉であればともかく，著作権制度に特化した条約については，これに加入する場合，多くの場合，自国の著作権制度を強化する義務を負うことになるため，現実にどれほど積極的な賛同が得

られるかは課題も残るところである。もし，そうした世界的規模の多国間条約の形成が容易でないとすると，国際的規範形成の「多層化」というものは，当事国に選択肢を増やすことによって，規範形成の促進・円滑化に資する側面があると言えよう。

(2) 「多層化」の問題点

第2に，国際的規範形成の「多層化」による規範の細分化についてである。

例えば，著作物の原則的保護期間について，ベルヌ条約は，著作者の死後50年と規定しているが（7条1項），複数国間条約（例：欧州保護期間指令，TPP協定，日EU・EPA）は，著作者の死後70年と規定するものが多い。また，条約が発効した時点で消滅している著作権について，これを復活させる義務を負う条約（例：欧州保護期間指令10条2項）もあれば，復活させる義務を負わない条約（例：TPP協定18・10条2項）もある。こうした不統一の結果，それぞれの条約はハーモナイゼーションを目指しているにもかかわらず，規範の細分化が進むことになるのである。

そもそも，保護期間に関する国際条約は最低限を定める場合が多く（例：ベルヌ条約7条6項），また，保護期間については相互主義が容認される場合もあるため（例：ベルヌ条約7条8項）。その結果，現実問題としても，各国では，保護期間に関する様々な算定方法が維持されており，各国による保護期間の相違は依然として大きなものとなっている。また，著作者の死亡時を基準に算定する場合であっても，そこにいう「著作者」の認定が国によって異なる場合もある。

一例として，TPP協定およびTPP11協定に伴う保護期間の延長を取り上げる。TPP協定は，保護期間に関しても規定を有していたため（18.63条），わが国は，いわゆるTPP協定担保法［平成28年法律第108号］によって著作物・実演・レコードの保護期間を延長する改正を行った。しかし，TPP協定は，米国離脱によって発効の見込みが立たず，同改正も施行されないままとなっていた。その後，TPP11協定においては，知的財産章を中心に適用停止（凍結）事項があり，少なくとも，著作権等の存続期間（TPP協定18.63条）および技術的保護手段（TPP協定18.68条）は凍結されていたが，わが国はTPP協定担保

共通論題① 知的財産保護の国際的実現における現代的課題

法による改正項目のすべてを施行し，保護期間の延長を行った。[19]

　そして，TPP11協定担保法は，保護期間延長に関する経過措置として，「施行日の前日において現に第8条の規定による改正前の著作権法……による著作権又は著作隣接権が存する著作物，実演及びレコードについて適用し，同日において旧著作権法による著作権又は著作隣接権が消滅している著作物，実演及びレコードについては，なお従前の例による」と規定している（7条）。

　そのため，例えば，1968年に死亡した著作者（例：村岡花子，藤田嗣治）の著作物は，2018年の満了をもって死後50年の経過により著作権が消滅するはずであったが，TPP協定担保法による改正法の施行によって2018年12月30日に保護期間が20年間延長された結果，2038年の満了まで著作権が存続することになった。他方，すでに著作者の死後50年の経過により保護期間が満了した著作物については，TPP協定担保法による改正法の施行によって著作権が復活することはないため，1967年以前に死亡した著作者（例：谷崎潤一郎・江戸川乱歩〔1965年没〕，山本周五郎〔1967年没〕）の著作物は，まだ著作者の死後70年経過していないのであるが，今後もパブリックドメインであり続けるのである。

　以上に加えて，日本固有の問題として，サンフランシスコ平和条約および連合国特例法（連合国及び連合国民の著作権の特例に関する法律）に基づく戦時加算がある。[20]戦時加算とは，戦時期間に連合国または連合国民に帰属していた著作権について，戦時期間（例えば，英米仏については最長3794日〔10年4ヶ月21日または22日〕）を加算するものである。この戦時加算を行った上で，TPP11協定担保法の施行日前日（2018年12月29日）に著作権が存在していた著作物は保護期間が延長されるのである。

　戦時加算は作品ごとに判断される。例えば，ベルギー人画家のルネ・マグリット（1967年没）は連合国民であり，ベルギーの戦時期間は最長3910日（10年8ヶ月14日または15日）であるが，マグリット作品の保護期間は，マグリットの死後70年＋3910日になるかというと，そうではなく，作品ごとに計算する必要があるのである。

　例えば，同じマグリットの作品でも，戦後である1965年に創作された「白紙委任状」（Le Blanc-Seing）は戦時加算の対象にならず，マグリットの死後50年

である2017年末で著作権が消滅しており，2018年12月29日には著作権が存在していないため，保護期間延長の対象にならず，現在もパブリックドメインであるのに対して，戦前である1929年に創作された「イメージの裏切り」（La trahison des images）は3910日の戦時加算がなされ，2018年12月29日に著作権が存続するため，保護期間延長の対象となり，現在も著作権が存続しているのである。

　そして，戦時加算の対象になる著作権については，著作者の死後70年に，さらに戦時加算を行うことになる。したがって，「イメージの裏切り」については，マグリットの死後70年の後に3910日（当該期間中に閏年が2回含まれるため10年8ヶ月15日となる）の戦時加算を行う結果，2048年9月15日が満了するまで著作権が存続することになるのである。

　このように，戦時加算は極めて複雑な計算を強いるものであるため，TPP協定に関連して保護期間を20年間延長する際，これを撤廃すべきとする意見が強かった[21]。しかし，1970年の現行著作権法制定時における保護期間延長の際，戦時加算が維持された経緯もあり，今回の延長においても戦時加算が撤廃されることはなかった。

　その代わり，TPP協定の締結に際して，加盟国のうち戦時加算の対象となると考えられた元連合国（米国，オーストラリア，カナダ，ニュージーランド）との間でサイドレター（2016年2月4日）が交換され，これはTPP11協定においても維持されている（なお，米国はTPP11協定に参加していないが，2018年4月に「改めて同様の内容の書簡を交換」したという[22)23)]）。これによると，「両国政府は，戦時加算問題への対処のため，個別の著作権を集中管理する団体と影響を受ける権利者との間の産業界主導の対話を奨励し，歓迎する（encourage and welcome industry-led dialogue）」「両国政府は，必要に応じて，本書簡が対象とする問題に関し，上記の対話の状況を見直し，及び適切な措置を検討するため政府間で会合する」というのである[24)]。その現実的な効果については，これを疑問視する声もあるが，こうした背景には，2007年6月1日，CISAC（著作権協会国際連合）において，日本が保護期間を延長した場合は，「各国の著作権管理団体がそれぞれの会員に対し，この権利行使の凍結を働きかけることを全会一致で採

共通論題① 知的財産保護の国際的実現における現代的課題

択」した経緯がある。[25] したがって，特に著作権管理団体が管理する権利については，将来，戦時加算期間における権利行使を控える運用となることが期待されるところである。

ただ，少なくともわが国連合国特例法に基づく戦時加算は，著作者ではなく著作権の帰属主体を基準にしていることから，理論上，戦時期間中に存在した著作権であれば，誰が創作した著作物であっても対象となり得るものである。そのため，戦時加算は保護期間の算定を極めて複雑なものにしている。今後も平和条約を踏まえた上での解消可能性を検討すべきであろう。[26]

以上のように，一見すると，わが国は2018年に保護期間を延長して欧米の制度に合わせたように見えるが，実際には，保護期間およびその算定方法は依然として各国の相違が大きく，そこには規範の細分化が見られるのである。

(3) 国際的規範形成における［権利保護］から［自由確保］へ

第3に，国際的規範形成の「多層化」における権利保護の強化傾向についてである。

例えば，TPP協定は，著作権保護について一定の水準を求めるものであり，わが国としても，保護期間の延長，著作権侵害罪の一部非親告罪化，アクセスコントロールの制度整備，配信音源に関する二次使用料請求権，法定損害賠償制度という点で，国内法の改正を要するものであった。[27] その後のTPP11協定では若干の凍結項目があったものの，やはり権利保護の強化を求める側面が強かった。

しかし，このような国際的規範形成による権利保護の強化については，これに対抗する形で，ユーザの自由や公益のための自由確保に向けた動きも顕著になりつつあるように思われる。具体的には以下の2つを含む。

① ユーザの自由確保のための規範形成への反対運動

1つ目に，権利保護を強化する国際的規範形成への反対運動である。

例えば，「偽造品の取引の防止に関する協定」（Anti-Counterfeiting Trade Agreement: ACTA）は，2011年10月1日に東京で署名され，わが国では，2012年9月6日に衆議院本会議において批准されたものの，インターネットの自由を侵害するという懸念から強い反対運動が生じ，欧州議会は2012年7月に

60

ACTAの批准を否決した。その結果，2019年現在においても批准国は日本だけのようであり，いまだにACTAは発効していない。わが国でも，ACTAを実施する国内法改正に関する国会での議論に対して，衆議院外務委員会に所属する国会議員のもとに，抗議のファックス，電話，メールが同内容で大量に届けられたという。[28)]

また，TPP協定の知的財産章に関しても，2011年に条文案とされる文書がリークされて以降，議論となった。わが国においては，特に保護期間延長と議論の非公開性に対する反対運動として，2012年12月，クリエイティブコモンズジャパン，MIAU（一般社団法人インターネットユーザー協会），およびthinkC（著作権保護期間の延長問題を考えるフォーラム）により「TPPの知的財産権と協議の透明化を考えるフォーラム」（thinkTPPIP）が結成されている。[29)]

さらに，欧州デジタル単一市場指令についても，これが2019年3月26日に欧州議会で可決されるまでの間に，2016年9月14日に公表された指令案[30)]（特に「link tax」と呼ばれた11条や「upload filter」と呼ばれた13条）をめぐって，当時ドイツ海賊党党員として欧州議会議員であったユリア・レダ（Julia Reda）やインターネット事業者等による反対運動が展開され，2018年7月5日の欧州議会においては，同案を交渉段階（negotiation stage）に手続きを進める旨の提案がいったん否決されるなどしたのである。

こうした反対運動の中には，必ずしも正確な理解に基づくものばかりではないように思われるが，権利保護の強化を進める国際的規範形成が，一般ユーザの反対運動によって影響を受ける最近の動向を表していると言えよう。

② 国際条約による自由確保

2つ目に，自由確保を指向する国際条約についてである。

もともと，著作権に関する国際条約といえば，加盟国に権利保護の義務を課すものが一般的であった。これに対して，最近では，加盟国に権利制限の義務を課して，自由を確保させようとするものが増えつつある。

例えば，WIPOでは，著作権等に関して，権利保護の強化だけではなく，権利の制限と例外についても，デジタル時代に対応した新たな国際的枠組みを構築すべきという途上国からの指摘を受け，2005年以降，議題化されている。

これを受けて，マラケシュ条約は，視覚障害や肢体不自由等による印刷物判読困難者に関して，加盟国に一定の権利制限規定を設けることを義務づけるものであり（4条1項，5条1項等），わが国も，平成30年著作権法改正［平成30年法律第30号］により，著作権法37条3項の権利制限を拡大した。

マラケシュ条約成立後は，図書館・アーカイブや教育・研究機関等のための制限例外が議論の対象となっているが，そこでは，既存の枠組みを超える新たな国際的枠組み（特に法的拘束力のあるもの）は不要であり，むしろ各国の経験等の共有を中心に行うべきとする先進国と，新たな国際的枠組みの必要性を主張する途上国との間で対立する構造が続いているとされる。

さらに，欧州デジタル単一市場指令も，その内容は権利保護を強化するのみならず，権利制限規定を設けることを加盟国に義務づける規定（3条・4条〔情報解析〕，5条〔教育活動〕，6条〔文化遺産保護〕等）が少なからず見受けられる。

このように見てくると，著作権に関する国際条約は，従来，権利保護の最低条件を定めるものが一般的であったが，近時は，権利保護の最低条件のみならず，自由確保の最低条件を定めることにより，権利保護と自由確保のバランスをとる方向に進んでいるように思われるのである。

Ⅲ　著作権に関する規範形成の「非国家化」

1　状　況

筆者に与えられた課題の背景には，特にインターネット環境において，プラットフォーマである巨大なIT企業による事実上のルール（「非国家規範」）形成が見受けられるという認識があるようである。

たしかに，YouTubeのような動画投稿サイトがDMCA（米国デジタルミレニアム著作権法）に基づくプロバイダの免責規定を活用することによって，すべての権利者から許諾を得ることが現実にはほぼ不可能なコンテンツについても，事実上の"著作権処理"を可能にしていると言えるかも知れない。また同時に，YouTubeにおいては，権利者との協力により侵害と思われるコンテンツを検知するContent IDによって，いわば事実上の権利保護を実現してお

り，これをインターネット上のプラットフォーマ企業による事実上の「非国家規範」の形成と評価し得るかも知れない。

2 検 討

これについては以下の点を指摘しておきたい。

(1) 私企業によるルール形成

第1に，「非国家規範」による［保護強化］および［自由確保］とその正当性についてである。

① 保護強化

1つ目に，「非国家規範」による保護強化についてである。

例えば，YouTube における Content ID は，投稿されたコンテンツを事前に登録されたコンテンツと技術的に照合した上で，権利を有すると主張する者のコンテンツとマッチングすると，権利者は削除等によって当該コンテンツを視聴できなくしたり，削除等しないものの広告収入の分配を受けたりする（マネタイズ）ことが可能である[35]。

しかし，このようなシステムは，それがたとえ他人のコンテンツの無断利用を検知できたとしても，当該コンテンツに著作権等の権利が存在し，それが削除等を主張する者に帰属することまで判断できるものでないのはもちろん，ある投稿が権利制限規定によって許容されるなど著作権侵害の成否まで判断できるものでもない。

その結果，著作権法を適用すれば，著作権等の侵害に当たらない行為まで，当該システムによって検知され，場合によっては削除等がされてしまうことも考えられる[36]。また，実際には著作権等を有しないにもかかわらず，自己を権利者とする虚偽の申出を行い，検出された映像から広告収入の分配を受けることも考えられる。さらに，ユーザが自己のみが権利を有するコンテンツを投稿しているにもかかわらず，Content ID が技術的に誤ってマッチングしてしまうことも考えられる[37]。

その限りでは，巨大 IT 企業が，法律上の著作権等の及ばない行為についてまで事実上の独占を実現できてしまっており，そのような私企業が，著作権法

が定めている保護と利用のバランスを崩していると言える側面があるのかも知れない。そのような状態は，それが私企業によって実現されている以上，保護と利用のバランスとして社会的に望ましいとは限らず，少なくとも民主的正当性を有しないものと言わなければならない。にもかかわらず，もしこのようなシステムが事実上の規範となっているとすれば，その内容面・手続面の正当性をどのように確保するかが課題となろう。

② 自由確保

2つ目に，「非国家規範」による自由確保についてである。

著作権法は，著作物・実演・レコード・放送といった客体について，著作者・実演家・レコード製作者・放送事業者といった主体に著作権や著作隣接権といった権利を付与している。その多くは排他的権利であるため，それらの客体を利用する者は原則として権利者から許諾を得る必要がある。ただ，例えば，数十年前のCMやテレビドラマのように，大量の客体が含まれるコンテンツについて，これを適法にネット配信するためには，本来すべての権利者から事前許諾を得なければならないため，そのような配信サービスは事実上不可能とも考えられる。

しかし，実際には，YouTube等の動画投稿サイトでそうしたコンテンツが大量に視聴できているのは，そうしたプラットフォーマがDMCAのような規定によってプロバイダとして免責されているからである。その結果，そうしたプラットフォーマにおいては，いわば事後的なオプトアウトによって，事前許諾システムでは実現できない配信ビジネスが可能になっていると言えるかも知れない。

このように，最近のプラットフォーマによる事実上のルール形成（「非国家規範」）というのは，権利保護を強化する方向というより，むしろ著作権制度を回避してビジネスを実現すると共に，ユーザの自由に資する方向性が強まりつつあるように思われる。

(2) 特定国法の事実上のグローバル化

また，特に私企業によるインターネット上のルール形成においては事実上のグローバル化が見られると言えよう。

例えば，YouTube は基本的に世界中からアクセスできるグローバルなプラットフォームと言えるが，そうしたプラットフォームにおいては，運営主体が米国企業であることや，当該米国企業がウェブサイトを通じて権利者から直接削除依頼を受け付けていること等から，基本的に当該米国企業が米国のDMCA に準拠してグローバルなビジネスを展開していると理解されているようである[38]。こうしたことによって，インターネットの世界においては，実際には世界中で展開されているビジネスでありながら，ある特定の国の法律に従って運営することによって，事実上，当該法律に準拠したまま世界共通のビジネスを行うことが可能になっているとも考えられる。

もっとも，従来の裁判例においても，例えば，プライバシーに関する事案におけるグーグルに対する検索結果削除請求事件や[39]，ツイッターに対する発信者情報開示請求事件においては[40]，米国企業が相手方となっている。特に後者については，米国のツイッター社に対する請求が認められる反面，日本のツイッタージャパンに対しては，「被控訴人ツイッタージャパンはツイッターを運営する者ではなく，ツイッターの利用についてユーザーと契約を締結する当事者でもないと認められ，本件証拠上，被控訴人ツイッタージャパンが発信者情報を開示する権限を有しているとは認められない」などとして請求棄却されている。

このように，インターネット上のサービス（例：ネットゲーム，コンテンツ配信）については，そもそも送信等の行為がどこで行われているかをどのように判断するかという問題がある。これは，ある国の知的財産権の対象となる行為が行われていると評価できるかどうかという結論に関わる点で重要である。

例えば，「IMSLP」というサイトは，これを運営するカナダで著作権が消滅したクラシック音楽の楽譜を大量にアップしているものであり[41]，クラシック音楽の演奏者にとっては大変便利なものと言える。たしかに，カナダ法に基づく著作物の原則的保護期間は，2019年1月現在，著作者の死後50年であるため（6条），このサイトは同国の著作権を侵害するものではない。しかし，先述のように，保護期間は国によって異なるため，まだ著作権が存続している国においてダウンロードできることが問題となり得る。そこで，このサイトでは，

共通論題① 知的財産保護の国際的実現における現代的課題

ユーザがダウンロードしようとすると,「IMSLP は，IMSLP においてダウンロードするために提供されているファイルが，あなたの国でパブリックドメインであることを保証しません」というような Disclaimer（免責）の表示がされ，「私はこの免責事項を受け入れ，ファイルのダウンロードを続行します」との表示をクリックすることになる。特に，死後70年経過していない作曲家（例：コダーイ・ゾルターン〔1967年３月６日没〕）については，「この作曲家の作品は，欧州など著作権の保護期間が著作者の死後70年とされている国々ではおそらくパブリックドメインではないとされています。1923年以前に出版されたものでない限り，アメリカでも著作権法で守られている可能性があります。……しかし，この作曲家の作品は，（IMSLP のサーバーがある）カナダ及び著作権の保護期間が著作者の死後50年とされている他の国々ではパブリックドメインにあります」といったことも表示される。同サイトによれば，当該サービスはカナダ著作権法を遵守して運営していると説明されている。[42]

このように，世界中でアクセス可能なサイトについて，送信等の行為がどこで行われており，ある国の著作権が及ぶかどうかを判断する際に，サーバ所在地や事業者の所在地はどのように考慮されるのか，そして，ユーザのＩＰアドレス等によりサービスにアクセスできる地域を限定しようとするジオブロッキングが用いられている場合や，ウェブサイトで用いられている言語（例：日本語）から特定の地域等をターゲットにしていると評価できる場合など，様々な事情がどのように考慮されるのかが問題となる。これは国際私法にも関わり得る困難な問題であり，本稿では問題の指摘にとどめたい。

Ⅳ おわりに

本稿は，筆者に与えられた課題に沿いつつ，著作権をめぐる国際的規範の「多層化」と「非国家化」に見られる保護強化と自由確保について検討を試みたものである。そこでは，国際的規範形成によるハーモナイゼーションが進展する一方で，国際的規範の多層化による細分化の傾向が見られると共に，特にインターネット上のプラットフォーマによる「非国家規範」の形成も見られ，そのいずれにおいても，権利保護を強化する従来の方向性に加えて，最近で

は，様々な形で自由を確保する方向性が強まりつつあるように見える。次の将来において，我々はどのような方向性に進むことになるのかは知る由もないが，本稿の検討が多少なりとも今後の議論の一助となれば幸いである。

1) WIPO-Administered Treaties（http://www.wipo.int/treaties/en/）参照。
2) なお，WTO（世界貿易機関）の TRIPS 協定（知的所有権の貿易関連の側面に関する協定）の位置づけについては諸説あり得るが，2019年6月時点で加盟国は164である。
3) Directive on the legal protection of databases, 11 March 1996.
4) Directive on the harmonisation of certain aspects of copyright and related rights in the information society, 22 May 2001.
5) Directive on the resale right for the benefit of the author of an original work of art, 27 September 2001.
6) Directive on rental right and lending right and on certain rights related to copyright in the field of intellectual property, 12 December 2006.
7) Directive on the legal protection of computer programs, 23 April 2009.
8) Directive on the term of protection of copyright and certain related rights amending the previous 2006 Directive, 27 September 2011.
9) Directive on certain permitted uses of orphan works, 25 October 2012.
10) Directive on collective management of copyright and related rights and multi-territorial licensing of rights in musical works for online use in the internal market, 26 February 2014.
11) Directive on Copyright in the Digital Single Market, 17 April 2019.
12) 最近の動向について，上野達弘・梶原均・高杉健二・増山周「(座談会) 音楽配信・放送制度をめぐる隣接権の最新動向」『論究ジュリスト』26号（2018年）48頁も参照。
13) https://www.wipo.int/treaties/en/ShowResults.jsp?lang = en&treaty_id =15
14) 文化庁「WIPO 主催　著作権に係るアジア・太平洋地域会合の開催について（2017年10月）」（http://www.bunka.go.jp/seisaku/chosakuken/1397954.html）参照。
15) 筆者自身も，インターネット時代においては，途上国においても国民が動画投稿サイト等に歌や舞踊を投稿することが考えられ，そうした著作物や実演が他国においても適切に保護されるためには，WCT や WPPT を含めた WIPO 関連条約に加入するのが望ましいという趣旨の講演を行った（Tatsuhiro Ueno, The Role of Copyright Law, WIPO Asia-Pacific Regional Workshop in Tokyo on 23 October 2017）。
16) 例えば，アメリカ著作権法上の保護期間は，1978年1月1日以後に創作された著作物かどうか等，複雑な算定方法となっている（さしあたり，白鳥綱重『アメリカ著作権法入門』〔信山社，2004年〕172頁以下参照）。
17) 上野達弘「TPP 協定と著作権法」『ジュリスト』1488号（2015年）58頁，早川吉尚・川瀬剛志・濵本正太郎・上野達弘・卜部晃史「TPP 研究会座談会　TPP 研究フォーラ

共通論題① 知的財産保護の国際的実現における現代的課題

ム連載を終えて(1)(2) Brexit・トランプ政権誕生の後の自由貿易体制の行方」『JCA ジャーナル』64巻4号3頁・5号3頁（2017年）参照。

18) さしあたり，川瀬剛志「TPP11（CPTTP）協定の法構造」『JCA ジャーナル』65巻6 号（2018年）4頁参照。

19) これについては賛否両論あるところである。さしあたり，早川吉尚・川瀬剛志・濱本正太郎・上野達弘「TPP11は通商・投資分野のルールメイキングに何をもたらすか——自由貿易体制の現在と未来——（前編）」『JCA ジャーナル』65巻8号（2018年）4頁以下参照。

20) 詳しくは，上野達弘「戦時加算」小泉直樹・田村善之編『はばたき——21世紀の知的財産法——』中山信弘先生古稀記念論文集（弘文堂，2015年）679頁参照。

21) 筆者自身のものとして，文化審議会著作権分科会／法制・基本問題小委員会（2015年11月4日）における発言参照。

22) 文化審議会・著作権分科会国際小委員会・第1回（平成30年8月24日）における政府説明参照（http://www.bunka.go.jp/seisaku/bunkashingikai/chosakuken/kokusai/h30_01/）。

23) その後，日 EU・EPA においても，イギリス，フランス，オランダ，ベルギー，ギリシャの5か国との間で同趣旨のサイドレター（2018年6月15日）を交換した（https://www.mofa.go.jp/mofaj/ecm/ie/page 4 _004216.html）。

24) オーストラリアについては，さらにアンドリュー・ロブ（Andrew Robb）貿易・投資大臣（当時）から石原伸晃経済再生担当大臣（当時）宛ての書簡（2016年2月4日）が送られ，「オーストラリアは，1の事実を踏まえ，TPP 協定が日本国及びオーストラリアの双方について効力を生ずる日以後，平和条約第15条(c)の規定に基づいて与えられる著作権の保護に関する権利を行使しないことを決定した」と記載されており（http://www.cas.go.jp/jp/tpp/naiyou/pdf/sonota/160209_sonota_yaku01.pdf），その意味については検討を要する。

25) http://www.mext.go.jp/b_menu/shingi/bunka/gijiroku/021/07062637/006.htm

26) 上野「前掲論文」（注20），前田哲男『「戦時加算」はなくせるのではないか』『コピライト』699号（2019年）23頁参照。なお，上記サイドレターにおいて，「両国政府は，日本国が延長する著作権等の保護期間が，1951年9月8日に署名されたサンフランシスコ平和条約第15条(c)に基づく戦時加算を含めた現行の保護期間を超える事実を認め，注意を喚起する」としたことの意味が問題となるが，これは改正後の保護期間が従来の保護期間＋戦時加算を超えることを確認したに過ぎず，平和条約上の義務について何らかの立場を示したものではないように思われる。

27) 上野「前掲論文」（注17）58頁参照。

28) 第180回国会衆議院外務委員会（2012年8月31日）における発言参照。

29) http://thinktppip.jp/

30) Proposal for a Directive of the European Parliament and of the Council on Copyright in the Digital Single Market, 14 September 2016, 2016/0280（COD）.

31) なお，わが国は，日本は，マラケシュ条約を2018年4月25日に承認し，同年10月1日

に寄託した（2019年1月1日発効）。

32）　上野達弘「平成30年著作権法改正について」高林龍・三村量一・上野達弘編『年報知的財産法2018-2019』（日本評論社，2018年）20頁以下も参照。

33）　例えば，文化庁著作権課「世界知的所有権機関における最近の動向について（第31回著作権等常設委員会結果概要）」文化審議会／国際小委員会（2016年2月12日）資料1－1（2頁）参照。

34）　上野達弘「人工知能と機械学習をめぐる著作権法上の課題——日本とヨーロッパにおける近時の動向——」『法律時報』91巻8号（2019年）39頁以下も参照。

35）　「Content ID の仕組み」（https://support.google.com/youtube/answer/2797370?hl＝ja）参照。

36）　筆者自身の経験として，ゼミで大学対抗ディベート大会を行った際の映像をYouTube にアップしたところ，当該映像の一部にゼミ生が校歌を歌うシーンが含まれており，その伴奏音楽のレコードが Content ID によって検知されたことがあるが，これは著作権法30条の2［付随対象著作物の利用］によって適法なものと考えられる。

37）　筆者自身の経験として，著作権の消滅したクラシック音楽を自ら演奏した映像をYouTube にアップしたところ，当該映像の一部に，同一の曲を演奏した既存の市販レコードと一致した部分があるとして，Content ID によって誤って検知されたことがある。

38）　Google「透明性レポート」（https://transparencyreport.google.com/copyright/overview），同『Google の著作権震害対策』（http://www.bunka.go.jp/seisaku/bunkashingikai/chosakuken/hoki/h29_02/pdf/shiryo_3.pdf）等も参照。

39）　最決平成29・1・31民集71巻1号63頁〔グーグル事件：上告審〕参照。

40）　知財高判平成30・4・25判時2382号24頁〔リツイート事件：控訴審〕参照。

41）　https://imslp.org/

42）　https://imslp.org/wiki/ パブリックドメイン

（早稲田大学法学学術院教授）

共通論題①　知的財産保護の国際的実現における現代的課題

知的財産保護と私法によるエンフォースメント
——デジタル時代の仲介者の責任をめぐって——

西 谷 祐 子

Ⅰ　はじめに
Ⅱ　仲介者の責任をめぐる各国法制と問題の所在
　1　総　説
　2　各国法制
Ⅲ　仲介者に対する責任と国際裁判管轄
　1　総　説
　2　不法行為地の管轄原因
　3　発信者情報開示請求
Ⅳ　仲介者の責任に関する適用法規
　1　著作権侵害の先決問題
　2　著作権侵害の準拠法
　3　仲介者の責任に関する準拠法及び法規の適用範囲
Ⅴ　おわりに

Ⅰ　は じ め に

　知的財産保護とは，人の発明や創作などの知的営為に独占的な利用権を付与し，さらに新たな情報を生み出すインセンティブを与えることで，社会の情報の豊富化をめざす制度である。知的財産は無体物であり，領域的な限界なしに利活用されうる。そこで，古くから国境を越えて保護を与え，人の経済活動や文化的な営みを保障するため，国際的な規範形成が進んできた。19世紀末には，パリ条約及びベルヌ条約によって，[1]国家間の相互主義及び内国民待遇に基づく知的財産保護の枠組みが創設され，基本的に今日まで維持されている。[2]もっとも，知的財産保護は，従来は私権としての保護が中心であったが，1980年代以降は，経済のグローバル化及び産業の急速な発展によるプロパテント政策への転換を受けて，通商問題へと昇華され，1995年には世界レベルでのWTO による TRIPS 協定へと結実した。[3]冷戦後の2000年以降は，各国の産業

及び経済政策の変質とともに利害関係も多様化しており，知的財産保護の
フォーラムは，多数の FTA/EPA などを通じた二国間又は地域レベルの合意
へと分散化している[4]。TPP11協定による知的財産保護もその一環といえよう[5]。

　ところで，パリ条約及びベルヌ条約は，統一的な知的財産権を創設するもの
ではなく，保護の最低基準を定め，権利の実効的行使を保障するに過ぎない。
つまり，特許権及び商標権などの登録型の産業財産権，並びに著作権及び著作
隣接権などは，伝統的に各国法によって付与され，効力が及ぶ範囲も各国の領
域内に限定されてきた。この属地主義の帰結として，知的財産権の存否及び内
容，範囲，存続期間なども各国法によって決定される。たとえば著作権は，創
作によって無方式で成立し，177のベルヌ条約同盟国[6]において同時に保護され
るが，権利自体は各国法上創設され，日本では日本著作権，韓国では韓国著作
権，米国では米国著作権として保護される[7]。近時は，知的財産権の実効的保護
のために，欧州連合（EU）統一商標権[8]や統一特許権[9]など，少しずつ属地主義
を超えた保護の枠組みも生まれているが[10]，まだ例外に過ぎない。それゆえ，知
的財産権の私法上のエンフォースメントは，基本的に，国際的法文書に支えら
れた国家単位の権利をいかに実効的かつ効率的に実現するかをめぐって論じら
れてきたといえよう。

　このような知的財産保護の枠組みは，インターネットや AI という情報イン
フラの発達とともに，新たな課題に直面している。著作権については，万人が
著作物の創造及び利活用に携わることで模倣や盗用の機会も増えており，サー
ビス・プロバイダや検索事業者など（いわゆるプラットフォーマー）を介して情
報が提供されると，瞬時に世界中で損害が発生しうる。これらの情報を媒介す
る者（以下，「仲介者」という）には，GAFA（Google, Amazon, Facebook,
Apple）などの巨大な IT 企業も含まれ，自主規制や優越的地位に基づくアーキ
テクチャによって私人の行動を規制する側面もつ[11]。権利者にとっては，どの
国の裁判所において，どの国の法に従い侵害行為の差止めや損害賠償などの救
済を求めるかが重要になるが，自ら発信者を突き止めて直接請求するのは困難
であり（匿名による情報発信の場合など），まずは仲介者に対して発信者情報の開
示やコンテンツの削除などを求めるのが現実的である。そこで，権利者の著作

共通論題① 知的財産保護の国際的実現における現代的課題

権等の保護を図りつつ発信者の表現の自由を保障するとともに，仲介者が委縮しないように行為規範を明確にし，いずれの国家の公法上又は私法上の規制の下でいかなる範囲で責任を負うかを明確にし，三者の利益のバランスをとることが重要になる。このようにインターネットの遍在性は，私法上の知的財産権のエンフォースメントにも変容をもたらす可能性がある。[12]

　本稿は，国際的な知的財産保護と私法によるエンフォースメントのあり方について，国際私法の視点から論ずることを目的としている。とりわけ近時の科学技術の発展を踏まえた法準則のあり方を探るため，インターネット上の著作権侵害を中心に，サービス・プロバイダや検索事業者などの仲介者の責任について検討し，あるべき国際私法の準則について考察することにしたい。もとより国際私法は，私法のメカニズムを通じたグローバルな規整及び利益の再分配を行う機能を果たしうる。国際私法の準則を発展させることで，私人の権利の実効的な実現方法を探るとともに，各国の異なる経済・産業政策を尊重しながら，規整的権威の合理的かつ適切な分配及び調整を図り，グローバル・ガヴァナンスを向上させる契機となりうるように思われる。[13]

Ⅱ　仲介者の責任をめぐる各国法制と問題の所在

1　総　説

　インターネットにおいて仲介者としてのサービス・プロバイダや検索事業者等は，情報発信者と不特定多数の公衆を媒介し，情報発信の場を提供する重要な役割を担っている。今日では，GAFA を始めとする仲介者の影響力が甚大であり，著作権侵害に当たるコンテンツがウェブサイトに掲載されると，瞬時に世界中で損害が発生しうる。そこで，著作権及び著作隣接権等の権利者を保護するためには，キープレイヤーとしてのシステム運営者に公法上又は私法上の規制を及ぼすのが効果的である。いわゆるリーチサイトが作成され，自身のウェブサイトにはコンテンツを掲載せず，著作権侵害コンテンツ（海賊版や違法動画など）を含むウェブサイトへのリンク情報だけを提供して利用者を誘導している場合にも，仲介者への規制が有効である。[14] しかし，その一方で，仲介者は直ちにコンテンツの内容やリンク先を確認しうるわけではないうえ，常に

72

情報を精査し選別する義務を負うとすると，過度に委縮し，情報発信者の表現の自由を過度に制限するおそれもある。そこで，各国の立法者は，情報発信者と権利者の利益のバランスを図る一方で，仲介者の責任を制限するための立法を行ってきた。TPP第18章81条・82条でも，仲介者の責任を限定する規定が置かれている。

2　各国法制

(1)　日　本

2001年に制定された日本の「プロバイダ責任制限法」[15]は，ウェブホスティングを行う者や電子掲示板の管理者など，インターネット上で他人の通信を媒介する者を指す。プロバイダ責任制限法は，いわゆる「水平的アプローチ」を採用しており，著作権等の侵害だけではなく，不正競争，名誉毀損，プライバシー侵害等の他の不法行為類型にも適用される[16]。

プロバイダ責任制限法は，次の3つの柱からなる。第1に，プロバイダ責任制限法3条1項は，プロバイダが情報の送信を防止する措置を講じなかったときに，権利者との間で不作為責任を負わないための要件を明確にしている。それによれば，プロバイダは，当該情報の流通による権利侵害を知っていたとき（1号），又は違法情報の流通を知っており，権利侵害を知ることができたと認める相当の理由があるとき（2号）のいずれかに該当する場合にのみ，損害賠償責任を負う。つまり，プロバイダは情報の存在の認識について過失を問われず，監視義務も負わないことが示されている[17]。

第2に，プロバイダ責任制限法3条2項は，プロバイダが情報の送信を防止する措置を講じたことについて，発信者との間で作為責任を負いうる場合を定めている。それによれば，プロバイダが情報の流通によって他人の権利が不当に侵害されていると信ずるに足りる相当の理由があったとき（1号），又は権利者から侵害情報に関する送信防止措置を講ずるよう申し出があり，プロバイダが発信者に同意の有無を照会したにもかかわらず，7日を経過しても発信者から不同意の申し出がなかったとき（2号）のいずれかに該当すれば，プロバイダは責任を負わない[18]。

共通論題①　知的財産保護の国際的実現における現代的課題

　第3に，プロバイダ責任制限法4条は，権利者を保護するために，発信者情報開示制度を設けている。それによれば，権利者は，侵害情報の流通による権利侵害が明らかであり（1項1号），かつ損害賠償請求権の行使など正当な理由があるときに（同2号），発信者情報の開示を求めることができる。これは，プロバイダが表現の自由及び通信の秘密等を遵守する義務を負うこと，また発信者情報はプライバシー及び個人情報に関わる重大な利益であり，一度開示されると原状回復が困難であるため，あくまで必要最小限度で発信者情報を開示する趣旨である。[19]

　知財高判平成30年4月25日〔リツィート事件〕[20]は，日本のツィッター・ジャパン社及び親会社である米国ツィッター社に対して，リツィートに関する発信者情報の開示が求められた事件である。本件においては，著作権（複製権，公衆送信権ほか）の侵害はないものの，著作者人格権（氏名表示権及び同一性保持権）の侵害は認定された。そのうえで，ツィッター・ジャパンは，ツィッターを運営する者ではなく，ユーザーと利用契約を締結していなかったことを理由に，親会社の米国ツィッター社に対して，日本のプロバイダ責任制限法に基づく発信者のメールアドレスの開示を命じている。

　このように日本の裁判例においては，比較的広くコンテンツの削除請求や発信者情報開示請求が認容されてきたが，裁判での主張立証を尽くして初めてプロバイダの責任の有無が明確になるのでは，予見可能性が担保されない（最判平成29年1月31日〔グーグル事件〕参照）[21]。そこで，実務においては，プロバイダがより形式的かつ迅速に「相当の事由」に該当するか否かを判断できるように，複数のガイドラインが策定されており，著作権については，著作権等管理業者（いわゆる信頼性確認団体）による通知のスキームが取られている。[22]このようにソフトローとしての行為規範が形成され，業界での自主規制が行われていることは注目されよう。[23]

　(2)　米　　国

　日本よりも仲介者が取るべき措置を明確に定め，免責事由を広く認めるのが，米国の1998年米国ミレニアム著作権法（DMCA）[24]である。米国では，行為者の故意又は過失なしに著作権侵害が成立し，損害賠償責任を負う扱いとなっ

ている。そこで，広くプロバイダの責任制限を認めるために，DMCA が制定された。これは，関連業者の積極的なロビー活動によって成立したとされるが，その基本理念は，プロバイダの責任を制限することで，情報の自由かつ円滑な流通を確保することにある。[25]

DMCA は，ノーティス・アンド・テイクダウンの手続を定めている。それによれば，著作権者等がプロバイダの指定した代理人に侵害事実の通知をした場合には（ノーティス），一定期間内に侵害行為の差止請求訴訟を提起することを条件として，プロバイダに対して著作権侵害の判断をすることなく，直ちに送信防止措置を講ずる義務を負わせるものである（テイクダウン）。プロバイダは，著作権侵害の有無を判断するリスクを負うことなく，遅滞なくコンテンツを削除するだけで責任を負わなくてすむ。このように仲介者を手厚く保護しているのが DMCA の特徴であるが，発信者は，著作権者等によって著作権侵害の主張がなされ，侵害行為の差止請求訴訟が提起されただけで，それが確定するまでの間，当該情報の送信防止措置がとられる不利益を被る。また，侵害を発見するリスクとコストは，いわば著作権者等の負担となっており，プロバイダは通知を受けて送信防止措置を取るに過ぎない。米国でも仲介者の責任を重くする議論があるが，まだ実現していない。[26]

（3） E U

EU においては，従来，2000年 EU 電子商取引指令[27]が仲介者の免責事由を広く認めていた。すなわち，電子商取引指令14条1項によれば，デジタルコンテンツの提供を受けて公衆に送信するサービス・プロバイダは，違法な行為ないし情報であることもしくはその背景にある事実を認識していなかったこと，又はその旨の通知を受けた後に直ちにコンテンツを削除した（もしくはコンテンツへのアクセスを不可能にした）ことを証明すれば，免責される扱いであった。[28]もっとも，ドイツは，同指令を国内法化した後も，判例上仲介者については広く「妨害者責任」を認めていた。そして，仲介者がシステム利用者の権利侵害行為や違法行為（児童ポルノなど）を助長した場合には，故意過失の有無を問わず，客観的な義務違反があるかぎり端的に責任を負うとし，仲介者による間接侵害の成立を広く認めていた。これは，インターネット上での権利侵害におい

共通論題① 知的財産保護の国際的実現における現代的課題

て，被害者が不特定多数の侵害者に対して差止めや損害賠償を直接請求するのは現実的ではないことを理由としていた[29]。

　その後，EU においては，2019年4月のデジタル統一市場（Digital Single Market）著作権指令（以下，「DSM 指令」という）[30]17条が，電子商取引指令14条1項に代えて，正面からコンテンツの共有に関するプロバイダの責任を定めている。これは，特に GAFA などの巨大な IT 企業を念頭に置いて，仲介者に発信者と権利者の利益のバランスを図る役割を負わせている[31]。すなわち，コンテンツを提供する仲介者は，まず権利者の許諾を得なければならず，著作権を侵害するコンテンツが提供された場合には，原則として仲介者が責任を負う（DSM 指令17条1項）。ただし，仲介者が権利者の許諾を得る努力をしたこと，及び権利者からの通知を受けて，直ちにコンテンツへのアクセスを不可能にする又はコンテンツを削除するなどの必要な措置をとったこと等を証明すれば免責されるほか（同4項），詳細な考慮事情も定めている（同5項・6項）。DSM 指令は，仲介者と権利者による調整及び協力によるコンテンツの適切な利用の促進をめざしているが，最終的に仲介者に責任を課している点で批判も強い。また，DSM 指令は，仲介者に監視義務がないことを明記しているものの（同7項参照），現実には，仲介者が厳格なフィルタリングを行い，著作権侵害に当たらないコンテンツまでアップロードを差し控えるなどの過剰な抑止効果が生ずるおそれもあろう[32]。

　EU においては，2016年一般データ保護規則（GDPR）[33]による厳格な個人情報保護制度も整備されており，仲介者がもつ発信者情報の取扱いにおいては，GDPR の基準に従いデータ処理の適法性，並びに必要性及び比例性の原則（GDPR 5条・6条）などを遵守しなければならない（DSM 指令前文70）。しかも EU は，条約によって米国や日本にも GDPR の基準を拡張しているだけではなく，その場所的適用範囲をきわめて広く設定している。それゆえ，データ主体が EU 在住であれば，仲介者又は権利者が日本に本拠をもつ場合にも端的に GDPR が適用されることには，注意が必要であろう（3条）[34]。

　このように，EU においては，特に GAFA を念頭に置いたうえで，EU 域内のみならず，EU 域外にも規制を及ぼす傾向が顕著である。米国においても，

76

特許法のほか，著作権法も域外適用する裁判例が出てきており，自国の規制権限を域外に及ぼす手法が広がっているといえよう[35]。インターネット上の規制については，情報提供のプラットフォームが国境を越えてつながっているために，EU 又は米国の域外的規制が直ちに世界中に波及し，影響が大きい。このような規制の相当性については，国際的視点から別途検討する必要があろう。

Ⅲ　仲介者に対する責任と国際裁判管轄

1　総　説

　以上のように，各国がプロバイダ等の仲介者に対して及ぼす規制の内容が異なるため，著作権者等又は情報の発信者が仲介者に対して救済を求める場合には，どの国の裁判所に提訴するか，またどの国の法を準拠法とするかが問題となる。つまり，インターネット上で提供された情報をめぐって，仲介者の責任を問う場合には，まずどの国の裁判所で訴えを提起するかを決定しなければならない。これは，どの国の裁判所が当該事案について国際裁判管轄をもち，審理及び裁判を行いうるか，という問題である。そして，訴訟手続において，国際裁判管轄が肯定されて本案審理に移行すると，次にどの国の法が準拠法となるかを決定する扱いとなる。

　国際裁判管轄の決定については，国際的又は地域的統一法は，EU 及びEEA 諸国のブリュッセル・ルガノ体制以外には存在せず[36]，基本的には各国ごとに，自国の国際裁判管轄の有無を決定する。日本では，国際裁判管轄の決定基準については，平成23（2011）年の民訴法改正以来，民訴法3条の2以下に規定が置かれている[37]。

　著作権者等がプロバイダ等の仲介者に対してコンテンツの削除又は損害賠償を請求する場合には，両者の間に契約関係がないのが通常であり，不法行為の問題となる。不法行為については，まず原則としての一般管轄権は，自然人である被告の住所地，又は法人の主たる営業所の所在地に認められる（民訴法3条の2）。それゆえ，被告が住所又は主たる営業所を日本にもつ場合には，基本的にすべての種類の請求について（ただし民訴法3条の5〔専属管轄〕を除く），日本の国際裁判管轄が肯定される。また，特別管轄権として，当該訴えが金銭

の支払請求を目的とするかぎり，被告の差押え可能な財産が日本に所在している場合にも管轄が認められる（同3条の3第3号）。また，被告が従たる営業所を日本にもつ場合には，その営業所の関連業務に関するかぎり，被告が日本において事業を行っている場合には，その日本での業務に関する紛争であるかぎり，管轄が肯定されるほか（同条第4号・第5号），主観的併合及び客観的併合に基づく管轄（民訴法3条の6）及び応訴管轄（同3条の8）も認められる。そのほか不法行為については，現実にそれが発生した又は発生する可能性のある地の管轄も認められる（同3条の3第8号〔詳細は後述参照〕）。

これらの管轄原因は，著作権者等が情報の発信者に対して直接，差止め又は損害賠償等を請求する場合にも，基本的に妥当すると解される。他方，発信者が契約関係にあるプロバイダに対して，適法なコンテンツであったにもかかわらず，送信防止措置が取られたことで損害を被ったとして契約に基づく損害賠償等を請求する場合には，不法行為地管轄に代えて，当該契約上の債務履行地管轄（民訴法3条の3第1号）が肯定されるほか，合意管轄も認められる（同3条の7）。また，発信者が消費者であれば，消費者保護のための原告住所地管轄（同3条の4第1項）も妥当する。

ただし，以上の準則に従い原則として日本の国際裁判管轄が肯定される場合であっても，日本で裁判を行うことが当事者間の衡平又は裁判の適正及び迅速を図るという基本原則に反する結果となる特別の事情があるときには，訴えの全部又は一部が却下されうる（同3条の9〔専属的管轄合意がある場合を除く〕）。

2 不法行為地の管轄原因

(1) 総 説

不法行為については，不法行為が発生した地の国際裁判管轄が認められる。その際に，不法行為が国境をまたがって発生し，行為者が加害行為を行った国と，侵害結果が発生した国が異なる場合には，いずれか一方が日本であったかぎり，日本の国際裁判管轄が肯定される。ただし，日本が結果発生地である場合には，加害行為者が日本における結果発生を予見できたことが要件となる。同様の不法行為地管轄は，従来から判例法理によって認められていたが，平成

23年立法は，結果発生地の管轄について予見可能性を要件とすることを明記している点で異なる[38]。

　著作権者等がプロバイダ等の仲介者に対してコンテンツの削除又は損害賠償を請求する場合には，不法行為の単位事件類型にあたり，不法行為地の管轄が認められる。仲介者の行動地は，侵害情報を送信又はアップロードした地であり，結果発生地は，現実に著作権侵害の結果が発生した場所とみることができるであろう。問題は，結果発生地の解釈である。

　知財高判平成22年９月15日[39]は，旧法下の特許権侵害に関する事件であるが，インターネットを介した知的財産権侵害の事案として参考になる。本件においては，原告Ｘは日本法人で日本特許権を有していた。被告Ｙは韓国法人で，「記録媒体の駆動用モータ」を製造・販売しており，日本で流通している商品のDVDマルチドライブにも搭載されていた。Ｙは，ウェブサイト上でＹの物件の譲渡を申し出て日本でも流通させたため，Ｘは日本の裁判所において，ＹによるＸの特許権侵害を理由に，譲渡等の申し出の差止め及び損害賠償を請求した。本件では，Ｙが日本語のウェブサイトを開設し，物件をＹの日本営業所を通じて販売して，市場で流通させていた。

　もとよりＸの日本特許権は，属地的に日本においてのみ効力をもつが，登録国において物品が流通するかぎり，特許権侵害の準備行為，又は教唆もしくは幇助行為が国外で行われた場合でも，特許権侵害は成立する。本件では，特許権侵害の加害行為地は，Ｙが日本語でウェブサイトを開設し，日本の市場に向けて情報を発信していた韓国であった。それに対して，本件での侵害結果の発生地は，現実に特許権侵害が生じた登録国（保護国）としての日本であった。しかも，Ｙもそれを予見できたと解され，日本の管轄を否定すべき特段の事情はなかったと解される。したがって，本判決が結論的に不法行為地としての日本の国際裁判管轄を肯定したのは，相当であったといえよう。

(2)　インターネット上の著作権侵害

　それでは，インターネット上で著作権侵害に当たる情報が送信された場合には，結果発生地はダウンロード可能な地をすべて含むと見てよいか。特許権のように登録を要件とする知的財産権については，比較的問題なく保護国である

登録国を結果発生地と見ることができる。それに対して，著作権については，創作行為によって無方式で177ヶ国のベルヌ条約同盟国において権利が成立するため，不特定多数の国で侵害が発生する可能性も高い。

旧法下においては，インターネット上の著作権侵害や名誉毀損等について，抽象的にダウンロードが可能であるだけで，結果発生地の管轄が発生すると見る立場が有力であった。これは，ダウンロード地において直接法益侵害が発生することを理由とする[40]。そして，平成23年改正後の民訴法3条の3第8号は，結果発生地の管轄に予見可能性を要件として付加し，加害行為者の保護に資する準則となったため，端的にダウンロード可能地を結果発生地と見る説が増えており[41]，最判平成28年3月10日も同旨であると解される[42]。しかし，これは行為者の予見可能性の問題にとどまらず，実質的な結果発生地の確定の問題である。仮に使用言語，ウェブサイトの内容及び構成，対象者等に鑑みて，行為者が特定国にのみ行為を向けており，情報を受け取る者も基本的に特定国にいる者に限定されているのであれば（オランダ語のウェブサイトによってオランダを対象とする場合など），実質的にその対象国においてのみ権利侵害の結果が発生し，その地にのみ結果発生地の管轄を認めれば足りると解される[43]。それゆえ，現行法下でのインターネット上の著作権侵害に関する解釈としても，結果発生地の管轄を認めるには，単なるダウンロード可能性だけでは足りず，行為者の側がその国に行為を向けており，著作権侵害の発生を予見できる事情があったことを要件とすべきであろう。

(3) 特別の事情

以上の準則に従い原則として日本の不法行為地管轄が肯定される場合であっても，日本で裁判を行うことが当事者間の衡平又は裁判の適正及び迅速を図るという基本原則に反する結果となる特別の事情があるときには，訴えの全部又は一部が却下されうる（民訴法3条の9）。これは，英米法系諸国のフォーラム・ノン・コンヴィーニエンスに類似する法理であるが，管轄権の行使を裁判官にゆだねる裁量規定ではなく，訴え却下の法律要件を定める権限規定であると解され，必要最小限でのみ適用されるべき例外則である[44]。

前掲・最判平成28年3月10日においては，被告である米国会社（ネヴァダ州

法人）によって米国ウェブサイト上に原告らの名誉及び信用を毀損する記事が掲載されたこと等を理由に損害賠償が請求されたもので，日本の国際裁判管轄が肯定されるか否かが問題となった。最高裁は，原則としての結果発生地の管轄は肯定したうえで（民訴法3条の3第8号），米国では，すでに事実関係や法律上の争点が本件と共通又は関連する別件訴訟が係属しており，証拠方法も米国に集中していること，原被告らは取引紛争が米国で発生することを想定しえたこと，米国での提訴は原告らにとって過大な負担にならないこと，他方，証拠の所在等に照らせば，日本での訴訟追行は被告にとって過大な負担となることを理由に，日本の裁判権の行使を否定すべき特別の事情があるとして訴えを却下している。このように通常の管轄ルールに従えば，過剰管轄が発生するおそれがある場合には，民訴法3条の9によって訴えの全部又は一部を却下することで調整しうるといえよう。

3　発信者情報開示請求

ところで，著作権者等がプロバイダに対して発信者情報開示請求を行う場合には，どのように扱うべきか。総務省の解説によれば，発信者情報の開示に関する訴えは，民訴法上の財産権上の訴えにも不法行為に関する訴えにも該当せず，訴えの種類又は性質に照らした管轄原因は妥当しない。それゆえ，プロバイダの主たる営業所が日本にある場合（民訴法3条の2），又はプロバイダの従たる営業所が日本にあり，その関連業務に関するものである場合，もしくはプロバイダが日本で事業を行っており，その日本での業務に関連するものである場合にのみ（民訴法3条の3第4号・5号），管轄が認められるとされている。[45]これは，発信者情報開示請求権が，契約関係その他の法律関係も紛争もないプロバイダと開示請求者の間に法律上設けられた特殊な実体法上の開示請求権であることを理由とする。[46]

その結果，日本においては，日本法が準拠法となる場合にのみ，発信者情報開示請求権を行使しうることになろう。また，たとえば米国DMCAが準拠法となり，そのノーティス・アンド・テイクダウンの手続を日本の裁判所において請求することには困難を伴うであろう。その意味では，プロバイダ責任制限

法上の発信者情報開示請求権は，一方的かつ属地的にのみ認められる特殊な実体法上の開示請求権であり，一般には事業活動地の法を適用することとし，裁判上請求される場合には，直接適用法規として法廷地法によることが考えられる。[47]

　上述の知財高判平成30年4月25日〔リツィート事件〕は，ツィッター・ジャパン及び親会社の米国ツィッター社に対して，リツィートに関する発信者情報開示請求がなされたもので，親会社の米国ツィッター社に対する発信者情報の開示を命じている。[48] 本件では，日本の国際裁判管轄や準拠法如何を論ずることなく，黙示的に管轄を肯定し，日本法を準拠法として適用しているが，上述の点に鑑みれば，結論として国際裁判管轄を肯定し，日本法を適用したことは是認できるであろう。米国親会社についても，日本における従たる営業所もしくは事業活動に基づく管轄があったと解されるほか（民訴法3条の3第4号・第5号），共同被告であるツィッター・ジャパンとの主観的併合に基づく管轄もあったと解される（同3条の6）。

IV　仲介者の責任に関する適用法規

　著作権者等がプロバイダ等の仲介者に対して，当該情報によって著作権侵害が生じていることを理由に，コンテンツの削除や発信者情報の開示などを請求するためには，まず先決問題として，各々の準拠法に従い，対象物が著作権による保護を受けていること，また著作権者等に著作権が帰属していることを確定する必要がある(1)。ついで，不法行為としての著作権侵害の準拠法を決めたうえで，当該情報によって著作権侵害が成立しているか否か判断される(2)。これらの準則に従い著作権侵害が成立している場合には，その次の段階として，仲介者の責任の存否を，著作権侵害と同じ準拠法によって判断するか，又は仲介者の営業活動が向けられた国の法などによって判断するかを決める運びとなる(3)。

1 著作権侵害の先決問題

(1) 著作物性

伝統的な著作権保護の枠組みは，各々の権利に保護を与えている国の法，すなわち保護国法によって，権利の存否，有効性，範囲及び存続期間などを確定するというものである。これは，ベルヌ条約に基づく著作権に関する属地主義，又はベルヌ条約5条2項の規定などから導かれるが，国際的な著作権保護の枠組みとして，今日では基本的に異論なく認められているといえよう。[49]

著作物性については，近時，とりわけAIのディープ・ラーニング（深層学習）を利用した作品が話題になっている。現在では，AIによるレンブラント風の作画や，[50] バッハの旋律に沿った作曲，[51] ロボットによる実演なども可能に[52]なっている。そこで，AIが生成した作品に創作性が認められるか，そして知的財産として保護の対象になるかが問題となる。[53]日本では，AI生成物の著作物性を認めるためには，著作権法2条1項1号に定める「思想又は感情を創作的に表現したもの」に該当することが要件となる。一般に，この規定の解釈として，コンピュータが自律的に創作したコンテンツは，「創作的な表現」ではなく，「思想又は感情」を含むものでもないために，著作物として保護されないと解されている。つまり，あくまで人間が自己の思想又は感情を表現するために，道具としてコンピュータを用いた場合にのみ，当該人間が創作した著作物として保護されるという。[54]もっとも，比較法的にみると，英国やアイルランドのように，人間の著作者が存在しないコンピュータ生成物を端的に著作物として認める法制も出てきており，注目される。[55]

他方，人がAIを道具として用いて深層学習をさせ，生成したデータの選択と配列に独創性が認められる場合には，その総体は編集著作物として保護され（著作権法12条），データベース化して検索可能になっている場合には，データベースの著作物として保護される（同12条の2）。[56]AIが学習過程で用いるコンテンツ（画像，音声，文章など）や人の検索履歴・購入履歴などの情報が著作物[57]である場合には，データ解析時に複製権などの侵害が起こりうる。そこで，平成30年著作権法改正は，情報解析のための著作物利用に関する権利制限規定を整備しており（著作権法30条の4第2号），[58]営利目的やコンピュータを用いない

場合も対象とし，しかも複製に限らずあらゆる利用行為を広く正当化している
が，米国の一般的なフェアユース理論よりも対象を絞って要件及び効果を定め
ている。それに対して，英国は非営利目的であること，ドイツは学術研究のた
めに非営利目的で行われることを要件としており，日本よりも要件が厳格であ
るうえ，2019年 DSM 指令3条・4条の国内法化に際して，さらに変更される
ことが予想される。[59)]

　AI 生成物の著作物性やデータベース保護等について，各国法の内容が異な
る以上は，各々の保護国法に従い著作権としての保護の有無及びその範囲等を
判断することになろう。ただし，AI による情報解析のための著作物の利用は，
大量のデータを瞬時に機械的に解析するもので，対象著作物の各々の保護国法
上の正当化事由を個別に判断するのは現実的ではない。むしろデータベースを
開発する者の営業所所在地を基準とすることで，一括したデータ処理を可能に
するのが相当であると思われる。

　(2)　著作権の帰属

　著作権の原始的帰属に関する準拠法の決定方法については，従来から学説が
分かれてきた。ベルヌ条約においては，映画著作物に関する14条の2が保護国
法の適用を定めている以外には，著作権の帰属を決定するための明文規定がな[60)]
い。そもそも著作権の帰属については，比較法的に見て，経済的権利を中心と
する英米法系と，創作者の人格権を中心に構成するフランスやドイツなどの大
陸法系に分かれている。[61)]この違いは，特に職務著作，すなわち労働者が職務上
創作を行った場合（新聞記者による記事の執筆など）の著作権の帰属にも反映さ
れており，日本のほか，英米法系諸国及びオランダなどは法人を含む使用者を
著作権者とし，[62)]ドイツ及びフランスなどは現実に創作を行う自然人である労働
者を著作権者としている。[63)]

　そこで，国際私法上も著作権の帰属を決めるにあたって，各々の保護国法を
適用する考え方と，[64)]本源国法（ベルヌ条約5条4項の定義による）[65)]を適用する考
え方に分かれてきた。保護国法主義の立場は，著作権の原始的帰属が各国の文
化政策を反映することを理由とし，十分に考慮に値する考え方である。しか
し，著作権の存否・範囲及び存続期間は，各々の保護国法によって決定される

としても，権利の原始的帰属の決定基準はその属性と区別されうる。また，ベルヌ条約は，177の同盟国のいずれかを本源国として著作権が成立すれば，登録等の要件を課すことなく無方式で保護を与えるもので，同条約の構造としても，最初に著作権が保護を受けた本源国での帰属を基準に各国での権利関係を処理することに合理性がある。現実にも，著作権の原始的帰属が区々に分かれるのは望ましくなく，一括譲渡にも困難を生ずるであろう。それゆえ，本源国法主義を原則とするのが相当であると解される。ただし，職務著作による著作権の原始的帰属については，使用者と労働者の関係を実質的に規律している労働契約の準拠法による余地もあろう。[66]

2　著作権侵害の準拠法

　先決問題としての著作物性及び著作権の帰属が確定すると，次にコンテンツの著作権侵害の成否及びその効果が問題となる。日本における著作権侵害の準拠法については，平成18（2006）年に法の適用に関する通則法（以下，「通則法」という）[67]を制定する際に，不法行為の準拠法に関する特則をもうけ，知的財産権を侵害する行為について端的に保護国法を適用する規定を置くことも検討された。現在は，保護国とは，知的財産権を創設する又はそれに保護を付与する国であると解するのが通説であるといえようが，[68]立法当時は，保護国の概念について見解の一致がなく，原告が実際に救済を求める地としての法廷地を指すという見解もあり，[69]明文化は困難であるとして見送られた。[70]

　これまでの裁判例は，知的財産権の侵害に基づく差止請求については，端的に知的財産権に保護を与えている国の法（すなわち特許権については登録国法，著作権についてはベルヌ条約5条2項が定める保護国法）を準拠法とし，損害賠償請求については，通則法17条（又は従前の法例11条）に従い準拠法を決定する傾向にある。[71]しかし，同じ知的財産権の侵害行為でありながら，おそらくは日本の実質法の構造を基礎として，救済方法によって性質決定を区別することには問題が多い。むしろ侵害行為は1つであり，一体としてすべて不法行為の問題として性質決定すべきであろう。[72]そのうえで，著作権侵害の準拠法については，ベルヌ条約5条2項を抵触規則と見るか否か，もし抵触規則であるとするなら

共通論題① 知的財産保護の国際的実現における現代的課題

ば，端的に著作権侵害について保護国法の適用を命ずるものであるか否かが問題となる。従来から学説は分かれており，ベルヌ条約5条2項が抵触規則として準拠法を指定しているとする見解も多いが[73]，条約採択時の議論はこの点を明らかに示すわけではなく[74]，直接，抵触規則として保護国法の適用を命じていると解するのは難しいように思われる。むしろベルヌ条約5条2項は，法廷地国際私法を介して準拠法を決定するための根拠規定と見るべきではなかろうか[75]。

　日本の国際私法の解釈としては，通則法において知的財産権の侵害に関する明文規定が置かれなかったこと，そして立法時の議論では，知的財産権の侵害について現在の通則法17条から21条の規定の適用を除外し，端的に保護国法を適用する規定が検討されていたことを想起すべきであろう[76]。しかも通則法17条は，当事者の密接関連性を基準として不法行為の準拠法を決定する準則であり，原則として結果発生地法によるが，行為者がその地での侵害結果の発生を予見できなかった場合には，行動地法によると定めている。このように加害者である当事者の個別かつ主観的事情によって準拠法が変わることは，属地主義に基づく知的財産権の侵害の準拠法決定においては相当ではない。また，通則法20条の例外条項も，当事者の共通常居所地への連結又は契約準拠法への附従的連結を定めており，当事者間の利害関係の調整を中心とした規定である。さらに，通則法21条によれば，当事者による不法行為の準拠法の選択指定が可能となり，不法行為の準拠法決定においては合理性を欠くであろう[77]。このように見ると，通則法の解釈論としては，知的財産権侵害について17条以下の規定を適用するのではなく，端的に規定が欠缺していることを理由に，条理に従い，保護国法を準拠法とするのが相当であると思われる[78]。なお，EUでは，1993年衛星放送指令において，衛星放送に関する発信国法主義をとった例もあるが[79]，権利侵害の結果は，受信地で生じていると見るべきであり，インターネットによる侵害行為の場合も同様である。

　ただし，インターネット上でのコンテンツ提供が世界中の市場を対象としており，著作権侵害が不特定多数の国で発生する場合（いわゆるユビキタス侵害）には，著作権侵害が発生するすべての保護国法を適用することは現実的ではない。そのような場合でも，明らかに最も大きな損害が発生した国が判明してい

れば，その保護国法だけを適用することが考えられるが，それも特定できない場合には，最終的に加害行為者の主たる営業所所在地法を適用するのが相当であろう。この場合には，解釈論として，例外的に当事者自治を認める余地もあるように思われる。

3　仲介者の責任に関する準拠法及び法規の適用範囲

それでは，プロバイダ等の仲介者の責任の準拠法はどのように考えるべきであろうか。この点については，権利者から仲介者に対する請求と，発信者から仲介者に対する請求を区別して考察するのが有益である。

(1)　権利者から仲介者に対する請求

著作権者等がプロバイダ等に対してコンテンツの削除又は損害賠償を請求する場合の仲介者の責任については，(i)コンテンツに関する権利侵害の準拠法と一致させ，その同じ法を適用する考え方と，(ii)仲介者の責任に固有かつ独立の連結点を立てる方法がありうる。

総務省の解説書は，(i)説の立場に立ち，プロバイダの責任についてもコンテンツに関する権利侵害の準拠法を適用するとしており，同様に解する学説もある[80]。この考え方に従ったと解されるものとして，たとえば東京地決平成29年8月30日[81]がある。本件は，日本国内でグーグル・マップに否定的な口コミをされた歯科医院が名誉毀損を理由に，グーグルに対して発信者情報開示の仮処分を申し立てた事件である。本決定は，まず名誉毀損の準拠法（通則法19条）が日本法となることを確認したうえで，仲介者の責任についてもプロバイダ責任制限法4条1項を適用し，結論的に権利侵害の明白性の要件を一応認めることができないとして，申立てを却下している。

しかし，仲介者の責任については，複数の理由から，(ii)説に従い著作権侵害の準拠法とは切り離して，端的に仲介者の営業活動が行われている場所の法によるのが相当であると解される。従来，仲介者の責任について各国で特則が置かれてきた理由は，主として次の2点に集約される。ひとつには，仲介者が基本的に内容をコントロールする可能性がなく，また望ましくもない一方で，不特定多数の公衆に対する発信を行うことで社会的にも経済的にも大きなインパ

クトをもつため，権利者の権利を保護する必要があることにある。もうひとつには，一定範囲で仲介者の免責事由を定めることで，コンテンツを必ずしも知りえない仲介者の保護とのバランスをとる必要があることによる。その意味では，国際私法上仲介者の責任について準拠法を決定する際には，仲介者と権利者双方の接点である市場地として，実際に仲介者が事業活動を行っている場所の法を適用するのが相当ではないかと思われる。事業活動地は，仲介者が予見できる地であり，行為規範とするのに適しているといえよう。

　グーグル・インク社は，削除要求のためのフォームとして米国のDMCAに沿ったものを使っているとされるが[82]，前述の最判平成29年1月31日〔グーグル事件[83]〕においては，利用者及び閲覧者が日本に所在しており，日本語のサイトにつながっていたことから，日本法の適用は前提とされていたといえよう。事業活動地として，仲介者が活動を向けていた地を基準とすれば，仲介者がディスクレーマーを付し，特定の国を事業活動の対象から除くことで，その法の適用を免れうる利点もあろう。

　上述のように，著作権者等からプロバイダに対する発信者情報開示請求は，実体法上の特殊な開示請求権であると解されるところ（上述Ⅲ-3），現実にプロバイダが事業活動を行っている地であれば，公法上及び私法上の規制を及ぼすことに合理性が認められ，発信者情報開示請求権を基礎付けることができると思われる。他方，米国DMCAによるノーティス・アンド・テイクダウンの手続は，米国で事業活動を行っている者であれば，その規制に服させることに合理性があるが，日本での事業活動を行うプロバイダと日本の顧客との間でノーティス・アンド・テイクダウンの手続を取ることには合理性はなく，現実的でもないであろう。それゆえ，仲介者の責任に関する規制を目的とした法規は，属地的に限定された効力をもつ強行法規と見るべきであると思われる。そして，発信者情報開示請求については，一般には事業活動地の法によることとし，裁判上請求される場合には，直接適用法規として法廷地法によることが考えられる[84]。

　EUでは，電子商取引指令3条1項において本源国法主義を採用しており，仲介者の責任については営業所所在地法が適用されることで，コンテンツを公

衆に向けて提供した仲介者の予見可能な形で免責事由（14条1項）を援用でき
る扱いとなっていた。それに対して，2019年 DSM 指令では，上述のように仲
介者の責任を重くする法改正を行っている。国際私法上は，仲介者が事業活動
を行い，その活動を向けている地を準拠法とすることで，少なくとも仲介者の
予見可能性は担保できるであろう。その一方で，EU 域内や米国での仲介者に
対する規制が，全世界の事業者に及ぶと解するのは現実的ではなく，本来の仲
介者の責任を制限するという規制のあり方とも整合しない。このような広範な
一方的規律は相当ではなく，むしろ各々の市場地においてその国が規制を及ぼ
す枠組みを構築すべきであろう。

　もとより音楽や画像・映像などのコンテンツの流通においては，著作権侵害
を防止するために，AI を活用したブロックチェーン上のデジタル権利管理
（Digital Rights Management）の方法が広く用いられている。そして，スマート
コントラクトを活用することで，オリジナル・データが特定のソフトウェア又
はハードウェアでしか利用できない仕組みが出来ている[85]。このようにプラット
フォームを提供する仲介者には，著作権侵害を防ぐための手段が備わっている
と解され，その責任を加重する方向で EU が法改正を行ったことは肯定的に評
価されてよいであろう。しかし，EU が域外的に広く規制を及ぼすのは相当で
はなく，仲介者の予見可能性にも配慮する必要がある。むしろ仲介者の責任に
ついては，属地的な規制と連携して考察する必要があり，基本的にはその事業
活動が向けられている地の法を基準とするのが相当であると思われる。

（2）　発信者から仲介者に対する請求

　発信者がプロバイダ等の仲介者に対して，適法であるはずのコンテンツを削
除された又は不当に発信者情報を開示されたこと等を理由に，損害賠償等を請
求する場合には，両者の間に契約関係があるかぎり，通則法7条以下の規定に
よって準拠法が決定される。国際私法上の請求権競合として不法行為構成をと
る場合にも，通則法20条に従い基本的に契約準拠法に附従的に連結される。

　ただし，通則法7条によれば，当事者に完全な準拠法選択の自由が認められ
るところ，日本で事業活動を行うプロバイダが日本での業務に基づいてコンテ
ンツを削除したために，発信者から損害賠償請求された場合には，当事者が契

約関係を規律するために，たとえば米国ニューヨーク州法を選択したとして
も，プロバイダの責任制限について米国 DMCA を適用し，ノーティス・アン
ド・テイクダウン手続の適用を前提とすることは相当ではないであろう。これ
は，当事者の予見可能性に反するだけではなく，日本の市場地の規制のあり方
としても，権利者，発信者及びプロバイダの利益のバランスを図りながら，米
国 DMCA とは異なる形でプロバイダ責任制限法を制定した以上は，実質的に
日本での事業活動をめぐってプロバイダの責任の有無及び範囲が問題となるか
ぎり，プロバイダ責任制限法の準則を適用すべきであると解されるからであ
る。その意味では，発信者とプロバイダの関係においても，日本がプロバイダ
の事業活動地であれば，属地的に限定された効力をもつ強行法規として，プロ
バイダ責任法を適用するのが相当であろう。

Ｖ　お わ り に

　本稿で取り上げた問題については，まだ検討すべき点が多く残されており，
本稿も試論の域を出るものではない。今後は，通商法の観点も織り込んだうえ
で，国際私法や知的財産法に関する考察を深めていく必要があると思われる。
GAFA のような巨大 IT 企業に対してどのような規制を及ぼすかについては，
各国でも議論がなされている段階であり，妙案はまだない。いずれにしても，
知的財産権の保護の枠組みを考える際には，現状ではまだ保護国法による規律
を出発点とせざるを得ないが，インターネット上の著作権侵害のようなユビキ
タス侵害については別の連結点によることが合理的である。また，仲介者の責
任については，基本的に公法上及び私法上の規制が行われる事業活動地を連結
点とすべきであり，しかも法規の適用範囲も場所的に限定されると解するのが
相当であろう。

　ところで，国際的な紛争処理において裁判所を利用する場合には，本稿で論
じたように，国際裁判管轄及び準拠法の決定において，知的財産権の属地主義
に立脚した法準則を考えざるを得ないが，近時は，当事者の仲裁合意に基づく
仲裁手続の利用が注目されている。仲裁手続によれば，専門家を仲裁人に選任
することができ，当事者による柔軟な準拠法選択も認められるため，各国法上

の知的財産権に関する紛争を一括して解決することも可能になろう。また，仲裁判断が下されれば，1958年ニューヨーク条約によって161の締約国間で承認執行され[86]，外国判決の承認執行よりも格段に実効性が確保されているのも大きな魅力である[87]。近時は，知的財産紛争に特化した「日本知的財産仲裁センター[88]」や「東京国際知的財産仲裁センター」（IACT[89]）も設立されており，仲裁による紛争処理は検討に値するであろう[90]。もとより仲裁手続においても，独占禁止法などと同様に，プロバイダ責任制限法などの属地的に限定された効力をもつ強行法規の適用を確保する手段はある[91]。知的財産権の私法上のエンフォースメントのメカニズムがどのように発展していくのか，今後の動向を見守りたい。

1) 1883年 3 月20日工業所有権の保護に関するパリ条約，1886年 9 月 9 日文学的及び美術的著作物の保護に関するベルヌ条約。

2) 加藤暁子「国際知的財産法の形成——私法統一と公法化のはざまで——」『民商法雑誌』153巻 6 号（2018年）871頁以下ほか。

3) 中山信弘編著『通商産業政策史〔第11巻・知的財産政策〕』（経済産業調査会，2011年） 1 頁以下ほか。通商の観点からみた TRIPs 協定の意義について，西村もも子『知的財産権の国際政治経済学——国際制度の形成をめぐる日米欧の企業と政府——』（木鐸社，2013年）63頁以下参照。

4) 加藤「前掲論文」（注 2 ）886頁以下。

5) 「環太平洋パートナーシップに関する包括的及び先進的な協定」（CPTPP）（2018年12月30日発効）。TPP11協定は，日本において著作権を始めとする知的財産法を広く改正するに至っている。小泉直樹ほか「TPP と法改正」『ジュリスト』1528号（2019年）14頁以下ほか参照。

6) https://www.wipo.int/treaties/en/ShowResults.jsp?lang = en&treaty_id =15 （2019年10月 1 日現在）。

7) 木棚照一『国際知的財産法』（日本評論社，2009年）227頁以下，金彦叔『知的財産権と国際私法』（信山社，2006年）44頁以下ほか。

8) これまでに EU 統一商標権，意匠権及び育成者権が創設されている。Council Regulation（EC）No 40/94 of 20 December 1993 on the Community trade mark, *O.J.* 1994, L 11/1; Council Regulation（EC）No 207/2009 of 26 February 2009 on the Community trade mark（codified version）, *O.J.* 2009, L 78/1; Council Regulation（EC）No 6/2002 of 12 December 2001 on Community designs, *O.J.* 2002, L 3/1; Council Regulation（EC）No 2100/94 of 27 July 1994 on Community plant variety rights, *O.J.* 1994, L 227/1.

共通論題① 知的財産保護の国際的実現における現代的課題

9) EU regulations establishing the Unitary Patent system (No 1257/2012 and No 1260/2012). EU 統一特許裁判所については，山口敦子「欧州統一特許裁判所と我が国の国際私法――判決の承認・執行の観点から――」『国際法外交雑誌』115巻2号（2016年）185頁以下参照。

10) 地理的表示，遺伝資源及び伝統的知識等は，本源国で権利が創設されれば，端的に他国でも承認される。

11) レッシグ及びサンスティンによるアーキテクチャ論については，松尾陽編『アーキテクチャと法――法学のアーキテクチュアルな転回？――』（弘文堂，2017年）5頁以下及び所収論文参照。

12) 日本では，平成30年著作権法改正によって，AI 学習用データが複製権侵害に当たらないことを明記した。今後は，自律的な AI によるコンテンツ作成に創作性を認め，著作権で保護するか，誰を著作者と見るかなども問題となろう。宍戸常寿ほか対談「AI と社会と法――パラダイムシフトは起きるか？――〔第6回・著作権〕」『論究ジュリスト』30号（2019年）139頁以下（奥邨ほか発言）参照。

13) 一般論として，Robert Wai, "Transnational Private Law and Private Ordering in a Contested Global Society", *Harv. Int'l L. J.* 46 (2005), pp. 473 ff., 拙稿「グローバルな秩序形成のための課題――国際法と国際私法の協働をめざして――」『論究ジュリスト』23号（2017年）43頁以下ほか。

14) 小泉直樹「リーチサイト」『ジュリスト』1525号（2018年）27頁以下参照。

15) 特定電気通信役務提供者の損害賠償責任の制限及び発信者情報の開示に関する法律（平成13年法律第137号）。

16) プロバイダ責任制限法は，1998年米国 DMCA や2000年 EU 電子商取引法と異なって，仲介者の行為がコンジット，キャッシング又はホスティングであるかによっても区別しておらず，幅のある規定となっている。詳細は，総務省・総合通信基盤局消費者行政第二課『プロバイダ責任制限法〔改訂増補第2版〕』（第一法規，2018年）16頁以下，Yuko Nishitani, "Copyright Infringement on the Internet and Service Provider's Liability — A Japanese Approach from a Comparative Perspective —," in: Schulz (ed.), *Legal Aspects of an E-Commerce Transaction — International Conference in The Hague 26 and 27 October 2004 —* (Berlin 2006), pp. 42 f.ほか。

17) 総務省『前掲書』（注16）29頁以下，山田真紀子「基調講演：サービス・プロバイダーの法的地位と責任――著作物等の送信を中心に――」『著作権研究』28号（2001年）69頁以下。

18) 総務省『前掲書』注（16）36頁以下，山田「前掲論文」（注17）70頁以下。

19) 総務省『前掲書』注（16）70頁以下，山田「前掲論文」（注17）72頁以下。

20) 知財高判平成30年4月25日判時2382号24頁。

21) 最判平成29年1月31日民集71巻6号63頁は，米国グーグル・インク社に対する訴訟において，いわゆる「忘れられる権利」を認めた事件である。グーグル社のような検索事業者は，プロバイダ責任制限法にいうプロバイダではないが，広義での仲介者にあたる。本判決によれば，ウェブサイトの URL 等情報を検索結果の一部として提供する行

為の適法性は,「当該事実の性質及び内容,当該 URL 等情報が提供されることによって
その者のプライバシーに属する事実が伝達される範囲とその者が被る具体的被害の程
度,その者の社会的地位や影響力,上記記事等の目的や意義,上記記事等が掲載された
時の社会的状況とその後の変化,上記記事等において当該事実を記載する必要性など,
当該事実を公表されない法的利益と当該 URL 等情報を検索結果として提供する理由に
関する諸事情」を比較衡量して判断するという。そして,個人にとっての当該事実を公
表されない法的利益が優越することが明らかな場合には,検索事業者は,当該 URL 等
情報を検索結果から削除する義務を負うとした。「忘れられる権利」と著作権侵害にお
ける考慮事情は必ずしも同列に論じえないが,仲介者に詳細な考慮事情の比較衡量を求
めると,情報の流通が過度に制限されるおそれがあり,より明確な基準が必要になると
いう点では参考になる事案であろう。

22) 特に著作権及び商標権に関するガイドラインについては,森田弘樹「ソフトローとし
てのプロバイダ責任制限法ガイドライン」堀部政男監修『プロバイダ責任制限法・実務
と理論——施行10年の軌跡と展望——〔別冊 NBL141号〕』(商事法務,2012年) 127頁
以下参照。

23) グローバル化の中での自主規制の意義については,拙稿「レークス・メルカトーリア
と自主規制」『法学論叢』180巻 5 = 6 号(2017年) 341頁以下参照。

24) Digital Millenium Copyright Act: Pub. L. No. 105-304, 112 Stat. 2860(Oct. 28, 1998).

25) 「宍戸ほか対談」前掲(注12)150頁(小塚発言)参照。

26) 「宍戸ほか対談」前掲(注12)151頁(奥邨発言),森田「前掲論文」(注22) 134頁,
山本隆司「デジタル・ミレニアム著作権法(米)と EU 情報社会における著作権等指令
(欧)」『著作権研究』28号(2001年) 80頁以下。

27) Directive 2000/31/EC of the European Parliament and of the Council of 8 June 2000
on certain legal aspects of information society services, in particular electronic
commerce, in the Internal Market('Directive on electronic commerce'), *O.J.* 2000, L
178/1.

28) 山本・「前掲論文」・(注26)83頁以下。

29) ハンス = ユルゲン・アーレンス／浦川道太郎・一木孝之訳「ドイツにおける妨害者責
任——『不法行為法に抵触する他人の行為を助長したこと——』を理由とする故意なき
共同責任について」『比較法学』44巻 3 号(2011年) 49頁以下参照。もっとも,ドイツ
でも電子通信法(Telekommunikationsgesetz)の改正後は,仲介者の責任を制限する方
向に動いていたという。

30) Directive(EU) 2019/790 of the European Parliament and of the Council of 17 April
2019 on copyright and related rights in the Digital Single Market and amending
Directives 96/9/EC and 2001/29/EC, *O.J.* 2019, L 130/92.

31) 当初の2016年欧州委員会提案(Proposal for a Directive of the European Parliament
and of the Council on copyright in the Digital Single Market of 14.9.2016, COM
(2016) 593 final) 13・14条は,仲介者が利用者と権利者との間に立って,権利者との合
意に沿ったサービスを提供し,利用状況も権利者に通知する義務を負うと抽象的に定め

共通論題①　知的財産保護の国際的実現における現代的課題

るに過ぎなかったが，2019年DSM指令では，より具体的に仲介者の責任を確定するための準則を置いている。

32）　「宍戸ほか対談」前掲（注12）147頁以下（羽賀発言）参照。

33）　Regulation（EU）2016/679 of the European Parliament and of the Council of 27 April 2016 on the protection of natural persons with regard to the processing of personal data and on the free movement of such data, and repealing Directive 95/46/EC（General Data Protection Regulation）, *O.J.* 2016, L 119/1.

34）　宮下紘『EU一般データ保護規則』（勁草書房，2018年）24頁以下。

35）　米国の知的財産法の域外適用については，金彦叔『国際知的財産権保護と法の抵触』（信山社，2011年）50頁以下参照。一般論としては，Hannah Buxbaum, "Extra-territoriality in the Public and Private Enforcement of U.S. Regulatory Law", in: Ferrari & Fernández Arroyo, *Private International Law: Contemporary Challenges and Continuing Relevance*（Elgar, *forthcoming 2019*）が示唆に富む。

36）　Regulations（EU）No 1215/2012 of the European Parliament and of the Council of 12 December 2012 on jurisdiction and the recognition and enforcement of judgments in civil and commercial matters（recast）, *O.J.* 2012, L 351/1; Lugano Convention on jurisdiction and the recognition and enforcement of judgments in civil and commercial matters, signed at Lugano on 30 October 2007, *O.J.* 2007, L 339/3.

37）　平成23年法律第36号。立法担当者による解説として，佐藤達文・小林康彦編著『一問一答・平成23年民事訴訟法等改正——国際裁判管轄法制の整備——』（商事法務，2012年）参照。

38）　原告は，被告が日本においてした行為によって原告の法益について損害が生じたとの客観的事実関係を証明する必要がある。最判平成13年6月8日民集55巻4号727頁〔ウルトラマン事件〕（最判平成26年4月24日民集68巻4号329頁も同旨）。

39）　知財高判平成22年9月15日ウェストロー2010WLJPCA09159004号。

40）　道垣内正人「サイバースペースと国際私法——準拠法と国際裁判管轄問題——」『ジュリスト』1117号（1997年）64頁，横溝大・ジュリスト1714号174頁ほか。この立場は，基本的にEU司法裁判所の判例とも整合的である（ただし，結果発生地においてはその国で発生した損害の賠償しか請求できず，全損害の賠償は，被告の主たる営業所所在地又は被害者の利益の中心地においてのみ請求しうる）。CJEU 25 October 2011, Case C-509/09 [*eDate Advertising GmbH* v. *X & Olivier Martinez*] and Case C-161/10 [*Robert Martinez* v. *MGN Limited*]（*see* Online Reports of Cases, available at: https://curia.europa.eu/jcms/jcms/P_106308/en/）. 詳細は，中村知里「インターネット上での人格権侵害の国際裁判管轄に関する多面的分析——EU及びドイツの議論の検討——(1)〜(3)」『法学論叢』183巻4号（2018年）以下，出口耕自「インターネット名誉毀損における結果発生地」『国際法外交雑誌』118巻1号（2019年）1頁以下参照。

41）　高杉直・平成28年度重判解314頁，村上正子『JCAジャーナル』64巻1号15頁ほか。

42）　最判平成28年3月10日民集70巻3号846頁。

43）　旧法下の議論として，中西康「マスメディアによる名誉毀損・サイバースペースでの

著作権侵害等の管轄権」高桑昭＝道垣内正人編『国際民事訴訟法〔財産法関係〕』（青林書院，2002年）104頁，渡辺惺之「インターネットによる国際的な民事紛争と裁判」高橋和之・松井茂記・鈴木秀美編『インターネットと法〔第4版〕』（有斐閣，2010年）350頁も同旨。

44) 菊井雄大・村松俊夫『コンメンタール民事訴訟法Ⅱ〔第2版〕』（日本評論社，2006年）頁〔山本和彦〕，中西康「新しい国際裁判管轄規定に対する総論的評価」『国際私法年報』15号（2013年）8頁以下。

45) 総務省『前掲書』（注16）116頁以下，渡辺「前掲論文」（注43）362頁以下。

46) 町村泰貴「発信者情報開示請求権の法的性質」堀部政男監修『プロバイダ責任制限法・実務と理論——施行10年の軌跡と展望——〔別冊NBL141号〕』（商事法務，2012年）143頁以下。

47) 羽賀由利子『ジュリスト』1532号（2019年）116頁以下。

48) 前掲（注20）。同様に，上述の最判平成29年1月31日・前掲（注21）は，米国カリフォルニア州法人であるグーグル・インク社に対して検索結果の削除請求がなされ，初めて「忘れられる権利」を認めたもので，本案判決を下している。

49) ベルヌ条約5条2項を抵触規則と見るか否かについては，見解が分かれている（後掲（注73-75））。

50) INGなどによる「The Next Rembrandt」（https://www.nextrembrandt.com/）（2019年8月17日閲覧）。

51) ケンブリッジ大学による「TheBach Bot Challenge」（https://bachbot.com/#/?_k=roihrw）（2019年8月17日閲覧）。

52) 福井健策「ロボット・AIと知的財産権」弥永真生・宍戸常寿編『ロボット・AIと法』（有斐閣，2018年）260頁以下。

53) 中山信弘「企画趣旨」『法律時報』1140号（2019年）9頁以下。

54) 上野達弘「人口知能と機械学習をめぐる著作権法上の課題——日本とヨーロッパにおける近時の動向——」『法律時報』1140号（2019年）34頁以下，横山久芳「AIに関する著作権法・特許法上の問題」同50頁以下，福井「前掲論文」（注52）281頁以下ほか。

55) 著作者は，コンピュータではなく，それを利用するのに必要な設定を行った者である。Secs 9 (3) and 12 (3) of the UK Copyright, Designs and Patents Act 1988; Sec. 2 (1) of the Irish Copyright and related Rights Act 2000.

56) 福井「前掲論文」（注52）274頁以下。

57) 個人情報保護法や不正競争防止法による保護もありうる。後者については，平成30年改正（平成30年法律第33号）によって，「限定提供データ」の不正な取得，使用及び開示が不正競争の類型に追加されている。詳細は，岡村久道「平成30年改正不正競争防止法によるデータ保護」『ジュリスト』1525号（2018年）16頁以下，奥邨弘司「人口知能に特有の知的成果物の営業秘密・限定提供データ該当性」『法律時報』1140号（2019年）27頁以下。

58) 平成30年法律第30号。

59) 上野「前掲論文」（注54）38頁以下。

共通論題① 知的財産保護の国際的実現における現代的課題

60) ベルヌ条約14条の2第2項は，映画著作物に関する著作権の帰属について，各保護国法の適用を定める規定であると解される。この規定は，ベルヌ条約の1967年ストックホルム改正において導入されたもので，映画の製作には，監督者，脚本家，演出家，音楽家，俳優などの多数の者が関与し，共同著作物としての帰属の決定が困難であること，またハリウッドの巨大な映画産業を抱える米国は，大きな経済的利益をもち，各国の調整が付かなかったことによる妥協の産物である（横溝大『著作権判例百選〔第6版〕』（有斐閣，2019年）218頁以下，山口敦子「著作権の原始的所有者を特定するための準拠法」『法と政治』61巻4号（2011年）227頁以下ほか）。したがって，著作権法16及び29条は，映画著作物の日本著作権の帰属についてのみ適用されると解される（そのため，知財高判平成24年2月28日裁判所ウェブサイト〔中国世界自然文化遺産事件〕が中国法を参照していることの意味が問われよう）。

61) Yuko Nishitani, "Contracts Concerning Intellectual Property Rights," in: Rome I Regulation: The Law Applicable to Contractual Obligations in Europe, ed. by Franco Ferrari and Stefan Leible, Berlin 2009, pp. 77 ff., 山口「前掲論文」（注60）216頁以下。

62) 日本著作権法15条，米国著作権法201条b号，英国CDPA11条2項，オランダ著作権法7条。

63) ドイツ著作権法7条（"Schöpferprinzip"），フランス著作権法113-1条。

64) 道垣内正人「知的財産権」櫻田嘉章・道垣内正人編『注釈国際私法〔第1巻〕』（有斐閣，2011年）641頁，山口「前掲論文」（注60）216頁以下。ベルギー国際私法93条1項及びCLIP原則3:201条も同旨。

65) 木棚グループ案22条，木棚照一「サービス・プロバイダーの法的地位と責任──国際私法上の課題──」『著作権研究』28号（2001）106頁，Nishitani, op. cit., note (61), p. 79.

66) van Eechoud, Choice of Law in Copyright and Related Rights: Alternatives to the Lex Protectionis（The Hague 2003），pp. 188 ff.参照。職務著作において日本法が準拠法となり，著作権及び著作者人格権が原始的に使用者に帰属する場合には，特にドイツ著作権の帰属（常に創作者である自然人が著作権者であり，譲渡も認められない）について困難な適応問題が生ずる。結論的には，ドイツ法上は労働者に著作権が帰属するとしたうえで，使用者に専属的ライセンスが付与されると構成するのが相当であろう。

67) 平成18年法律第78号。

68) 木棚照一『国際知的財産法入門』（日本評論社，2018年）114頁以下及び前掲（注7）ほか。

69) 茶園成樹「特許権侵害の準拠法」『国際私法年報』6号（2004年）33頁以下，石黒一憲・私法判例リマークス2000年（下）153頁ほか。

70) 小出邦夫『逐条解説・法の適用に関する通則法〔増補版〕』（商事法務，2014年）229頁以下，法務省民事局参事官室「国際私法の現代化に関する要綱中間試案補足説明」『法の適用に関する通則法・関係資料と解説〔別冊NBL110号〕』（商事法務，2006年）201頁。

71) 特許権侵害について，最判平成14年9月26日民集56巻7号1551頁〔カードリーダー事

件〕（前掲（注39）・知財高判平成22年 9 月15日も同旨）。著作権侵害について，東京地判平成16年 5 月31日判時1936号140頁（控訴審・東京高判平成16年12月 9 日裁判所ウェブサイト）〔XO 醤男と杏仁女事件〕，東京地判平成21年 4 月30日判時2061号83頁（控訴審・知財高判平成21年10月28日判時2061号75頁）〔苦菜花事件〕，最判平成21年10月 8 日判時2064号120頁（原審・知財高判平成20年 2 月28日判時2021号96頁）〔チャップリン事件〕，前掲（注60）・知財高判平成24年 2 月28日，知財高判平成23年11月28日裁判所ウェブサイト〔USB フラッシュメモリ事件〕ほか。ただし，不正競争行為について一体的に不法行為と性質決定するものとして，知財高判平成30年 1 月15日判タ1452号80頁，知財高判平成31年 1 月24日裁判所ウェブサイト参照。

72)　木棚『前掲書』（注 7 ）237頁及び388頁，嶋拓哉『著作権判例百選〔第 6 版〕』（有斐閣，2019年）215頁，拙稿『国際私法判例百選〔新法対応補正版〕』（有斐閣，2007年）75頁。

73)　道垣内正人「インターネットを通じた不法行為・著作権侵害の準拠法」『日本国際経済法学会年報』 8 号（1999年）166頁，同「著作権をめぐる準拠法及び国際裁判管轄」『コピライト』40巻 8 号（2000年）14頁，同「国境を越えた知的財産権の保護をめぐる諸問題」『ジュリスト』1227号（2002年）55頁，田村善之『著作権法概説〔第 2 版〕』（有斐閣，2001年）562頁，江口順一・茶園成樹「国際取引と知的財産」松岡博編『現代国際取引法講義』（法律文化社，1996年）183頁及び190頁，嶋「前掲論文」（注72）215頁ほか。

74)　駒田泰土「ベルヌ条約と著作者の権利に関する国際私法上の原則」『国際法外交雑誌』98巻 4 号（1999年）43頁以下。

75)　木棚『前掲書』（注68）174頁以下，駒田泰土「著作権をめぐる国際裁判管轄及び準拠法について」『国際私法年報』 6 号（2004年）71頁以下，金『前掲書』（注 7 ）78頁以下，横溝大「知的財産に関する若干の抵触法的考察」田村善之編著『新世代知的財産法政策学の創成』（有斐閣，2008年）460頁以下ほか。

76)　法例研究会編『法例の見直しに関する諸問題(2)――不法行為・物権等の準拠法について――』（商事法務，2003年） 8 頁及び98頁。

77)　横溝大『特許判例百選〔第 4 版〕』（有斐閣，2012年）201頁。

78)　拙稿「通則法17条」櫻田嘉章・道垣内正人編『注釈国際私法〔第 1 巻〕』（有斐閣，2011年）455頁。

79)　Council Directive 93/83/EEC of 27 September 1993 on the coordination of certain rules concerning copyright and rights related to copyright applicable to satellite broadcasting and cable retransmission, *O.J.* 1993, O 248/15.

80)　総務省『前掲書』（注16）112頁以下。木棚「前掲論文」（注65）106頁，渡辺「前掲論文」（注43）363頁もそれに近い。

81)　東京地決平成29年 8 月30日 2017WLJPCA08306003。評釈として，羽賀「前掲論文」（注47）15頁以下。

82)　グーグル・プライバシーポリシー参照（https://policies.google.com/privacy?hl = ja）。

83)　前掲（注21）。

84) 羽賀「前掲論文」（注47）117頁。基本的に，渡辺「前掲論文」（注43）363頁も同じ結論になろうか。

85) 木村真生子「AIと契約」弥永真生・宍戸常寿編『ロボット・AIと法』（有斐閣，2018年）154頁。

86) https://uncitral. un. org/en/texts/arbitration/conventions/foreign_arbitral_awards/status2（2019年10月1日現在）

87) 外国判決の承認執行に関するグローバルな条約として，2005年6月30日ハーグ管轄合意条約及び2019年7月2日ハーグ判決条約もあるが，前者はまだ締約国数が32ヶ国にとどまっており，後者は採択されたばかりである。ハーグ国際私法会議ウェブサイト（https://www.hcch.net/）参照（2019年10月1日現在）。

88) https://www.ip-adr.gr.jp/

89) https://www.iactokyo.com/

90) 篠原勝美「知的紛争処理における国際仲裁の役割」『ジュリスト』1535号（2019年）35頁以下。

91) U.S. Supreme Court, 2 July 1985, 473 U.S. 614 [*Mitsubishi Motors Corp. v Soler Chrysler-Plymouth, Inc.*]；CJEU, 1 June 1999, Case C-126/97 [*Eco Swiss China Time Ltd. v Benetton International NV*].

（京都大学大学院法学研究科教授）

共通論題② 国際経済法・国際取引法における仮想通貨の諸問題

座長コメント

竹 下 啓 介

1 国際経済法・国際取引法における仮想通貨の諸問題

　近年，国際社会において仮想通貨（乃至暗号資産）取引に対する関心が高まっている。インターネット上のデータとして存在する仮想通貨は，国際的な支払・決済に対して利便性を提供するものであり，また，価格変動率の高さから投資の対象としても注目を集めている。同時に，仮想通貨に関する法的問題の検討も必須となっている。例えば，仮想通貨が不法な取引の決済やマネーロンダリングに利用されないように公法上の規制を議論する必要がある。また，私人間で仮想通貨取引がされる以上，必然的に私法上の問題が登場し，例えば，利用者や投資家の保護についての検討が必要となる。更に，仮想通貨取引がインターネットを介して容易に国境を越える性質のものである以上，これらの法的問題の検討に当たっては，一国内の規律の枠組みの中で検討するのみでは十分でなく，問題の国際性を意識した分析を行わなければならない。以上の点からするならば，仮想通貨の法的諸問題については，本学会の中心的な課題である国際経済法・国際取引法の双方の観点からの検討が必要であるし，その研究を深化させることは学会の責務であると考えられる。

　以上の問題意識を前提として，第28回（2018年度）研究大会においては，「国際経済法・国際取引法における仮想通貨の諸問題」と題するセッションが行われ，上智大学教授・森下哲朗会員による「仮想通貨取引に関する法的規律の全体像」，防衛大学校准教授・石井由梨佳会員による「仮想通貨とマネーロンダリング（資金洗浄）」，立教大学教授・早川吉尚会員による「国際的な仮想通貨取引における利用者・投資家の保護」の各研究報告がされた。そして，本号に掲載される各会員の論文は，それぞれ，学会における報告及び議論を基礎とし

て，執筆されたものである。本稿は，学会のセッションの座長を務めた筆者の視点から，本企画の全体の中での各論文の位置づけを説明すると共に，若干のコメントを試みるものである。

2　総論としての議論の焦点——仮想通貨に関する諸問題の明確化

日本における近時の仮想通貨に関する法的な問題の検討では，しばしば，仮想通貨自体の法的な位置づけ・性質決定が議論される。例えば，仮想通貨は，「通貨（currency）」よりむしろ「暗号資産（crypto-assets）」と位置づける方が適切である等とされる。[1] また，仮想通貨の私法上の性質決定についても多様な議論がある。[2] しかし，総論的な検討としては，そのような位置づけ・性質決定の検討よりも，むしろ，仮想通貨取引の実態に照らして法的諸問題の全体像を認識することが重要であると考えられる。[3] これは，現実社会における仮想通貨に関する多様な実務的諸問題について，一般論としての仮想通貨の位置づけや性質決定から演繹的に検討することに危険性があるためでもあるが，同時に，対処すべき法的な諸問題が何かを認識することこそが議論の端緒となると考えられるためである。

筆者が専門とする国際私法，特に準拠法選択規則の観点から仮想通貨を分析する場合，仮想通貨自体やその法的な性質が議論の端緒とはならない。まず，準拠法選択は，法的問題を対象として行うものであり，[4] 仮想通貨自体はあくまでプログラムによってコントロールされたネットワーク上のデータという事実に過ぎない以上，「仮想通貨の準拠法」が直接に問題となることはない。確かに，法定通貨については「通貨法（*Lex Monetae*）」が問題となるが，[5] これは法定通貨がその名のとおり法によって通貨としての性質を付与された上で社会において「貨幣（money）」[6] として機能するため，当然にその存在の基礎に法が介在するためである。しかし，仮想通貨の存在の基礎に法は介在していない。仮に，「仮想通貨の準拠法」という表現が存在し得たとしても，それは仮想通貨が関連する一定の法的問題の集合を規律する準拠法を指すに過ぎないのである。また，仮想通貨が法的にいかなる性質を有するかという問題は，法的問題と言い得るが，裁判等を念頭に置けば容易に想像できるように，そのような問

題は，原告の被告に対する請求，例えば，仮想通貨の返還請求が認められるかといった対処すべき法的問題の判断の前提として登場するものに過ぎない。以上の点からすると，仮想通貨に関する法的規律の検討は，実際に対処すべき法的問題が何かの確認から始めるべきである。また，このことは，公法上の規律との関係でも同様であると考えられる。マネーロンダリング等の対処しなければならない法的問題がまず存在しており，その問題の解決の前提として仮想通貨の法的な意義や法的に適切に規律すべき技術的特性が問題となるため，議論の端緒は，やはり対処すべき具体的な法的問題である。

　そして，このような具体的な法的問題を鳥瞰する論文が，森下会員の「暗号資産取引に関する法的規律の全体像」である。同論文では，暗号資産を巡る国際社会の状況を起点として，公法・私法双方の諸問題が提示されており，学会において研究されるべき問題の全体像を理解するために重要な論文であると考えられる。

　なお，仮想通貨の一般的な性質について，2点確認する。第1に，上記の問題意識は，あくまで国際的な観点から議論を展開するためのものであり，従来の日本における仮想通貨の法的性質の検討の意義を否定するものではない。従来の日本の議論は，日本法の適用を前提とした一般的な法的性質決定についてのものとして，それぞれ合理性を有するものであると考えられる。ただし，そのような合理性は，あくまで日本法の枠組みの中でのものであり，過度な一般化はできないし，無条件に国際的な観点からの議論のための前提とすることには問題があろう。各国は，仮想通貨の利用の禁止を含めて，それぞれその法的な取扱いに関する法政策を決定することが可能であり，この点からすると，従来の議論は，日本法における仮想通貨に関する法政策の決定を内包するものであると評価できる。また，第2に，仮想通貨が現実の国際社会において事実的に「貨幣」として受容され得る（「自由貨幣」となり得る）点も確認すべきであろう。[7] 仮想通貨をどのように法的に性質決定するとしても，社会が「貨幣」として受容する限りで「貨幣」となるし，それが事実上の通用力に基づいて社会で流通すれば「通貨（currency）」となる。そして，「貨幣」として社会が受容する場合には，仮想通貨が一定の事実上の財産的価値を有することに疑いの余

地はない。また，そのようにして獲得する財産的価値こそが，仮想通貨の「資産」としての性質を基礎付ける。様々な仮想通貨が実際に社会において「貨幣」として受容されるか否かは別問題であるが，少なくとも，事実的に何の価値もないインターネット上のデータが財産的価値を有することとなる背景には，社会における「貨幣」としての受容という要素がある点を確認すべきであろう。

3　公法上の法的諸問題

　仮想通貨が現実の国際社会において事実的に「貨幣」として機能する以上，マネーロンダリングに対する規律を始めとする各国の公法上の規律の潜脱を惹起し得るものであることに疑いはなく，その対策の検討は必須の事項である。森下会員の論文でも指摘されるように，実際，FATF（Financial Action Task Force）等においても，仮想通貨を利用したマネーロンダリングへの対応やテロ資金対策が議論されている。ただし，このような対策が必要となること自体は，「通貨」として機能する全てのものについて一般的に妥当することであり，仮想通貨固有の問題ではない。議論の焦点は，仮想通貨の特性，特に技術上の特性に対応したいかなる具体的な法的規律が必要となるのかという点である。

　そして，石井会員の「分散型台帳技術と資金洗浄の国際的規制」は，ビットコイン等の多くの仮想通貨が活用する分散型台帳技術の技術的特性に踏み込んで国際的な規制を論じる点で，重要な意義を有する論文である。この論文では，検討すべき問題，分散台帳技術がもたらす犯罪リスクをどの主体が引き受けて社会の公正と安全を実現するかという問題と捉え，仮想通貨取引に対する規制について，関連条約や各国法の検討等によって現行法制の限界を示すと同時に，分散型台帳技術が法定通貨に用いられる場合のリスクも検討している。結論として，特定の技術形態に絞った議論ではなく，汎用性の高い規制を構築していくことの必要性が指摘される。仮想通貨が，元来，国家によるコントロールのない「貨幣」として構想され，今後もそのような方向性に基づく多様な技術の開発が想定されるため，汎用性の高い規制を構築するにも，この論文が行っているような，技術的特性の精緻な分析を基礎とした法的問題の検討が今後も求められよう。

4 私法上の法的諸問題

　仮想通貨取引に関しては，私法上も様々な問題が存在するが，大別するならば，直接に仮想通貨取引を行う私人間の法的問題のような，仮想通貨交換所の介在しない問題と，仮想通貨交換所と顧客との法的関係に関する問題に分類される。そして，前者の問題も重要ではあるが，現実的に裁判等で問題となっているのは後者の事案である。特に，仮想通貨交換業者が破綻した場合における顧客の仮想通貨自体の返還を請求できるかといった点が議論の焦点となっている。この問題は，一次的には仮想通貨交換所と顧客の契約関係の問題であるが，契約関係自体が不分明な場合もあり，現実にはいかなる請求ができるか，必ずしも明らかでない。早川会員の「国際的な仮想通貨取引における利用者・投資家の保護」は，マウントゴックス事件（東京地判平成27年8月5日（LEX/DB25541521））を題材としてまさにこの点を論じるものである。特に，早川会員自身が当該事件に実務的に関与しており，その知見を踏まえて研究者としての理論的な検討がされているため，実務と理論を架橋する重要な意義を有すると考えられる。

　論文の結論として，破綻した仮想通貨交換所に対する顧客の仮想通貨の取戻権を信託的構成によって肯定する日本法の解釈論が主張されるが，早川会員の執筆意図はともかく，このような結論自体は，実質的には，顧客である仮想通貨の投資家を保護する法政策上の価値判断を内包する議論である。そして，このような仮想通貨の利用者や投資家の保護という方向性は，森下会員の論文においても，仮想通貨の帰属や移転にいて有体物である物や貨幣の取引に関する帰属や移転等についてのルールを類推適用すべきとする点で，共通すると考えられる。異論無く認められる債権的な請求に加えて取戻権を認めたり，物権的な保護を認めたりする結論は，それを否定した場合と比べれば，当然に，仮想通貨取引を行う顧客の保護を手厚くし，仮想通貨の利用の促進や投資の拡大のためには望ましい結論である。しかし，このような方向性のみが唯一の法政策的な判断ではないことも確認すべきように思われる。実際，前記東京地判平成27年は少なくとも所有権に基づく取戻権を否定している。また，仮想通貨の帰属について有体物の帰属に関する物権のルールを類推適用する場合，例えば仮

想通貨が第三者に詐取・盗難された場合に「真の権利者」が仮想通貨自体の返還請求権を認めることとなろうが，このような結論は仮想通貨の「貨幣」としての流動性を阻害する要因となるため，決済の利便性・取引の安全の観点からは問題があるということもできる[11]。無論，仮想通貨が「貨幣」という決済手段としてよりも投資対象「資産」として注目される現在において，取引の安全を強調する法政策に説得性があるか否かは別問題であるが，例えば，個別の仮想通貨の現実の利用実態に応じた区別をして法的規律を考える可能性もあり得る[12]であろうし，少なくとも，学問的には多様な可能性があることを前提として，私法上の諸問題の分析を進めることが肝要であろう。

5 本企画の位置づけ——序説的検討

仮想通貨に関する研究は，未だ始まって日も浅く，仮想通貨の実務的な利用が急速に進んでいる状況に対して，必ずしも十分に深められているとはいえないが，実務的な利用の実体が明らかとならないうちに演繹的な思考のみに基づいて結論を出すことは性急であるといえる。この分野の研究は，実務と理論の共同作業の中で，一歩ずつ進める以外に方法はないであろう。学会での研究も本企画が初めてのものであり，今回の序説的な検討を端緒として今後も継続的にこの問題の研究を推進することは学会の責務であろう。特に，国際私法上の問題の検討等の問題の国際性に対応する研究や仮想通貨の技術的特性と法との関係性を解明する研究を深めることは重要である。これらの研究が進められ，近い将来，再び，仮想通貨に関する諸問題が学会で取りあげられることを期待したい。

---

1) 2018年3月にブエノスアイレスで開催された20カ国財務大臣中央銀行総裁会議の声明において「暗号資産」の表現が用いられ，日本でも，2019年5月31日に国会で成立した「情報通信技術の進展に伴う金融取引の多様化に対応するための資金決済に関する法律等の一部を改正する法律」（令和元年法律第28号）が施行されると，「資金決済に関する法律」（平成21年法律第59号）等で「暗号資産」の表現が用いられることとなる。

2) 末廣裕亮「仮想通貨の私法上の取扱いについて」『NBL』1090号（2017年）67頁以下，森田宏樹「仮想通貨の私法上の性質について」『金融法務事情』2095号（2018年）14頁以下，片岡義広「再説・仮想通貨の私法上の性質——森田論文を踏まえた私見（物権法

理の準用）の詳説──」『金融法務事情』2106号（2019年）8頁以下，芝章浩「暗号資産の民事法上の取扱い」NBL1138号（2019年）49頁以下等。

3）　森下哲朗「FinTech 時代の金融法のあり方に関する序説的検討」黒沼悦郎＝藤田友敬編『企業法の進路　江頭憲治郎先生古稀記念』（有斐閣，2017年）807頁参照。

4）　準拠法選択のために最初にしなければならない法律関係の性質決定の対象は法的問題であり，事実関係ではないため，議論の端緒はそのような法的問題が何かという点になる。道垣内正人『ポイント国際私法　総論〔第2版〕』（有斐閣，2007年）87-90頁参照。

5）　森下哲朗「通貨法」櫻田嘉章＝道垣内正人編『注釈国際私法〔第1巻〕』（有斐閣，2011年）649頁以下。

6）　「通貨の単位呼び貨幣の発行等に関する法律」（昭和62年法律第42号）では「貨幣」はいわゆる硬貨のみを指すが，本稿では「貨幣」は一般用語としての意味（英語の money に対応する意味）で用いる。

7）　ビットコインも，金融機関を介さない決済，特に少額取引の決済を可能とすることを念頭に置いて構想された以上，本来的には「貨幣」乃至「通貨」として社会で活用されることが目的であったと考えられる（Cf. Satoshi Nakamoto, "Bitcoin: A Peer-to-Peer Electronic Cash System," available at https://bitcoin.org/bitcoin.pdf）。

8）　これらの問題については，得津晶「日本法における仮想通貨の法的諸問題──金銭・所有権・リヴァイアサン──」『法学』（東北大学）81巻2号（2017年）83頁以下等を参照。なお，2018年1月に起こったコインチェック事件（外部からのクラッキングによって顧客の NEM コインが流出した事件）のように何者かによって仮想通貨が詐取される事案については，仮想通貨取引の匿名性から，裁判において詐取を行った者に対して直接に返還を求めたり，不法行為に基づく損害賠償を求めたりすることはほとんど不可能であり，法的規律には事実上の限界がある点にも留意すべきであろう。

9）　森下「前掲論文」（注3）807-808頁も参照。ただし，断定的に取戻しを肯定してはおらず，仮想通貨交換所と顧客との契約関係の内容や，倒産処理における権利者の公平・平等への配慮する必要性が指摘される。

10）　例えば，仮想通貨交換所との関係で契約に基づく損害賠償請求等が認められることや，無権限者が仮想通貨を処分した場合に不法行為に基づく損害賠償請求等をする認められることに異論はないであろう。末廣「前掲論文」（注2）70頁。

11）　得津「前掲論文」（注8）94-97頁を参照。

12）　森下「前掲論文」（注3）808頁の注118を参照。

（一橋大学大学院法学研究科教授）

共通論題② 国際経済法・国際取引法における仮想通貨の諸問題

暗号資産取引に関する法的規律の全体像

森 下 哲 朗

I　はじめに
II　暗号資産を巡る状況
　1　暗号資産の種類
　2　暗号資産を支える技術
III　暗号資産に関する公法的な規制
　1　暗号資産に関する規制についての国際的な動向
　2　暗号資産に関する規制の枠組みの概要
　3　暗号資産に対する規制
　4　ICO に対する規制
　5　規制の国際的な適用
　6　通貨主権等との関係
　7　暗号資産の規制についての基本的な考え方
IV　私法上の問題
　1　暗号資産の私法上の問題に関する基本的視点
　2　ビットコインの法的性格
　3　その他の私法上の問題
V　おわりに

I　は じ め に

　本稿の目的は，ビットコインに代表される仮想通貨に関する取引や，デジタル・トークンを発行することにより資金調達等を行う ICO（Initial Coin Offering）や STO（Security Token Offering），その他の暗号資産に関する取引について，我が国で，そして，国際的に，どのような法的規律が存在し，どのような法的問題が議論されているかについて概観するとともに，今後のあるべき方向性について幾つかの提案を行うことにある。個別の論点について深く検討することは本稿の目的ではない（筆者は既に幾つかの論点について検討を行っているが，それについては注で引用した拙稿を参照されたい）。

　暗号資産に対する国際的な問題関心は高い。2018年３月にアルゼンチンで開

催された20か国財務大臣・中央銀行総裁会議では，仮想通貨という用語に代えて，ICO におけるトークン等も含むものとして暗号資産（Crypto-Assets）という表現が用いられ，「暗号資産は実際，消費者及び投資家保護，市場の健全性，脱税，マネーロンダリング，並びにテロ資金供与に関する問題を提起する。」との声明が出された[1]。また，2019年 6 月の福岡での20か国財務大臣・中央銀行総裁会議でも，「暗号資産の基礎となるものを含む技術革新は，金融システム及びより広く経済に重要な便益をもたらし得る。暗号資産は，現時点でグローバル金融システムの安定に脅威をもたらしていないが，我々は，消費者及び投資家保護，マネーロンダリング及びテロ資金供与への対策に関するものを含め，リスクに引き続き警戒を続ける。」との声明が出された[2]。2019年 6 月18日にフェイスブックがブロックチェーン技術を用いた暗号通貨「Libra」の構想を発表すると，通貨主権や国際通貨システムの機能への影響も懸念されることとなった[3]。

　暗号資産は，これらの声明で触れられているような消費者・投資家保護，市場の健全性，脱税，マネーロンダリング，テロ資金供与，通貨主権といった問題のほかにも，様々な私法上の問題も生じさせる。また，暗号資産の取引は特定の国の領域内ではなく，様々な国の当事者が参加するサイバー空間で行われることから，必然的に国境を越えた公法・私法の適用や法の執行という問題を生じさせる。

　以下では，まず，暗号資産を巡る状況について概観したのち，公法的規制に関する問題，私法に関する問題について検討するが，私法上の問題については紙幅もあり，簡単に検討するにとどめる。なお，本稿では，仮想通貨や ICO のトークン等一般を指す場合や，資金決済法における暗号資産を指す場合には暗号資産という表現を用い，特に通貨として機能する暗号資産を念頭におく場合には仮想通貨という語を用いることを一応の方針としたいが，必ずしも厳密に使い分けているわけではない点に留意されたい。

共通論題② 国際経済法・国際取引法における仮想通貨の諸問題

Ⅱ 暗号資産を巡る状況

1 暗号資産の種類

代表的な仮想通貨である Bitcoin の基本的構想を明らかにした論文である "Bitcoin: A Peer-to-Peer Electronic Cash System" が，Satoshi Nakamoto と称する者によって暗号学のメーリングリストに投稿されたのは2008年10月であり，2009年1月にビットコインの最初のブロック（genesis block）が生成された。その後，2013年には，ブロックチェーンを用いた分散型アプリケーションのためのプラットフォームとして Ethereum が考案され，Ethereum で使用される仮想通貨として Ether が登場した。何を仮想通貨と呼ぶかにもよるが，例えば，ある仮想通貨に関する情報サイトの仮想通貨時価総額ランキングでは2000を超える仮想通貨が掲載されている[5]。

ビットコインの価格は2013年9月末には1ビットコインが約120米ドルであったところ，2014年初めには約900米ドルになり，その後，2014年から2016年は約230米ドルから900米ドル程度のレンジで推移していたが，2017年後半から急騰し，2017年12月には17000米ドルにまでなった。その後，大規模な仮想通貨の盗難事例等もあって，2018年には一時3500米ドルを割る水準にまで落ち込んだが，2019年に入ると再び価格が上昇し10000米ドルを超える価格となることはあった[6]。ビットコインは特定の発行者が価値を保証しているものでもなく，また，何らかの資産を裏付けとしたものではなく，その価格は市場の需給によって決まるが，このような価格変動の激しさもビットコインのひとつの特色である。ビットコインは，当初，金融機関を介さずに当事者間で支払いを行うことができる仕組みとして提唱されたものの[7]，こうした価格変動の激しさもあって，仮想通貨が決済手段として用いられることは多くなかった[8]。

これに対して，法定通貨等の特定の資産や複数の資産によって構成されるバスケットに結びつけることによって，価格変動を抑えるような仕組みの暗号資産も登場しており，ステーブルコインと呼ばれる（既述の Libra はそのようなステーブルコインの一例であるといわれている）。こうしたステーブルコインはグローバルな決済手段として活用される可能性もあり，規制当局からは，「ス

108

テーブルコインの取り組みは，最も高い水準の規制を満たし，当局の慎重な監督やオーバーサイトに服することで，社会的信認を得ることが求められる」との見方も示されている[9]。

　2017年以降は，ブロックチェーン技術等を利用し，企業等が電子的にトークンと呼ばれるものを電子的に発行して，公衆から法定通貨や仮想通貨の調達を行う ICO も行われるようになった。ICO には，①発行者が将来的な事業収益等を分配する債務を負っているとされるもの（投資型），②発行者が将来的に物・サービス等を提供するなど，上記以外の債務を負っているとされるもの（その他権利型），③発行者が何ら債務を負っていないとされるもの（無権利型）があるとされるが[10]，ICO を有効に活用したとされる事例があまり見られない，詐欺的な事案や事業計画が杜撰な事案も多く利用者保護が不十分である，トークンを保有する者の権利内容に曖昧な点が多いといった問題点が指摘されている[11]。こうした問題点もあって，世界的にも ICO による資金調達は減少する一方，適用される証券規制に従ってトークンを発行して資金を調達する STO と呼ばれる取引が現れてきている。

　このように，暗号資産には様々なものが存在するが，たとえば，英国の財務省・FCA（Financial Conduct Authority）・イングランド銀行が集まって組織した"Cryptoassets Taskforce" が2018年10月に公表した最終報告書では，暗号資産を "exchange token"（決済手段や投資取引に用いられるもの），"security token"（所有権，金銭債権，将来の利益についての持分権等を与えるもの），"utility token"（特定の商品を受領したりサービスの提供を受けたりするために用いられるもの）の3種類に分類している[12]。既存の法制度は，決済取引，投資取引，商品やサービスに関する取引で異なるルールを用意している場面が少なくないことから，このような機能に応じた分類は暗号資産に対する法的規律の在り方を考えるうえで有用なものであると思われる。

2　暗号資産を支える技術

　このような暗号資産を支える技術として，ここではブロックチェーンと秘密鍵を用いた暗号システムについて簡単にみておくこととしたい。

共通論題②　国際経済法・国際取引法における仮想通貨の諸問題

　ブロックチェーンは，取引の記録をブロックに格納してチェーンのように繋げていく技術である。各ブロックには直前のブロックのハッシュ値（直前のブロックのデータをアルゴリズムで一定の値にしたもの）が含まれ，前のブロックが改竄されると，ハッシュ値が変わってしまい，正しく繋がっていないことになる。このため，過去のブロックを改竄しようとすると，その後のブロック全てを全て作り直す必要があるが，それは実際には困難であることから，改竄に強く，取引の経緯を全て記録するのに適した仕組みであるとされている。また，従来の金融取引では銀行や証券会社等の事業者が記録を管理しているのに対して，ブロックチェーンでは，記録はネットワークに参加しているノードと呼ばれるコンピュータ機器が共有し，新たな記録を付け加える際には予め定められた合意方法（コンセンサス・アルゴリズム）に従って決める。特定の記録者ではなく，広くネットワーク参加者が記録を共有し，かつ，記録の決定に関与するため，分散台帳（distributed ledger）と呼ばれる。皆が情報を共有するので，偽造，改竄，データ紛失に強いと言われる。[13]

　「暗号資産」という名称も示すように，暗号資産では暗号技術が用いられる。ビットコインの取引は，自分のビットコインアドレスに記録されたビットコインを他のビットコインアドレスに送付するといった記録が連なるかたちで行われていくが，ビットコインでも用いられている公開鍵暗号方式では，ネットワーク参加者の各ビットコインアドレスについて公開鍵と秘密鍵が作成される。暗号資産の処分には対応するビットコインアドレスについての秘密鍵が必要であり，自分の暗号資産が記録されているビットコインアドレスに対応した秘密鍵を忘れると当該ビットコインアドレスに係る暗号資産を処分できなくなる。一方で，秘密鍵を他者に知られてしまうと当該ビットコインアドレスに係る全ての暗号資産を奪われてしまう可能性がある。我が国でも，2018年1月にコインチェックが580億円相当の暗号資産を盗まれ，2018年9月にはZaifが70億円相当の暗号資産を盗まれ，2019年7月にはビットポイント・ジャパンが30億円相当の暗号資産を盗まれるという事例が生じたが，いずれもハッキングにより秘密鍵を犯罪者に知られたことによるものである。暗号技術はネットワーク上で安全にデータをやりとりしたり，権限者を確認したりするうえで必須の

技術である一方で，暗号の管理がうまくいかなくなると関係する資産が一気に失われるリスクもある[14]。

　なお，我が国で仮想通貨の取引を行っている個人のほとんどは，自ら秘密鍵を管理してブロックチェーン上の記録にアクセスするのではなく，顧客に対して仮想通貨を販売したり，顧客の仮想通貨を預かったりすることを業とする中間的事業者（暗号資産交換業者）を利用している。同じ暗号資産の取引といっても，自ら秘密鍵を管理して直接ブロックチェーンにアクセスするような取引と，中間的事業者を介する間接的な取引では，生じる法的問題も，あるべき法的規律の仕方も異なる。

Ⅲ　暗号資産に関する公法的な規制

1　暗号資産に関する規制についての国際的な動向[15]

　暗号資産に関する国際的な規制として先行しているのは，マネーロンダリング，テロ資金対策に関する FATF（Financial Action Task Force）による取組みである。FATF は，2012年にマネーロンダリングやテロ資金対策のために各国が取るべき施策をまとめた Recommendation を公表していたが，2015年には，この Recommendation が仮想通貨や仮想通貨交換業者との関係でどのように適用されるべきかについてのガイダンスを公表した[16]。我が国でも2016年の資金決済法等の改正により，仮想通貨交換業者を犯罪等犯罪収益移転防止法における特定事業者に指定し，本人確認義務，記録作成・保存義務，疑わしい取引の報告義務等を課している[17]。さらに，2018年10月には，FATF は仮想通貨の保管を業とするいわゆる仮想通貨のカストディ業者等についてもマネーロンダリング，テロ資金供与対策規制の対象とすること等を内容とするガイダンスや定義集の改訂を発表した。こうした FATF のガイダンスに従い，マネーロンダリング及びテロ資金供与対策の観点からの法規制については，特に法制度上の対応をしている国は少なくない[18]。さらに FATF は，2019年6月，2015年のガイダンスを改訂した新たなガイダンスを公表している[19]。

　Financial Stability Board（FSB）は，2018年10月に暗号資産市場におけるリスクや暗号資産が金融の安定に与えうる影響等について検討した "Crypto-asset markets: Potential channel for future financial stability implication" を公表した。そこでは，「現時点では暗号資産は世界の金融の安定に実質的なリスクを生じさせるものではない」との結論が示されていた。[20] また，2019年4月には，各国の暗号資産に関する関係当局と規制の概要をまとめた "Crypto-asset regulators directory" を公表した。[21]

2019年5月，IOSCO（証券監督者機構）は，各国当局が適切に仮想通貨取引所の監督を行うのに資するよう，仮想通貨取引所（crypto-asset trading plat-forms: CTP）に対する監督上のポイントをまとめたコンサルテーション・レポートを公表した。[22] そこでは，①投資家のCTPへのアクセスや仲介機関の義務，②CTPが顧客の資産を保有している場合における顧客資産の保護や損失発生時・CTPの破綻時における取扱い，また，CTPの健全性確保のための仕組み，③利益相反の管理，④CTPについての情報提供，⑤市場における不公正取引に関する既存のルールの適用や不公正取引の防止のためのCTPの役割，⑥取引価格の透明性，⑦強靭で信頼できるシステム，サイバー・セキュリティについて，監督上の着眼点や取り得る手法が整理されている。

このように暗号資産に関する国際的な規制や監督の在り方に関する議論・検討は進んでいるが，マネーロンダリングに関するものを除き，具体的な国際的な規制枠組みの構築には至っていない。なお，暗号資産に関しては，現時点では中立的な態度の国が多いと思われるが，中には，マルタのように好意的な国もあれば，中国やロシアのように消極的な国もある。そうした国々の態度の違いは，国際的に統一的な規制枠組みを構築したり，実施したりする際の課題のひとつとなるように思われる。

2 暗号資産に関する規制の枠組みの概要

我が国では，2016年に資金決済法が改正され，仮想通貨交換業者に対する規制が導入された。この規制は，マネーロンダリングやテロ資金対策，並びに，2014年に倒産したMt. Gox社の事例を踏まえた利用者保護に対応することを目的とした限定的なものであった。[23]

しかし，その後，仮想通貨に対する投機的な取引の増加，仮想通貨交換業者

における事故事例の発生，ICO の登場等により，法的規律の見直しの必要性が議論され，2019年 5 月に成立した「情報通信技術の進展に伴う金融取引の多様化に対応するための資金決済に関する法律等の一部を改正する法律」による資金決済法や金融商品取引法等の改正により，仮想通貨の呼称を暗号資産と改めるとともに，暗号資産交換業者に対する規制の強化や暗号資産カストディ業者に対する新たな規制の導入，ICO のうち，いわゆる集団投資スキームと同様に投資を募るためにトークンが発行されるようなもの（金融商品取引法で「電子記録移転権利」として定義されることとなった）の発行者や取引業者に対する金融商品取引法の適用，暗号資産デリバティブ取引や信用取引への金融商品取引法の適用，暗号資産に係る相場操縦等の不公正取引の規制等，新たに，より包括的な規制が導入されることとなった。[24]

諸外国では，2014年に仮想通貨交換業者に関する特別の法制（Bitlicense）を設けたニューヨークのような例[25]，2017年に ICO や仮想通貨の取引所の禁止を発表した中国のような例[26]，また，2019年 5 月に ICO や暗号資産取扱業者についての任意の認証制度を導入したフランスのような例もあるが[27]，現状では，既存の金融規制の枠組みを暗号資産についても適用することによって対応している国々が多いようである（米国でも ICO に対する規制は既存の証券規制により対応している）。

3　暗号資産に関する規制

すでにみたように，暗号資産には様々なものが存在する。暗号資産に関する公的な規制を行う場合，どのような暗号資産をどのような規制の対象とするかは，簡単な問題ではない。

我が国の2019年改正後の資金決済法では，暗号資産は「物品を購入し，若しくは借り受け，又は役務の提供を受ける場合に，これらの対価の弁済のために不特定の者に対して使用することができ，かつ，不特定の者を相手方として購入及び売却を行うことができる財産的価値（電子機器その他の物に電子的方法により記録されているものに限り，本邦通貨及び外国通貨並びに通貨建資産を除く。）であって，電子情報処理組織を用いて移転することができるもの。」または「不

共通論題② 国際経済法・国際取引法における仮想通貨の諸問題

特定の者を相手方として前号に掲げるものと相互に交換を行うことができる財産的価値であって，電子情報処理組織を用いて移転することができるもの」であって，電子移転記録権利ではないもの，と定義されている（資金決済法 2 条 5 項）。

このような暗号資産の定義によれば，ブロックチェーンの利用は必須ではなく，また，ビットコインのように特定の発行者のいないものであっても，特定の発行者がいるようなものであってもよい。2016 年の資金決済法改正時には，通貨としての利用を想定していたこともあって，「不特定の者を相手方として」利用できるという要件が加えられている。特定の相手にしか用いることのできないもののうち，対価を得て発行されるものについては，暗号資産としての規制ではなく，前払式支払手段等として規制される可能性がある。また，不特定の者を相手方に利用できる場合であっても，「通貨建資産」（「本邦通貨若しくは外国通貨をもって表示され，又は本邦通貨若しくは外国通貨をもって債務の履行，払戻しその他これらに準ずるものが行われることとされている資産」として定義されている（資金改正法 2 条 6 項））は暗号資産の定義から除かれることになる。この点に関して，既述の Libra のように法定通貨や法定通貨のバスケットにリンクして価値の変動を抑える仕組みを伴うものについては，一般に「ステーブルコイン」と呼ばれているが，こうした「ステーブルコイン」が上記の「通貨建資産」に該当して暗号資産規制の対象外となるかどうかも問題となる。通貨建資産に該当するために暗号資産に該当しない場合であっても，前払式支払手段や為替取引に関する規制の対象となる可能性がある。[28]

但し，暗号資産に対する規制と前払支払手段に対する規制とでは，現状，規制内容が大きく異なる。暗号資産については，①その売買や交換，暗号資産の管理を行うことは「暗号資産交換業」とされ（資金決済法 2 条 7 項），[29]ブロックチェーン技術によるリスク等暗号資産の取引に特有なリスクも勘案した利用者資産保護の観点からの様々な規制や，[30]仮想通貨の売買の適正を実現するための規制に服するほか，[31]②一部の暗号資産は金融商品取引法における金融商品とされ（金融商品取引法 2 条 24 項 3 の 2），デリバティブ取引に関する規制や，不公正取引に関する金融商品取引法の規制に服し（2019 年改正により暗号資産との関係で

114

の不公正取引等について金融商品取引法185条の22から24が新設された）, 更に, ③暗号資産の販売は金融商品販売法の規律対象にもなる（金融商品販売法2条6号ハ）。これに対して, 前払式支払手段に関する資金決済法の規制では, 発行者の破綻に備えて発行額残高の半額以上の額を供託しなければならないとされているが（資金決済法14条1項）, 前払式支払手段であるとされる限り, ブロックチェーン等の技術を用いても, 暗号資産交換業者に対する上記のような規制の対象とはならない。

　このように, 現行法では暗号資産に対する規制と前払式支払手段等に対する規制が大きく異なるところ, ブロックチェーン技術を利用した電子的な財産的価値に関する取引であり, リスクや機能の点で共通する部分も相当程度ありながら, 不特定の相手方に利用できるか特定の相手方にしか利用できないか, あるいは, 法定通貨にリンクしているかによって, 規制の内容が大きく異なるという状況には改善されるべき点があると思われる。現在, 金融庁では, 機能やリスクに応じた分野横断的な金融規制体系に向けた検討が行われているが[32], 将来的には, そうした検討の一環で, ①機能（決済手段として用いられているかどうか（決済手段としての機能を果たしているかどうかという点からは, ある程度広い範囲で利用することができれば足り, 不特定の相手方に対して利用できるものである必要があるかどうかは決定的な要因ではないように思われる）。加えて, あるいは, 専ら投資の対象として用いられているかどうか（暗号資産の規制にはそのような要素が含まれている））や, ②リスク（発行者の信用を裏付けとするものかどうか, 対価を得て発行されたかどうかといった利用者にとっての価値の保全という観点からのリスク, ブロックチェーン技術を利用することに伴うリスク（暗号資産の規制にはそのような観点からの規制が含まれている）等, 様々な観点があり得る）に応じた横断的な規制に向けた見直しが行われることが望ましい。

　また, 暗号資産を用いた資金移動や貸付についても, 金銭による資金移動や貸付と同様に扱う必要がないかどうか, 取引の実態やリスクに照らした検討がなされる必要があると思われる。

4 ICO に対する規制

　2019年の金融商品取引法の改正により，ICO のうち，発行者が将来的な事業収益等を分配する債務を負っているとされるもの（投資型の ICO）については，「電子記録移転権利」として金融商品取引法上の1項有価証券として規制されることとなった（金融商品取引法2条3項）。ICO については，グローバルに資金調達ができる，中小企業が低コストで資金調達ができる，流動性を生み出せるなど，既存の資金調達手段にはない可能性があるとの評価がある一方，ICO を有効に活用したとされる事例があまり見られない，詐欺的な事案や事業計画が杜撰な事案も多く，利用者保護が不十分である，株主や他の債権者等の利害関係者の権利との関係も含め，トークンを保有する者の権利内容に曖昧な点が多い，といった指摘がなされており，中国のように ICO を禁止する国[33]もある。この点について，2019年の金融商品取引法改正では，ICO を禁止するのではなく，適正な自己責任を求めつつ，一定の規制を設けた上で，利用者保護や適正な取引の確保を図ることとした。[34]

　ICO には，①発行者が将来的な事業収益等を分配する債務を負っているとされるもの（投資型），②発行者が将来的に物・サービス等を提供するなど，上記以外の債務を負っているとされるもの（その他権利型），③発行者が何ら債務を負っていないとされるもの（無権利型）があるとされる。[35]

　このうち，2019年の金融商品取引法改正では，投資型の ICO は金商法2条2項における集団投資スキーム持分に該当する場合が多いと考えられることか[36]ら，トークンに表示されたこれらの権利が金商法の規制対象となることを明文化することとし，また，ブロックチェーンを用いることによって事実上広く流通させることが容易であるといった流通性の高さに鑑み，2項有価証券ではなく，1項有価証券として規制することとした。[37]具体的には，金商法2項に掲げる権利（みなし有価証券）のうち，コンピュータで移転することができる財産的価値で電子的方法により記録されるもの（いわゆるトークン）に表示されるものを1項有価証券である「電子記録移転権利」とし（金融商品取引法2条3項），1項有価証券としての開示規制や業規制（その売買や預託管理には第1種金融商品取引業者の登録が必要となる）の対象とすることとした。但し，「流通性その他の

事情を勘案して内閣府令で定める場合」には電子記録移転権利に当たらないとされている。1項有価証券としての規制を課す理由は，ブロックチェーンを用いることで広く流通すると考えられるからであることから，スマートコントラクトを利用する等技術的な対応をすることによって流通する範囲や対象を限定できる場合には，電子記録移転権利に当たらない（その場合には，集団投資スキームに該当する場合には2項有価証券として規制される）こととすることが適当である。今後，具体的にどのような場合にトークンの発行が電子記録移転権利に該当するのかしないのかを具体化していくことが，実務的に重要な論点となるものと思われる。[38]

　投資型のICOについては電子記録移転権利として金融商品取引法の適用対象となるが，電子記録移転権利は資金決済法の暗号資産の定義から除かれることとなった（資金決済法2条5項）。資金決済法と金融商品取引法の二重規制を回避しようとしたものと考えられるが，投資型とそうでないものを明確に区別できるか，複数の性格を有するようなトークンにはどのように対応するか，ブロックチェーンを用いたトークンの販売や保管には，トークンの性格にかかわらず，共通するリスクも少なくないところ，投資型のトークンとそうでないトークンの双方を販売する事業者について金融商品取引法と資金決済法の異なる規制体系で規制することが適切か等の課題も存在するものと思われる。また，2019年の資金決済法ではトークンの流通市場について特段の手当てを行っていないが，[39]トークンの二次流通のための場の確保が必要であるとの指摘もある。[40]

　一方，他の類型，例えば，いわゆるユーティリティ・トークン等については，2019年の資金決済法・金融商品取引法等の改正において，特別の規定を新設しておらず，従来の取扱いが維持されることになるものと思われる。資金決済法2条5項2号では，「不特定の者を相手方として前号に掲げるものと相互に交換を行うことができる財産的価値であって，電子情報処理組織を用いて移転することができるもの」を暗号資産とする。ICOにおいては仮想通貨と引き換えにトークンが発行されることが多いが，現状，ICOのトークンが不特定の者を相手として同条1号の暗号資産と交換できる場合には2号の要件に該

当し，技術的に交換できる相手方が限定される等の事情がある場合を除いて
は，ICO のトークンは暗号資産となり，暗号資産交換業者でなければ発行や
売買ができないというのが金融庁をはじめとする支配的な見解のようである。[41]
この結果，従来は金融規制の対象とはなっていなかったような権利や商品に関
する場合でも，それについてトークンが発行され，不特定の者を相手として1
号暗号資産と交換可能であれば暗号資産となり，2号暗号資産のカバーする範
囲がかなり広くなっていたように思われる。2号暗号資産を暗号資産規制の対
象とする必要性の根本にあるのは，1号暗号資産と交換できることを通じて1
号と同等の経済的な機能を果たし得るということであると思われることから，[42]
機能やリスクに関する実態をよく考えたうえで，仮に不特定の者を相手として
1号暗号資産と交換できるトークンであったとしても，1号暗号資産と同等の
経済的機能を有するとは思われないものについては，暗号資産としての規制の
対象外とすることが検討されてよいように思われる。[43]

　また，「ICO に関しては，国内で事業を行う発行者が，仮想通貨に関する
トークンを発行するとともに，国内の居住者向けにその内容や購入方法を宣伝
しつつ，国内で無登録の海外の業者を通じて当該トークンを販売している事例
もある」との指摘がある。[44]暗号資産交換業者に対しては勧誘規制や説明義務等
が課されているが（上記の事例の場合，交換業者は外国におり実質的な規制が困難で
ある），発行者に対しては勧誘規制や個別の顧客に対する説明義務は課されて
いない。こうした場合，発行者が暗号資産の売買の媒介を行っていると考える
ことも可能であると思われるが，[45]今後，より一般的に，インターネット時代
（仲介業者でない者であっても簡単に金融商品の広告・勧誘が可能である）における広
告・勧誘規制のあり方について議論を深めていく必要があるものと思われる。

⋅5　規制の国際的な適用

　資金決済法63条の22は「登録を受けていない外国仮想通貨交換業者は，国内
にある者に対して，2条7項各号に掲げる行為（通貨交換業のこと）の勧誘をし
てはならない」と規定する。電子的な取引では容易に国境を越えた取引が可能
であり，どのような場合に，日本国内で仮想通貨交換業を行っているといえる

かは難しい問題であるが，このように顧客の所在地に着目した規定により，少なくとも日本法上は，そのような問題に立ち入らなくても日本法による規制を及ぼすことが可能となる。そのうえで，金融庁の事務ガイドラインでは，「国内にある者に対する勧誘」があるかどうかについては，日本国内にいる者との取引を行わないとの担保文言が示され，また，住所等を確認することで日本国内にいる者との取引を行わないような取引防止措置等が取られていない限り，ホームページでの宣伝は基本的に「国内にある者に対する勧誘」に当たると考えられるとしている[46]。日本法としてこのような立場をとることは適切であり[47]，金融庁はこれまで海外の4社に対して無登録で仮想通貨交換業を行っているとして警告を行っている[48]。ただし，実際には警告以上のことはなかなか困難であり，個人が外国事業者のサイトにアクセスすることも容易に行われる。国際的な取引に対する規制の実効性をどうやって確保していくかは，今後の重要な課題であり，各国当局の連携が重要になってくると思われる。

6　通貨主権等との関係

国家には，国家主権の一部として，自国領域内の通貨に関する事項についての通貨高権（国家が独占的に行使できる権能）があると考えられており，具体的には，価格標準としての統一的な通貨単位を決定する権能，一定の支払手段に強制通用力を与える権能，通貨の発行を独占的に行う権能，通貨の発行益を独占的に獲得する権能，通貨全体の発行量を決定し価値をコントロールする権能を独占的に行使できると考えられている[49]。これまで国家の通貨制度や通貨主権に影響を与えるような暗号資産は登場してこなかったが，既述のLibraは，通貨とは何か，各国の通貨主権と仮想通貨との関係をどのように考えたらよいかという問題を現実的なものとして提起することになった[50]。実際，2019年9月19日，フランスとドイツは "We believe that no private entity can claim monetary power，which is inherent to the sovereignty of Nations" 等と述べる共同声明を発表している[51]。

また，2019年7月19日に公表されたG7の作業グループの議長アップデートは，Libraを念頭に，「ステーブルコインは誕生して間もない技術であるため，

共通論題② 国際経済法・国際取引法における仮想通貨の諸問題

実際の利用環境下や，グローバルな決済システムを運営するうえで求められる規模での検証がほとんどなされていない。さらに，特にマネーロンダリング及びテロ資金供与対策をはじめ，消費者・データ保護，サイバーレジリエンス，公正な競争，税務コンプライアンスといった公共政策上の優先課題に関連する多くの重大なリスクが生じる。金融政策の波及や金融安定，グローバルな決済システムの円滑な機能や社会的な信認に関する課題も生じ得る」として，Libraのような取組みは，公共政策，金融政策等の観点から様々な問題を生じさせると指摘している。[52]

　上記の声明で述べられている個人情報，マネーロンダリング，競争法等の問題のほか，全世界での円滑な利用を実現するようなシステムを提供できるか，いったん何らかの障害が生じた際に著しい混乱を招かないような手当てを実現できるか等，様々な検討課題があると思われる。

7　暗号資産の規制についての基本的な考え方

　法規制のあり方を考える際にブロックチェーン技術やトークンをどのようなインパクトを有するものとして考えるかについては色々な考え方があり得るが，私見では，暗号資産の取引に用いられる「トークン」「コイン」は，取引の「媒体」「道具」であり，「ブロックチェーン」は技術であって，金融規制の観点からより重要であるのは，機能やリスクであり，同一の機能やリスクを有する行為については，同様の規制を課すということを基本とすべきであると思われる。従って，暗号資産を用いた取引が，暗号資産を用いない他の金融取引と同一の機能・リスクを有するのであれば，同様の規制の対象とすることを原則としたうえで，暗号資産を用いる取引における特有のリスク，暗号資産を用いることで拡大するリスクや限定されるリスクがあればそれらを反映した調整を行う，一方で，新たなビジネスの促進という観点からは，リスクの小さいものについては規制を軽減する等の方針で，規制のあり方を考えていくべきであると思われる。[53]

　とはいえ，インターネット上で取引が完結し，国家の領域内にとどまらずに行われる暗号資産の世界では，規制の実効性を確保することは容易ではない。

特に，ブロックチェーンを用いた真に分散型の取引環境においては，従来，規制の名宛人となってきた主体（例えば，金融取引では金融機関が取引情報の記録等において中心的な役割を果たすとともに，規制の名宛人となってきた）がいなくなる結果，効果的な規制を行うためには代わりとなる規制の名宛人を考える必要がある。また，こうした環境で規制の実効性を確保するためには，技術を活用すること，技術と法が対話を深めていくことが重要であり，規制当局も技術を活用した RegTech を進めることが重要である。

IV　私法上の問題

1　暗号資産の私法上の問題に関する基本的視点

暗号資産に関しては，私法上も様々な難しい問題が存在する。特に，ビットコインのように発行者がおらず，ブロックチェーンを用いて取引が記録される仮想通貨について，その法的性格に関する活発な議論がなされている。但し，ブロックチェーンを用いて取引が記録されるのはビットコインのような仮想通貨に限らず，ICO のトークンなども同様である。これまでの議論は，主として発行者がいないビットコインを念頭に置いたものであったが，暗号資産に関する私法上の問題を考える際には，①ブロックチェーンで記録されている権利や価値をどのように法的に評価するかという問題と，②ブロックチェーンの記録が権利の帰属や移転の法的評価のためにどのような意味を有するかという問題を区別し，多様な暗号資産全体についての私法上の問題を見通せるような法的枠組みを考えることが望ましい。同じブロックチェーンの記録を用いて同じような手順で取引される暗号資産についての帰属や移転を考える際のルールが，そこで記録されている権利や価値等の性格によって全く異なることが望ましいかどうかが問題とされるべきであると思われる。

また，現状，暗号資産を保有する個人の多くは，自らウォレットを開設して秘密鍵を管理し，自分でブロックチェーンの記録を書き換えるのではなく，暗号資産交換業者のような仲介業者に口座を開設し，当該交換業者が顧客個人（あるいは集団としての顧客）のために秘密鍵を管理することが多いと思われる。直接ブロックチェーンのネットワークに参加している者の暗号資産に対する権

共通論題② 国際経済法・国際取引法における仮想通貨の諸問題

利を考える場合（この場合には暗号資産に関する権利の法的性格等が問題となる）と，交換業者を介して暗号資産を保有している者の権利を考える場合（この場合には，暗号資産に関する権利の法的性格に加えて，顧客と交換業者との間でどのような取り決めがなされているかや顧客は交換業者に対してどのような権利を有するか等が問題となる）を区別して考えることが重要である[57]。

2 ビットコインの法的性格

仮想通貨を有する者の権利の法的性質が争われた事案としては，東京地判平成27年8月5日（LEX/DB 25541521）がある。この事案では，マウント・ゴックスの破産に際して，同社にビットコインを預けていた顧客が同社の破産管財人に対して，預けていたビットコインは自分が所有するものであると主張し，所有権を基礎とする取戻権に基づく引渡し等を求めて訴えを提起した。判決は，所有権の客体となるには有体物であるのと同時に，排他的支配可能性が必要であるが，ビットコインは有体物ではなく，また，排他的支配可能性もないとして，所有権に基づく取戻権を否定した[58]。

ビットコインのような仮想通貨の私法上の性格について，筆者としては，ビットコインは法的保護に値する財産的価値であり，その帰属や移転等については，有体物である物や貨幣の取引に関する帰属や移転等についてのルールを類推適用すべきであると考えている[59]。プログラム・コードに従って実現されるブロックチェーンの記録は，権利の帰属を考えるうえでの重要な証拠であるが，帰属を決定づけるようなものと考えるべきではないのではないかと考えている[60]。暗号資産のように，有体物でないが財産的価値を有し，取引の対象となっていたり，一般に権利の対象と考えられているようなものが増加し，また，有体物でないものを特定し，その帰属や取引を管理するためのメカニズムが発展してきたにもかかわらず，それらに関する法的問題を適切に処理するための，一般的な法的枠組みを備えていなかったりするのだとすると，これは法律学の怠慢であると思われる。暗号資産に関するデータは，一般的な情報とは異なり，ある者が複製を保有し，複製ができても元の権利者の権利が影響を受けないといったものではなく，秘密鍵を通じて社会通念上排他的な支配が可能

といってよい状況が存在する。そして，社会は暗号資産に財産的価値を認め，それを保有したり，売買したりする取引が広く行われている。そうした状況において，有体物でない暗号資産は権利の対象とはならないといったり[61]，暗号資産の取引を行う一般的な当事者の感覚と乖離するような形で法律構成しようとしたりすることは避けるべきであると考える。

　仮想通貨という言葉に引きずられてか，ビットコインの法的性格を考える際には通貨と同様に扱わなければならないという前提から出発しているような見解，あるいは，ビットコインの私法上の性格は通貨に類似したものとして考えるか，物に類似したものと考えるかの二者択一であるかのような見解もみられる。しかし，金銭についてでさえ，一般には「占有と所有の一致」が妥当するとされても，現金が分別して保管されているような場面においては，所有権に基づく取戻しを認める見解が有力であるように思われる。ビットコインについても，決済手段として用いられている場面に関する法律問題であるか，あるいは，投資商品の売買や寄託のような場面に関する法律問題であるかにより，適用されるルールは異なるべきであると思われる。

3　その他の私法上の問題

　その他にも私法上の問題は数多く存在する。例えば，暗号資産は秘密鍵がない限りは実際に管理・処分することはできないことから，債務者が秘密鍵を秘匿し続ける場合には，暗号資産を「差し押さえる」ことができないのではないかといった懸念も示されている[62]。暗号資産交換業者の顧客が交換業者に対して有する権利の差押えという問題もあり，実際の事例も存在している[63]。暗号資産交換業者と顧客との間の約款の整備も必要で，暗号資産の取引に関する様々なリスクについて顧客と事業者との間で適切な分配がなされているか等の検討も重要である。暗号資産の相続をどのように考えたらよいのかという問題もある。また，暗号資産に関する権利関係の訴訟における立証方法等（自由心証主義のもと，ブロックチェーンの記録等を証拠としてどのように用いることができるか）等も検討が深められる必要がある。また，暗号資産の取引については，債務の履行地や最も密接な関係を有する特定の場所等を見出すことが難しい場合も多

共通論題② 国際経済法・国際取引法における仮想通貨の諸問題

く，国際裁判管轄や準拠法選択との関係で難しい問題も生じ得る[64]。

さらに，2019年の金融商品取引法改正により投資型の ICO トークンに表示された権利は，電子記録移転権利として規律されることとなったが，こうした電子記録移転権利についてブロックチェーン上で権利者が移転する記録がなされた場合には，有価証券の引き渡しがなされたのと同様，移転を受けた者は電子記録移転権利の権利者であることを発行者や第三者に対抗できるのか，あるいは，第三者に対抗できないとしても発行者や譲受人が予期せぬ損害を被らないような仕組みを契約や技術により作り出すことができるのか，といった問題もある。

私法上の問題ではないが，税務上の取扱いも重要な論点である[65]。

V　お わ り に

暗号資産との関係では，国家の裁判所や国家法の介入を排除すべきとの考えもあるようであるが，暗号資産が安心して用いられるようになるためには，法の支配が及び，紛争が生じた場合には裁判等を通じて解決することができ，利用者保護や金融システムの安定等の観点から必要な規制が適用され，私法が当事者の権利や義務を適切に規律することが必要である。

他方で，実際の問題としては，秘密鍵がなければブロックチェーンの記録を書き換えることができず，ブロックチェーンの記録が当事者の利益にとって重要な役割を果たし，関係者は国境を越えて散らばり，誰が何に責任を負うのかも予め定まっていないような暗号資産の取引については，一国の国家法や法制度ができることに限界があることも事実である。

法や規制の実効性を高めるためには，各国の関係当局の協力に加え，予めスマートコントラクト等によって法や規制の執行を可能にしたり，違法な状態や不適切な状態を解消するのに資するような仕組みを組み込んでおいたりすることも重要になってくると思われる。法と技術の対話・協力が重要である[66]。

1) https://www.mof.go.jp/international_policy/convention/g20/180320.htm
2) https://www.mof.go.jp/international_policy/convention/g20/communique.htm

124

3) リブラの構想については，特集「新通貨「Libra」の行方」金融財政事情2019年7月22日号11頁以下の論稿を参照。2019年7月の7か国財務大臣・中央銀行総裁会議の声明は，「……大臣・総裁は，リブラのような取組が通貨主権や国際通貨システムの機能にも影響しうることに合意した」とする。

4) 同論文の概要を紹介したものとして，岡田仁志・高橋郁夫・山崎重一郎『仮想通貨技術・法律・制度』(東洋経済新報社，2015年) 50頁以下を参照。

5) https://coinmarketcap.com/ja/。なお，第1位はビットコインで約18.6兆円，第2位はイーサリアムで約2.5兆円となっている (2019年7月29日にアクセス)。

6) https://www.coindesk.com/price/bitcoin

7) Satoshi Nakamoto, "Bitcoin: A Peer-to-Peer Electronic Cash System" の冒頭にあるAbstract では，"A purely peer-to peer version of electronic cash would allow online payments to be sent directly from one party to another without going through a financial institution" としてビットコインの基礎にある考えが述べられている。

8) 2019年7月19日に公表された「ステーブルコインに関するG7作業グループ議長によるアップデート」(以下，「G7アップデート」として引用する) (https://www.boj.or.jp/announcements/release_2019/data/rel190719a2.pdf) においても，「暗号資産は，当初，利用しやすくボーダーレスな支払手段として機能することが想定されていたが，総じて価格の変動が激しく，既存の手段と比較して，取引の処理能力は限定的である。結果として，暗号資産は，主として，リスクの高い投資対象，もしくは実態が不明確な支払手段として機能しており，既存の決済・金融システムに対し大きな影響を与えるほどの規模で活用されるには至っていない。」との認識が示されている。

9) 「G7アップデート」前掲 (注8)。

10) 金融庁「仮想通貨交換業等に関する研究会報告書」(以下，「研究会報告書」として引用する) 20頁。

11) 金融庁「前掲研究会報告書」(注10) 19頁。

12) Cryptoassets Taskforce, final report, at 11 (2018).

13) ブロックチェーンの特徴とメリットについては，翁百合他編著『ブロックチェーンの未来』(日本経済新聞出版社，2017年) 25頁以下を参照。他方で，ブロックチェーン技術には課題もある。例えば，赤羽喜治「分散台帳技術とは何か」『ジュリスト』1529号 (2019年) 14頁以下を参照。

14) ビットコインにおける暗号技術について，岡田ほか『前掲書』(注4) 77頁以下を参照。

15) Financial Stability Board (FSB) がG20会合のため，2019年5月時点までの暗号資産に関する国際機関の取組み状況をまとめたものとして，FSB, Crypto-assets, Work underway, regulatory approaches and potential gaps (31 May 2019) を参照。

16) FATF, Guidance for a Risk-Based Approach, Virtual Currencies (June 2015).

17) FATF の勧告や我が国における対応等について，志波和幸「緒に就いた仮想通貨取引のマネーロンダリング対策」(国際通貨研究所ニュースレター) (2018年11月) (https://www.iima.or.jp/Docs/newsletter/2018/NL2018No_25_j.pdf) を参照。

共通論題② 国際経済法・国際取引法における仮想通貨の諸問題

18) 例えば，オーストラリアでは，2018年4月にマネーロンダリングに関する規制が改正され（the Anti-Money Laundering and Counter-Terrorism Financing Act 2006），仮想通貨交換業者に対して AML ／ KYC の規制が適用されることとなり，登録が必要となった。また，欧州でも2018年6月の第5次マネーロンダリング指令（Directive（EU）2018/843 of the European Parliament and of the Council of 30 May 2018 amending Directive（EU）2015/849 on the prevention of the use of the financial system for the purposes of money laundering or terrorist financing, and amending Directives 2009/138/EC and 2013/36/EU, OJ L 156, 19.6.2018）では，マネーロンダリング規制の対象に仮想通貨交換業者が含まれることとなった。

19) FATF, Guidance for a Risk-Based Approach to Virtual Assets and Virtual Asset Service Providers（June 2019）.

20) FSB, Crypto-asset markets, Potential channels for future financial stability implication（Oct. 2018）, at 1.

21) FSB, Crypto-asset directory（5 April 2019）.

22) IOSCO, Issues, Risks and Regulatory Considerations Relating to Crypto-Asset Trading Platform, Consultation Report（May 2019）.

23) 2016年の資金決済法改正における仮想通貨の規制の概要については，拙稿「FinTech時代の金融法のあり方に関する序説的検討」藤田友敬・黒沼悦郎編『江頭憲治郎先生古稀記念　企業法の進路』（有斐閣，2017年）789頁以下を参照。

24) 2019年の改正法の概要については，石園貴大他「「情報通信技術の進展に伴う金融取引の多様化に対応するための資金決済に関する法律等の一部を改正する法律」の解説⑴」NBL1150号（2019年）11頁以下及び増田雅史他「「情報通信技術の進展に伴う金融取引の多様化に対応するための資金決済に関する法律等の一部を改正する法律」の解説（2）」NBL1151号（2019年）27頁以下を参照。

25) Michael Sackheim & Mathan Howel ed., The Virtual Currency Regulation Review（Law Business Research, 2018）, at 345ff..

26) *Ibid.*, at 96ff.

27) https://www.economie.gouv.fr/files/files/2019/ParisEUROPLACE_FrancesNewFrameworkapril_2019.pdf（accessed on July 31, 2019）

28) 2019年6月22日にパブリック・コメントに付され，9月3日に結果が公表された改訂事務ガイドライン（仮想通貨交換業者関係）Ⅰ―1―1―④では，この点が明示されている。

29) 2019年資金改正法により，他人のために暗号資産の管理をする業務（カストディ業務）も暗号資産交換業として規制の対象となることとされた（資金決済法2条7項）。顧客の秘密鍵を預かっているような場合が念頭に置かれているが，具体的にどのような場合がカストディ業務としての規制の対象になるのかは法文上は明らかではない。例えば，新経済連盟が2019年7月30日に金融担当大臣に提出した「ブロックチェーンの社会実装に向けた提言――暗号資産の新法改正を受けて――」（https://jane.or.jp/app/wp-content/uploads/2019/07/0e1a37dc0d697076eea6a8e7189c8655.pdf）では，カストディ

業務の規制の明確化やリスクに応じた規制とすることへの要望がなされている（28頁以下）。顧客と事業者の双方が秘密鍵を保管しているような場合，事業者が勝手に顧客の暗号資産を処分するというリスクはないが，必要な場合に事業者が速やかに自己の秘密鍵を提供して顧客による暗号資産の処分に協力しない場合には顧客の暗号資産が塩漬けになってしまうというリスクが存在する。このリスクをどう考えるかによって，顧客と事業者の双方が秘密鍵を管理している場合をカストディ規制の対象とするかどうかの判断が分かれるように思われる。

30）　例えば，ハッキング等による暗号資産の流出事案にも鑑み，2019年改正後の資金決済法では利用者保護の観点から，利用者財産の分別管理のみならず，顧客の仮想通貨を流出させた場合の弁済方針の策定・公表や，ホットウォレットで秘密鍵を管理する暗号資産の額以上の純資産及び弁済原資（同種・同量以上の仮想通貨）（「履行保証暗号資産」）の保持（資金決済法63条の11の２），顧客が暗号資産交換業者に対して有する暗号資産の移転を目的とする債権に関し，暗号資産交換業者が分別管理する暗号資産と履行保証暗号資産の上に先取特権を有する（同法63条の19の２）等が規定されている。

31）　例えば，契約締結や勧誘時等における虚偽表示・誤認させる表示の禁止，支払手段として利用する目的でなく，専ら利益を図る目的で暗号資産の売買又は他の暗号資産との交換を行うことを助長する表示の禁止等が規定されている（資金決済法63条の９の３）。

32）　そうした考え方を示したものとして，金融審議会「金融制度スタディ・グループ中間整理――機能別・分野横断的な金融規制体系に向けて――」（2018年６月）を参照。

33）　金融庁「前掲研究会報告書」（注10）19頁。

34）　金融庁「前掲研究会報告書」（注10）21頁。

35）　金融庁「前掲研究会報告書」（注10）20頁。

36）　2019年改正前の金融商品取引法では，金融商品取引法の適用対象となる集団投資スキームは金銭を拠出することが要件とされていたが，ICOのトークンは暗号資産で購入されることが多いことから，金融商品取引法２条の２を追加し，集団投資スキームの要件との関係では暗号資産を金銭とみなすこととした。

37）　金融庁「前掲研究会報告書」（注10）20頁以下。

38）　例えば，新経済連盟「前掲提言」（注29）21頁以下や，一般社団法人日本仮想通貨ビジネス協会「新たなICO規制についての提言」（2019年３月８日）５頁以下では，規制対象の明確化や適用除外・軽減措置についての提案がなされている。

39）　金融庁「前掲研究会報告書」（注10）25頁以下では，独自の流通の場や形態を予め用意すべき特段の理由はないとの考え方が示されていた。

40）　日本仮想通貨ビジネス協会「前掲提言」（注38）６頁。

41）　「〔座談会〕仮想通過・ICOをめぐる法規制」Law & Technology 80号（2018年）18頁以下。加えて，2018年１月のコインチェック事件以降，新規の仮想通貨交換業者の登録が行われず，また，仮想通貨交換業者が新たな仮想通貨を取り扱う際には金融庁への届出が必要ということもあって，実際には我が国におけるICOは行われなくなったとされる。

42）　佐藤則夫監修『逐条解説　2016年銀行法，資金決済法等改正』（商事法務，2017年）

共通論題② 国際経済法・国際取引法における仮想通貨の諸問題

36頁も,「第1号の仮想通貨を通じて,第1号と同等の支払・決済手段としての機能を果たしうる」という点を2号仮想通貨を規制対象とする理由として挙げている。

43) 前掲（注28）のパブリック・コメントに関し,2019年9月3日に金融庁が公表した「コメントの概要及びそれに対する金融庁の考え方」の4項では,金融庁の考え方として,基本的に同様の方向性が示されている。

44) 金融庁「前掲研究会報告書」（注10）29頁注62。

45) 前掲（注28）で紹介した改訂事務ガイドライン（Ⅰ—1—2—2—②）では,媒介として扱われるべき場合についての詳しい記述が加えられている。

46) この点については,拙稿「前掲論文」（注23）784頁以下を参照。

47) 暗号資産との関係での国際的な規制の適用に関しては,拙稿「仮想通貨に関する国際的な法律問題に関する考察」金融法務研究会『仮想通貨に関する私法上・監督法上の諸問題の検討』（https://www.zenginkyo.or.jp/news/2019/n032902/）（以下,『金融法務研究会報告書』として引用する）69頁以下で検討した。

48) 金融庁のウェブサイト（https://www.fsa.go.jp/policy/virtual_currency02/index.html）を参照。

49) 日本銀行金融研究所「「中央銀行と通貨発行を巡る法制度についての研究会」報告書」（2004年）36頁以下（https://www.imes.boj.or.jp/japanese/kinyu/2004/kk23-h-1.pdf）。

50) 暗号資産と通貨法・通貨主権の問題について検討したものとして,Charles Proctor, Cryptocurrencies in International and Public Conception of Money, in David Fox & Sarah Green Ed., Cryptocurrencies in Public and Private Law（OUP, 2019）, 33ff.を参照。そこでは,暗号通貨は通貨に関するState Theory（国家が何が通貨であるかを決めるとする考え方）によれば通貨でないことは明らかであり,広く暗号通貨が用いられていない現状ではSocietary Theory（社会が何が通貨であるかを決めるという考え方）によっても通貨でないことは明らかであるが,今後,暗号通貨の利用が飛躍的に増大すれば,通貨の定義の再検討が必要になるかもしれないとする（37頁）。

51) http://www.bundesfinanzministerium.de/Content/EN/Standardartikel/Topics/Financial_markets/Articles/2019-09-17-Libra.html

52) 日本銀行による仮訳（http://www.boj.or.jp/announcements/release_2019/rel190719a.htm/）を参照した。

53) 金融取引との関係でのブロックチェーン技術の位置づけについては,拙稿「分散台帳と金融取引」『ジュリスト』1529号（2019年）28頁で論じた。

54) Primavera De Filippi and Aaron Wright, *Blockchain and the Law*（Harvard University Press, 2018）, at 173ff.では,規制の名宛人として考えられ得る者として,エンドユーザー,インターネット・サービス・プロバイダー,サーチ・エンジンやSNS,交換業者やウォレット業者,マイナー,ソフトウェア製作者,ハードウェア製造業者等,様々な主体についての規制の可能性を検討する。少なくとも実経済・実生活に大きな影響を与え得るものについて,国民の生活に責任を負う当局による適切なコントロールが及ばないのは危険であり,適切な規制の名宛人がないままそうしたシステムを運営することは認めないといったことが必要であるように思われる（この点に関し,拙稿

「前掲論文」（注23）810頁以下も参照）。

55) ビットコインの私法上の性格についての議論状況については，加毛明「仮想通貨の私法上の法的性質——ビットコインのプログラム・コードとその法的評価——」前掲『金融法務研究会報告書』（注47）14頁以下を参照。

56) 筆者は，預金口座と証券口座との関係についても同様の問題関心からの検討を行ったことがある（拙稿「電子社会と金融—ペーパレス化時代の私法理論試論」中里実・石黒一憲編著『電子社会と法システム』（新世社，2002年）205頁以下）。例えば，ビットコインについては，ネットワーク参加者の合意により私法上の法的問題を分析しようとする見解が主張されているが（例えば，加毛「前掲論文」（注51）24頁以下を参照），同じくブロックチェーンを用いている場合であっても，発行者がいないビットコインの場合と発行者がいてビットコインと同じように機能する暗号資産の場合とで，その帰属や移転についての法律構成が全く異なることが適切なのかが検討されるべきであるように思われる。

57) 拙稿「前掲論文」（注23）800頁以下で詳しく検討した。

58) 本判決については，拙稿「前掲論文」（注23）804頁以下で検討した。

59) 拙稿「前掲論文」（注23）804頁以下を参照。

60) 拙稿「前掲論文」（注53）32頁。

61) 例えば，西村あさひ法律事務所編『ファイナンス法大全（下）〔全訂版〕』（商事法務，2017年）345頁は，「ビットコインの保有は，秘密鍵の排他的な管理を通じて当該秘密鍵に係るアドレスに紐づいたビットコインを他のアドレスに送付することができる状態を独占しているという事実状態にほかならず，何らかの権利または法律関係をも伴うものではない」とする。しかし，ビットコインは財産的価値のあるものとして広く取引されており，また，資金決済法等が暗号資産の取引を行う顧客の権利の保護のための様々な法的な手当てを行っていることを考えるならば（資金決済法の直接の規制対象は交換業者であるが，前提には，暗号資産自体が法的な保護に値する財産的価値であり，そうした暗号資産の直接・間接の保有者の権利は適切に保護されるべきとの考え方が存在すると考えるべきであると思われる）。ビットコインの保有者は何らの権利も有しないとすることは適切とは思われない。

62) 2016年2月23日付けのダイヤモンド・オンラインの記事（http://diamond.jp/articles/-/119221）を参照。

63) 本多健司「仮想通貨返還請求権の差押えをめぐる実務上の諸問題」『金融法務事情』2111号（2019年）6頁。

64) 拙稿「前掲論文」（注47）で検討した。

65) 例えば，新経済連盟「前掲提言」（注29）では，暗号資産の所得税についての検討が要望されている（42頁）。

66) そのような法と技術の対話の試みとして，ブロックチェーンに関する法と技術研究会「ブロックチェーンの可能性と課題——法と技術の対話——」『金融法務事情』2076号（2017年）6頁，ブロックチェーンに関する法と技術研究会「続・ブロックチェーンの可能性と課題—法と技術の対話」『金融法務事情』2082号（2018年）26頁を参照。

共通論題②　国際経済法・国際取引法における仮想通貨の諸問題

（上智大学法科大学院教授）

| 共通論題② 国際経済法・国際取引法における仮想通貨の諸問題 |

分散台帳技術と資金洗浄の国際的規制

石井由梨佳

Ⅰ　はじめに——分散台帳技術の特性と資金洗浄規制
　1　本稿の課題
　2　予備的検討
　3　検討の視点
Ⅱ　現行法制の意義と限界
　1　AML/CFT 規制の主軸としてのゲートキーパー規制
　2　ネットワーク提供者に対する規制
Ⅲ　分散台帳技術を用いた法定通貨の発行
Ⅳ　結　　語

Ⅰ　はじめに——分散台帳技術の特性と資金洗浄規制

1　本稿の課題

　資金洗浄（money laundering）とは，ある財産が犯罪によって得た収益（犯罪収益）であることを認識しながら，(1)その不正な起源を隠匿または偽装する目的で，または前提犯罪を実行した者等がその行為による法律上の責任を免れることを援助する目的で，財産を移転すること，もしくは，(2)犯罪収益である財産の真の性質，出所，所在，処分，移動，もしくは所有権等を隠匿し，または偽装することをいう。[1]本稿は分散台帳技術（distributed ledger technology），その中でも特にこの技術を基盤とした仮想通貨（virtual currency）を利用して行われる資金洗浄に関して，効果的な国際協力を実現するための基本的視座を提供しようとするものである。

　資金洗浄の国際的規制については国家が履行するべき義務は既に麻薬新条約[2]や組織犯罪防止条約等に定められている。[3]すなわち，条約締約国は資金洗浄を国内法上犯罪として定め，犯罪人引渡しや情報交換に関して国際協力を行わなくてはならない。また資金洗浄はテロ資金供与防止のためにも規制されるが，

共通論題② 国際経済法・国際取引法における仮想通貨の諸問題

それはテロ資金供与防止条約[4]や国連安全保障理事会（安保理）1373における関係国の義務である[5]（以下，反資金洗浄（AML）規制と対テロ資金供与（CFT）規制を併せて AML/CFT 規制という）。これらが対象とするのは「全ての形態の資金洗浄」であるから，仮想通貨を用いたそれも当然に含まれる。

　しかし，仮想通貨を用いた資金洗浄に対してそれらの規則をそのまま適用しても，技術上の特性や仮想通貨を取り巻く社会的状況が法定通貨のそれとは異なることから，規制が潜脱される恐れがある（第Ⅱ節）。また国家が分散台帳技術を用いて法定通貨もしくは仮想通貨を発行する場合や，金融機関等が分散台帳技術を用いて法定通貨の送金や取引を行う場合について，既存の法制では対応できないこともありうるが，これらの実践が新たに資金洗浄リスクをもたらす場合がある（第Ⅲ節）。これらを克服するためにどのような国際的な規制が展開されているか，そのような試みにはいかなる内在的な限界があるかが，本稿の検討課題である。

2　予備的検討

(1)　分散台帳技術と仮想通貨

　最初に分散台帳技術と仮想通貨の定義と概要を必要な範囲で確認しておく。分散台帳技術とは，あるネットワークを構成する各ノードが，自らが有する台帳の情報を，ノード間の相互検証と合意（コンセンサスアルゴリズム）によって共有する技術の総称である。その処理が分散型のネットワークを通じて行われること，ノード間の情報共有が非常に高い耐改竄性と共に実現されることが，この技術の特徴である[6]。この技術を基盤とした技術のひとつがブロックチェーン技術である[7]。しかしブロックを使わない分散台帳技術も開発されている。

　仮想通貨とは，不特定者との間の取引において利用可能な電子的な支払い手段であって，法定通貨としての地位を有さないものを指す。本稿で検討の対象とするのは，分散台帳技術を用いた仮想通貨である[8]（なお，本稿では分散台帳技術が支払い手段として用いられる局面を中心的に検討すること，これまで資金洗浄に関する各種報告書や勧告等において仮想通貨という名称が広く使われていることから，特段の必要がなければこの名称を用いる。ただし，仮想通貨が経済学上の「通貨」と言え

132

るのかについては否定的な見解が有力である[9]。また，仮想通貨という名称を用いることによって，それが法定通貨と誤認される恐れがあることも指摘されている[10]。そこで近年では仮想通貨を「暗号資産」などと呼称することが増えている)[11]。

利用者 X が利用者 Y に対して経済的価値を送る時には，X はネットワークのノードの台帳に送金情報を書き込む。他のノードは検証と合意によってその情報の正当性を決定し，それを各台帳に書き加える。その正当性が付与された後，Y はその経済的価値を所有することができる。ここでの情報の検証と合意の仕組みは各ネットワークのアルゴリズムによって異なる。第三者を仲介せずに取引する仕組み（"trustless trust system"）が当初の構想であったが，検証に時間とコストがかかるという難点がある。そこで限られた複数者に対する信頼を基礎にして取引する仕組み（"decentralized trust system"）も開発されている。いずれにしても，分散台帳技術を用いることで，ネットワークの参加者は特定の第三者を信頼せずに，すなわち利用者間相互（P2P, peer-to-peer）で経済的価値を送ることができる。インターネットが情報流通の構造を変えたように，分散台帳技術も国家や金融機関への信頼を基礎として成立している既存の金融システムを変革しうるインパクトを有すると見込まれている所以である[12]。

以上に加えて，分散台帳技術が法定通貨の送金に用いられたり，国が分散台帳技術を用いて第2の法定通貨を発行したりする場合がある。これらは仮想通貨ではないが，本稿は分散台帳技術の特性と既存の AML/CFT 規制との齟齬に関心があるため，これらの実践も検討の対象に含める。

(2) 分散台帳ネットワークと交換業者を通じた取引

仮想通貨の取引は，⑴分散台帳ネットワークを通じて参加者が自らの端末から直接行うものと，⑵仮想通貨交換業者を通じて行うものとに大別される。仮想通貨交換業者とは，仮想通貨の売買，あるいは仮想通貨相互の交換，及びそのための利用者の金銭や仮想通貨の管理を，事業として行う者を指す[13]。

業者を通じて行う仮想通貨の取引は，少なくとも次の2つがある。ひとつは各利用者が交換業者から仮想通貨を購入し，その後その通貨を再度業者に売却したり，あるいはその仮想通貨で別の仮想通貨を購入したりするものである[14]。もうひとつは仮想通貨を用いて法定通貨を送金するものである。特に国際送金

にこの技術を用いることには利便性が大きいといわれる。銀行を通じて国際送金をする場合，銀行は相互に提携して開設している口座（コルレス口座）を転々と経由して資金振替決済を行うため，時間と割高な手数料がかかる。しかし，分散台帳技術を用いれば瞬時に送金でき，手数料は少額で済む。これらは業者が管理する取引であって P2P 取引ではなく，従って分散台帳ネットワークを通じて直接に行うそれとは構造的に異なる。

(3) 分散台帳技術の技術的特性

　(a) 脆弱性　　次に，分散台帳技術が資金洗浄に対してどのような脆弱性を有するかを確認しておく。以下の例示は，ネットワークを通じて参加者が自らの端末から直接行う取引に限ったものである。

AML/CFT 規制の観点から重要なのは，第 1 に，特にパブリック型のネットワークについては，利用者が分散台帳技術のネットワークに参加することが極めて容易であり，あるアカウントが特定個人のものであることを認証する機能が弱い（擬似匿名性）ということである。まずネットワークの利用者は，固有の「アドレス」，及び対になっている「公開鍵」と「秘密鍵」を保有する。パブリック型であれば公開鍵と秘密鍵を乱数アルゴリズムに基づいて作成することができ，簡単にネットワークに入ることができ，1 つの公開鍵から複数のアドレスを作成することができる。そして，あるアカウントが利用者 X のものであることを証明するのは X が保有している秘密鍵しかないが，秘密鍵は英数字の列であり紙に記載するなどして容易に移転できる。このように本人確認が技術の性質上機能しないために，資金洗浄のリスクが高くなる[15]。もっとも，これを克服し仮想通貨取引の透明性を高めるためのツールを開発する企業がある。それから，ネットワークをコンソーシアム型やプライベート型にすることによって，参加者を管理する方法もあることを付言しておく。

　第 2 に，仮想通貨の新規発行についてそれを管理する中央集権的な機構がないことも，犯罪リスクをもたらす。例えばビットコインの新規発行は，取引正当性を検証しその報酬としてコインを受領するというマイニングと呼ばれるプロセスを通じて行われる。今日ではその計算量が膨大になっているため，専門の業者がデータセンターを使って行うことが多い。そこで例えば，マイニング

をしている企業に対して不法収益を渡して対価として仮想通貨を受け取るという方法で資金洗浄をすることが可能である。法的にはこれは交換業者に該当しうるので当局に登録していないことが分かれば制裁の対象になるが，捕捉が難しい。また新規に得た仮想通貨を犯罪組織に供与することも可能である。これはテロ資金供与罪に該当しうるが，同様に監視することが事実上困難である。

　また，仮想通貨のマイニングスクリプトをサイトに埋め込み，そのサイトの閲覧者のパソコンの処理能力を使って少額のマイニングを行う方法もある。これも犯罪に利用される危険性を有しているが[16]，業者を仲介しているわけではないので検知しにくい。

　第3に，分散台帳技術を用いた仮想通貨の取引記録は公開されていることが多いので透明性はあるとも言われる。しかし，仮想通貨は1600種類以上あり，ある仮想通貨を別の通貨に換金することを繰り返すことで資金の追跡を困難にすることが可能である。また，取引と取引を行う利用者とのリンクを曖昧にするソフトウェア（アノニマイザー）が開発されている。例えばミキシングサービスは，ある利用者の情報を他の複数の利用者の情報とを混ぜ合わせて，取引の起点となった利用者の情報と，取引とを結びつけることを困難にする。あるいは，ダークウェブでは，第三者は利用者の交信記録（メタデータ）の取得ができない。さらに送り手や受け手のアドレス情報を記録せずに取引を行う匿名コインもある。これらは一方ではプライバシーを守り規制当局の介入を極力回避しようとするネットワークの思想に基づいて開発された技術ではあるが，犯罪リスクを増大させている側面は否めない[17]。

　(b)　抗堪性　　逆に分散台帳技術の特性を利用して，資金洗浄に対策を講じることができないわけではない。もっとも，それらの方法にも限界がある。

　第1に，取引が公開されている場合に窃盗された仮想通貨を追跡し，そのような盗難コインの交換を行わないように交換業者に働きかけるなどすることが可能足りうる。なお，交換業者は当該仮想通貨が犯罪収益であることを知っている場合にはそれを交換しない積極的な義務を負う[18]。しかし，このように追跡を行うと当該仮想通貨自体の価値が下がりうる[19]。

　第2に，ブロックチェーンを用いている場合にはハードフォークという選択

肢がある。すなわち，分散台帳ネットワークのプロトコルに規定された検証規則を変更することによって，新しいチェーンを発生させることである。具体的には利用者 X から Y へと不法に資産が移転した場合に，その移転，及び Y から第三者への移転を無効と評価することを意味する。しかしこの措置もネットワーク全体への信頼を損ねるし，通貨の規模が大きくなると事実上実行できない。[20]

第 3 に，分散台帳技術を用いて不動産や貴金属などの取引履歴を管理することができる。資金洗浄はこれらの購入を通じて行われることも少なくないため，これは犯罪の防止に資する。ただしこれについても，分散台帳技術に登録をしている貴金属等しか取引しないといった業界基準が確立しない限りは限定的な効果しかもたらさないであろう。

3 検討の視点

(1) 資金洗浄と国際法

このように，分散台帳技術の用いられ方によってはこれまで構築してきた AML/CFT 規制の効果が弱まることが十分予測される。そこで，分散技術台帳の固有の特性に沿って適切な国際協力の仕組みを設け，各国において行政，刑事双方の側面からそれを履行していく必要がある。

筆者は2017年の著作において，越境犯罪，すなわち国際法上の犯罪ではないが，恒常的かつ定型的な国際的規制を必要とする犯罪群が，その性質上次の 3 つに分けられることを述べた。[21]第 1 に，犯罪の規律に関する基準の統一がなされないままに，国家間で国内法の執行の調整がなされている犯罪群（「国際法が直接規律しない越境犯罪」）である。第 2 に，各国国内法に共通する犯罪を特定し，それについての国家間協力を義務付ける条約が成立している犯罪群（「国内法に共通する越境犯罪」）である。これらの犯罪は既存の国内法上既に犯罪化されているものであり，条約において，相手国から要請があった場合に共助に応じる義務が課されている。第 3 に，犯罪の規律に関する基準の統一が国際法上なされており，かつ，それについての協力を義務付ける条約が成立している犯罪群（「国際法益を害する越境犯罪」）である。これらの犯罪は，それに対処す

ることが，一国の利益に還元できないような国際的な利益を有しているという点において，他の2つとは異なる[22]。そして資金洗浄は，国際法益を害する越境犯罪であることを同書で示した。冒頭で述べたように，それが分散台帳技術を用いて行われる場合でもこの評価には変わりはない。

(2) 分散台帳技術に対する規制の特殊性

しかし，分散台帳技術に関しては次の理由から新たな検討が必要である。既存の AML/CFT 規制の主な柱は，資金の不正な出所を把握しうる業者に対して，様々な義務を課すこと（ゲートキーパー規制）である。対象となる業者は，最初は銀行等の金融機関であったが，それが税理士，弁護士，不動産業者，貴金属業者等といった不正を検知しうる立場の専門職に拡大していった[23]。仮想通貨の交換業者を特定事業者として指定し，AML/CFT 規制への遵守を義務付けることは，既存の国際法上の義務を履行する上で必要である。もっとも，業者の指定要件をどのように設定するか，指定者に対して求める義務をどこまで厳格にするかは，各国が分散台帳技術の犯罪への利用可能性というリスクをどのように見積もるかによって異なり得る。さらに，分散台帳技術に関しては，業者を指定して AML/CFT 規制への遵守を義務付けるだけでは補足できない領域が残る。前述したように分散台帳ネットワークにおいては，本人確認がその性質上できないためである。

また分散台帳技術は，仮想通貨としてだけではなく，融資，証券取引，情報管理等，様々な分野で活用が見込まれていることから[24]，AML/CFT 規制も，金融規制，消費者保護，税制等との調整を図らなくてはならない。仮想通貨の法的地位は国によって異なることも国際協力を難しくする。これに関して130か国の国内法制を調査した米国の議会図書館の報告書によれば，「暗号通貨」を明示的もしくは黙示的に禁止している国も少なくない[25]。そして，AML/CFT 規制を設けている国は，FATF を主導する先進国もしくは，いわゆる租税回避地として外資の誘致を積極的に行っている国が主である[26]。それ以外の国では，AML/CFT 規制の内実も可変的足りうる。

そもそも分散台帳技術は開発途上であるがゆえに，改善点が多く残ることは開発者らが公にしている[27]。この技術自体は犯罪に対して中立的であるが，悪用

される可能性に対応するためのアーキテクチャが必ずしも備わっているわけではない。

これらの特性ゆえに，既存のAML/CFT法制を単に仮想通貨交換業者に拡張すれば足りるわけではない。

(3)　分散台帳技術のリスク管理

これらの点を鑑みると冒頭に述べた本稿の課題に応えるために検討しなくてはならないのは，分散台帳技術がもたらす犯罪リスクをどの主体が引き受けて社会の公正と安全を実現するかという問題である。そこで，国家がAML/CFT規制の国際法上の義務を果たしたといえるためにはどの基準に沿って分散台帳技術を管理しなくてはならないのか。各国のAML/CFT規制において分散台帳技術のリスクはどのように評価されているか。そのリスクの評価に基づき，利用者と交換業者の権利義務や当局の規制権限はどのように定められているのか，言い換えれば，そのような法制がリスク管理のための費用をどのように配分しているのか。これらの点が検討されなくてはならない。[28]　その上でAML/CFT規制におけるリスクの評価とその配分が，分散台帳技術の特性に照らして適切かが判断されなくてはならない。

分散台帳ネットワークに対する規制のモデルとしては，少なくとも，次の2つが考えられる。

第1に，仮想通貨の交換業者を「資金洗浄が行われやすい機関」と捉えてゲートキーパーとして指定し，業者に対して後述する顧客の身元確認義務や疑わしい取引報告義務を含め，所定の義務を課すものである。

第2に，分散台帳ネットワークのサービス提供者に対して，いわばネットワークの管理責任を課すものである。ネットワークを通じた直接のP2P取引は通信であり，サービス提供者は広義の情報媒介者といえるためである。[29]　これはサービス提供者にネットワークそれ自体に対する管理を義務付けるものであって，顧客と交換業者との取引の管理を強化するゲートキーパー規制とは構造が異なる。

これらのモデルを評価する上では，少なくとも次の点が踏まえられるべきである。すなわち分散台帳技術を用いることで犯罪リスクが高まるとしても，刑

事的規制は開発に対する萎縮が最小限に抑えられるように設計されるべきである。それから規制が特定の製品やサービスに有利または不利に働くことも回避されるべきである。すなわち AML/CFT 規制は技術それ自体については中立的であるべきである。それに対して，この技術が社会的ないし倫理的危険性があることを理由にしてそれ自体を規制する立場もありうる。あるいは別の規制が間接的に技術開発を妨げることも想定しうる。しかしその規制が技術開発を制約する場合，分散技術台帳がもたらしうる科学の発展や社会的厚生の実現を阻害する恐れがある[30]。また，分散台帳技術はその性質上国境を越えて展開されるネットワークを構築する技術である。そのため一国が規制をしたところでネットワークは他の国で展開されるだけであるので，過度な規制は産業技術の国際的な競争力が損なわれることを意味する[31]。

　もっとも，規制と技術開発との関連を評価するためには，法的側面だけではなく，金融財政学，情報工学等からの多面的な検討が必要である。それは，ある技術に対する規制のあり方を規定する要素には，各国法だけではなく，市場の状況，業界規範，技術上のアーキテクチャも含まれるからである[32]。そのような総合的な評価は筆者の能力を超えるため，本稿ではさしあたり，AML/CFT 規制が分散台帳技術のもたらすリスクと便益をどのように配分しているのかに着目しながら，法制における権利義務の構造を示すことを狙いとする。

II　現行法制の意義と限界

1　AML/CFT 規制の主軸としてのゲートキーパー規制

(1)　条約上の義務

　すでに繰り返してきたように資金洗浄に関する国際的規制は，ゲートキーパー規制を主軸として形成されてきた[33]。資金洗浄の国内犯罪化を義務付ける主要な条約には麻薬新条約，組織犯罪防止条約，腐敗防止条約などがある[34]。特に最も詳しい定めを置く組織犯罪防止条約で各国に義務付けられている AML/CFT 規制の内容を確認しておく。

　まず国は「全ての形態の資金洗浄」を抑止し及び探知するため，銀行等の金融機関や資金洗浄が行われやすい他の機関についての，包括的な国内の規制と

監督制度を設ける。そして，それらの金融機関等は顧客の身元確認（KYC），記録保存及び疑わしい取引の報告（STR）を行う[35]。また，資金洗浄を所轄する行政当局，規制当局，法執行当局が，国内的及び国際的に協力し，情報を交換するための能力を有することを確保する[36]。この情報交換を効率的に行うために，金融情報当局（FIU，資金情報機関）の設立を考慮することも定められている。日本では犯罪収益移転防止対策室（JAFIC）がFIUである。さらに，締約国は現金等の国境を越えた移動を探知し，および監視するための実行可能な措置をとることを考慮する[37]。そして，その規制と監督制度を設けるのに当たり，国際機関の指針等を用いること[38]，他国や国際機関との協力を進めることが定められている[39]。

このようにして構築された国際協力の仕組みは，2001年の同時多発テロ事件以降はテロ資金供与防止のためにも用いられるようになった。資金の決済情報は，今日では国際銀行間通信協会（SWIFT）や，ドル決済の場合に経由する米国のクリアリングハウスを通じても収集されている[40]。

(2)　金融活動作業部会の勧告

(a)　金融活動作業部会の概要　　AML/CFT規制の具体的な指針や方策を定める政府間会合として，金融活動作業部会（FATF）がある。FATFは1989年に主要国首脳会議サミットにおいて設立された政府間会合である。この組織は1989年当初は麻薬新条約の効果的な実施を促すための指針を策定することを任務としていたが，今日では条約のみならず，テロ資金供与や金融不拡散の防止を国家に義務づける安保理諸決議の実施も所轄している。加盟国は35か国と2地域であるが，FATFと連携する9つの地域組織が設立されており，それらの組織を通じて殆どの国でFATFが出す基準が実施されている[41]。

FATFの勧告や指針は字義通り法的拘束力は持たないが，FATFは非協力国の公表，非履行国の金融機関に対する先進国の金融ネットワークにおける制約，IMFと世界銀行の金融セクター評価プログラム（FSAP）の審査基準への勧告の組込等，様々な方法でその基準の履行を関係国に促している[42]。

(b)　リスクに基づいたアプローチ　　最新のFATF勧告である2012年の「40の勧告」は，有限である資源を効果的に配分して資金洗浄やテロ資金供与

のリスクに対応することを目的として採択された。とりわけ，この勧告では次のアプローチが明示された。第1に，リスクに基づいたアプローチ（risk-based approach）を強化し，高リスク分野では厳格な措置を求める一方で，低リスク分野では簡便な措置の採用を許容することで，効率的な対応を図ることとした。第2に，法人や信託の実質的所有者あるいは支配者に関する情報，並びに，電信送金を行う際に提供されなくてはならない情報等について，基準を厳格化することにした。第3に，法執行機関とFIUの役割と機能を明確にし，より幅広い捜査手法や権限を求めた。また，捜査当局が行うべきとする国際協力の範囲を拡充した。その中の勧告15では各国及び金融機関は，新たな技術の利用に関して，資金洗浄とテロ資金供与のリスクを特定し，評価しなくてはならないことが述べられている。[43)

　（c）仮想通貨に関する指針・報告書　　2012年の勧告が出た後，FATFは仮想通貨に特化した新たな指針や報告書を出し，関係国による国内規制や国際協力を促している。そこでの特徴は，それらが交換業者に対する規制，すなわちゲートキーパー規制を行うことを主たる内容としている点である。

　すなわち，2014年の指針では，FATFは，法定通貨に換金可能でリスクの高い仮想通貨に絞った対策が取られるべきだとして，仮想通貨と規制されている金融システムとの接点を標的にして行われるべきだという。[44) さらに2015年には，仮想通貨についても法定通貨の場合と同じく，業者の免許制か登録制を導入すること，効果的な監視の実施を行い，効果的な制裁を科し，国内の協力，また国際的な協力を強化することを勧告している。[45)

　そして2019年6月には，勧告15の解釈覚書が改訂されるとともに，[46)「仮想資産と事業者に対するリスクに基づいたアプローチに関する指針」（以下「指針」）が採択された。[47)

　解釈覚書はそれまでの方針と同じく，ゲートキーパー規制を仮想通貨の交換業者に拡張することを内容とする。[48) なお，組織犯罪防止条約は属地主義，旗国主義に基づく裁判権の行使を義務付けているのにとどまる。[49) これに対してFATFは，自らの管轄域で設立された交換業者に対しては許可または登録を義務付けることを要請するとともに，自らの管轄域で製品あるいはサービス提

共通論題② 国際経済法・国際取引法における仮想通貨の諸問題

供，ないし営業をしている交換業者に対しても，登録を要請できるとし，属地主義に関する解釈を具体的に示している。また，許可または登録されている団体がフロント会社とならないよう，犯罪者あるいはその関連の者が，交換業者を所有あるいは支配したりなどすることを防止するための法的あるいは規制上の措置をとるべきことも明記している[51]。

それに加えて，解釈覚書と指針の特徴は，基準の機能性と目的適合性に重きを置いている点にある。これは2012年勧告が依拠しているリスクに基づいたアプローチに沿うものである。特に指針は，仮想資産が本来的に高リスクと見なすべきではないとしながらも，それが性質上クロスボーダーであること，潜在的に匿名性を高めるものであること，取引が顔を合わせずに行われることはリスク評価に取り入れられるべきだという。また指針はFATFの要請を実施してもリスクが残りうることは認識しつつ，その場合には当局や交換業者が適切な措置を講じることを検討するべきだとも指摘している[52]。

そこで指針は，主要原則として次の3つを掲げている。第1に，FATFの要請は，異なる法システムあるいは行政システムに適合するように，AML/CFT規制の目的を達成することに重きを置いて実施されるべきことである[53]。すなわちFATFは，同じ規制を一律に全ての管轄域において実施するのではなく，ある程度の柔軟性を残しつつ，その国に適した方法で規制実施をすることを認めている。そのため，例えば，その国で金融機関として許可もしくは登録されている自然人または法人が，交換業者としての業務を行うことも許可されており，FATF勧告が定める義務が実施されている場合には，新たな義務を課す必要はないとされる[54]。第2に，規制は技術中立的であり，現在開発中であるか将来生じる技術に対しても追加的な修正なく適用されるべきであることである[55]。第3に，所轄ごとに取扱いが異なることで交換業者が利益を得ること（jurisdictional arbitrage）を避けるために，交換業者が金融機関や指定非金融業者らと同等のサービスを提供している場合には，当局は同じ基準で監督を行うことである[56]。例えば，交換業者の監督者は，監督者の性質，地位，あるいは交換業者の名称や地位の相違は関係なく，外国当局と迅速にかつ建設的に情報交換をするべきとされる[57]。このようにFATFは法定通貨におけるAML/CFT規

制と同じ方針に基づき，仮想通貨に関する規制の強化を図っている。

(3) 米国内・EU 域内における AML/CFT 規制

このアプローチは，分散台帳技術について AML/CFT 規制を実施している国の大多数で採用されている。

まず，最初に仮想通貨の資金洗浄規制を始めたのが米国である。米国の連邦レベルでは，1970年に銀行秘密法で金融機関に KYC/STR 実施義務が課せられ[58]，1986年の資金洗浄管理法で資金洗浄が犯罪化された[59]。そして，それ以降の対テロ関連法で，前提犯罪の拡大や資金洗浄罪の厳罰化等が進められている。

同国の FIU である FinCEN は，2013年に仮想通貨について次の解釈指針を公表した[60]。すなわち，仮想通貨の管理者あるいは取引者は，通貨サービス業者（MSB）である。MSB は FinCEN に登録義務のある金融機関であり[61]，例外事由がない限り，銀行秘密法，及び資金洗浄関連の法令が適用される。この解釈指針に基づき，司法省が FinCEN に MSB として登録していないなど適切な AML 規制を実施していない交換業者を刑事訴追している[62]。また，仮想通貨は証券取引委員会（SEC）や商品先物取引委員会（CFTC）の管轄にも服しているので，新規通貨発行（ICO）詐欺や相場操縦などを行い，その規制に違反した業者はそれらの機関による訴追の対象になっている[63]。

EU でも同様の方向で規制が進められている。EU では刑事的事項は基本的に加盟国の国内管轄事項である。他方で，欧州委員会は域内市場に影響を与えるリスクを特定し，それに対応するために AML 規制について指令を採択し，それを加盟国内で履行することを義務付けている。ただし，金融機関からの情報提供は各国の FIU に提出されることになる。EU 委員会では2016年以降本格的に仮想通貨に対応した AML 規制が議論され，2018年にその成果を反映した第５反資金洗浄指令（AMLD5）が採択された[64]。指令では，仮想通貨の交換業者（暗号資産交換プラットフォーム，VCEPs）とウォレット提供者[65]（顧客のために暗号資産を保有する業者，CWPs）を，AMLD5上の義務を負う団体に指定している。これらの業者は各国 AML 当局（FIU）への登録義務および FIU への協力義務，KYC/STR の実施義務を負うことが定められている[66]。ただし，EU ではブロックチェーンそれ自体に対する規則が策定されている段階であり，

AML 規制もその新しい規則との関係で可変的である。

（4）　ゲートキーパー規制の意義と限界

ゲートキーパー規制は，一方では仮想通貨の流通それ自体に対する制約は最小限に抑え，技術開発を阻害しないようにしつつ，AML/CFT 規制のために必要な情報の取得を業者に義務付けるものといえる。

ただし，前述したように交換業者を通じた仮想通貨の取引は分散台帳ネットワークとは独立したところで行われるため，第Ⅰ節 2 (3)で述べた技術それ自体の脆弱性に対応しきれていないという問題点が残る。

さらにゲートキーパー規制も一様ではない。例えば，仮想通貨交換業者に対してどの程度のコンプライアンスを求めるかについて一貫した基準がない。交換業者に対して求める通信セキュリティの程度は，その基準設定を金融機関に準じるのか，通信業者等に準じるのかで異なり，後者の場合ではハッキングに対してより脆弱になる。また，金融当局の監督に服するべき事業をどのように特定するかは各国法において異なる。[67] 少なくとも仮想通貨の取引だけではなく，分散台帳技術を用いた法定通貨の送金も AML/CFT 規制に組み込む必要がある。これらは例示に過ぎず，また一過的な問題だとも思われるが，分散台帳技術の汎用可能性に既存のモデルが効果的に対応していないことを示している。

2　ネットワーク提供者に対する規制

以上のように仮想通貨と法定通貨との交換を行う業者を規制するのではなく，分散台帳ネットワークのサービス提供者に対して管理責任を課す方法がある。

例えばネットワークのサービス提供者に義務を負わせる方策を取るのが中国である。以下で述べるように，中国ではサービス提供者はネットワークの利用者の身元確認を厳格に行う義務を負うだけではなく，情報の内容の適法性についても責任を負う。

中国政府は2017年 9 月に ICO を通じた資金調達，及び人民元と仮想通貨の交換は，経済及び金融秩序を乱す違法な金融活動の疑いがあるため禁止してい

る。この公告はマイニングによる仮想通貨の新規発行を禁止するものではな[68]かったが，2018年1月，中国政府はマイニング事業の停止を指導するように地方当局に通達した。また国家発展改革委員会は2019年4月にマイニング事業が資源を浪費し環境に悪影響を与えるという理由で禁止する方針を明らかにし[69]た。他方で，現時点でも中国企業は仮想通貨のマイニングを行う機器を製造しておりそのシェアは世界規模で8割以上を占める[70]。これらの企業は機器を製造するだけではなく，マイニングそのものにも従事していたが，上記の通達以降は他国に転出して活動をしている。そのため中国は，仮想通貨を用いたAML/CFT規制を新たに設ける方策は取っていない。

　他方で，中国政府は分散台帳技術を用いた物流の管理や，法定通貨の送金技術については開発を支援している[71]。それと同時に，中国はこのサービスの提供者への管理を強化しており，中国当局が分散台帳技術を用いた犯罪について刑事捜査をする場合にはサービス提供者が情報開示の義務を負うことになる。

　2019年2月，中国は新たに「ブロックチェーン情報サービス管理規則」（区块链信息服务管理规定[72]）を公表した。中国は既に2000年にインターネット情報サービス管理弁法[73]，2017年にインターネット安全法[74]を制定している。2019年2月の管理規則は，これらを根拠にして公布された[75]。本規則ではブロックチェーン事業のサービス提供者とは，ブロックチェーン情報サービスを公衆に提供する事業体もしくはノード（节点），もしくはブロックチェーン情報サービスの技術を提供する組織を指す[76]。そして，国家インターネット情報弁公室（国家互联网信息办公室）がサービス提供者の監督と管理をする責任を負うものとし，中央政府直下の州，自治区，地方自治体はそれぞれの行政区域内のブロックチェーン情報サービスの監督と管理に責任を負う[77]。サービス提供者は，情報コンテンツ（信息内容）の安全管理について責任を負い，利用者登録，情報の査定（信息审核），緊急時の対応，セキュリティの管理制度を確立する義務を負う。そして提供者は法律や行政の規制で禁止されている情報内容についてはそれを発布，記録，保管，技術的な解決を図るために即時に対応するキャパシティを有するという，関連する国内規格に準拠する必要がある[78]。

　サービス提供者は，インターネット安全法の規定に従い，利用者の組織機関

共通論題②　国際経済法・国際取引法における仮想通貨の諸問題

コード，身分証明書番号または携帯電話番号に依拠して本人識別情報を実施す[79]
る。真正の身元確認ができない場合には，関連サービスを提供してはならな[80]
い。またサービス提供者がオンラインで新製品，新用途または新機能を開発し
た場合には，安全性評価のために，中央政府の直下の州，省，自治区または自
治体の管轄当局に報告する義務を負う。[81]

　サービス提供者は当局への登録義務を負い，営業を開始した時，サービスの[82]
内容やプラットフォームになるウェブサイトを変更した時，サービスを終了し
た時には届出義務を負う。[83]中央政府直轄の国，州，自治区又は市町村のイン
ターネット情報局は，ブロックチェーン情報サービス申告の情報について定期
的に検査を行う。[84]ブロックチェーン情報サービス提供者は，ブロックチェーン
情報サービスの利用者に対して，法令，行政規程およびサービス契約に違反す
る行為，違法な内容の情報に関して警告，制限，口座開設などの措置を講ず
る。[85]

　サービス提供者はこれらの義務の履行をしていない場合には直轄機関により
警告及び是正命令を受け，是正しない場合には行政罰の対象になる。また，
サービス提供者が法令および行政規則で禁止されている情報内容を作成，複
製，公表または頒布する場合，規則が定める手続きに従って申告を行わなかっ
たり虚偽の情報を提出したりする場合は，同じく行政罰の対象になる。そして
いずれの場合にも，刑法上の責任が問われうることが明記されている。

　特筆するべきなのは，これらの支援が同国の一帯一路と連携しており，中国
企業が対象国への投資を行ったり対象国から一次産品を輸入をしたりするとき
に分散台帳技術を用いることが増えていることである。それによって当事者が
効率的かつ透明性の高い取引を行うことができるだけではなく，ドルの国際的
地位を下げる効果もあると見込まれている。このように国策として分散台帳技
術の開発を支援する場合には，このモデルに依拠することも選択肢のひとつに
なる。もっともこの方法が他の文脈で汎用性を持つわけではなく，中国の実践
はむしろ特殊なものとして位置づけられる。分散台帳ネットワークは非中央集
権性にその本質があり，本来は民間企業の活動の自由と通信の秘密が保障され
て発展する仕組みであるので，管理方式は馴染まない。分散台帳技術を用いた

146

資金洗浄を抑止していくには，限界はあるにせよ，ゲートキーパー規制を強化していく他はないと考えられる。

Ⅲ　分散台帳技術を用いた法定通貨の発行

上述した FATF の勧告や各国国内法は，民間企業が分散台帳技術を用いて仮想通貨を発行することを想定している。他方で，分散台帳技術は法定通貨の発行や国による仮想通貨の発行に用いることができ，それを行なっている例もある。このことが引き起こす AML/CFT 規制上のリスクについても検討が必要である。

まず，国が分散台帳技術を用いて法定通貨を発行することは，通貨主権に基づき，当然に国家が有する権限の範囲内で認められる[86]。仮想通貨の発行それ自体を妨げる規則もない。しかし，これがテロリストなどによって悪用されるなどの，脆弱性が生じることが懸念される。適切な AML/CFT 規制ができないこともありうるし，サイバー上のセキュリティが脆弱でハッキングの対象になりやすいこともありうる。例えば，東カリブ通貨同盟内では外資誘致のためにこのような試みが積極的に行われているが[87]，適切な管理ができるのか懸念されている。マーシャル諸島が外資誘致のために第2の法定通貨を分散台帳技術を用いて発行しようとした際には，国際通貨基金が協議を通じて警告を行い，同国はそれを取りやめた経緯がある[88]。もっとも，他国や国際機関等の警告が効果を持たない場合には，国家は自国の管轄に服する交換業者に対して取引を行わないように義務付けるなどの対応をすることになる。

さらに，国が自らが受けている制裁を回避して外貨を得るための手段として，通貨発行を行う場合がある。例えば，米国は2015年以降，ベネズエラのマドゥロ政権に対して金融制裁を科しているが[89]，ベネズエラは2018年2月に自らの石油資源を裏付けにし，分散台帳技術を用いて通貨ペトロ（Petro）を発行した[90]。米国政府は同月，米国内及び米国人がペトロを取引することを大統領令で禁止した[91]。他方で，ロシア，インド，パレスチナは自国内でのペトロ取引を認めており，米国がこれを妨げる方法は限られている[92]。

なお2018年12月，ベネズエラは世界貿易機構（WTO）に対して米国との制

裁が貿易制限的措置であるとして，協議を要請した。しかし米国がそれに応じなかったため，同国は2019年3月にパネル設置を求めている[94]。その中でベネズエラは，ベネズエラの電子通貨（すなわちペトロ）の供給者がより優遇されない措置を受けているためにそれがサービスの貿易に関する一般協定（GATS）2条1項に違反すること，米国で発行された電子通貨はベネズエラのそれと同等の禁止はされていないため，GATS17条1項に違反することを主張している。

　同様に，イランも2018年以降JCPOAを離脱した米国から金融制裁を受けているが，2019年1月，主要4銀行が連携して金を裏付けとして分散台帳ネットワーク上にペイモン（PayMon）を発行することを決定した[95]。これに対抗するための法案が米国議会に提出されている[96]。

　この場合も，安保理決議が出るなどしない限り，仮想通貨の発行自体を禁止する規則はない。国家が資金洗浄あるいはテロ資金供与に加担するリスクは，固有のものではない。他方で，FATF は金融不拡散の防止に関しては勧告を行っているが，国家が制裁を回避するためなどに分散台帳技術によって法定通貨を発行する局面については所轄外であるので特段の勧告を出しているわけではない。そこで制裁を科している国は，自国内で，あるいは自国の管轄に服する私人が，その仮想通貨を用いた取引を行わないように対応することになる。ただし，第Ⅰ節2(3)で詳述した分散台帳技術の特性から，その対応には限界がある。

Ⅳ　結　　語

　本稿では分散台帳技術の特性に照らして新たな対応が必要になる局面を主に取り上げ，国家や国際機関がそれにどのように対応しているのかを検討した。これまでの AML/CFT 規制はゲートキーパー規制が主軸であり，分散台帳技術についてもそれが導入されているが，技術的特性および外在的要因から，一定の限界があることを示した。

　なお，日本も1990年以降資金洗浄の防止等を図っており[97]，2007年以降は犯罪収益移転防止法（犯収法）上，交換業者を特定事業者として指定し，業者には登録義務，KYC/STR 義務，態勢整備義務を課している。2016年の法改正にお

いて，仮想通貨交換業者が特定事業者として追加された。また，2017年4月に改正した資金決済法において，「仮想通貨」を「代価弁済のために使用できる財産的価値であって電子情報処理組織を用いて移転することができるもの」と定義し[98]，仮想通貨も同法の所轄の下においた。ただし，金融庁はあるサービスが仮想通貨に該当するかは，利用形態等に応じて個別具体的に判断することにしている[99]。仮想通貨の扱いについては明確ではない部分があり，犯罪リスクに対応しつつ，新たな技術開発を促し，外国からの投資を受け入れやすくするために法改正が必要であることが指摘されている[100]。

　技術それ自体は急速な進化を遂げているが，特定の技術形態に絞った議論ではなく，汎用性の高い規制を構築していくことが必要となる。課題は容易ではないが，リスクの適正な配分を目指した制度設計が求められる。

[付記]　本稿は JSPS 科研費16K03318，24730041 の成果の一部である。また本稿の基準日は2019年5月末である。脱稿後にフェイスブック社によるリブラ（Libra）リリースの報に接した。

1)　United Nations Convention against Transnational Organized Crime (UNTOC), *adopted on* November 15, 2000, *entered into force on* September 29, 2003, 2225 UNTS 209, Article 7.
2)　United Nations Convention against Illicit Traffic in Narcotic Drugs and Psychotropic Substances, *adopted on* December 20, 1988, *entered into force on* November 11, 1990, 1582 UNTS 95.
3)　*Supra* note 1.
4)　International Convention for the Suppression of the Financing of Terrorism, *signed on* December 9, 1999, *entered into force on* April 10, 2002, 2178 U.N.T.S. 197.
5)　S/RES/1373 (2001), 28 Sept. 2001, para.1(a).
6)　赤羽喜治「分散台帳技術とは何か」『ジュリスト』1529号（2019年）14頁参照。
7)　ブロックチェーン技術の構造については，Primavera De Filippi & Aaron Wright, *Blockchain and the Law* (Harvard University Press, 2019), pp. 22, 33; ブロックチェーンに関する法と技術研究会「ブロックチェーンの可能性と課題――法と技術の対話――」『金融法務事情』2076号（2017年）6頁，8頁における赤羽喜治報告を参照。
8)　仮想通貨には分散台帳技術を使わないものも含まれる。例えば地下銀行が発行する電子マネーや，オンラインゲームで使用する通貨も，仮想通貨の一種である。金融活動作業部会（FATF）は，2014年の報告書では「仮想通貨」を法定通貨との換金の可否と，中央集権的な管理機関の有無に基づき分類している。FATF, *Virtual Currencies: Key*

共通論題②　国際経済法・国際取引法における仮想通貨の諸問題

Definitions and Potential AML/CFT Risks（2014），p. 8.

9)　通貨には，価値の尺度，交換，保存という主要な機能があるが，仮想通貨は価格が安定しないことから，価値の尺度の表示機能や保存機能が欠如していることが多いためである。

10)　金融庁『「仮想通貨交換業等に関する研究会」報告書』（平成30年12月21日）31頁。日本では資金決済法63条の10において，仮想通貨交換業者はその取り扱う仮想通貨と本邦通貨又は外国通貨との誤認を防止するための説明を講じなければならないことを定めている。

11)　2018年12月に採択された G20の声明では「暗号資産」（crypto-asset）という語が用いられている。G20 Argentina 2018, G20 Leaders' declaration, "Building consensus for fair and sustainable development," *available at* https://www.mofa.go.jp/mofaj/files/000424877.pdf.

12)　De Filippi & Wright, *supra* note 7, p. 31 参照。

13)　英語では exchanger の他に virtual asset service provider（VASP）との語があり，後者の方が提供するサービスが広いが，本稿ではその相違は重要ではないため，「交換業者」の語を用いる。

14)　交換業者を通じて取引を行う利用者側のメリット等については，小塚荘一郎・森田果『支払決済法〔第3版〕』（商事法務，2018年）29-30頁参照。

15)　ESMA, *The Distributed Ledger Technology Applied to Securities Markets*（2017），p. 7. この指摘については中雄大輔「銀行の制裁対応実務」吉村祥子『国連の金融制裁』（東信堂，2018年）166頁，188頁も参照。

16)　日本では，コインハイブを自身のウェブサイトに設置していた個人が，不正指令電磁的記録保管罪に問われたが，東京地裁は2019年4月10日，無罪とする判決を出した（判例集未掲載，検察控訴，係属中）。

17)　FATF, *supra* note, 8, p. 6.

18)　日本の犯収法上も，業者は業務において収受した仮想通貨を含む財産が犯罪による収益である疑いがあるかを確認する義務を負う。犯罪による収益の移転防止に関する法律（平成19年法律第22号）8条。

19)　コインチェック事件は，2018年1月，日本法人コインチェック社から仮想通貨 NEM580億円相当が盗取された事件である。容疑者は盗取した NEM を分散して転売し，闇ウェブに自ら取引所を立ち上げて他の仮想通貨（匿名コインを含む）に交換するなどした（久保田隆「コインチェック事件以後の法的展開」『国際商事法務』46巻5号（2018年）687頁参照）。NEM 財団は盗難された通貨 NEM の追跡を行ったが，その結果 NEM の価値が下がってしまい，それが一因で追跡を停止した。

20)　2016年6月の DAO 事件では，仮想通貨プロジェクトがハッキングされ，50億円相当の仮想通貨イーサが盗まれた。イーサリアムの創設者はその窃盗による移転を上書きする別のノードを加えることによって，その窃盗を無効にする措置をとった。しかし，これに対しては反発が強く，ネットワークの分裂を招いた。またその後同様の事件が起きた時は規模が大きすぎてできなかった。コインチェック事件では，NEM 財団はハード

　　　　　　　　　　　　　　　　　　　　　　　分散台帳技術と資金洗浄の国際的規制

　　　フォークを実施しなかった。

21）　石井由梨佳『越境犯罪の国際的規制』（有斐閣，2017年）15頁。

22）　山本草二『国際刑事法』（三省堂，1991年）1頁以下では，すでにテロ関連犯罪が「諸国の共通利益を害する犯罪」として位置づけられている。

23）　石井『前掲書』（注21）385頁。

24）　森下哲朗「分散台帳技術と金融取引」『ジュリスト』1529号（2019年）28頁，29頁。

25）　US Library of Congress, *Regulation of Cryptocurrency Around the World* (June, 2018), p. 1.

26）　*Ibid.*, p.5. 2018年6月時点でAML/CFT規制を設けていると評価されている国は，ケイマン諸島，コスタリカ，チェコ，エストニア，ジブラルタル，香港，マン諸島，ジャージー諸島，ラトビア，リヒテンシュタイン，ルクセンブルク，シンガポール，オーストラリア，カナダ，デンマーク，日本，スイス，米国である。その後中国が法改正している（本稿第Ⅰ節(3)c項参照）。

27）　Michele Finck, *Blockchain Regulation and Governance in Europe* (Cambridge University Press, 2019), p. 31.

28）　Monika Ambrus, Rosemary Rayfuse and Wouter Werner, "Risk and International Law," in Monika Ambrus, Rosemary Rayfuse and Wouter Werner (eds), *Risk and The Regulation of Uncertainty in International Law* (Oxford University Press, 2016), pp. 3, 6.

29）　曽我部真裕・林秀弥・栗田昌裕『情報法概説〔第2版〕』（弘文堂，2019年）187頁。

30）　同じことは他の科学技術に対する刑事規制についても通底する。AIの規制に関して笹倉宏紀「人工知能の法規制における行政手続と刑事手続」『法律時報』91巻4号（2019年）40頁参照。

31）　De Filippi & Wright, *supra* note 7, pp. 33-35.

32）　レッシグ（Lawrence Lessig）がインターネットを統制する要素として挙げた4つの要素は，分散台帳技術についても当てはまる。Lawrence Lessig, *CODE and Other Laws of Cyberspace* (Basic Books, 2000), p. 88.

33）　規制の形成過程については石井『前掲書』（注21）385頁参照。

34）　同上。

35）　UNTOC, Article 7(1)(a).

36）　*Ibid.*, Article 7(1)(b).

37）　*Ibid.*, Article 7(3).

38）　*Ibid.*, Article 7(4).

39）　*Ibid.*, Article 7(5).

40）　石井『前掲書』（注21）365頁。

41）　加盟国及び地域機構については https://www.fatf-gafi.org/countries/ 参照。

42）　石井『前掲書』（注21）385頁参照。国内実施については竹内真理「非拘束的な国際法規範の国内実施——金融活動作業部会（Financial Action Task Force: FATF）勧告の国内実施を例に——」『神戸法学年報』32号（2019年）211頁も参照。

共通論題② 国際経済法・国際取引法における仮想通貨の諸問題

43) FATF, *International Standards on Combating Money Launering and the Financing of Terrorism & Proliferation* (2012) [Fourty Recommendations], Recommendation 15. FATF の文書は全てウェブサイトで入手が可能である。

44) FATF, *Virtual Currencies: Key Definitions and Potential AML/CFT Risks* (2014).

45) FATF, *Guidance to a Risk-Based Approach to Virtual Currencies* (2015). 特に(1)に関しては，仮想通貨の交換業者に疑いのある取引の報告や取引記録保存等を義務付けること，顧客資産と交換業者資産の分別管理等を義務付けることとしている。また仮想通貨について，消費者保護，保険，ネットワークセキュリティ，租税などに関して規制や監視を行う場合，それらの規制と，犯罪規制との関係を検討することを考慮することも述べられている。

46) Forty Recommendations, *supra* note 43, p. 70.

47) FATF, *Guidance for A Risk-Based Approach: Virtual Assets and Virtual Asset Service Provider* (2019) [Guidance].

48) Forty Recommendations, *supra* note 43, p. 70, paras. 2-3.

49) UNTOC, Article 15.

50) Forty Recommendations, *supra* note 43, p. 70, para. 3.

51) *Ibid.*

52) Guidance, *supra* note 47, para. 16.

53) *Ibid*, para. 19.

54) Forty Recommendations, *supra* note 43, p. 70, para. 4.

55) Guidance, *supra* note 47, para. 19.

56) *Ibid.*

57) Forty Recommendations, *supra* note 43, p.70, para. 4.

58) Bank Secrecy Act of 1970, Pub. L. 91-508, 84 Stat. 1118.

59) Money Laundering Control Act of 1986, Pub. L. 99-570, 100 Stat. 3207.

60) FinCEN, *Application of FinCENs Regulations to Persons Administering, Exchanging, or Using Virtual Currencies*, 18 March 2013 (FIN-2013-G001).「仮想通貨」とは，いずれの管轄域でも法定通貨としての地位を持たず「現実通貨」(real currency) の属性を全て有するものではないが，特定の環境では通貨のように機能することもある取引媒体であるという。

61) 2011年に前払い決済における MSB の定義に関する規則が採択されていた。Final Rule-Definitions and Other Regulations Relating to Prepaid Access, 76 FR 45403 (July 29, 2011). 2013年の指針はこの定義の中に仮想通貨交換業者を組み込むものである。

62) 連邦地裁はビットコインは18 U.S.C. 1960のいう「通貨」(money) または「資産」(fund) であると判示しているが，いずれに該当するかは特定していない。また仮想通貨の取引は「送金」(money transmitting) に当たることも一貫して支持されている。*United States v. Murgio*, 209 F. Supp. 3d 698, at 707, September 19, 2016; *United States v. Faiella*, 39 F. Supp. 3d 544, at 545, Aug. 2, 2014; *United States v. Stetkiw*, 18-20579, E. D. Mich., Feb. 2, 2019.

63) Rosario Girasa, *Regulation of Cryptocurrencies and Blockchain Technologies: National and International Perspectives* (Palgrave Macmillan, 2018), p. 73参照。

64) Directive（EU）2018/843 of the European Parliament and of the Council of 30 May 2018, OJ L 156, 19 Jun. 2018, pp. 43-74 [AMLD5].

65) 「仮想通貨」とは，中央銀行あるいは公の当局が発行あるいは保証していない価値の電子的表示で，交換の手段として受入れられ，移転，保管，取引できるものと定義されている。AMLD5, Article 1(2)(d).

66) Michèle Finck, *supra* note 27, p. 91も参照。

67) 韓国では当初仮想通貨交換業者が通信販売事業者に分類されており義務づけられているセキュリティのレベルが低かったことからハッキング被害が頻発した。2018年7月に産業分類基準が改正された。

68) 七部门关于防范代币发行融资风险的公告（公布2017年9月4日）。この結果88のICO取引所が閉鎖され，85のICOプロジェクトが中止された。ただし仮想通貨の保有は違法ではなく，所有権が認められることが裁判所で認められている。

69) Brenda Goh & Alun John, "China wants to ban bitcoin mining," *Reuters*, 9 April 2019.

70) ビットメイン（Bitmain），億邦国際，カナーン（Canaan）が最大手であり，ビットメインのみでマイニング装置製造の世界シェアの7割を占めていると言われる。三者は2018年9月に香港で上場を申請したが，取引所から認可を得ることができなかった。「仮想通貨採掘2社，上場認可下りず」『日本経済新聞』（2018年12月25日）；「仮想通貨採掘ビットメイン，上場計画先送り」『日本経済新聞』（2019年3月27日）参照。

71) 例えばアリババグループのアント・フィナンシャルは，2018年6月に香港とフィリピンとの間に，2019年1月にパキスタンとマレーシアとの間で，このサービスを開始している。

72) 2019年2月15日《区块链信息服务管理规定》。「区块链」は直訳すれば「ブロックチェーン」であるので，本稿でもこの語を用いる。ただしこの規則はブロックを用いない分散台帳技術を排除するものではないと考えられる。

73) 互联网信息服务管理办法，国务院令第292号，2000年9月20日。同法はインターネットサービス提供者の管理責任等について定める。

74) 网络安全法，2016年11月7日。同法は中国国内でネットワークを構築，運営，維持，使用する企業に対して，関連商品及びサービスを中国の基準に適合させること，国内で収集したデータを国外に持ち出す際には当局による審査を受けることなどを義務付ける。

75) 国务院关于授权国家互联网信息办公室负责互联网信息内容管理工作的通知，国发2014年第33号，2014年08月26日も根拠に含まれる。

76) 区块链信息服务管理规定2条。

77) 同上，3条。

78) 同上，6条。

79) 組織機関コード（组织机构代码）とは，中国政府が，適法に登録されている企業，社

共通論題②　国際経済法・国際取引法における仮想通貨の諸問題

会組織等に対して発行する ID のことである。

80）　同上，7条。

81）　同上，9条。

82）　2019年5月現在，197社が認可を受けている。「境内区块链信息服务备案清单」
　　　http://www.cac.gov.cn/1124305122_15539349948111n.pdf

83）　区块链信息服务管理规定10-11条。

84）　同14条。

85）　同16条。

86）　Charles Proctor, Caroline Kleiner, and Florian Mohs, *Mann on the Legal Aspect of Money*（Oxford University Press, 7th ed, 2012）, Sec. 19.01.

87）　US Library of Congress, *supra* note 27, p. 19. 東カリブ通貨同盟とは，アンギラ，アンティグア＝バーブーダ，ドミニカ，グレナダ，モントレサト，セント・キッツ＝ネービス，セント・ルシア，セント・ビンセント＝グレナディスの8管轄域からなり，東カリブドルを共通通貨とする。

88）　IMF 2018 Country Reports, Republic of the Marshall Islands, 10 Sept. 2018, Country Report No. 18/270.

89）　Executive Order No. 13692, 80 F.R. 12747（Mar. 9, 2015）.

90）　Executive Order No. 13827, 83 F.R. 12469（Mar. 19, 2018）.

91）　*Ibid.*

92）　これに対して2019年3月，米国財務省は，ロシアのエフロ銀行（Evrofinance Mosnarbank）がペトロの発行を支援したことをひとつの根拠に，同銀行を制裁対象リストに追加した。U.S. Department of the Treasury, "Treasury Sanctions Russia-based Bank Attempting to Circumvent U.S. Sanctions on Venezuela," 11 March 2019.

93）　WT/DS574/1, 8 January. 2019.

94）　WT/DS574/2, 15 March. 2019.

95）　Financial Tribune, "Iran Unveils Gold-backed Cryptocurrency, Financial Tribune"（Jan. 30, 2019）. Bank Mellat, Bank Melli Iran, Bank Pasargad, Parsian Bank の4行である。

96）　115th Congress, H.R. 7321, 2018（sponsored by Rep. Mike Gallagher）; S. 3758, 13 December 2018（sponsored by Sen. Ted Cruz）.

97）　日本における資金洗浄対策の変遷については，中崎隆・小堀靖弘「詳説犯罪収益移転防止法・外為法〔第3版〕」（中央経済社，2018年）287頁参照。

98）　資金決済に関する法律（平成21年法律第59号）2条5。

99）　金融庁事務ガイドライン『第三分冊　金融会社関係』「仮想通貨交換業者関係」4頁参照。

100）　『「仮想通貨交換業等に関する研究会」報告書』（平成30年12月21日）32頁。

（防衛大学校人文社会科学群国際関係学科准教授）

共通論題② 国際経済法・国際取引法における仮想通貨の諸問題

国際的な仮想通貨取引における利用者・投資家の保護

早 川 吉 尚

I はじめに
  1 マウントゴックス事件
  2 問題の所在
  3 本稿の構成
II 所有権的構成
  1 東京地判平成27年8月5日
  2 「排他的支配性」に関する批判
  3 「有体物性」に関する問題
III 信託的構成
  1 破産法と信託財産
  2 信託契約の成立要件
  3 破産手続における取戻権
IV 国際私法・国際民事手続法上の問題
  1 国際私法上の問題
  2 国際民事手続法（国際倒産法）上の問題
V おわりに

I は じ め に

1 マウントゴックス事件

2014年2月24日，仮想通貨のひとつであるビットコインの（その当時におい
て）世界最大の交換所であったマウントゴックス社が全ての交換取引を停止
し，同社のウェブサイトも機能を停止した。その後，同社は，顧客から預かっ
た75万ビットコインと自社保有分10万ビットコイン（他の取引所の直近の取引価
格で計算すると470億円前後）が消失したとの報告を行った。[1]

同年2月28日には東京地裁に民事再生法の適用が申請されたが，東京地裁は
4月1日にこれを棄却，4月24日に破産手続が開始されるに至った。[2]その結
果，同社に属する一切の財産については，わが国の破産法153条1項に従い，

共通論題② 国際経済法・国際取引法における仮想通貨の諸問題

「破産手続開始の時における価格」で評定がなされることとなった。

2 問題の所在

　もしもビットコインに関して顧客は交換所に対する「債権」を有しているにすぎないと評価されるとすると，破産手続開始後，現在に至るまで，ビットコインの価格がはるかに高騰しているにもかかわらず，破産法103条2項に従い，その債権額は「破産手続開始の時における評価額」に固定されてしまい，その範囲での救済しかなされないことになる。

　しかし，顧客は自らが保有するビットコインを「預け」ているだけであると評価されるのであれば，ビットコインにつき，後述のように，いわゆる「取戻権」を行使することが可能となる。そしてその場合，「破産手続開始の時における評価額」の範囲でしか救済されないという事態は避けられることになる。

　では，この点についてはどのように評価されるべきであろうか。この点につき評価するに，まずはその前提として，ビットコインに関して顧客と交換所との間にどのような法的関係が存在しているのかを明確にする必要がある。すなわち，ビットコインなる仮想通貨の法的性質につき，考察する必要が生じるのである。

3 本稿の構成

　以下ではまず，ビットコインなる仮想通貨の法的性質，すなわち，顧客と交換所との間にどのような法的関係が存在しているのかにつき，（「取戻権」行使を念頭に）顧客が「所有権」を有するビットコインを交換所に預けているにすぎないと考える見解につき，紹介・検討を行う（Ⅱ）。

　その上で次に，（「所有権」を有していない対象にも「取戻権」の行使が可能な別の法制度があることを前提に）「所有権」とは異なる別の法律関係が両者間に成立しているとする見解につき紹介・検討を行う（Ⅲ）。

　そしてさらに，仮想通貨に関しては国境を越えて取引がなされていることが多いため，（それまでの検討によって導かれた）顧客と交換所との間の法律関係が準拠法次第でどのように変わるのか，そもそも当該法律関係を規律する準拠法

はどのように決定されるのかといった国際私法上の検討も行う。また，破産者
と債権者等の利害関係人の所在国が国境を越えて異なるというように（しかも
利害関係人の所在国も複数に渡る可能性もある），破産手続も国際性を帯びてしま
うところ，破産法上「取戻権」が成立するか否かといった問題がどの国で破産
手続が行われるか次第で変化するのかといった国際民事手続法（より厳密には
国際倒産法）上の検討も行うこととする（Ⅳ）[3]。

Ⅱ　所有権的構成

上述したマウントゴックス事件のような状況の下，（破産した）交換所と顧客
の間においてどのような法的関係が存在しているのであろうか。

1　東京地判平成27年8月5日

この点，破産法62条は，「破産手続の開始は，破産者に属しない財産を破産
財団から取り戻す権利」「に影響を及ぼさない」と定め，他人が「所有権」を
有する「財産」に「取戻権」を認めているようにみえる。とすると，顧客は，
交換所において，自らが「所有権」を有するビットコインを預けているにすぎ
ないと評価されるのであれば，かかる「取戻権」の行使が可能であることにな
る。

そして実際にも，同事件においては，顧客の一部が，（破産した）交換所に預
けてあるビットコインにつき自らが「所有権」を有する以上，「取戻権」の行
使が可能である旨を主張して提訴したのであった。

しかし，東京地判平成27年8月5日は，かかる請求を棄却してしまった。そ
の理由については，以下の通りである[4]。

すなわち，まず同判決は，「所有権を含む物権の客体（対象）は有体物に限
定して」おり，また，「排他的に支配可能であること」も必要であると示す。

そしてその上で，「ビットコインには空間の一部を占めるものという有体性
がないことは明らかである」とする。

また，「ビットコイン取引とは，『送付されるビットコインを表彰する電磁的
記録』の送付により行われるのではなく，その実現には」，マイニング等の

「送付の当事者以外の関与が必要」であり，ビットコイン口座での「ビットコインの有高（残量）は，ブロックチェーン上に記録されている同アドレスと関係するビットコインの全取引を差引計算した結果算出される数量であり，当該ビットコインアドレスに，有高に相当するビットコイン自体を表象する電磁的記録は存在しない」ため，「排他的に支配しているとは認められない」とする。

　以上のように論じた上で，結論としてビットコインは「有体性」と「排他的支配性」の２点を欠くとして，顧客のビットコインに対する「所有権」の成立を認めなかった。その結果，この点を根拠に「取戻権」行使の請求がなされた同訴訟においては，請求棄却という結論になったのである。

2 「排他的支配性」に関する批判

　もっとも，かかる同判決に対しては，特に，顧客のビットコインに対する「排他的支配性」を否定した点に関して，学説から批判が加えられている。

　例えば，本判決を評釈した鈴木尊明助教は，「ここでの排他的支配可能性とは，海洋や天体等を除外する際に持ち出されるのが一般的である」ため，同判決においてこれらとは異なる意味合いにおいて「排他的支配性」が用いられていることに疑問を呈している[5]。

　また，同じく本判決を評釈した松尾弘教授は，「現実に破産管財人の支配下に置かれているもの」であれば足りるのであり，ここで問われるべきは交換所に「準占有等の現実的支配性が認められるか」であったと説く[6]。

　さらに，同じく本判決を評釈した松嶋隆宏教授は，「証券会社が委託の実行としてした売買により権利を取得した後これを委託者に移転しない間に破産した場合には，委託者は，右権利につき取戻権を行使することができる」旨を判示している最判昭和43年7月11日民集22巻7号1313頁を引いた上で，同様の状況があるのであれば同様の取扱いを認めるという選択もあり得たとしている[7]。

　実際，マイニングによりブロックチェーン上に記録されるからといって，秘密鍵を支配する者だけがビットコインの処分が可能なことには変わりはない。また，ビットコインの残量が差引計算により判別される点も記録の方法の問題にすぎない。その意味で，「排他的支配性」を否定した点については，本判決

には疑問を呈さざるを得ないであろう。

3 「有体物性」に関する問題

　他方、「有体物性」についてはどうであろうか。この点、破産法62条の下では「債権等もそれが破産財団（法定財団）に属しないにもかかわらず、現実に破産管財人の支配下に置かれているもの（現有財団）は取戻権の対象になる」という立場からは、「有体物性」すらも問題にする必要はないのかもしれない。[8]

　しかし、少なくとも実務上は、破産法62条における取戻権の根拠を、裁判所が、他人が「所有権」を有する「財産」であることに求めているとすれば、「所有権」の成立の可能性、そして、その前提としての当該財産の「有体物性」の問題は重要であろう。そして、ビットコインにこれを認めることが困難であることについては、認めざるを得ない。すなわち、「所有権」的構成にはこの点に問題があると言わざるを得ないのである。

Ⅲ　信託的構成

1　破産法と信託財産

　ところで、破産財団からの「取戻権」に関しては、上記の破産法62条の他に、「受託者が破産手続開始の決定を受けた場合であっても、信託財産に属する財産は、破産財団に属しない」と定める信託法25条が存在している。マウントゴックス事件において、（破産した）交換所と顧客の間にかかる法律関係が成立していた可能性はないのであろうか。

　信託法25条における「信託財産」につき認められる「取戻権」については、「信託財産」として「信託」の設定がなされる財産の中に、通常、金融資産等の無体物が多く含まれているため、「有体物性」が認められない財産であったとしても、破産財団に組み込まれないことは当然視されてきた。[9]すなわち、「所有権」との関係で問題となり得る「有体物性」を、ビットコインなる「財産」との関係で検討する必要がないのである。

　とすると、(1)ビットコインにつき、交換所を受託者とし、顧客を委託者・受益者とする「信託契約」が成立しており、かつ、(2)同契約の結果として「信託

共通論題②　国際経済法・国際取引法における仮想通貨の諸問題

財産」となったビットコインが破産手続において「取戻権」の対象となるためのその他の要件を満たしていれば，「有体物性」の如何を問わず，「取戻権」の行使が可能になるということになる。

　それでは，(1)「信託契約」の成立要件，(2)破産手続における「取戻権」行使のためのその他の要件は，本件では満たされているのであろうか。以下，検討する。

2　信託契約の成立要件

　マウントゴックス事件においては，交換所であるマウントゴックス社のサービスを受けるために，顧客は，インターネット上に置かれたマウントゴックス社の「利用規約」(【資料】を参照)に同意することで，当該サービスを受けられるようになっていた。よって，この段階で「利用規約」を内容とする何らかの契約がマウントゴックス社と顧客の間に締結されていたのは確かである。

　問題は，かかる契約を「信託契約」と位置付けることができるか否かである。なお，その際，当該契約に「信託」といった名称が付されていたか否かは関係なく，日本の「信託法」における「信託契約」の成立要件が充足されていたか否かという点こそが，問題となる(また，マウントゴックス事件において，当該契約の準拠法が日本法であることについては後述する)。

　では，信託法上の「信託契約」の成立要件とは何か。

　この点，同法3条1号は，「信託契約」につき，「特定の者との間で，当該特定の者に対し財産の譲渡，担保権の設定その他の財産の処分をする旨並びに当該特定の者が一定の目的に従い財産の管理又は処分及びその他の当該目的の達成のために必要な行為をすべき旨の契約」と定めており，また，同法2条は，かかる「一定の目的」につき，「専らその者の利益を図る目的を除く」とも定めている。すなわち，「信託契約」の成立要件は，委託者の，①受託者へ財産を処分する意思(「財産処分意思」)と，②当該財産を「一定の目的(専らその者の利益を図る目的を除く)」に従って受託者に財産の管理又は処分させる意思があれば，「信託契約」は成立するということになる。

　それでは，「利用規約」を内容とするマウントゴックス社と顧客の間の契約

国際的な仮想通貨取引における利用者・投資家の保護

【資料】 マウントゴックス社の「利用規約」（抜粋）

● 冒頭　１段落目・２段落目

> 本ご利用条件（以下，「本条件」といいます。）は，日本法に基づき設立され，日本国東京都渋谷区渋谷2-11-6ラウンドクロス渋谷５階に登録住所を有する株式会社 MTGOX 及びその関連会社（以下，「Mt.Gox」といいます。）が，あなたに，https://mtgox.com/ における Mt.Gox のウェブサイト（以下 「本サイト」といいます。）の利用及び Mt.Gox プラットフォーム（以下，「本プラットフォーム」といいます。）へのアクセスを提供する条件を定めます。
>
> Mt.Gox が管理する本プラットフォームは，買主（以下，「本買主」といいます。）及び売主（以下，「本売主」といいます。）が，「ビットコイン」と称されるインターネット上のコモディティを売買することを可能にします。また，本プラットフォームは，本プラットフォームの全ての登録メンバー（以下，「本メンバー」といいます。）が，金銭及びビットコインを他の本メンバーに対し送ること及び特定の品物を購入することを可能にします。

● 「定義」　１段落目・２段落目・６段落目

> 本プラットフォームとは，本売主と本買主がビットコインの売買取引を完了するための，Mt.Gox が管理する技術的，機能的，及び組織的ストラクチャーを意味します。
>
> Mt.Gox が管理する本プラットフォームは，買主（以下，「本買主」といいます。）及び売主（以下，「本売主」といいます。）が，「ビットコイン」と称されるインターネット上のコモディティを売買することを可能にします。また，本プラットフォームは，本プラットフォームの全ての登録メンバー（以下，「本メンバー」といいます。）が，金銭及びビットコインを他の本メンバーに対し送ること及び特定の品物を購入することを可能にします。
>
> 本取引とは，以下を意味します。(i)ビットコインを，本プラットフォームにおいて，合意されたレートで通貨と交換する本売主及び本買主間の契約（以下，「本ビットコイン購入取引」といいます。），(ii)本メンバーが本人のアカウントに入金した通貨の換算（以下，「本換算取引」といいます。），(iii)本メンバー間のビットコインの振替（以下，「本ビットコイン振替取引」といいます。），及び（iv）USB セキュリティキー等の製品の購入（以下，「本購入取引」といいます。）。

● 「本ビットコイン購入取引のためのプラットフォーム取引プロセス」

> 本プラットフォームにおいて，本買主のビットコインの購入のオファー及び本売主のビットコインの売却のオファーを提示することができます。本メンバーがビットコインを購入及び売却する本価格は，本メンバーの裁量によるものです。

● 「本ビットコイン振替取引のための本プラットフォーム取引のプロセス」

> 本メンバーは，いつでも他のメンバー及び（本メンバーではない場合でも）他のいかなるビットコインのユーザ（以下，「本振替先」といいます。）に対し，いかなる額のビットコインをも振替えることができます。

● 「MT.GOX の義務」　２段落目

> Mt.Gox は，以下の事項につき表明し，保証します。……
> ・各本メンバーが入金した全ての金銭及びビットコインを、本アカウントの詳細事項に登録された本人名義で、本人のために本人の本アカウントに保管します。

共通論題② 国際経済法・国際取引法における仮想通貨の諸問題

は，かかる要件を満たすであろうか。

まず，①の「財産処分意思」における「財産」性については，上述のように「有体物」でなくとも構わない以上，ビットコインについてこの点に問題はないということになる。他方，ここにいう「財産」性が認められるためには「委託者財産からの分離可能性」も必要とされているが，ビットコインは通貨との交換が広く行われていることから，「委託者財産からの分離可能性」を有していることは明らかであり，ここにいう「財産」に含まれるといえよう。

また，「処分意思」については，本件では，顧客のビットコインは，日々，記帳されている取引記録から顧客ごとに算出可能ではあるという前提の下，その管理はもっぱらマウントゴックス社によってなされていた。すなわち，残高の特定は可能であるという前提の下，ビットコインの管理処分権が移転することは予定されていたのである。したがって，本件契約には，「処分意思」の存在も認められることになり，結果，①の「財産処分意思」に関しては充足することになる。

他方，②「一定の目的（専らその者の利益を図る目的を除く）」における「一定の目的」については，本件「利用規約」には，ビットコインの他の者への振替を可能にするサービスが提供される旨が明確に記載されている。そして顧客は，かかるサービスを享受するために本件契約を締結しているのであり，これらはまさに「一定の目的」である。

また他方で，本件「利用規約」においては，顧客は，マウントゴックス社に対して，自らのビットコインをマウントゴックス社の勝手な判断に基づいて処分・運用する権限を与えていない。すなわち，顧客のビットコインは，当該顧客からの指示に基づいてマウントゴックス社が当該サービスを履行する用途にのみ用いられるとされているのであり，「専らその者の利益を図る目的」は全く無いといえるであろう。そしてその結果，②の要件も充足するといえよう。

以上より，マウントゴックス社と顧客の間の契約については，信託法３条１号に定められている「信託契約」成立のための明文上の要件は，全て満たすことになる。

なお，学説の中には，明文には無い第３の要件として，③「分別管理の意

162

思」を要求する見解がないわけではなかったが，信託法の制定過程における法制審議会での審議の結果，上記見解は採用されなかった[11]。しかし，仮にかかる見解に立つとしても，本件「利用規約」にはマウントゴックス社の「義務」として「各本メンバーが入金した全ての金銭及びビットコインを，本アカウントの詳細事項に登録された本人名義で，本人のために本人の本アカウントに保管します」との定めがあり，かかる「分別管理の意思」も充足しているといえる。

3　破産手続における取戻権

　上述のように，顧客とマウントゴックス社の間において「信託契約」が成立していたとすると，信託法4条1項が信託契約の成立により信託の効力の発生を認めている以上，顧客のビットコインは「信託財産」となっていたということになる。

　この点，信託法14条が定めるように，「信託財産」のうち，「登記又は登録をしなければ権利の得喪及び変更を第三者に対抗することができない財産」については，「信託の登記又は登録をしなければ，当該財産が信託財産に属することを第三者に対抗することができない」。逆に言えば，それ以外の財産，例えば，金銭・動産・一般の債権その他の財産権については，「信託」の公示なしに「信託財産」であることを第三者に対抗できるということになる[12]。とすると，ビットコインについては，顧客は「信託財産」であることについて第三者に対抗できることになる。

　では，それは破産手続においても同様であろうか。すなわち，「信託財産」であるとして破産手続の下で破産財団に組み込まれるべき「財産」ではないとして，「取戻権」の行使が可能であろうか。

　この点，「信託財産」につき破産財団から隔離されるには，実務上，「特定性」が必要であるとされている[13]。しかし，ここで確認すべきは，ここに言う「特定性」のレベルである。この点，信託法18条1項に「信託財産に属する財産と固有財産に属する財産とを識別することができなくなった場合」には「各財産の共有持分が信託財産と固有財産とに属するものとみなす」との定めがあ

共通論題② 国際経済法・国際取引法における仮想通貨の諸問題

えて置かれていることから，ここにいう「特定性」については，「識別可能」といったレベルのものまでが求められているわけではないことがわかる。すなわち，「ある財産が信託財産であること，あるいは，ある財産に信託財産が含まれていること」が明らかであれば，特定性としては足りるとされている。[14]

この点でビットコインは，その特性上，マウントゴックス社が管理する他種の金融資産と明らかに区別できる上，同社が管理していた各顧客のビットコインの数量は，日々，記帳されている取引記録から顧客ごとに算出可能であった。したがって，同社が管理していた顧客のビットコインも，ここにいう「特定性」の要件を満たしているといえる。

次に，「特定性」が認められることを前提に，「信託財産」が識別可能なものかが問題とされる。[15]そしてこの点，マウントゴックス社が顧客のビットコインにつき，顧客ごとではなく纏めて管理していたとすると，結果として，顧客それぞれのビットコインが相互に混じりあい，識別不能となってしまっていた可能性はある（実態は現時点では不明である）。

しかしそのような場合，信託法18条3項は，「ある信託の受託者が他の信託の受託者を兼ねる場合において，各信託の信託財産に属する財産を識別することができなくなったとき」につき，同条1項を準用した上で，「各財産の共有持分が」「各信託の信託財産」「に属するものとみなす」と定めている。また，同条1項は，「共有持分の割合は，識別できなくなった当時における各財産の価格割合に応ずる」とも定めている。

とすると，本件におけるビットコインについても，顧客間で共有状態にあることを前提に，「取戻権」の行使が可能であるということになろう。すなわち，仮に，本事件において「顧客から預かった75万ビットコインと自社保有分10万ビットコイン」が消失した結果，残存しているビットコインが，顧客が有しているはずであるビットコインの総数よりも少なくなってしまっている場合には，残存しているビットコインにつき顧客は共有状態にあるということを前提に，「取戻権」の行使が可能であるということになるのである。

Ⅳ　国際私法・国際民事手続法上の問題

ところで，仮想通貨に関しては，国境を越えて取引がなされていることが多く，国際事案となる可能性が高いといえる。実際，マウントゴックス社は日本に本店を有する日本法人ではあったものの，フランス国籍の者により成立・経営されており，また，その顧客の多くは日本以外に在住する外国人であった。

とすると，上記の検討の結果，日本の信託法を前提に顧客と交換所の間の契約につき「信託契約」であったとの結論に至ったが，かかる結論は，（国際事案であるが故に）準拠法がどの国の法になるかによって変わってくる可能性がある。すなわち，顧客と交換所の間の契約を規律する準拠法はどのように決定されるのかという国際私法上の検討が必要となる。

他方，破産者と債権者等の利害関係人の所在国が国境を越えて異なるというように（しかも利害関係人の所在国も複数に渡る可能性もある），破産手続も国際性を帯びてしまう可能性が高い。とすると，どの国で破産手続が行われるか次第で，上記で検討した破産法上の「取戻権」の行使は可能であるいった結論も，変わってくる可能性があるということになる。すなわち，国際民事手続法（より厳密には国際倒産法）上の検討も必要ということになる。

1　国際私法上の問題

準拠法の決定の問題は，わが国においては，「法の適用に関する通則法」を中心とした国際私法の規定によって規律される。そして，契約を含む「法律行為」という法律関係については，法の適用に関する通則法の7条以下に定めがあり，当事者が「選択した地の法」が準拠法として適用されることになる。そして，各国の国際私法は同様の定めを置いている。[16]

とすると，わが国の国際私法に従っても，また，わが国以外のいずれかの国の国際私法に従ったとしても，当事者間において（契約を含む）「法律行為」につき準拠法の合意がなされていれば，そのように合意をした国の法が準拠法として適用されることになる。

なお，「信託」を成立させる法律行為に関しては，通常の法律行為とは国際

共通論題② 国際経済法・国際取引法における仮想通貨の諸問題

私法上の扱いを異にするということも考えられる。しかし，そのように「信託」について特別な国際私法規定を置く国とは異なり，少なくともわが国の国際私法は，「信託」に関して特別な規定を置いていない。すなわち，わが国の国際私法の下では，「信託」の成立をも含めた法律行為に対しては，法の適用に関する通則法の7条以下が適用されるということになる。

　もっとも，顧客と交換所の間において準拠法の合意がない場合もあり得る。実際，マウントゴックス事件においては，マウントゴックス社と顧客の間における契約，すなわち，その内容を示しているはずのマウントゴックス社の「利用規約」には，準拠法に関する定めが一切置かれていなかった。

　その場合，わが国の国際私法は，法の適用に関する通則法8条1項において，「当該法律行為に最も密接な関係がある地の法」が適用されるとしている。そしてその上で，同条2項において，かかる「当該法律行為に最も密接な関係がある地の法」は，「法律行為において特徴的な給付を当事者の一方のみが行うものであるとき」は，「その給付を行う当事者の常居所地法（その当事者が当該法律行為に関係する事業所を有する場合にあっては当該事業所の所在地の法，その当事者が当該法律行為に関係する二以上の事業所で法を異にする地に所在するものを有する場合にあってはその主たる事業所の所在地の法）」と「推定する」と定めている。

　とすると，ビットコインについては交換所が顧客に対してサービスを提供する，すなわち，特徴的給付を行う立場に立つわけであるから，わが国の国際私法の下では，交換所の事業所の所在地の法が（最密接関係地法として推定された上で）適用されることになる。

　この点，マウントゴックス事件においては，マウントゴックス社は上述のように日本に本店を有していた，すなわち，事業所の所在地法は日本法であった。したがって，同事件においては，「信託契約」の成立の有無の問題を含め，顧客とマウントゴックス社の間における契約関係を規律する準拠法であったということになる。

　その上で，このように顧客と交換所の間における契約につき日本法が準拠法になる場合には，上記の「信託契約」の成立に関する検討がそのまま妥当することになる。

これに対し，日本以外の国の法が準拠法として適用される場合には，当該準拠法における「信託契約」の成立要件により，当該契約が信託契約と評価されるか否かが決せられることになる。そのため，今回の事件と全く同じ状況であったとしても，「信託契約」が成立していたと評価できるか否かは，その準拠法次第であるということになる。また，その結果，「信託契約」の成立が認められなかった場合には，わが国において破産手続が進められた場合であっても，結果として，「取戻権」の行使が認められないこととなる。

2　国際民事手続法（国際倒産法）上の問題

上述のように，仮想通貨に関しては国境を越えて取引されることが多く，そのため，破産者と債権者等の利害関係人の所在国が国境を越えて異なるというように（しかも利害関係人の所在国も複数に渡る可能性もある），破産手続も国際性を帯びてしまう可能性が高い。

まず，わが国で破産手続が行われる場合においては，上記において検討した顧客と交換所間の契約を規律する準拠法により「信託契約」が成立しているとすれば，その効果として交換所が顧客のために保有しているビットコインは「信託財産」として評価され，破産財団から隔離される，すなわち，「取戻権」の対象となることになる。他方で，当該準拠法上，「信託契約」が成立していないのであれば，（「有体物性」を有しないビットコインには「所有権」の成立が認められず，その結果，「取戻権」を認めることはできないという上記の東京地裁判決の前提に立つ限り）「取戻権」の対象とすることはできないということになる。[17]

他方，わが国以外の外国に所在する交換所で同様の事態が発生したといった場合など，当該外国で破産手続が行われる際には，当該外国の法の下，「取戻権」行使ができるか否かが決まることになる。その際，仮に当該外国が，わが国の国際私法とは異なる規律を有していた場合には（上述のように，当事者間に準拠法の合意があれば別段，無い場合の国際私法上の規律については必ずしも各国で一致していないし，「信託」について国際私法上の特別な規定を置いている可能性もある），同様の事態であったとしても，顧客と交換所の間における法律関係に適用される準拠法が，わが国で破産手続が行われる場合に決せられる準拠法とは

異なる国の法とされてしまう可能性がある。そしてその結果，同様の事態であっても「信託契約」の成立の有無につき異なる帰結となる可能性がある。

さらに，破産手続において「信託財産」であれば「取戻権」の行使が可能か否かについても，当該外国の破産法次第である。すなわち，当該外国の破産法が，わが国と同様の保護を与えているとは限らないのである。

V　おわりに

以上，本稿においては，マウントゴックス事件を念頭に，まずは日本で破産手続が行われることを前提に，日本法の下，顧客と交換所の間においていかなる法律関係が成立するのかにつき検討した。そして，マウントゴックス事件のような事案においては，両者間に「信託契約」が成立しているとの帰結に至った。また，わが国の破産法の下では，「信託契約」の効果として，交換所が顧客のために保有しているビットコインは「信託財産」として評価されるために破産財団から隔離される，すなわち，「取戻権」の対象となるとの帰結に至った。

もっとも，かかる帰結は，あくまで準拠法が日本法であった場合の結論である。日本で破産手続が行われる場合であっても，（マウントゴックス事件とは異なり）準拠法が日本法ではない場合には，「信託契約」が成立しているという帰結が異なってくる可能性がある。

さらに，以上は日本で破産手続が行われることを前提とした場合の帰結であるが，この前提が異なる場合，すなわち，外国で破産手続が行われる場合には，当該外国が，わが国の国際私法とは異なる規律である場合があり得る。その場合には，同様の事態であったとしても，顧客と交換所の間における法律関係に適用される準拠法が，わが国で破産手続が行われる場合の準拠法とは異なる国の法となる可能性があり，またその結果，同様の事態であっても「信託契約」の成立の有無につき異なる帰結となる可能性があるとの結論も示した。

また，仮に「信託契約」が成立する場合であっても，破産手続において「信託財産」であれば「取戻権」の行使が可能か否かについては当該外国の破産法次第であるため，交換所が顧客のために保有しているビットコインが「信託財

産」として評価され「取戻権」の行使が可能であるとの上記帰結も，やはり異なるものになる可能性があるとの結論も示した。

　ところで，マウントゴックス社に対する破産手続については，2017年11月24日に民事再生法適用の再度の申請が一部債権者からなされ，東京地裁もビットコインの価格高騰等の諸事情に鑑みて，2018年6月22日にこれを認める決定を行った。その結果，破産手続は中止され，債権者の合意により柔軟な再生計画が可能であり，「手続開始の時における価格」に救済の範囲が限られるわけではない（すなわち，顧客へのビットコインの返還といった救済方法も可能である）民事再生手続が進められることとなった。

　その結果，わが国の破産法の適用を前提とした上記の考察は，同事件に関しては，実際の事件の処理のために直接の影響を及ぼさないということとなった。もっとも，再生計画に対する債権者の合意が纏まるか否かについては，現実には必ずしも容易ではないようであり，本稿執筆時の2019年4月末現在，いまだ民事再生手続は終了していない。

　［追記］　本稿を内容とする日本国際経済法学会2018年度研究大会での報告に至るまで，森下哲朗・上智大学教授，久保田隆・早稲田大学教授，髙橋宏司・同志社大学教授，吉川景司・田中芳樹・首藤聡・弁護士に，様々にご教示いただいた。ここに御礼を申し上げたい。

1）　かかるマウントゴックス社のウェブサイトについては，以下を参照。なお，現在においては，同社の破産手続，その後の民事再生手続に関する債権者等への情報提供のためのウェブサイトとして機能している。https://www.mtgox.com/
2）　かかるマウンドゴックス事件の経緯については，2014年2月28日付け日本経済新聞を参照。なお，同新聞の同記事については，以下のウェブサイトからアクセス可能である。https://www.nikkei.com/article/DGXNASGC2802C_Y4A220C1MM8000/
3）　なお，筆者は，自らも弁護士代理人として，同事件につき破産管財人（その後には地位が承継された再生管財人）に対する訴訟手続を指揮していた（もっとも，本稿執筆時点において当該訴訟は取り下げられている）。そのため，（主観的にはともかく）客観的には中立的な立場にあるものではなかった。この点については，事前に明らかにしておきたい。
4）　東京地判平成27年8月5日（LEX/DB25541521）。
5）　鈴木尊明・本件評釈『新判例Watch』19号（2016年）59頁，61頁。

共通論題② 国際経済法・国際取引法における仮想通貨の諸問題

6) 松尾弘・本件評釈『法学セミナー』763号（2018年）122頁，122頁。
7) 松嶋隆宏・本件評釈『税理』60巻14号（2017年）2頁，8-9頁。
8) 松尾「前掲評釈」（注6）122頁。
9) 寺本昌広『逐条開設　新しい信託法〔補訂版〕』（商事法務，2008年）32頁も，この点，「成熟した権利である必要はなく，金銭的価値に見積もることができる積極財産」であれば足りるとする。
10) 同上32頁。
11) 能見善久・道垣内弘人編『信託法セミナー⑴　信託の設定・信託財産』（有斐閣，2013年）55頁。
12) 寺本『前掲書』（注9）71頁における注2参照。
13) 「信託と倒産」『実務研究会・信託と倒産』（商事法務，2008年）152-153頁。
14) 同上，152頁。
15) 同上，153頁。
16) 神前禎・早川吉尚・元永和彦『国際私法〔第4版〕』（有斐閣，2019年）123頁。
17) なお，以上は，「倒産手続における『取戻権』行使の要件を規律する準拠法は倒産手続地法（法廷地法）である」という前提の下での帰結である。この点，「顧客と交換所の間における法律関係を規律する準拠法に連動する形で『取戻権』行使の要件の規律も当該準拠法上の『取戻権』行使の要件に従う」といった考え方，さらには，「倒産手続が国際的に並行して行われるような事態になった際には，『外国倒産処理手続の承認援助に関する法律』における『承認』を条件として，主たる倒産手続地の法に従う」といった考え方など，他の考え方もあり得る。しかし，かかる問題は，「国際倒産における実体準拠法の決定」という（仮想通貨の問題を離れて）それ自体を個別に十分な検討をすべき問題であるため，本稿の性質上，ここでは深入りしない。なお，かかる問題については，拙稿「国際倒産の国際私法・国際民事手続法的考察」『立教法学』46号（1997年）155頁を参照。

（立教大学法学部教授・弁護士）

自由論題

投資家対国家紛争処理（ISDS）における管轄権・準拠法に関する考察

森 田 清 隆

Ⅰ　はじめに
Ⅱ　ISDS の管轄権設定
　　1　投資契約
　　2　ホスト国の国内法による ISDS 管轄権の一方的受諾
　　3　二国間（地域間）投資協定に基づく ISDS の管轄権
Ⅲ　ISDS と国内的救済原則との関係
　　1　基本的な考え方
　　2　国内的救済を尽くす必要がない場合
Ⅳ　仲裁の準拠法
　　1　国内法を準拠法に指定した場合
　　2　国際法による国内法の補完・修正
　　3　事実としての国内法援用
Ⅴ　おわりに

Ⅰ　は じ め に

　企業がグローバル展開する中，海外直接投資を巡って投資家がホスト国を直接相手取り仲裁に付託する投資家対国家紛争処理（Investor-State Dispute Settlement: ISDS）が増えている。投資紛争解決国際センター（ICSID）に付託された紛争の件数だけでも，1997年の10件から2018年の56件へと，過去20年間で５倍強に増大している[1]。また，その内容についても，強制収用，投資許認可における差別的取扱，公正衡平待遇違反，ホスト国の国内法の一方的変更，投資契約不履行等，多岐にわたる。わが国企業が ISDS の直接または間接の当事者となった事件としては，「Nissan Motor 対 インド事件[2]」，「Bridgestone 対 パナマ事件[3]」，「Eurus Energy 対 スペイン事件[4]」，「JGC Corporation（日揮）対 スペイン事件[5]」，「Saluka 対 チェコ事件[6]」が挙げられる。貿易投資立国のわが国企業にとって，今後，紛争解決を ISDS に委ねるケースが増える可能性があ

る。

　国際法秩序は「合意は拘束する」（pacta sunt servanda）という原則の下に成立している。したがって，「国家と他の国家の国民との間の投資紛争の解決に関する条約」（以下，ICSID 条約）第25条 1 項に記載されている通り，当事者間でISDS への付託に合意した場合，これを一方的に撤回することはできない。逆に，付託合意がない限り，ISDS の法廷管轄権を設定することはできないということである。ISDS の法廷管轄権を設定する根拠としては，投資契約に挿入された仲裁条項，ホスト国の国内法に基づく一方的な管轄権の受諾，二国間（あるいは多国間）投資協定や経済連携協定の仲裁条項（いわゆるアンブレラ条項）などがある。本稿では，まず，これらの根拠に基づく ISDS の法廷管轄権設定を巡る論点について，主要な仲裁裁判例を事例に分析する。

　次に本稿では，法廷管轄権に関し，ISDS への付託に先だって，国内的救済を尽くす必要があるのか検討する。この点については，後述の通り，ICSID 条約の下では国内的救済を尽くす必要がない旨明示されており，また，多くの二国間（あるいは多国間）投資協定，経済連携協定のアンブレラ条項も国内的救済の必要性を排除している。しかし，国内的救済の必要性の有無が明示されていない場合，これを尽くすことが法廷管轄権設定の前提となりうるのか検証することは意義深いといえよう。

　さらに本稿では，ISDS の法廷管轄権が設定された場合，仲裁の準拠法がどのように選択されるのかという点に焦点を当てる。すなわち，投資案件にはホスト国の国家管轄権が及び，その国内法が適用されるため，国内法上の措置や，その変更によって投資案件に影響が生じた場合，どのような形での救済が可能なのかという点は，投資家にとっての関心事項である。仲裁の準拠法としてホスト国の国内法が指定されている場合，国際法の基準に基づいて救済される可能性はあるのか，逆に，仲裁の準拠法に国際法が指定されている場合，ホスト国の国内法はどのような役割を担うのか。ICSID の主要な仲裁判例を考察する。

II　ISDS の管轄権設定

1　投資契約

　ICSID の統計によると，ICSID 条約に基づいて登録されている紛争案件の約16％が投資契約を ISDS への付託合意の根拠としている[7]。私人である投資家は国際法の客体であるため，本来であれば，国際法の主体であるホスト国の包括的かつ排他的管轄権に服する。換言すれば，投資家は本国の外交的保護を受けることはできても，ホスト国を相手に対等な立場で国際法廷における仲裁を提起することはできないはずである。

　それでは，何故，投資家とホスト国との間の投資契約が ISDS 法廷管轄権を設定する根拠となり得るのであろうか。この点，1977年 1 月19日の「Texaco 対 リビア事件」[8]仲裁判決は以下のように述べている。

(1)　投資契約の解釈と実施状況を巡る紛争を仲裁に付託する旨の条項を投資契約に挿入することで，投資家と国家との間の契約は，特定かつ新たな系統の国際法の範疇に含まれることになる[9]。

(2)　すなわち，国際法は国家のみならず，より広い範囲の主体を包摂する。具体的には，本来の国際法主体である国家は国際法秩序がもたらす全ての権能を享受するのに対し，投資家などその他の主体は特定の目的を果たす上での限定的な権能を享受する[10]。

(3)　投資契約の解釈と実施のために，私人である一当事者（投資家）は国際法上特別の権能を有するが，これは国家の場合とは違い，投資契約に由来する権利を行使するための限定的な権能である[11]。

　このように，投資家と国家との間の契約に仲裁条項を挿入することで，紛争を ISDS に付託する権利が当該契約から生じ，投資家はその権利を行使するための国際法上の特別な権能を与えられると解することができよう。

2　ホスト国の国内法による ISDS 管轄権の一方的受諾

　上記のとおり，投資家とホスト国との間に投資契約が存在し，仲裁条項が挿入されていれば ISDS への付託が可能である。他方，ホスト国の民間企業との

自由論題

ジョイントベンチャーや対外直接投資等，投資家がホスト国政府等との投資契約を締結しない形態の場合，ホスト国による国内法の一方的変更等によって投資家が不利益を被ったとしても，一義的に仲裁付託の法的根拠が存在しないことになる。

　このような場合でも，ホスト国の国内投資法において ISDS の受諾を一方的に宣言していれば，付託が可能となる。実際，ICSID 統計によると，ICSID 付託案件の９％が国内投資法に基づくものである。[12] 例えば，「Tradex 対 アルバニア事件[13]」では，アルバニア法第7764号が，「収用や収用に対する補償を巡る紛争について，投資家側が ICSID に提訴することができ，アルバニアはその管轄権を受諾する」と規定している[14]ことを根拠に，アルバニア政府自体が Tradex による投資を収用したという点について提訴することは妨げないとし，ISDS の管轄権を認めている。[15]

　もっとも，下記のように，国内投資法に基づく ISDS の一方的受諾が否定された事例も存在している。

(1)　CEMEX 対 ヴェネズエラ事件[16]

　同事件では，投資家との間の紛争，または，MIGA 設立条約，ICSID 条約が適用可能な紛争については，それぞれの条約の文言に従い，国際仲裁に付託する旨定めていたヴェネズエラの「投資法」第22条の文言解釈が争点となった。[17] 申立側はこれを ICSID への付託の受諾であると解釈したのに対し，ヴェネズエラ側はそのような受諾はないとした。[18] ICSID の判断は以下の通り。

①　「投資法」第22条は，ICSID 条約ならびに一方的宣言に適用される国際法上の原則に準拠して解釈すべきである。[19] これらの規則は，ICJ 規程36条２項に基づく管轄権の受諾に関する一方的宣言の解釈に関する一連の判例を通じ，ICJ において確立している。[20] すなわち，ICJ は，一方的宣言を行った国家の意図を踏まえ，文言を合理的かつ自然な形で解釈する。文言が不明な場合は，起草過程の状況や，意図された目的を検証する。[21] 当仲裁法廷も，これらの国際法上の規則に基づいて「投資法」第22条を解釈する。[22]

②　本件では，「それぞれの条約が国際仲裁を用意している」と解釈することも，「それぞれの条約によって国家が国際仲裁を受諾する義務が創出される」

と解釈することも可能であり，さらなる検証が必要[23]。

③　申立側は，「投資法」が発効した1999年当時，既にヴェネズエラは ICSID 条約に加入していたので，その文言が ICSID への付託の受諾を意図するものでない限り，なんら目的を果たさないと主張[24]。しかし，有用性原理（effet utile）を適用しても，「投資法」第22条の解釈の助けとはならない。有用性原理は当該条文に最大限の効果を与えることを求めるものではない。有意に解釈できる場合に，意味のないものとして解釈することを防止するのみである[25]。前者の解釈（「それぞれの条約が国際仲裁を用意している」という解釈）でも一定の効果はあり，無意味ではないので，有用性原理を適用しても判断はできない[26]。

④　この時期，ヴェネズエラは投資分野における国際仲裁に関する条約を締結しており，1999年以降8件の二国間投資協定を締結している。しかし，このような一般的な展開から，「投資法」第22条が ICSID への付託合意を意図しているという結論を導くことはできない。協定で相互的な義務にコミットすることと，一方的宣言で相手を特定せずに義務を負うことは別である[27]。

⑤　「投資法」が採択されたとき，既に「無条件の ICSID への付託」，「当事国国民の要求に基づく ICSID への付託」あるいはその両方について言及した二国間投資協定が批准されていた。仮に「投資法」第22条が ICSID への付託合意を意図していたのであれば，同様の文言を用いたであろう[28]。

⑥　以上より，「投資法」第22条に ICSID への付託合意の意図はない[29]。

（**2**）　PNG Sustainable Development Program 対　パプアニューギニア事件[30]

　同事件においても，「CEMEX 対　ヴェネズエラ事件」と同様に，パプアニューギニアの「1992年投資促進法」第39条が ICSID の仲裁への付託を受諾しているのかが争点となった。ICSID は，「1992年投資促進法」第39条を国内法と国際法の両面から解釈する必要があること，そして，国内法に基づく解釈が国際法に基づく解釈と競合する場合は，国際法に基づく解釈が優先され，特に国際法上の解釈原則とされている有用性原理（effet utile）を適用するとした[31][32]。仲裁法廷の判断は以下の通り。

①　「1992年投資促進法」第39条は，「1978年投資紛争解決条約に関する法律」

自由論題

が外国投資に起因する紛争に適用される旨定めているだけである。[33]「1978年投資紛争解決条約に関する法律」第2条は，ICSIDへの付託合意を認めるものではなく，むしろ，付託できる場合を限定する内容である。[34]また，第2条以外に，同法にはICSIDへの付託に関する条項はなく，申立側も他の条文については指摘していない。[35]

② パプアニューギニアはICSID条約を批准し，これを国内実施するために「1978年投資紛争解決条約に関する法律」を成立させたのだから，「1992年投資促進法」第39条がICSIDへの付託合意でなければ，それは意味がないと申立側は主張する。[36]

③ しかし，有用性原理は，仲裁法廷に条文を書き換える権限を与えるものではない。当該条文を有意に解釈できる場合に，意味のないものとして解釈することを防止するのみ。[37]有用性の原則を適用しても「1992年投資促進法」第39条が付託に合意しているということにはならない。同条に付託合意を見出せば，文言を超える，あるいは文言に反する解釈となってしまう。[38]

④ 以上より，「1992年投資促進法」第39条がICSIDへの付託合意であるとは読めない。[39]

このように，「CEMEX 対 ヴェネズエラ事件」と「PNG Sustainable Development Program 対 パプアニューギニア事件」では，管轄権の有無を判断する基準が若干異なる。前者は，国内法上ISDSへの付託を受諾しているのか否かについて，国際法の観点から検証しているのに対し，後者では，国内法と国際法の両面から解釈している。但し，後者も国内法と国際法が競合した場合は国際法が優先されるとしているので，結論的には前者とさほど違いはない。また，後者については，「1992年投資促進法」の文言を解釈する上で「1978年投資紛争解決条約に関する法律」の解釈が不可欠であったため，当該国内法に準拠した検証が行われているが，解釈の手法そのものについては共通であるといえよう。

また，有用性原理についても，条文を有意に解釈できる場合に，意味のないものとして解釈することを防止するのみであり，有用性原理に基づく解釈で条文を根本的に変えることはできないという点も共通である。

176

結局，ISDSへの付託を受諾しているかどうかは国内投資法の文言によるところが大きい。すなわち，国内投資法の文言上，ISDSへの付託を受諾する旨がかなり明確に記載されていない限り，有用性原理を適用し，国際法的観点から解釈してもICSIDをはじめとするISDSの仲裁法廷の管轄権が認められる可能性は少ないのではないか。

3　二国間（地域間）投資協定に基づくISDSの管轄権

(1)　二国間（地域間）投資協定の意義

以上の通り，外国企業（投資家）とホスト国との間の投資紛争をISDSに付託するためには，投資契約上，当事者間で付託に合意している必要がある。したがって，民間の直接投資案件など，投資家とホスト国との間に投資契約が存在しない場合，投資紛争をISDSに付託するのは困難である。確かに，「Tradex対アルバニア事件」のように，ホスト国が国内法上，ISDSへの付託を受諾している場合はその限りではないが，「CEMEX対ヴェネズエラ事件」と「PNG Sustainable Development Program対パプアニューギニア事件」のように管轄権が否定される例も存在するのが実情である。

そこで，二国間（地域間）投資協定において，投資紛争が生じた場合はISDSに付託できる旨，予め定めておくことが有効である。実際，ICSID統計によると，ICSID付託案件の約66％が二国間（地域間）投資協定の仲裁条項（アンブレラ条項）に基づくものである[40]。例えば，「日本シンガポール経済連携協定」は，外国企業（投資家）が損害を被った場合，ホスト国政府に対して協議を要請し，友好な協議を経てもなお解決しない場合，外国企業（投資家）側が仲裁付託をホスト国に通報することができる旨定めている[41]。付託の方法については，仲裁裁判所の設置，ICSIDへの付託，United Nations Commission on International Trade Law（UNCITRAL）規則に基づく付託の選択肢があり，これについても外国企業（投資家）側に選択する権利がある[42]。

(2)　二国間（地域間）投資協定に基づいてISDSに付託できる紛争の範囲

次に，二国間（地域間）投資協定に基づいてISDSが行われる場合であっても，全ての紛争が対象となるわけではない。

自由論題

　例えば，「日本シンガポール経済連携協定」では，投資紛争を，投資家の投資財産に関し，協定の投資章の規定に基づき与えられる権利が侵害されたことを理由とするものと定義している[43]。すなわち，ISDS の対象は，一義的に同協定投資章違反を理由とする紛争であり，投資許認可の是非や投資契約の内容を巡る紛争で，協定投資章との整合性が論点とならない案件は対象外となり得るということである。

　他方，TPP では，「協定投資章上の義務」，「投資の許可」，「投資に関する合意」が ISDS の対象となっている[44]。「協定投資章上の義務」に加えて，あえて「投資の許可」，「投資に関する合意」という文言が明記されていることに鑑み，協定投資章上の違反を伴うか否かを問わず，投資許認可の是非や，投資契約の内容を巡る紛争をも ISDS の対象とし得るという趣旨と解釈できる。もっとも，米国を除く加盟11カ国閣僚による合意に基づき，現行の CPTPP では「投資に関する合意」を ISDS の対象とすることについては，凍結されている[45]。すなわち，「投資に関する合意」に係る紛争は，それが「協定投資章上の義務」に抵触する可能性がある限り ISDS の対象となるが，そうではない場合，たとえば，許認可や契約を巡る国内法上の争いは対象外であると解されよう。

　このような協定違反と（国内法上の）契約違反に係る論点がとりあげられた仲裁判例として，「Salini 対モロッコ事件」[46]が挙げられる。本件では，仲裁の対象となる紛争について定めた「イタリア・モロッコ投資協定」第 8 条の文言の解釈が争点となった。判決は，同条項が極めて一般的な言いぶりであるため，投資契約に係る訴えを排除する趣旨であると解釈することはできないと[47]し，国家が協定に違反した場合，ならびに国家が直接拘束される契約に違反した場合は仲裁裁判所の管轄権が認められるとする一方，（国営企業など）国家以外の当事者による契約違反については対象外であるとしている[48]。なお，国家以外の当事者による契約違反であっても，それが協定違反を構成する場合は仲裁裁判所の管轄権があるとしている[49]。このように，同判決は，投資協定違反は全面的に ISDS の対象となるのに対し，協定違反を伴わない契約違反については，当事者が国家である場合のみが対象であるという整理をしている。同様に，「CMS 対アルゼンチン事件」においても，投資協定上の保護基準は，協定

上の権利義務に対する具体的な違反があった場合，または協定の下で保護される契約上の権利が侵害された場合のみに適用され，契約の純粋に商業的な側面は，保護されない場合があり得るとしている[50]。

(3) 投資契約に国内裁判所の管轄が明記されている場合

二国間投資協定において ISDS への付託が可能である旨定められている場合でも，投資家とホスト国（あるいはホスト国の国有企業等）との間で締結された投資契約に，紛争が生じた場合の裁判管轄権を国内裁判所とする旨が明記されている場合はどうなるのであろうか。このような場合であっても，なお ISDS に付託できる可能性はあるのか。

「Lanco 対 アルゼンチン事件」[51]では，「アルゼンチン・米国投資協定」に基づく ICSID への付託の可否が争われた。同協定第 7 条 2 項は，紛争が生じた際，投資家が紛争の付託先を「選択」できるとし，その付託先として，国内裁判所，事前に合意した紛争処理手続，ICSID，UNCITRAL 規則に基づく仲裁，その他仲裁を挙げている[52]。このため，Lanco 側は ICSID を付託先として選択した。他方，アルゼンチン側は，Lanco・アルゼンチン間のコンセッション契約第12条に紛争をブエノスアイレス市行政裁判所に付託することが明記されていることを根拠に，ICSID に管轄権がないことを主張した。ICSID の判断は以下の通り。

① コンセッション契約第12条に，紛争をブエノスアイレス市行政裁判所に付託する旨明記されていることは，事前に合意した紛争処理手続とみなすことはできない。行政裁判所は必然的に管轄権を有する（could only lead to the jurisdiction）。当事者が，国内法上，付託合意や放棄の対象とならない管轄権を「選択した」ということはほとんど不可能である[53]。

② 本件では，投資家側が書面で ICSID への付託に同意し，他方，ホスト国側は，投資家に紛争処理の法廷地を選択する権利を認めた「アルゼンチン・米国投資協定」に基づき同意している。したがって，「アルゼンチン・米国投資協定」に基づき，アルゼンチンから協定当事国の投資家に対してなされたオファー（すなわち，ICSID への付託）は，コンセッション契約上，アルゼンチン国内法廷への付託が定められていることで消滅することはない[54]。

自由論題

　このように同仲裁判決は，まず，国内法上，行政裁判所が必然的に管轄権を有し，自由に法廷を「選択」する余地がない場合，投資契約に行政裁判所への付託が明記されていても，それは必ずしも付託に合意しことを意味するものではないとしている。そして，国内裁判所への付託合意と認められない以上，投資家に法廷選択権を認めた投資協定に基づき，ICSID への付託が認められるということである。

　上述の「Salini 対 モロッコ事件」においても，同様の判断が示されている。すなわち，投資契約が行政裁判所への付託に言及していても，それは行政裁判所の強制管轄を定めている国内法を顧慮したためであり，ICSID の裁判管轄を放棄したことにはならないということである。[55]

Ⅲ　ISDS と国内的救済原則の関係

1　基本的な考え方

　私人が外国領域内で国際違法行為による損害を受けた場合，当該国の国内法上利用できる一切の国内的救済を尽くしていることが，私人の国籍国による外交保護権行使による救済の条件となる。[56]確かにこの国内的救済原則については，かつて Verzijl のように政治的便宜の慣行にすぎないとする立場，[57]Fawcett のように国際礼譲の規則であって実定法として援用できるものではないとする立場[58]も存在していたが，判例の集積を通じて国際慣習法となっていると考えて問題ないといえよう。例えば，「インターハンデル事件」判決は国内的救済原則が国際慣習法上不可欠な要件である旨述べている。[59]「シシリー電子工業事件」においても，国内的救済原則のような重要な国際慣習法上の原則について，これを省略することを意図した明確な文言なくして省略することは認められないとしている。[60]

　それでは，ある国の領域内において活動を行う外国企業が投資契約の破棄等，当該ホスト国側の一方的行為によって損害を受けた場合，国内的救済を尽くさない限り第三者機関による仲裁裁判を開始することができないのか。ホスト国の国内裁判所にて救済措置を尽くさなければならない場合，投資家にとって不利な判断がされかねない，また，仲裁を開始するまでに時間がかかるとい

180

う問題があり得る。投資家としては，是非とも国内的救済は避けたいところである。

　ここで「Texaco 対 リビア事件」判決をふり返ってみよう。確かに，同判決は外国企業にも一定の国際法主体性が付与されるとしている。よって，同判決の立場を究極まで詰めれば，国家も外国企業も対等な国際法主体ということになり，国際法主体・客体間で適用される国内的救済原則は妥当しないことになろう。しかし同判決は同時に様々な学説を引用しつつ，外国企業はあくまでも限定的な国際法主体に止まるとして，国家と完全に対等な立場を認めているわけではない。[61]このように，外国企業の国際法主体性が限定的であることに鑑みれば，国内的救済原則の適用が必ずしも排除されるわけではない。思うに，国家は主権平等原則に基づき国内的救済原則の適用の対象外となる。[62]換言すれば，「対等なものは互いを支配しない」という原則により，国内裁判所の管轄権に服することを免除されるということである。これに対して，外国企業は，そもそも国際法の客体であり，一定の条件の下，あくまでも限定的に国際法主体性が認められるに止まる。故に，外国企業は一般的に主権平等原則を享受せず，原則的に国内的救済を尽くす必要があるといわざるを得ないのではないか。

　しかし実際は，以下で詳述する通り，国内的救済を尽くす必要性が否定されたISDS案件が多数存在しているのである。

2　国内的救済を尽くす必要がない場合

(1)　投資協定で国内的救済を尽くす必要性が排除されている場合

　二国間（地域間）投資協定で国内的救済を尽くす必要性を排除し，直接仲裁裁判に付託できる旨記載されていれば国内的救済を尽くす必要はない。国際法の主体である国家間で国内的救済を排除する合意が存在しているからである。実際，上述の通り「日本シンガポール経済連携協定」第82条は，外国企業（投資家）が損害を被った場合，ホスト国政府に対して協議を要請し，友好な協議を経てもなお解決しない場合，外国企業（投資家）側が仲裁付託をホスト国に通報できるとしている。なお，ここでいう友好な協議とは，外国企業とホスト

国との間の直接協議であり，ホスト国の国内裁判所における国内的救済とは全く別の概念である。また，TPP（現行のCPTPP）も，被申立人が書面による協議の要請を受領した日から6ヶ月以内に投資紛争が解決されなかった場合，申立人は仲裁に付託することができるとしており[63]，ここでも国内的救済を尽くす必要性は排除されている。

　なお，紛争の当事者が依拠する二国間投資協定において，国内的救済を尽くすことが求められていても，当該ホスト国が締結している他の二国間投資協定において，国内的救済を尽くすことが求められていない場合，前者の最恵国待遇（MFN）条項に基づき，後者の規定が準用され，国内的救済を尽くす必要性が排除されることがある。「Maffezini 対 スペイン事件」では，アルゼンチン国籍の Maffezini がスペインで行っている投資事業を巡り，「アルゼンチン・スペイン投資協定」に依拠して ICSID に ISDS を申し立てた。同協定第10条2項は，事件をまずホスト国の裁判所に付託しなければならない旨定めていたため，ICSID としては，同条項に依拠しただけでは仲裁申立を却下せざるを得ないとした[64]。他方で，「チリ・スペイン投資協定」ではこのような国内的救済を優先させる義務が定められていなかったため，ICSID は，「アルゼンチン・スペイン投資協定」第4条の MFN 条項に基づき「チリ・スペイン投資協定」を準用し，国内的救済を尽くす必要性を排除した[65]。

（2）投資協定上，国内的救済を尽くす必要性に係る文言が欠缺する場合

　それでは，二国間（地域間）投資協定上，国内的救済の必要性に係る文言が欠缺している場合，すなわち，協定上，国内的救済を尽くす必要性を肯定も否定もしていない場合はどうか。「1987年アセアン投資促進保護協定」に基づく投資仲裁である「Yaung Chi 対 ミャンマー事件」においては，同協定上，国内的救済を尽くすことが要件とされていないことを理由に，その必要性を否定している[66]。「チェコ・オランダ投資協定」に基づき，UNCITRAL 規則の下で仲裁が行われた「CME 対 チェコ事件」においても，同投資協定に国内的救済に関する記載がないことを理由にその必要性を否定した上で，「投資協定に基づく仲裁裁判は，国内的救済が尽くされていないことを根拠に無効とされることに対し，常に戦々恐々としている（ダモクレスの剣で脅されている）」と述べ

ている。同様に,「ギリシャ・セルビア＝モンテネグロ投資協定」（当時）に基づき,UNCITRAL 規則の下で仲裁が行われた「Mytilineos Holdings 対 セルビア＝モンテネグロ事件」においても,投資協定が投資家に国際仲裁へのアクセスを認めていることは,国内的救済を尽くす必要はないという点を確認していることでもあるとしている。[68]

　このように,判例上は,投資協定において明示的に国内的救済を尽くすことが求められていない限り,国内的救済を経る必要はないと判断する傾向があるといえる。上述の通り「シシリー電子工業事件」は,「国内的救済原則のような重要な国際慣習法上の原則について,これを省略することを意図した明確な文言なくして省略することは認められない」としている。これを類推すれば,国内的救済を尽くす必要性に係る規定が欠缺している場合,これを省略することは出来ないと解釈するのが自然であろう。それにも係らず仲裁法廷がこのような判断をしている背景には,「Mytilineos Holdings 対 セルビア＝モンテネグロ事件」判決がいみじくも指摘する通り,投資協定という国家間の合意によって投資家に国際仲裁へのアクセスを保障していること自体が国内的救済の排除を意図しているという認識があるのではないか。

（3）ICSID に付託する場合

　次に,ICSID 条約第26条は,別段の意思表示がない限り他のいかなる救済手段をも排除して仲裁に付託する同意があったとみなす旨定めている。したがって,ICSID に付託すれば,原則として国内的救済を尽くす必要はない。実際,「Bevenuti Bonfant 対 コンゴ事件」において,ホスト国のコンゴ政府はコンゴ商事裁判所による国内的救済が尽くされていないことを理由に仲裁裁判所の管轄権を否定したが,判決は,同条約第26条に基づいてコンゴ政府の主張を却下している。[69]

　もっとも,ICSID 条約第26条が「別段の意思表示がない限り」国内的救済の必要性を排除しているということは,逆に,国内的救済を尽くすことについての意思表示がある場合,それに従うということである。例えば,上記「Lanco 対 アルゼンチン事件」では,二国間投資協定,国内法,投資契約の中で,国内的救済を尽くすことを ICSID 付託の条件とすることができるとしている。[70]

自由論題

また，上述の通り，「Maffizini 対 アルゼンチン事件」において，ICSID は「アルゼンチン・スペイン投資協定」第 4 条の MFN 条項に基づき「チリ・スペイン投資協定」を準用することで国内的救済の必要性を排除しているものの，国内的救済の必要性を定めている「アルゼンチン・スペイン投資協定」第10 条 2 項自体は仲裁申立を却下する根拠となることを示唆している。

(4)　投資契約上国内的救済を尽くす必要性が排除されている場合

「Texaco 対 リビア事件」判決も認めるように，「合意は拘束する」という原則は国家と外国企業との契約にも適用される。このため，投資契約の仲裁条項においてあらかじめ国内的救済を排除する旨合意しておけば国内的救済を尽くす必要はないといえよう。なお，この点については，1960 年代〜70 年代にかけて，

①　国家が外国人との投資契約において仲裁裁判に合意すること自体が国内的救済原則の適用を放棄する意思表示であるという学説[71]

②　仲裁条項自体が国内的救済原則の放棄に合意したことを表すものではないという学説[72]

があった。二国間（多国間）投資協定において，明示的に国内的救済を尽くす必要性が定められていない限り，その必要性はないというのが判例の傾向であることを類推すれば，今日では①の方がより説得力があるといえるかもしれない。

(5)　小　括

以上の通り，投資協定あるいは投資契約上，明示的に記載されている場合を除き，国内的救済を尽くす必要性は排除されるといえるが，逆に，投資協定や投資契約に明記されていれば国内的救済を尽くすことが不可避ということになろう。実際，「2016 年インド・モデル投資協定」は，投資家に対して国際仲裁に付託する前に最低 5 年間国内的救済を尽くすことを要求している[73]。投資家保護の観点から，今後の投資協定，経済連携協定を締結する際は，国内的救済の必要性に関する文言を挿入しないよう交渉することが重要ではないか。

184

IV　仲裁の準拠法

　仲裁法廷に管轄権が認められた場合，仲裁の準拠法はどのように選択されるのか。この点について，例えば ICSID に付託された場合，仲裁の準拠法としては，両当事者が合意する法規（ICSID 条約42条1項前段），また，合意がない場合はホスト国の国内法ならびに該当する国際法の規則が選択される（ICSID 条約42条1項後段）。

　そもそも，投資案件にはホスト国の国家管轄権がおよび，その国内法が適用される。したがって，国内法上の措置や，その変更によって投資案件に影響が生じた場合，どのような形での救済が可能なのかという点は，投資家にとって重要である。具体的には，仲裁の準拠法としてホスト国の国内法が選択されている場合，国際法の基準に基づいて救済される可能性はあるのか，逆に，仲裁の準拠法に国際法が選択されている場合，ホスト国の国内法はどのような役割を担うのかということである。

　以下，ISDS において仲裁の準拠法がどのように選択，適用されてきたのか概観し，ホスト国の国内法ならびに該当する国際法がそれぞれどのような役割を果たしてきたのか，ICSID 判例をベースに概観する。

1　国内法を準拠法に指定した場合

　ホスト国の国内法が仲裁の準拠法として選択された場合，それが変更されることで，強制収用，投資契約の一方的破棄等の投資家に対する不利益が正当化されるという考えがあった。[74]しかし，国内法を適用すること自体が必ずしも投資家に不利な状況をもたらすわけではない。

　例えば，「AGIP 対コンゴ事件」では，コンゴ大統領が「命令第6-75号」を発布し，AGIP コンゴ社の国有化を決定，一切補償なしで同社の株式・資産を全て政府公社に移転することとし，同命令は「法律第71-75号」として承認された。[75]しかし仲裁判決は，コンゴ民法としての効力を有するフランス民法第1134条が「適法になされた約束は当事者間で法的効力を有する」としている点に言及し，「法律第71-75号」による一方的な国有化を正当化することはできな

自由論題

いと結論付けている。このように，ホスト国が一方的に国有化命令を発令する[76]
ようなことがあっても，当該ホスト国に整備された契約法体系があれば，国際
法に依拠するまでもなく，国内法の範囲だけで投資家を救済することが可能で
あるといえよう。なお，本件では，国際法も準拠法として指定されていたた
め，法の一般原則の観点からも検討が加えられている。

2　国際法による国内法の補完・修正

「Klöckner 対カメルーン事件」の取消に関する決定は，仲裁の準拠法につい
て，ホスト国の国内法の適用が先決であるとしつつも，国内法が欠缺する場合
は，国際法がこれを補完し，また，国内法が国際法に違反する場合，国際法が
これを修正する役割を担うとしている[77]。これ以降，ICSID では，程度の差こそ
あれ，国際法が国内法を修正する，換言すれば，国内法が国際法に抵触する形
での適用を排除する判断がいくつかなされている。

(1)　SSPME 対エジプト事件

同仲裁判決は，仮に準拠法をエジプト法とする合意があったとしても，国際
法の適用を排除するものではなく[78]，国内法に欠缺がある場合，また，国内法が
国際法に違反している場合は国際法の原則を適用するとしている[79]。上述の通
り，ICSID 条約第42条1項の前段は，両者が合意する法規を準拠法とする旨定
めているので，エジプト法を準拠法とする合意があれば，それが国際法に整合
的か否かを問わず準拠法はエジプト法のみと解釈することも可能である。しか
し，同判決では，「ホスト国の国内法の有効性について，肯定することも否定
することもないが，それが国際法に違反する場合に適用しないことはあり得
る」という ICSID 条約起草者の見解を引用しつつ，国際法優位の立場を明に
している[80]。

同事件においてエジプト側は，紛争の主題となっているプロジェクトの中止
が「1974年の法令第43号」によって禁止されている国有化や没収には該当せ
ず，また，契約上の権利や無体財産は収用の対象とみなされない[81]（したがって
補償の対象にならない）旨主張した。これに対し仲裁判決は，国際判例を引用し
つつ，契約上の権利も間接的に収用され得ることが長年認識されてきたこと

186

や，無体財産の収用が補償の対象となることを示している。[82]その上で，収用を狭義に解する国内法を根拠に特定の形態の財産を除いて収用の際の補償義務を免れることはできないとしている。[83]

(2) Wena Hotels 対 エジプト事件

同事件では，「英国エジプト投資促進保護協定」が一義的に準拠法であるが，同協定は若干13条で構成される簡単な内容であり，紛争に適用可能なすべての法を供するものではなかった。他方，「英国エジプト投資促進保護協定」以外には準拠法に関する合意が特段なかったため，ICSID 条約第42条1項後段に基づきホスト国の国内法ならびに該当する国際法の規則を適用することとした。[84]

同事件において，エジプト側は（Wena 側の請求権が既に消滅しているという点を正当化する観点から），エジプト民法第172条1項に定める3年の消滅時効を適用することを主張した。しかし，判決は，国内法が国際法と競合する場合は国際法の原則を優先させるという観点から，このエジプトの主張を退けている。すなわち，国際法廷では，国内法における時効年限は適用されないという原則が十分確立しているということである。[85]

この判決に対し，エジプト側は，エジプト民法を適用しなかった点について権限の明白な逸脱があるとし，その取り消しを請求した。[86]これに対して ICSID は請求を棄却する決定をした。ICSID 条約第42条1項は国内法と国際法の適用範囲を明確に分類するものではなく，ホスト国の国内法は国際法と関連付けて適用される場合もあるし，国際法が単独で適用されることもあるというのがその理由である。[87]

3 事実としての国内法援用

二国間投資協定など，国際法を仲裁裁判の準拠法とする場合でも，国内法は事実内容について情報提供をする証拠としての役割を果たす。「ポーランド上部シレジアにおけるドイツ人権益事件」において，「国際法の観点からすると，各国の国内法は国家意思を表明しその活動を構成する単なる事実にすぎない。国際裁判所に，関係国内法そのものを解釈すべき義務も権限もない。しかし，当事国が国内法を適用する際に，国際法上の義務に整合的であるかどうかを判

自由論題

断することは妨げない」と述べられており，ISDS 仲裁においても同様の考え[88]
方が浸透しているといえよう。

(1) Siemens 対 アルゼンチン事件

「ドイツ・アルゼンチン投資保護促進協定」に基づいて付託された同事件において，ICSID は，協定上の義務違反について検討する場合の準拠法は同協定と適用可能な国際法であり，アルゼンチン国内法は，同国が協定上の義務との関係でとった措置の証拠を構成するとしている[89]。

仲裁判決は，アルゼンチンの「2000年緊急法」が同国における金融危機への対応という公益を目的としている点を認めつつも，同法を金融危機の1年以上前から継続していた Siemens 投資案件の収用に適用することは，同法を都合の良いツールとして使っているに過ぎず，「収用は公益目的でなければならない」と定めた「ドイツ・アルゼンチン投資保護促進協定」に違反するとしている[90]。このように，仲裁判決は「2000年緊急法」そのものを解釈・適用しているのではない。収用を正当化する目的で同法が便利に使われたという事実を証拠に，準拠法である「ドイツ・アルゼンチン投資保護促進協定」の「公益目的」に違反すると認定したということである。

(2) Gold Reserve Inc. 対 ヴェネズエラ事件

「カナダ・ヴェネズエラ投資協定」に基づいて付託された同事件では，同協定第7条7項により，同協定ならびに国際法上適用可能な規則を適用し，ヴェネズエラ国内法は事実認定を行う際に参照するとされた[91]。すなわち，準拠法はあくまでも「カナダ・ヴェネズエラ投資協定」と国際法であり，仲裁裁判は，同投資協定上，被申立国が投資家に対して負っている義務に違反したか否かを判断することが目的である。しかし，それでもヴェネズエラ国内法は，投資家の権利義務の内容，ならびに，被申立国が投資家に対して約束した事項の内容について情報提供する役割を担う[92]ということである。

本件では，ヴェネズエラ当局が環境に関する「非常事態宣言」を理由にプロジェクトの建設許可を撤回している。しかし，建設許可が発布されたとき，既に「非常事態宣言」発効していた。すなわち，ヴェネズエラ当局は，建設を許可しても「非常事態宣言」には抵触しないと判断したということである。しか

も，その後「非常事態宣言」失効し，当局から建設を許可したことに伴い環境が悪化したとの警告も示されなかった[93]。したがって，このような対応は，「カナダ・ヴェネズエラ投資協定」上の公正衡平待遇違反となるとしている[94]。

　本件においても，ICSID は「非常事態宣言」や「投資許可」そのものを解釈・適用しているわけではない。建設許可という投資家に与えられた権利を不必要に否定する形で「非常事態宣言」が適用されたという事実関係を証拠に，準拠法である二国間投資協定上の公正衡平待遇違反を認定しているといえよう。

⑶　Masdar Wind & Solar 対 スペイン事件[95]

　「エネルギー憲章条約」の ISDS 条項に基づいて付託された同事件では，同条約第26条6項により，同条約ならびに国際法の適用可能な規則および原則が準拠法に指定された。本件では，再生可能エネルギーへの投資に各種のインセンティブを提供する旨定めたスペインの国内法（RD661/2007ほか）によって，投資家が（インセンティブを受けられるという）「正当な期待」を抱くに至ったか，また，同国内法が投資家の「正当な期待」に反する形で変更されたことが「エネルギー憲章条約」第10条1項の「公正衡平待遇」に違反する形で変更されたのか，が論点となった。仲裁判決の概要は以下の通り。

①　公正衡平待遇は，投資先の法的枠組が不合理な形で変更されることはない，また，当該法的枠組が投資家に対してなされた特定の約束に反する形で変更されることはない，旨を投資家に保障する基準である[96]。

②　RD661/2007ほかは，再生可能エネルギーの設置が一定の条件を満たし，一定期間内に行われた場合，固定価格買取やプレミアム付与等の権利を得られると定めていた[97]。また，投資家側も，due diligence を尽くした結果，RD661/2007ほかに安定化条項が挿入されていたので，法が変更されることはないであろうと信ずるに足る状況にあった[98]。

③　RD661/2007ほかに安定化条項が挿入されていたという事実は，同法律の文言を信用して投資を行った投資家に対して，法の変更をしてはならないというのに十分である[99]。

④　確かに，「正当な期待」を生ぜしめるような特定の約束が，法の一般的な

自由論題

条項から発生することはないという立場もある。[100]しかし本件では，スペイン政府が再生エネルギー事業を展開する各運営会社に文書を送付し，RD661/2007ほかで認定されたプラントは操業期間を通じてその適用を受けることを確認している。[101]したがって，法の一般的な条項だけで「正当な期待」が発生するか否かに係らず，本件において投資家は，「RD661/2007ほかによって恩典を得続けることができる」という「正当な期待」を有していたといえる。[102]

⑤　以上より，ホスト国は「エネルギー憲章条約」第10条１項の「公正衡平待遇」に違反している。[103]

　本件においても，仲裁判決はスペイン国内法（RD661/2007ほか）そのものを解釈・適用しているのではない。判決は，スペイン国内法に基づき投資家が「正当な期待」を抱くに至ったという事実を証拠に，同国内法の変更によって「正当な期待」が侵害されたことが準拠法である「エネルギー憲章条約」の規定に違反するとしている。

　以上の通り，仲裁の準拠法として国内法が選択されている場合でも，国際法との整合性が考慮され，逆に国際法が準拠法であっても国内法は，事実関係を示す証拠としての重要な役割を担う。また，仲裁の準拠法が国内法であったとしても，それ自体が外国投資家にとって不利な状況をもたらすわけではない。したがって，国際法が準拠法として選択されることよりも，むしろ第三者による客観的な仲裁によって国内法の恣意的な解釈が排除されることがISDSのメリットであるといえるのではないか。

Ⅴ　おわりに

　ISDSに適用されるのは，投資契約，投資協定の各条項など，準拠法としてホスト国が合意している法規範であり，投資家は，あくまでも，その範囲内でのみ救済を得ることができる。このため，ホスト国は，ISDSによって国内法に基づく措置そのもの（as such）を妨げられることはなく，自らが合意した法規範が適用される範囲（as applied）においてのみ制約に服するに止まる。実際，上記「Masdar Wind & Solar対スペイン事件」においても，仲裁判決は

スペインによる国内法上の政策変更そのものを問題としているのではない。スペイン自身が加入している「エネルギー憲章条約」の公正衡平待遇に係る条項に整合的でない形で政策変更が行われた点を問題としているのである。

　それにも係らず今日，ホスト国による政策決定の自由を理由に，ISDS で投資家が救済されうる範囲を狭めようとする動きがある。例えば，今般 EU とカナダの間で締結された Comprehensive Economic and Trade Agreement（CETA）の投資章では，ホスト国が「投資家の期待」（「利益に対する期待」を含む）に悪影響を与える形で国内法を改正したとしても，その事実だけでは同協定投資章の義務に反したことにはならない旨が明記されている。[104] 上記の通り，「Masdar Wind & Solar 対 スペイン事件」では，投資家の「正当な期待」が「エネルギー憲章条約」に定められた「公正衡平待遇」によって保護されたが，仮に，同じように投資家の「正当な期待」に係る事件が CETA の下で紛争処理に付託された場合，これが保護されるためには，さらに厳しい要件が課される可能性が高いのではないか。[105]

　また，CETA では常設で二審制の投資裁判所制度（Investment Court System: ICS）を導入している。[106] しかし，ICS については，二審制のため ISDS に比べて解決までに時間がかかり，これに伴いコストの面でも投資家の負担が大きくなる。また，国家が作成したリストから仲裁人を選定するため，必ずしもビジネスに精通していない法律家がその任にあたる可能性があるといった懸念がある。[107]

　中立的かつ公平な紛争解決のツールとして，改めて ISDS の有用性に注目すべきであると考える。

［付記］　本稿は，日本国際経済法学会第28回研究大会（2018年11月10日，於岡山大学）における筆者報告「投資家対国家紛争処理（ISDS）における準拠法選択に関する考察」に，仲裁法廷管轄権ならびに国内的救済原則に関する議論を加味し，加筆修正したものである。

　1)　*The ICSID Caseload- Statistics*（Issue 2019-1），p. 7.
　2)　*Nissan Mortor v. India*, UNCITRAL, at http://investmentpolicyhub.unctad.org/ISDS/Details/828

自由論題

3) *Bridgestone Licensing Services, Inc. and Bridgestone Americas, Inc. v. Republic of Panama*, ICSID Case No. ARB/16/34.

4) *Eurus Energy Holdings Corporation and Eurus Energy Europe B. V. v. Kingdom of Spain*, ICSID Case No. ARB/16/4.

5) *JGC Corporation v. Kingdom of Spain*, ICSID Case No. ARB/15/27.

6) *Saluka Investments B. V. v. The Czech Republic*, UNCITRAL, Partial Award of 17 March 2006.

7) *The ICSID Caseload- Statistics* (Issue 2019-1), p. 10.

8) *Texaco Overseas Petroleum Company & California Asiatic Oil Company v. The Government of the Libyan Arab Republic*, International Legal Materials, vol. 17 (1978), pp. 3-37.

9) *Ibid.*, paras. 32, 44.

10) *Ibid.*, para. 47.

11) *Ibid.*

12) The ICSID Caseload- Statistics (Issue 2019-1), p. 10.

13) *Tradex Hellas S.A. v. Republic of Albania*, ICSID Case No. ARB/94/2, Decision on Jurisdiction of 24 December 1996.

14) *Ibid.*, p. 174.

15) *Ibid.*, p. 180. 但し，Tradex とその契約の相手方である国営企業との間の契約を巡る紛争は ICSID の管轄外であるとしている。

16) *CEMEX Caracas Investment B. V. and CEMEX Caracas Investments B. V. v. Bolivian Republic of Venezuela*, ICSID Case No. ARB/08/15, Decision on Jurisdiction of 30 December 2010.

17) *Ibid.*, para. 64.

18) *Ibid.*, para. 65.

19) *Ibid.*, para. 79.

20) *Ibid.*, para. 84.

21) *Ibid.*, para. 87.

22) *Ibid.*, para. 88.

23) *Ibid.*, paras. 101-103.

24) *Ibid.*, para. 105.

25) *Ibid.*, para. 114.

26) *Ibid.*, para. 115.

27) *Ibid.*, para. 126.

28) *Ibid.*, para. 137.

29) *Ibid.*, para. 138.

30) *PNG Sustainable Development Program Ltd. v. Independent State of Papua New Guinea*, ICSID Case No. ARB/13/33, Tribunal Award of 5 May 2015.

31) *Ibid.*, para. 265.

32) *Ibid.*, paras. 266-267.

33) *Ibid.*, para. 286.

34) *Ibid.*, para. 289.

35) *Ibid.*, para. 291.

36) *Ibid.*, para. 306.

37) *Ibid.*, para. 307.

38) *Ibid.*, para. 310.

39) *Ibid.*, para. 317.

40) The ICSID Caseload- Statistics（Issue 2019-1), p. 10.

41)「日本シンガポール経済連携協定」第82条3項。

42)「日本シンガポール経済連携協定」第82条3項(a)(b)(c)。

43)「日本シンガポール経済連携協定」第82条1項。

44) TPP 第9.19条1項。

45) 附属書9-L「投資に関する合意」A1。

46) *Salini Costruttori S.P.A and Italstrade S.P.A v. Kingdom of Morocco (Decision on Jurisdiction)*, ICSID CASE No. ARB/00/4, 23 July 2001.

47) *Ibid.*, para. 59.

48) *Ibid.*, para. 61.

49) *Ibid.*, para. 62.

50) *CMS Gas Transmission Company v. The Republic of Argentina (Award)*, ICSID Case No. ARB/01/8, 12 May, 2005, para. 299.

51) *Lanco International Inc. v. The Argentine Republic (Preliminary Decision: Jurisdiction of the Arbitral Tribunal)*, ICSID CASE No. ARB/97/6, December 8, 1998.

52) *Ibid.*, para. 20.

53) *Ibid.*, para. 26.

54) *Ibid.*, para. 40.

55) *Supra*, footnote 46 at paras. 26-27.

56) 国家責任条文草案第一部22条参照。

57) *Annuaire de l'Institut de Droit International 1954*, tome I, pp. 22-23.

58) J.E.S. Fawcett, The Exhaustion of Local Remedies: Solution or Procedure?, *British Yearbook of International Law*（1954), p. 457.

59) *ICJ Reports*（1959), p. 27.

60) *ICJ Reports*（1989), p. 42 at para. 50.

61) 同判決は，国際機関などが国際法主体とみなされ，個人ですら一定の条件の下で国際法主体たり得るという説も存在している状況では，国家と契約を行う相手方を国際法主体と見なすことも妨げられないとしつつも，契約の範囲内でその主体性が認められるに過ぎず，国家と同等の権利義務を享有する主体ではないとした Seidl-Hohenveldern の説，ならびに，契約において私人の国際的人格と権利能力は国家がその法的関係において認めた範囲に依存するとした Amador の説を引用している（*International Legal*

自由論題

Materials, vol. 17（1978），pp. 17-18, para. 48）。

62）　山本草二『国際法〔新版〕』（有斐閣，1993年）655頁。

63）　TPP 第9.19条参照。

64）　*Emilio Agustín Maffezini v. The Kingdom of Spain,* Case No. ARB /97/7, Decision of the Tribunal on Objections to Jurisdiction（25 January, 2000），paras. 36-37.

65）　*Ibid.,* para. 64.

66）　*Yaung Chi Oo Trading Pte. Ltd. v. Government of the Union of Myanmar,* ASEAN I.D. Case No. ARB/01/1（March 31, 2003），Award, paras. 40-41.

67）　*CME Czech Republic B.V. v. The Czech Republic,* UNCITRAL（March 14, 2003），paras. 412-413.

68）　*Mytilineos Holdings SA v. The State Union of Serbia & Montenegro and Republic of Serbia,* UNCITRAL, Partial Award on Jurisdiction（September 8, 2006），para. 222.

69）　*International Legal Materials,* vol. 21（1982），pp. 743-744.

70）　*Ibid.,* footnote 53 at paras. 38-39.

71）　L. Wadmond, Arbitration between Governments and Foreign Private Firms, *Proceedings of the American Society of International Law*（1961），p. 70.

72）　F.A. Mann, State Contracts and International Arbitration, *British Year Book of International Law*（1967），p. 34.

73）　2016 Indian Model BIT, Article 15.1 & 15.2.1 なお、日本については、日印 EPA の下、国内的救済を尽くすことなく、ISDS に付託することができる。

74）　例えば，「Sapphire 事件」判決は，「契約を修正するような立法的修正から外国企業が保護されるような一定の法的安定性の保証が正当と思われるが，イランが修正する権利を有するところのイラン法が徹底して適用されれば外国企業は保護され得ない」として，国内法のみが仲裁の準拠法である場合，当該国内法の変更によって契約の破棄，変更が正当化され得るという立場を採っている（*International and Comparative Law Quarterly*（1964），p. 1012）。

75）　*AGIP Company v. Popular Republic of the Congo,* 67, International Law Reports（1984），p. 329, paras. 28-30.

76）　*Ibid.,* p. 337, paras. 77-79.

77）　*Klöckner Industrie-Anlagen GmbH v. Republic of Cameroon,* Case No. ARB/81/2, Decision on Annulment of 3 May 1985, para. 69.

78）　*Southern Pacific Properties (Middle East) Limited v. Arab Republic of Egypt,* Case No. ARB/96/1, Tribunal Award of 20 May 1992, para. 80.

79）　*Ibid.,* para. 84.

80）　*Ibid.*

81）　*Southern Pacific Properties (Middle East) Limited v. Arab Republic of Egypt,* Case No. ARB/96/1, Tribunal Award of 20 May 1992, para. 160.

82）　*Ibid.,* paras. 165-167.

83）　*Ibid.,* para. 168.

84) *Wena Hotels Ltd. v. Arab Republic of Egypt*, Case No. ARB/98/4, Award of 8 December 2000, para. 79.

85) *Ibid.*, para. 107.

86) *Wena Hotels Ltd. v. Arab Republic of Egypt*, Case No. ARB/98/4, Annulment Proceeding, 5 February 2002, para. 21.

87) *Ibid.*, paras. 39-40.

88) *PCIJ Series A*, No. 7, p. 19.

89) *Siemens A. G. v. The Argentine Republic*, Case No. ARB/02/8, Award of 6 February 2007, para. 78.

90) *Ibid.*, para. 273.

91) *Gold Reserve Inc. v. Bolivian Republic of Venezuela*, Case No. ARB（AF）/09/1, Award of 22 September 2014, paras. 532-533.

92) *Ibid.*, para. 534.

93) *Ibid.*, para. 596.

94) *Ibid.*, para. 600.

95) *Masdar Solar & Wind Coopertatief U.A. v. Kingdom of Spain*, Case No. ARB/14/1, Award of 16 May 2018.

96) *Ibid.*, para. 484.

97) *Ibid.*, para. 496.

98) *Ibid.*, para. 499.

99) *Ibid.*, para. 503.

100) *Ibid.*, para. 504.

101) *Ibid.*, para. 520.

102) *Ibid.*, para. 521.

103) *Ibid.*, para. 522.

104) CETA 第8.9条2項。

105) 例えば，国家が投資の誘致を積極的に働きかけた客観的事実の存在などが要件となる可能性がありうる。

106) EU は，ベトナム，シンガポールとの経済連携協定でも同様の ICS を導入。

107) 同様の問題点に言及するものとして，菅原淳一「日 EU・EPA の署名」みずほ総合研究所（みずほインサイト）（2019年7月18日）5頁参照。

（一般社団法人日本経済団体連合会上席主幹）

自由論題

「質の高いインフラ」原則に関する一考察
——フォーラム選択の視点から——

福 永 佳 史

Ⅰ　はじめに
Ⅱ　国際ルール形成における「フォーラム選択」を論じる意義
Ⅲ　質の高いインフラを巡るルール形成過程
　1　背　景
　2　2013年の動き（APECにおける議論の開始）
　3　2014年の動き（APECガイドブックの策定，他フォーラムへの展開）
　4　2015年の動き（取組の多様化）
　5　2016年の動き（G7伊勢志摩原則，G20首脳コミュニケ）
　6　2017-2019年の動き（「質の高いインフラ」概念の拡大）
Ⅳ　分析
　1　フォーラム選択の要素
　2　日本政府内の調整メカニズム
　3　ソフトローとハードロー
Ⅴ　おわりに

Ⅰ　は じ め に

　日本政府は2013年から「質の高いインフラ」原則の確立を目指して，様々な国際フォーラムにおける働きかけを行ってきた。2019年までの間に採択された，「質の高いインフラ」に特化した文書を挙げれば，①『APECインフラ開発・投資の質に関するガイドブック』（2014年 APECガイドブック）[1]，②『質の高いインフラ投資の推進のための G7伊勢志摩原則』（2016年 G7原則）[2]，③『APECインフラ開発・投資の質に関するガイドブック（改訂）』（2018年 APECガイドブック）[3]，④『G20質の高いインフラ投資原則』（2019年 G20原則）[4]と多数に及ぶ。また，2016年の G20首脳コミュニケをはじめ，質の高いインフラに言及した首脳文書・閣僚文書も多い。APECでは特定インフラ分野（電力，水）のガイドライン[5]も策定されている。これらの文書のいずれかの策定プロセスで，財務，交通，貿易，エネルギー，開発など，取り扱う問題領域も参加者も全く異なる

複数のフォーラムが主導的な役割（すなわち，実際にドラフティングの中心となる役割）を果たした。

　このような多様な国際フォーラムで議論を展開してきた日本政府の行動は，その政策目的に照らして，合理的に理解できるであろうか。本稿では，「質の高いインフラ」原則の形成過程という事例を通じて，国際経済分野の「ルール形成におけるフォーラム選択」の考慮要素について検討したい。

Ⅱ　国際ルール形成における「フォーラム選択」を論じる意義

　一般に法学や法律実務において「フォーラム選択」（forum shopping または forum shopping）と言えば，同一事案について複数の裁判所（典型的には複数の国または州）に裁判管轄が認められる場合に，原告が自分に有利な判決が下される見込みのある裁判所に訴訟を提起する訴訟戦術のことを指す。[6]

　本稿がテーマとするのは，こうした紛争解決ではなく，国際ルール形成における「フォーラム選択」である。ある国が，新たな国際ルール形成を企画しており，複数の国際フォーラムにおいて交渉することが可能な場合，自国が望む最適な解が得られる可能性の高い「フォーラム」を選択することとなる。こうした行動を，「国際ルール形成におけるフォーラム選択」と呼ぶこととする。

　政府の国際交渉担当の立場からすると，「フォーラム選択」は，極めて実務的で重要な課題である。限られた行政資源（人的資源，財政的資源，大臣等の時間）を用いて，目指すべき国際ルール形成を実現するためには，いずれのフォーラムを選択し，また組み合わせることが最適な結果に繋がるか，常に問われ続けるのである。

　こうした国家によるフォーラム選択については，主に国際関係論学者により扱われてきた。たとえば，Drezner は規制分野について米国及び EU がフォーラム選択行動を取ることに着目した研究を行っている。[7]また，Jupille, Mattli and Snidal は，既存フォーラムの活用，フォーラム選択，フォーラム変革，フォーラム創造といった行動の理論化を図っている。[8]これに対し，国際経済法学では，WTO とそれを補完する FTA/EPA が自明のフォーラムであったことから，それ以外の複数国間の国際フォーラムの役割には十分な注意が払われ

自由論題

てきていない。⁹⁾また，これらの先行文献において扱われている事例は，米国ま
たは欧州の事例が大半であり，日本が主導的な役割を果たした事例は扱われて
いない。

　以上の背景の下，本稿では，「質の高いインフラ」という日本が主導した事
例を用いて，政府の交渉担当者の観点から論じることで，国際ルール形成にお
けるフォーラム選択の分析を行うことで，国際経済法学の議論に貢献すること
を目指すものである。なお，後に述べるとおり，「質の高いインフラ」論は，
その内容を徐々に変化・拡大させていったが（**表1**参照），国際経済法という観
点から，本稿ではインフラプロジェクトに関する調達ルールの見直しを図った
2013年から2016年を主な分析対象とし，2017年から2019年の動きは補完的なも
のとして扱う。

Ⅲ　質の高いインフラを巡るルール形成過程

1　背　景

　日本政府が国際フォーラムにおいて「質の高いインフラ」原則の確立を明言
しはじめたのは2013年であるが，その背景には産業界からの要請があった。従
来，アジア市場を中心に存在感を発揮してきた日本の「インフラ輸出」である
が，2000年代後半には欧米企業に加え，韓国企業や中国企業がアジア市場に積
極的に進出するようになり，競争入札案件で日本企業が韓国企業・中国企業に
敗れる案件が登場するようになった。こうした状況を踏まえ，2010年時点まで
に日本経済団体連合会は，途上国の調達制度において自社の製品・サービスが
正当に評価されていないことに問題の一端があるとの認識を得るに至った。¹⁰⁾こ
うした状況を改善するために，政策対話等を通じて働きかけるべきとして提言
されたのが「公正で透明度の高い入札制度の導入」であった。2012年の日本経
済団体連合会の文書では，より明確に「中長期的に費用対効果の高いわが国の
インフラ・プロジェクトを適正に評価する入札制度の導入」を相手国に働きか
けることを提言している。¹¹⁾特に産業界が適正に評価されていないと認識した要
素は，環境性能，納期の遵守，アフターケアなどを考慮した中長期的な費用対
効果であった。インフラは，数十年間の長期に渡って運営されるものであるこ

198

とから，初期の調達コストだけではなく，運営期間（ライフサイクル）に渡って，メンテナンス等の様々なコストが生じる。またメンテナンスが適切に行われなければ，たとえば発電効率が低下する等，収益面にも大きな影響を与える。日本企業は，こうした中長期的なコスト，すなわちライフサイクルコスト全体が適切に評価することを求めた。環境性能については，地球環境問題に対する国際的な議論や一部の途上国における大気汚染等の問題を背景に，日本市場で培った技術力を他国企業との差別化要素として売り込むことが企図された。こうした背景の下，日本政府は，価格競争力に優れる韓国企業・中国企業等との差別化要因として質（ライフサイクルコスト，環境性，安全性）を強調し，途上国の調達制度の適正化を通じ，自国の「インフラ輸出」の拡大を図ることとなった。

2　2013年の動き（APEC における議論の開始）

日本政府による「質の高いインフラ」原則に向けた議論は，2013年 APEC から始まった。2013年に APEC 議長国となったインドネシアは，議長国の優先課題として「連結性」（connectivity）を掲げた[12]。当時のユドヨノ政権は2012年に「ジャカルタ首都圏投資促進特別地域戦略プラン」を決定するなど，インフラ投資を国内の優先課題としていた[13]。また，ASEAN では2010年の首脳会議において「ASEAN 連結性マスタープラン」が採択されるなど，インドネシアの親しんだ国際フォーラムにおいて，連結性が広く取り上げられていた[14]。しかし，地理的近接性を背景として，道路，鉄道，送電線などの具体的な国際連携プロジェクトを議論してきた ASEAN 連結性と異なり，地理的に拡散している APEC において，どのような形で連結性を扱うのかは，インドネシア外務省自身にとって大きな課題であった[15]。

産業界の要請を踏まえ，途上国の調達制度への働きかけを始めようとしていた日本政府にとって，インドネシア APEC の状況は格好の機会となった。当時，インドネシア国内の高速鉄道など中国との具体的な競争案件が目前にあったことから，「質の高いインフラ」に向けた国際的な議論と具体的なインフラ受注案件とが一体化して捉えられた。また，APEC にはインドネシア以外に

自由論題

も，日本の「インフラ輸出」の最重要市場である東南アジア 7 カ国が参加していることも考慮要因となったものと考えられる。

さらに，日本政府が2013年 9 月に APEC 交通大臣会合を主宰したことが，議論を主導する好機となった。APEC 交通大臣会合の共同声明は，初めて「質の高い交通」（Quality Transport）という概念を用い，利便性，効率性，安全性，セキュリティ，持続可能性などを優先事項として包含する「質の高い交通ビジョン」を構築することで合意した。交通大臣会合の議論を踏まえ，同年[16] 10月に開催された APEC 閣僚会議では，「質の高い交通」の推進が位置づけられた。さらに，同月に開催された APEC 首脳会議では，首脳文書の一環とし[17] て「インフラ開発・投資促進に関する APEC 複数年計画」を採択した。同計[18] 画は，「質の高いインフラ」との文言は使用していないが，日本の主張を踏まえ，インフラ開発計画において「長期的なキャッシュフロー及びライフサイクルコスト」を考慮することの重要性を盛り込んでいる。さらに，作業計画のひとつとして，「インフラプロジェクトの入札プロセスの改善」に向けた取組に関し，購入価格だけでなく，ライフサイクルコスト，環境への影響，安全性及び保守可能性を考慮すべきことが明記された。

3 2014年の動き（APEC ガイドブックの策定，他フォーラムへの展開）

2014年の「質の高いインフラ」原則確立に向けた取組は，APEC 首脳会議・閣僚会議を中心に行われた。2014年の APEC 議長国となった中国は，前年に習近平国家主席が，一帯一路構想及びアジアインフラ投資銀行（AIIB）構想を発表したこともあり，インドネシア議長年に引き続き，連結性を主なテーマのひとつと位置づけていた。APEC では，貿易担当大臣会合やそれに属する事[19] 務方会合が，首脳会議・閣僚会議に向けた議論の中心を担うこととなっていることから，実際の準備は，高級事務レベル会合（Senior Officials Meeting）や貿易投資委員会（Committee on Trade and Investment）において行われた。

「質の高いインフラ」の要素が2013年の各種声明に言及されたのは既述のとおりであるが，「質の高いインフラ」は比較的新しい概念であり，その内容について各国の十分な理解を得るには至っていなかった。このため，日本政府は

200

2014年に APEC エコノミーのインフラ開発投資の実務担当者を招いた能力構築セミナーを行い，幅広い政府関係者の理解を醸成することを通じて，「質の高いインフラ」の内容を詳述した文書の策定を目指した。その結果，2014年11月の APEC 貿易投資委員会において，『APEC インフラ投資・開発の質に関するガイドブック』（全28頁）が採択された。同ガイドブックは，インフラの質を担保するための三大要素として，ライフサイクルコスト，環境等への影響，安全性確保の3点を上げた上で，特にライフサイクルコストを計算する場合の考慮要素について，①初期投資，維持管理・運営費用，設備更新費用，事業期間終了後の破壊・処分費用を含むべきこと，②機会損失や環境影響についても金額換算することなどを記載している。さらに，電力，水，鉄道の3分野を例として取り上げ　より具体的な形で考慮要素を記載している。また，質の要素をインフラ事業の各段階（実施可能性調査，事業者の調達，建設，維持管理・運営，事後評価）で取り込む方策について，簡単に記載している。さらに，同月のAPEC 閣僚会議共同声明は，ガイドブックの採択を歓迎するとともに，ライフサイクルコスト，環境への影響，安全性，自然災害への強靱性が，インフラの質の要素として重要であると明記した。[20]

　このように，2014年には「質の高いインフラ」が APEC ガイドブックという具体的な成果文書につながった節目の年となった。また，こうした APECでの成果を元に，安倍総理大臣は日 ASEAN 首脳会合，東アジア首脳会議，G20首脳会議といったフォーラムにおいても，人間中心の投資の推進を通じた，質の高い成長のための「質の高いインフラ」について発信を行った。[21] 特に日 ASEAN 首脳会議では，ASEAN における「質の高いインフラ」整備支援を強化する旨，発信した。[22] また，非常に短い表現ながら，G20首脳コミュニケに「質の高いインフラ」との文言が盛り込まれた。[23]

4　2015年の動き（取組の多様化）

　2015年になると日本政府の取組は，①日本政府による支援策の拡充及び他フォーラムへの展開，②世界銀行等の調達ガイドラインへの反映，③ APECにおける実施メカニズムの構築，④分野別の更なる深掘りと国際標準化など，

自由論題

表1　質の高いインフラ原則関連主要文書の構成要素

	APEC（質高ガイドブック）2014	G7（伊勢志摩原則）2016	G20（首脳宣言）2016	APEC（質高ガイドブック・改訂）2018	G20（質高インフラ投資原則）2019
対象	APEC加盟国・地域	G7諸国,関連するステークホルダー	G20諸国	APEC加盟国・地域	G20諸国
会合のレベル	事務方合意, 閣僚歓迎	首脳合意	首脳合意	事務方合意, 閣僚歓迎	首脳文書
調達における Value for Money 及び質の考慮		○（柱書）		○	○（原則2）
調達における透明性		○（柱書）		○	○（原則6）
調達における開放性				○	○（原則6）
効果的なガバナンス		○（原則1）		○	○（原則6）
ライフサイクルコストから見た経済性	○	○（原則1）	○（par39.17-8）	○	○（原則2）
信頼性のある運行・運転	○	○（原則1）		○	
持続可能性	○	○（原則1）		○	○
安全性	○	○（原則1）	○（par39.18）	○	○（原則5,6）
リスクへの強靭性		○（原則1）		○	○（原則4）
自然災害	○	○（原則1）	○（par39.18）	○	○
テロ		○（原則1）		○	
サイバー攻撃		○（原則1）		○	
現地労働者の雇用創出		○（原則2）	○（par39.18）	○	○（原則1,5）
現地への技術・ノウハウ移転（能力構築）		○（原則2）	○（par39.18-9）	○	○（原則1,5）
インフラ関連雇用における雇用機会均等					○（原則4）
社会・環境配慮	○	○（原則3）	○（par39.16-7）	○	○（原則3,5）
経済・開発戦略との整合性		○（原則4）	○（par39.17）	○	○（原則1）
グローバル・サプライチェーン		○（原則4）		○	
最新技術の活用		○（原則4）		○	○（原則2）
民間投資の促進		○（原則4）		○	○
産業誘致		○（原則4）		○	
中長期的な計画		○（原則4）		○	○（原則1）
事業国の債務持続可能性・財政見通		○（原則4）	○（par7.16-8）	○	○（原則6）
グリーンインフラの推進		○（原則4）		○	○（原則3）
気候変動への強靭性		○（原則4）		○	○（原則3）
エネルギー安全保障		○（原則4）	○（par24.11-2）	○	
生物多様性の保全		○（原則4）		○	○（原則3）
民間部門を含む資金の効果的動員		○（原則5）	○（MDBsの取組を歓迎）	○	○
投資環境強化		○（原則5）	○（MDBsの取組を歓迎）	○	○
透明性促進		○（原則5）		○	○
オープンアクセスの確保（インフラの開放性）				○	○（原則5）
腐敗防止				○	○（原則6）
適切なリスクの分担（PPP）（リスクを顧みないファイナンス）	○			○	

（出所）　各種文書より作成

その動きを一挙に多様化させた。

(1) 日本政府による支援策の拡充及び他フォーラムへの展開

2015年5月，安倍総理大臣は，「質の高いインフラ」を実現するための日本政府の支援策を公表した[24]。同年11月の経協インフラ戦略会議（日本政府内の閣僚級会議）では，「質の高いインフラパートナーシップのフォローアップ」が議題とされ，施策が拡充された[25]。同支援策では，5年間で約1100億ドルの「質の高いインフラ投資」を実現するため，JICA の支援量の拡大，ADB との連携，JBIC 等によるリスクマネー供給拡大，「質の高いインフラ」のグローバル展開を進めることとされた。本稿の主題との関係では，第4の柱（「質の高いインフラ」のグローバル展開）が鍵となるが，その内容は，①日本の優れた技術を視察する機会の継続的な提供，②世界銀行等の国際開発金融機関と協働を通じた「質の高いインフラ投資」のグローバル展開，③G20や国連等の国際会議の場における「質の高いインフラ投資」の重要性の発信，の3本柱であった。上述のとおり，安倍総理大臣は2014年末には APEC 以外の首脳会議でも「質の高いインフラ」に関する発信を始めたが，2015年には，事務方会合も含めて，より広範なフォーラムにおける発信に取り組むこととなった[26]。

この点に関連して，以下の点に留意する必要がある。第1に，多様なフォーラムで同時並行的にルール形成を図ったわけではなく，あくまで「質の高いインフラ」という概念の浸透が図られた[27]。結果として，たとえば同年の G20アンタルヤ・サミットの首脳コミュニケにも「質の高いインフラ」が盛り込まれた[28]。第2に，日本が主張する「質の高いインフラ」の概念が変遷・拡大する傾向を見せ始めた。2015年6月の第18回経協インフラ戦略会議の資料では，「質の高いインフラ投資」の国際スタンダードとしての定着に向けた働きかけについて記載する中で，その構成要素として，2014年 APEC ガイドブック等に記載してきた要素に加え，利便性・快適性，開発戦略との整合性，雇用創出・技術移転を掲げている[29]。これは，前年秋の安倍総理の国際フォーラムにおける発信の際に言及された，「人間中心の投資」の概念との一体化が図られたものと考えられる。「人間中心の投資」は，外務省を中心に日本政府による政府開発援助の基本方針を取りまとめたものであり，その構成要素は，包摂性（現地雇

自由論題

用の創出を含む），強靱性，能力構築（産業人材育成やノウハウの移転を含む）の 3 本柱であった[30]。こうした要素は，インフラ調達時に考慮される質とは異なり，インフラ投資による副次的な効果に着目し，合わせて「インフラの質」と位置づけたものと考えられる。

(2) 世界銀行・調達ガイドラインの改訂

日本政府の「質の高いインフラ」論は，当初は途上国政府の調達に変化を促すことを目的としたものであったが，途上国政府のインフラプロジェクト資金を提供する国際開発金融機関（世界銀行，アジア開発銀行等）の調達制度の変更も企図された[31]。その最大の成果が，2016年 7 月から施行された世界銀行の新調達ガイドラインである[32]。経済性，効率性及び透明性を原則としていた旧ガイドライン下では低価格入札者が優先される結果が多かったことを踏まえ，新ガイドラインでは主要な原則を改め，Value for Money，経済性，清廉さ，合目的性，透明性，公平性を掲げることとした[33]。本改訂により，Value for Money の概念が導入され，入札に当たり，価格以外の要素（ライフサイクルコスト，質等）を評価することが可能となった[34]。これにより，「日本企業が強みとする物品の耐久性およびアフターケア／メンテナンスといった部分も勘案しコスト競争ができる」ことが期待された[35]。こうしたガイドライン改訂の背景に，日本の「質の高いインフラ」論があったことは，世界銀行の担当者にも認識されている[36]。

世界銀行に続き，アジア開発銀行でも調達ガイドラインが改訂された（2017年 7 月施行）が，世界銀行と同様，Value for Money 及び質の要素が重視され，調達原則の要素として位置づけられた[37]。同ガイドラインでは，達成するべき質と Value for Money を考慮し，「最も適した調達方法，要求仕様，入札評価方法，契約条件を設定すること」が求められている[38]。

(3) APEC における実施メカニズムの構築

2015年の APEC では，2014年ガイドブックを基礎として，各国の国内調達制度のピア・レビュー及び能力構築事業の実施に向けた準備が進められた。ピア・レビューにおいては，APEC 事務局の予算及び人員を活用し，有志国の国内調達制度について検討し，その結果が貿易投資委員会に報告される。ピア・レビュー結果を踏まえ，制度そのものや運用において不足する点が特定さ

204

れた場合には，能力構築事業が行われる。同事業は日本政府の予算で行われるが，その実施内容は予め貿易投資委員会の承認を得る形で実施され，実施結果も貿易投資委員会に報告される。このように，2014年APECガイドブックについて，法的な意味での執行メカニズムではないが，結果として参加国における実施を促すための措置が構築されたのが2015年であった。[39]

(4) 分野別の更なる深掘りと国際標準化

　2014年のAPECガイドブックを基礎として，2015年には発電に特化した分野別ガイドライン策定に向けた動きが始まった。2014年ガイドブックでは，電力・水・鉄道の3分野について，ライフサイクルコストや機器性能等を判断する上での考慮要因を記載したが，その分量は各3頁に過ぎず，実際の発電所の調達で活用する観点からは十分とはいえなかった。このため，日本政府は2015年8月にAPECエネルギー大臣会合プロセス（エネルギー作業部会）において，「電力インフラの質の向上イニシアティブ」を立ち上げた。同イニシアティブは，10月のエネルギー大臣会合で歓迎された。[40]その後も事務方会合で議論を積み重ねた結果，翌2016年10月にはエネルギー作業部会において『APEC質の高い電力インフラガイドライン』（全71頁）が採択された。[41]議論を発電分野に限ること，専門家が集まる事務方会合を活用することで，技術的に具体的かつ詳細な議論が可能となった結果，同ガイドラインは，国・機関の調達書類に反映されることが念頭に置かれた実に詳細なものとなった。同文書では，2014年APECガイドブックに記載された3要素に加え，電力インフラに特有の質の要素（機器性能や可用性等）が盛り込まれたほか，質の担保に視する技術・マネジメント事例も取り扱われた。

　電力ガイドラインが採択された直後の同年12月，東京電力グループの申請に基づき，経済産業省は，「質の高い電力インフラ」のISO規格の策定に着手することを決定した。[42]その具体的な内容は公表されていないが，火力発電所の運営・保守における評価基準（ライフサイクルコスト，環境配慮等）を定めることを目指している。[43]また，ISO化の意義については，直接的には電力インフラの質の向上を目指すとした上で，間接的には「我が国企業の電力インフラの受注促進にも寄与するもの」と位置づけた。[44]その後，日本の提案を受け，ISOに担当

自由論題

の委員会が設定され，本稿執筆段階において，スマートコミュニティインフラの一環として，「火力発電所インフラの質及び発電所運営管理の要件に関する評価手法」[45]が議論されている。

5　2016年の動き（G7伊勢志摩原則，G20首脳コミュニケ）

　2016年は日本がG7議長を務める年であった。日本政府はこれを機に，前年までに積み重ねた「質の高いインフラ」に関する議論を首脳レベルの「原則」として正式に位置づけることを図り，財務大臣会合を中心に議論を進めた[46]。その成果が，「質の高いインフラ」に特化した初の首脳文書である『質の高いインフラ投資の推進のためのG7伊勢志摩原則』であった。同原則の柱は，以下の5つから成る。

- 原則1：効果的なガバナンス，信頼性のある運行・運転，ライフサイクルコストから見た経済性及び安全性と自然災害，テロ，サイバー攻撃のリスクに対する強じん性の確保
- 原則2：現地コミュニティでの雇用創出，能力構築及び技術・ノウハウ移転の確保
- 原則3：社会・環境面での影響への対応
- 原則4：国家及び地域レベルにおける，気候変動と環境の側面を含んだ経済・開発戦略との整合性の確保
- 原則5：PPP等を通じた効果的な資金動員の促進

　前年までの議論と比較すると，原則2，4が特徴的である[47]。原則2は，2015年の日本政府による「質の高いインフラパートナーシップ」の内容の変化を受けたものと思われる。また，原則4は，前年12月の第21回気候変動枠組み条約国締約国会議（COP21）で採択されたパリ協定の影響を受けたものと思われるが，その内容は環境に留まるものではない。寧ろ，考慮に入れるべき経済・開発戦略の関連要素のひとつとして，債務持続可能性や財政見通しを盛り込むなど，追加的な側面があった[48]。

　こうしたG7における先進国間の合意を元に，G20首脳会議での「質の高いインフラ」に関する合意が目指された。G20では2015年にインフラ投資作業部

会が設置され（同作業部会には国際開発金融機関の代表がオブザーバーとして参加），インフラに関する専門的な議論ができる制度的枠組みが整っていた。[49] こうした背景の下，2016年4月のG20財務大臣・中銀総裁会合において麻生財務大臣から，G20において「各国・国際機関が合意できるような原則を作っていくことが必要ではないか」との発言を行った。結果として，2016年9月に中国・杭州で開催されたG20首脳会議では，「質の高いインフラ原則」という独立文書の取りまとめには至らなかったものの，首脳コミュニケにおいて「質の高いインフラ投資の重要性を強調する」との文言が盛り込まれ，「ライフサイクルコストから見た経済性，安全性，自然災害に対する強靱性，雇用創出，能力構築及び相互に合意した条件での技術とノウハウの移転」がその要素とされた。[50]

　2016年のG20首脳コミュニケにより，途上国の首脳も含めた形で「質の高いインフラ」の要素が認識されたと言えるが，G7伊勢志摩原則と比較した場合，以下の点で限界があった。第1に，ある程度の具体性を持って記載したG7伊勢志摩原則と異なり，杭州コミュニケは1パラグラフの記載に過ぎない。「質の高いインフラ」の要素として考慮される性質を記載したとはいえ，その1つ1つが何を意味するのかについては必ずしも自明ではなく，大きな解釈の余地を残すものであった。第2の課題は，「質の高いインフラ」の要素として認識された内容の不足であった。G7伊勢志摩原則と比較した場合，G20杭州コミュニケには，「効果的なガバナンス」や「事業国の債務持続可能性・財政見通し」など，複数の要素が盛り込まれていない。[51]

　他方，2016年G20首脳会議に合わせて，11の国際開発金融機関による「インフラ投資を支援する行動に関する意図の共同表明[52]」が発出された点は注目に値する。同宣言は，首脳コミュニケと平仄を揃え，量と質の面でインフラ投資を強化するとの内容からなっており，国際開発金融機関との連携というG20のフォーラムとしての特性を表すものである。

6　2017-2019年の動き（「質の高いインフラ」概念の拡大）

　本稿の主題は，「質の高いインフラ」論を通じた国際的な調達ルールの見直し過程にある。このため，2017年以後の「質の高いインフラ」原則を巡る動き

自由論題

は主題ではないが，ごく簡単にその動きを整理することで，今後の研究課題と
したい。

2017年以後の「質の高いインフラ」論は，その内容が大きく拡大していく。
2017年6月に安倍総理が行ったスピーチにおいて，「質の高いインフラ」の主
要な要素と位置づけられたのは，開放性，透明性，経済性，対象国の財政健全
性であった。[53] 当初の「質の高いインフラ」論において重視された，ライフサイ
クルコスト，環境性，安全性・強靱性の要素は，2016年のG20首脳会議や世界
銀行の新調達ガイドライン等を通じてすでに理解を得たと判断されたのか，具
体的には言及されていない。

こうした背景の下，2017年以後の「質の高いインフラ」論では，拡大された
概念について各国の理解を得るプロセスとなった。この結果として取りまとめ
られたのが，①『APEC インフラ開発・投資の質に関するガイドブック（改
訂）』（2018年 APEC ガイドブック）及び②『G20質の高いインフラ投資原則』
（2019年 G20原則）である。前者は，2018年11月の APEC の貿易投資委員会で採
択され，同月の閣僚会議で歓迎された。後者は，G20のインフラ作業部会及び
開発作業部会において議論が行われた上で，2019年6月の G20財務大臣・中銀
総裁大臣会合（議長国：日本）で採択され，同月の首脳会議（議長国：日本）で
歓迎された。いずれの文書においても，安倍総理のスピーチで言及された「四
原則」の要素が正式に位置づけられた（G20原則では，対象国の財政健全性につい
て，「マクロレベルの債務持続可能性」との文言が用いられた）。

Ⅳ　分　　析

本稿では，日本が主導してきた「質の高いインフラ原則」を巡る国際ルール
形成の前半にあたる，2013年から2016年の動きについて，特に国際フォーラム
の選択という観点から分析を行うものである。2017年から2019年の間の動きに
ついては，補足的に扱う。

1　フォーラム選択の要素

「質の高いインフラ」原則の事例では，フォーラム選択において以下の要素

が重要な役割を果たした。[54]

　第1に，議長国が果たす役割が重要である。APEC では，2013年議長国のインドネシアが連結性をテーマとして設定したこと，2014年議長国の中国が「一帯一路」構想と相まって連結性を主要なテーマと位置づけたことで，日本の主導する「質の高いインフラ」原則に関する議論の最有力のフォーラムとなった。また，日本自身が議長国を務めた2016年 G7及び2019年 G20では，アジェンダ設定及び成果文書の調整において大きな役割を果たしうる立場にあったこと，また日本議長年で大きな成果を残したいという政府のモチベーションが存在したことなどから，日本が主導する「質の高いインフラ」原則に関する成果を目指すこととなった。

　第2の要素は，フォーラムの参加国である。「質の高いインフラ」原則策定の初期（2013-2015年）において，日本の「インフラ輸出」の主要市場である東南アジア諸国が参加していることが，日本政府が APEC を選好するひとつの要因となったものと考えられる。他方，後期（2016-2019年）においては，世界への広がりを念頭に，また国際開発金融機関への影響力という観点から，地理的に幅広い国が参画する G20が選好された。

　第3の要素は，フォーラムが取り扱う問題領域（subject matter）である。ほぼ自明のフォーラム（WTO，FTA 等）が存在する貿易と異なり，インフラ開発については，交通，エネルギー，財務，開発等の様々なフォーラムが関与している。さらに，首脳会議での合意を目指す場合には，いわゆるシェルパプロセス等での議論も経る必要がある。このように多数の問題領域を担当する国際フォーラムで議論を積み重ねた事例は多くない。国際裁判におけるフォーラム選択と異なり，国際ルール形成においては複数のフォーラムを同時に活用することが可能であるが，行政資源配分の制約を考えると，その全てで同一のアジェンダを追求することは現実的ではない。また，議論に参画する主体が増えれば，議論が拡散する（すなわち議論が収斂しない）リスクも高まる。なお，特定の問題領域（たとえば，エネルギー）を担当する官庁の立場にたてば，当該問題領域を扱う国際フォーラム（たとえば，G20，APEC，日 ASEAN，東アジア等）が複数存在する場合には，本節で述べる他の要素によって判断することとなろ

自由論題

う。

　第4に，合意文書の性質を考慮する必要がある。無論，合意文書の内容や形式はある程度変化していくものであるが，フォーラム毎に合意文書の性質について，参加国の間で共通の理解が存在する場合も多い。その典型例が，非拘束性を組織原理とする APEC である。G7及び G20での合意も，同様に非拘束的なものが大半を占める。そうした意味では，日本政府は，「質の高いインフラ」原則を非拘束的なものと位置づける意図を持っていたことがわかる。拘束性・非拘束性に加え，合意文書の形式として重要なのが，記載内容の具体性である。日本の「質の高いインフラ」原則の例では，首脳・閣僚による比較的短い合意文書（したがって内容面において抽象度が高いもの）に加え，事務レベル会合（APEC 貿易投資委員会及びエネルギー作業部会，G20インフラ作業部会及び開発作業部会）による比較的長く詳細な文書の双方を作ることにより，合意に対するハイレベルのコミットメントを確保しつつ，具体的内容を明確化し，その実施確保を図っているものと評価できる。[55]

　第5に，各フォーラムに備えられた実施メカニズムも重要な考慮要素となろう。[56] APEC では，1995年以来，各国の貿易政策に関するピア・レビューを実施してきたが，[57] こうした実績を元に，2014年ガイドブック及び2018年ガイドブックの実施を推進するため，各国政策のピア・レビューの仕組みを導入した。その実施に当たっては，APEC 事務局に設置された政策支援ユニット（Policy Support Unit）のスタッフ及び予算を活用している。これに対し，G7や G20には事務局は存在せず，またピア・レビューの慣行が存在しないため，国際機関との連携など，当該国際フォーラム外の何らかの実施メカニズムと連携することで，国際ルールの実施を図る必要がある。[58]

　このように，国際ルール形成におけるフォーラム選択には複数の考慮要因が存在するが，全ての側面で理想的な国際フォーラムが存在するとは限らない。寧ろ，多様な要素を比較考量しながら，最適の国際フォーラムを検討し，選好していくプロセスと考えるべきであろう。

210

2 日本政府内の調整メカニズム

日本政府は「質の高いインフラ」原則の策定にあたり，単一のフォーラムを選択するのではなく，状況に応じて多数のフォーラムを組み合わせて活用してきた。担当する省庁としては，経済産業省（資源エネルギー庁を含む），国土交通省，外務省，財務省と少なくとも4省にわたる。このように複数の省庁にまたがる問題について，円滑に調整を行うことは容易ではない。この点，比較的新しいテーマである「質の高いインフラ」原則については，内閣官房が事務局を務め，外務省，財務省，経済産業省，国土交通省等が参画する経協インフラ戦略会議（及び関連する事務方の会議）が一定の役割を果たしたものと推測される[59]。「インフラ輸出」は，安倍政権の重要アジェンダのひとつであり，2013年時点で関係省庁会議が設立されていた。今後，インフラと同様の省庁横断的なテーマについて，国際ルール形成を図る場合，特に多様なフォーラムでの働きかけを行う場合には，何らかの省庁間の調整メカニズムが必要となろう。

付言すれば，日本政府だけの問題ではなく，相手国政府（20カ国前後）においても省庁間の調整が行われる必要がある点を見逃すことはできない。仮に日本政府内の省庁横断の調整メカニズムが機能したとしても，他国政府内で同様のメカニズムが機能するとは限らない。また，「質の高いインフラ」といった新たな概念を普及させる場合には，相手とする他国の省庁が多くなればなるほど，理解を得るのに時間を要するようになる可能性がある（このため，日本政府は数々の場でシンポジウム・ワークショップ等を開催し，日本の考えを発信することとなった）。また，同じテーマ（インフラ）を扱う場合にも，省庁の立場によって重要視する要素が異なることから，1つの首脳文書を取りまとめるプロセスは，必然的に複雑化する。このため，異なる省庁が主導する複数の国際フォーラムを通じた国際ルール形成には大きなハードルがあると考えられる。

3 ソフトローとハードロー

日本が主導してきた「質の高いインフラ」原則は，多数の成果文書を残してきたが，いずれも法的拘束力を持たない，いわばソフトロー文書である[60]。日本政府がこうした形式を志向した背景には，複数の要因があったと考えられる。

自由論題

　まず，修正を図るべき既存のハードローが存在していなかった点が挙げられよう。政府調達に関する国際条約としては，WTO 政府調達協定[61]が高名であるが，本協定には，以下のとおり，限界がある。第 1 に，WTO 政府調達協定は，一部の WTO 加盟国のみが加盟する協定である。その加盟国は，現時点で48カ国にとどまる。その大半は先進国であり，日本のインフラ輸出の主要市場となる国は全く加盟していない。なお，同協定への新規加盟交渉は進められており，2019年 5 月に豪州が加盟するなど最近も動きがあるが，その数は限られている。第 2 に，WTO 政府調達協定は，調達手続き参加における内国民待遇原則や無差別待遇原則，その一環としての手続きの透明性に主眼を置いているが，調達手続きにおける具体的な考慮要素については何ら規定していない。このため，環境性能やライフサイクルコストといった，インフラ機器の「質」の考慮を求める日本の考えを反映させるには限界があった。こうした中，新たな概念である「質の高いインフラ」原則について，各国の理解を得るためには，まずは非拘束的かつ自主性を重んじる APEC の場で，ソフトロー的な形での合意を目指すべきというのが，当時の担当者の認識であった[62]。

　日本政府がこうしたソフトロー・アプローチを選択したことを前提としたうえで，以下の点には留意が必要である。第 1 に，ソフトロー文書の途上国における実施を担保するための手段を用意していることである。特に，APEC では，APEC 事務局の人員及び予算を活用しながら，途上国の調達制度等のピア・レビューを行うとともに，その結果を活用した能力構築事業を実施している。第 2 に，ソフトロー文書を基礎として，より「ハードロー」に近い文書に結実させる動きが見える。その最たるものが2016年の世界銀行の調達ガイドラインの見直しであり，途上国の国内法制度を 1 つ 1 つ変える以上に大きなインパクトを持つものと思われる。また，電力分野では，APEC ガイドライン（2016年）を元に，ISO において標準化の作業が進められており，同標準が成立した場合には，各国政府等による調達において事業者の選別を円滑に実施できるようになることが予想される。

V おわりに

国際経済ルールの形成において，従来はWTOが自明の理想的なフォーラムであり，FTAが補足的なフォーラムとして扱われてきた。しかし，WTOでのルール形成には引き続き課題が多いこと，また分野複合的な問題が増える中，政策担当者が積極的にフォーラム選択を行うことで，最適な結果を追求する必要に迫られる機会が増えていくことが予想される。

こうした中，本稿では，日本政府が主導した「質の高いインフラ」原則を事例として，国際経済ルール形成におけるフォーラム選択の要素について検討を行った。その結果，本事例においては，①議長国，②参加国，③問題領域，④合意文書の性質，⑤実施メカニズムが要素となったことを示した。また，補足的に日本政府内の官庁間の調整メカニズム及びソフトロー選択の意義について論じた。

今後，こうした日本主導のルール形成に関する事例分析が積み重なり，よりよいフォーラム選択が実現できることを期待したい。

［付記］　本稿は筆者の個人的な見解を述べたものであり，筆者の所属する組織の意見を代表するものではない。また，本稿は2018年の国際経済法学会における発表を基礎として，発展させたものである。有意義な御意見及び御批判をいただいた会員各位に厚く御礼申し上げる。本稿で扱う事例のうち，筆者が直接関わったのは，2013年 APEC 及び2018年 APEC であり，その他の記述は公表資料等を元に記載している。

1)　APEC Guidebook on Quality of Infrastructure Development and Investment, adopted at the APEC Committee on Trade and Investment in Nov., 2014.

2)　G7 Ise-Shima Principles for Promoting Quality Infrastructure Investment, adopted at the G7 Ise-Shima summit on May 26-27, 2016.

3)　APEC Guidebook on Quality of Infrastructure Development and Investment (Revision), adopted at the APEC Committee on Trade and Investment on Nov. 12, 2018.

4)　G20 Principles for Quality Infrastructure Investment, adopted at the G20 Finance Ministers and Central Bank Governors Meeting, May 9, 2019.

5)　電力インフラについて，APEC Guideline for Quality Electric Power Infrastructure,

自由論題

adopted at the APEC Energy Working Group in Oct. 2016. 水インフラについて，APEC Guideline for Quality of Water Infrastructure, adopted at the APEC Committee on Trade and Investment on Nov. 12, 2018.

6) Wikipedia,「フォーラム・ショッピング」（最終確認2019年 6 月 1 日）。基本的に国際私法の領域であるが，国際経済法の領域においても，WTO と FTA の紛争解決手続きの競合が問題となる場合がある。川瀬剛志「WTO と地域経済統合体の紛争解決手続きの競合と調整──フォーラム選択条項の比較・検討を中心として──」『上智法学論集』52巻 1 号・ 2 号（2008年）149-183頁及び同52巻 3 号（2009年）1-109頁。

7) Daniel W. Drezner, *All Politics is Global* (Princeton University Press, 2007).

8) Joseph Jupille, Walter MAttli and Duncan Snidal (eds.), *Institutional Choice and Global Commerce* (Cambridge University Press, 2013).

9) 国際経済法分野の先行文献としては，Laurence R. Helfer, "Regime Shifting: The TRIPS Agreement and New Dynamics of International Intellectual Property Lawmaking," *Yale Journal of International Law* 29 (2004), pp. 1-83.

10) 日本経済団体連合会「提言：国際貢献の視点から，官民一体で海外インフラ整備の推進を求める」（2010年10月19日）。

11) 日本経済団体連合会「インフラ輸出の競争力強化を図り，わが国の成長につなげる」（2012年 6 月14日）。

12) APEC Secretariat, "Outlook: APEC Indonesia 2013", Jan. 28, 2013, at https://www.apec.org/Press/Features/2013/0128_outlook （最終確認2019年 6 月 7 日）。なお，一般に「連結性」の要素のうち，物理的連結性がハードインフラを意味するものと理解されている。

13) ジェトロ「インドネシア・インフラマップ」（2015年 2 月），https://www.jetro.go.jp/ext_images/industry/infrastructure/inframap/pdf/idn-summary201502.pdf（最終確認2019年 6 月 7 日）。

14) Masterplan on ASEAN Connectivity, adopted at the ASEAN Summit, Oct. 28, 2010. APEC においても「供給網の連結性」（supply chain connectivity）という概念は2009年の首脳声明等に見られるが，その内容は規制・制度の円滑化に主眼を置いたものであった。

15) 当時，インドネシアの国際機関（ERIA）に勤務していた筆者は，2013年 APEC の議題を検討するインドネシア外務省の会議に参加していた。

16) APEC 8th Transportation Ministerial Meeting, Ministerial Joint Statement, Sep. 5, 2013, paras. 16-17.

17) APEC 25th Ministerial Meeting, Joint Ministerial Statement, Oct. 5, 2019, para. 44.

18) APEC Multi Year Plan on Infrastructure Development and Investment (Annex B to the 2013 Leaders Declaration), Oct. 8, 2013, para. 8.

19) APEC Secretariat, "APEC announces 2014 theme: "Shaping the Future through Asia-Pacific Partnership"", Dec. 13, 2013, at https://www.apec.org/Press/News-Releases/2013/1213_theme.aspx（最終確認2019年 6 月 9 日）

「質の高いインフラ」原則に関する一考察

20) 26th APEC Ministerial meeting, Joint Media Statement, Nov. 8, 2014, paras. 86. 同月のAPEC首脳会議において採択された『連結性ブループリント』においても、「質の高いインフラ」の開発が言及されている。APEC Connectivity Blueprint for 2015-2025 (Annex D to the Leaders Declaration), Nov. 11, 2014, paras. 13, 17.

21) 外務省プレスリリース参照。日ASEAN首脳会議（https://www.kantei.go.jp/jp/96_abe/actions/201411/13asean.html）、東アジア首脳会議（https://www.mofa.go.jp/mofaj/a_o/rp/page3_001009.html）、G20（https://www.mofa.go.jp/mofaj/ecm/ec/page3_001018.html）（いずれも最終確認2019年6月9日）。

22) *Ibid.*

23) G20 Leaders Communiqué, Nov. 15-16, 2015.

24) 外務省ホームページ、「質の高いインフラパートナーシップ——アジアの未来への投資——」、https://www.mofa.go.jp/mofaj/gaiko/oda/files/000081296.pdf（最終確認2019年6月9日）。

25) 総理官邸ホームページ（https://www.kantei.go.jp/jp/singi/keikyou/dai21/gijisidai.html）（最終確認2019年6月9日）。

26) 一例を挙げれば、G20開発作業部会において、「質の高いインフラに関するワークショップ」が開催された。G20 Development Working Group, *2015 Annual Progress Report.*

27) この広報戦略のために、関係省庁が連携して、『「質の高いインフラ投資」事例集』という文書が策定された。外務省ホームページ（https://www.mofa.go.jp/mofaj/gaiko/oda/files/000083884.pdf）（最終確認2019年6月9日）。

28) G20 Leaders' Communiqué, Antalya Summit, 15-16 November 2015, paras. 9 & 20.

29) 総理官邸ホームページ（https://www.kantei.go.jp/jp/singi/keikyou/dai18/gijisidai.html）（最終確認2019年6月9日）。

30) 外務省ホームページ（https://www.mofa.go.jp/mofaj/gaiko/oda/doukou/people/pdfs/people_gaiyou_ja.pdf）（最終確認2019年6月9日）。

31) 財務省『ファイナンス』2016年6月号7頁。

32) World Bank, *Procurement Regulations for IPF Borrowers*, July 2016. 同ガイドラインの法的性質については、坂根徹「世界銀行の開発援助プロジェクトにおける調達を規律する法構造の解明——国際機構法の枠組みを用いての考察——」秋月弘子・中谷和弘・西海真樹編『人類の道しるべとしての国際法——平和、自由、反映を目指して——』（国際書院、2011年）555-580頁。

33) 池上隆夫・大森功一「世銀新調達政策と質高インフラコンサルタントの役割」24頁。同プレゼンテーション資料は世界銀行ホームページからダウンロード可能（http://pubdocs.worldbank.org/en/369791465266160108/060616-procurement-guideline-meeting-ECFA.pdf）（最終確認2019年6月1日）。

34) 財務省『今後の国際経済・金融の課題』（平成30年6月22日）7頁。財務省ホームページ（https://www.mof.go.jp/about_mof/councils/customs_foreign_exchange/sub-foreign_exchange/proceedings/material/gai20180622/02.pdf）（最終確認2019年6月9

自由論題

日）。Value for Money については，World Bank, *Ibid*, Annex I（pp.55-56），評価基準については，Annex X（pp. 91-93）に記載されている。

35）　板垣慎一「世銀の改革と日本企業のビジネス機会——調達ガイドラインの改訂は何を変えるか——」『海外投融資』2016年5月号40-43頁。ガイドライン改訂により，「初期コストがどんなに廉価でも，膨大なメンテナンスコストがかかる外国勢からの物品調達と比較すれば，受注実績が低かった日本企業も，物品の耐久性およびアフターケア／メンテナンスといった部分を強みとして十分に生かし競争できる環境になる」との世界銀行担当者の見解も示されている。

36）　*Ibid.*

37）　小磯佳子「アジア開発銀行（ADB）の調達改革とビジネス機会」『海外投融資』2018年11号2-3頁。Asian Development Bank, *Procurement Regulations for ADB Borrowers* (2017).

38）　小磯「前掲論文」（注37）。

39）　Reference Guide for Peer Review and Capacity Building on APEC Infrastructure Development and Investment（2015/SOM3/021anx08）。なお，実際に，第1号となるフィリピンのピア・レビューが始まったのは2016年であり，2017年に貿易投資委員会（CTI）及び高級事務レベル会合（SOM）に報告された。Report - Peer Review and Capacity Building on APEC Infrastructure Development and Investment: The Philippines（2017/SOM2/CTI/034a）。

40）　2015 APEC Energy Ministerial Meeting, Cebu Declaration, Oct. 13, 2015. 同年のAPEC首脳会議及び閣僚会議においても，同イニシアティブの立ち上げが歓迎された。

41）　APEC Secretariat, *APEC Guideline for Quality Electric Power Infrastructure.*

42）　経済産業省ホームページ（https://www.meti.go.jp/press/2016/12/20161201003/20161201003.html）（最終確認2019年6月9日）。

43）　同上。

44）　同上。なお，東京電力フュエル＆パワー社のプレスリリースには，海外インフラ受注との意義づけは記載されていない。

45）　ISOホームページ（https://www.iso.org/standard/69246.html?browse = tc）（最終確認2019年6月9日）。

46）　G7 Finance Ministers and Central Bank Governors meeting, Chair's Summary, May 24, 2016.

47）　本稿では特筆しなかったが，2014年APECガイドブックにおいてもPPPによる資金動員が扱われている。

48）　特に債務持続可能性は，2019年のG20プロセスにおける「質の高いインフラ」原則を巡る主要論点のひとつとなった。

49）　2015 G20 Turkey, at http://g20.org.tr/press-release-g20-investment-infrastructure-working-group-meeting/（as of Jun. 9, 2019）.

50）　G20 Leaders' Communiqué, Sep. 4-5, 2016, para. 39.

51）　*Ibid.* 厳密に言えば，事業国の債務持続可能性の要素は，コミュニケの別のパラグラフ

に記載があるものの，「質の高いインフラ」の要素とは認識されなかった。

52）MDBs Joint Declaration of Aspiration on Actions to Support Infrastructure Investment, at http://www.g20.utoronto.ca/2016/mdbs-joint-declaration.pdf (as of Jun. 9, 2019). 同共同声明には，中国が主導したアジアインフラ投資銀行，BRICS 銀行とも通称される新開発銀行が参画しており，中国が議長を務める G20を活用して，その国際的な地位の向上が図られたものと思われる。

53）総理官邸ホームページ（https://www.kantei.go.jp/jp/97_abe/statement/2017/0605 speech.html）（最終確認2019年6月1日）。このような概念変化の背景は，明確にされていないが，同スピーチの文脈からすれば，一帯一路構想が一定の影響を与えた可能性がある。

54）先行文献では，意思決定方式も重要な要素とされる場合もあるが，本稿で扱ったAPEC，G7，G20はいずれもコンセンサスによるものであり，フォーラム選択の決定的な要素とはならない。

55）ソフトロー研究では，義務内容の具体性が実施（コンプライアンス）を促進することが知られている。Jonathan L. Charney, "Compliance with International Soft Law," in Dinah Shelton (ed.), *Commitment and Compliance* (Oxford University Press, 2007), pp. 115-118.

56）モニタリングメカニズム等の重要性について，Edith Brown Weiss, "Conclusions: Understanding Compliance with Soft Law," in Dinah Shelton (ed.), *Commitment and Compliance* (Oxford University Press, 2007), pp. 535-553.

57）APEC の「ボゴール目標」の達成に向けた各国の行動計画（Independent Action Plan）の実施状況について，高級事務レベル会合において審議する形を取り，1995年から2009年まで実施された。

58）G8によるコミットメントについて，国際機関との連携による実施確保について検討した先行文献として，John Kirton, Mariana Larionova and Paolo Sanoa (eds), *Making Global Economic Governance Effective* (Routledge, 2016).

59）2015年に開催された第18回及び第21回経協インフラ戦略会議において，「質の高いインフラパートナーシップ」が議論された。

60）国際法学におけるソフトロー論について，小寺彰・道垣内正人編『国際社会とソフトロー』（有斐閣，2008年）の各章参照。

61）Agreement on Government Procurement, at https://www.wto.org/english/docs_e/legal_e/rev-gpr-94_01_e.htm（as of Jun. 9, 2019）.

62）APEC について，2013-2016年頃に担当した複数の経済産業省職員からのヒアリングによる。

（経済産業研究所コンサルティングフェロー）

自由論題

Intel 事件と EU 競争法域外適用の
規制アプローチの新展開

王　　威　馴

Ⅰ　はじめに
Ⅱ　Intel 事件前の EU 競争法域外適用
　1　Dyestuff 事件と「経済的一体化理論」
　2　Woodpulp 事件と「実行理論」
　3　Gencor 事件
　4　InnoLux 事件
Ⅲ　Intel 事件 ECJ 判決
　1　Intel 事件の概要
　2　Intel 事件欧州司法裁判所の域外適用に関する判示
　3　Intel 事件判決域外適用部分の検討
Ⅳ　Intel 事件判決の管轄権に関する判示の意義
　1　アメリカとの関係
　2　Intel 事件判決と日本独占禁止法の域外適用
　3　途上国に対する影響
Ⅴ　おわりに

Ⅰ　は じ め に

　取引のグローバル化につれて，国際カルテル等の国境を越えた反競争行為が多発しているとみられる。これに伴い，各法域がいかなる競争法域外適用の規制アプローチにより国際的反競争行為を規制するかがより注目されるようになっている。

　EU は，当初，国際法上の配慮と加盟国の強い反発を考慮し，競争法の領域においてアメリカ由来の「効果理論」（effects doctrine）を極力避け，属地主義に基づいたアプローチ（すなわち，経済的一体性理論（the economic entity doctrine）と実行理論（implementation doctrine））を域外の反競争行為に適用してきた。効果理論が世界の各主要法域に受け入れられ，また国際的反競争行為の態様が複雑化し多発することにつれて，EU も漸次的に属地主義から効果理論に

転換している。そして，欧州司法裁判所（European Court of Justice，以下 ECJ という）は2017年 9 月の Intel 事件判決で最終的に効果理論を認めた。

ECJ の Intel 事件判決により，EU 競争法の域外適用が新たな段階に入った。そこで，EU 競争法域外適用の過去の状況をまとめ，今後の展開を議論することが研究者だけでなく，各法域の競争当局ないし国際取引に関わる実務家・事業者にとっても重要であると考える。

本稿では，Intel 事件判決以前の EU 競争法域外適用の展開とその経緯を整理した上で，Intel 事件判決の域外適用に関する判示を検討し，当該判示の意義を考察する。

なお，便宜上，本稿では，リスボン条約発効前の EU を EC という。

Ⅱ　Intel 事件前の EU 競争法域外適用

1945年の Alcoa 事件判決[1]により，効果理論が判例法理としてアメリカにおいて確立された。効果理論によれば，ある反競争行為の効果が自法域に及ぶ，かつ当該効果が意図された場合，自法域が当該反競争行為に対して管轄権を行使することができる。

EU では，効果理論が提起された当初，この理論が過度の域外適用をもたらすおそれがあり，かつ国際公法に違反するとして批判されていた[2]。例えば，効果理論批判者の代表として，F. A. Mann 教授は，「効果」が意図されたか否かにかかわらず，効果理論を国際公法上正当化させることができないと批判していた[3]。

しかし，1960年代に入り，当時の EC においても効果理論を支持する学者が増えたとみられる。例えば，競争法は刑事法と類似してともに公法であるため，効果理論を刑事法の域外適用の場合に用いられる「客観的属地主義」として捉えることができると主張された[4]。それに対し，Mann は，競争法上の効果は，刑法上の犯罪の「結果」とは本質的に異なるため，効果理論を客観的属地主義として捉えて正当化させることはできないと指摘した[5]。また，Mann によれば，反競争行為の効果は，経済的または社会的な効果であり，遠隔的，間接的かつ付随的（too remote, too indirect, too incidental）なものであるという[6]。

自由論題

　1964年，欧州委員会は Grossfillex-Fillistorf 事件決定[7]で「競争法の地域に関する視点は企業の住所や……協定の締結地または実行地にはない」と述べ，属地主義より効果理論に近い立場を示した。

　ECJ は，1971年の Béguelin 事件[8]で，日本事業者と共同体域内事業者との間の排他的販売協定に対し，「協定は共同市場に効力があるため，協定参加者の一方が第三国企業であるという事実は，（ローマ条約85条の）適用を妨げることができない」とした。これは効果理論に対する支持を示したものであると認識しうると指摘されたが[9]，この判示は単に傍論（obiter dictum）に過ぎず，かつ本件では協定参加者のうち一社が共同体内の企業であったため，効果理論を管轄権の根拠として本件を規制する必要はなく，本件を ECJ が効果理論を認める裁判例として認識することはできないと指摘されている[10]。

　以上のように，欧州委員会は効果理論を支持する実行を有するのに対し，EC（と後の EU）の司法機関は1999年の Gencor 事件判決まで効果理論を正面から認めなかった。そして，2017年の Intel 事件判決は，企業結合以外の国際的反競争行為に対しても効果理論により EU の管轄権の行使を認めた。本節では，「経済的一体化理論」が提起された1972年の Dyestuff 事件判決，「実行理論」が適用された1993年の Woodpulp 事件判決，「効果理論」が適用された1999年の Gencor 事件判決，2015年の InnoLux 事件判決等を検討した上で，Intel 事件判決前の EU 競争法の域外適用規制アプローチの発展の経緯を整理して考察する。

1　Dyestuff 事件と「経済的一体化理論」

　欧州司法機関がはじめて自身の競争法の域外適用のアプローチに対する考え方を明示したのは，1972年の Dyestuff 事件である[11]。

　本件では，当時，欧州共同体域内にある６社と共同体外にある４社が，価格カルテルを結成し，染料価格を引き上げた。本件における価格引上合意は，非 EC 加盟国のスイスにおいて親会社らにより形成されたが，実際の引上行為（販売など）は各社の EC 領域内の子会社により行われた。

　欧州委員会は，共謀各社の行為は当時の EC 条約85条に違反するとして，各

220

社（親会社のみ）に制裁金を課した。本件における管轄権の根拠について，委員会は，効果理論のアプローチを採り，共謀各社の所在国を問わず，当時のEC条約85条に基づき，共同体内の競争に反競争効果を及ぼしたすべてのカルテルを規制できると述べた[12]。

当事者であるイギリスICI社（Imperial Chemical Industries Ltd.）は欧州委員会の決定を不服として，欧州司法裁判所に提訴した。ICI社は，欧州委員会が非EC加盟国の企業に対して管轄権がなく，委員会の決定が国際公法に違反するものであると主張した。一方，欧州委員会は，まず，違反者たちの共同体内の子会社の行為を親会社に帰属させることができると主張した（いわゆる「経済的一体化理論」，「単一経済体理論」，single economic entity ともいう）。それに加えて，委員会は効果理論にも言及し，他法域企業の行為の共同体内の競争に対する効果を管轄権の根拠として認識するのもあり得ると主張した。

本件において，Mayras 法務官（Advocate General）は，委員会の経済的一体化理論は説得力に欠けるとし，効果理論が適切な管轄権の根拠であると主張した[13]。

Mayras 法務官はさらに，効果理論により国際カルテルを規制する際に，直接的かつ即時的（direct and immediate），実質的（substantial）かつ合理的に予見可能（reasonably foreseeable）な効果が存在しなければならないと述べた[14]。これは，Alcoa 事件判例法理に確立された「効果」＋「意図」を要件とする効果理論ではなく，いわゆる「制限化された効果理論」（qualified effects test）に該当するものである。

ECJ は本件判決において，効果を管轄権の根拠ではなく，単に反競争行為の「帰責性（liability）」の要件として認定した。ECJ は，「共同体内の子会社に対する支配力を運用することにより，上告人（ICI社）が自身の決定を共同市場に実行させることを確保できる（able to ensure that its decision was implemented)」と判示した上で，「子会社が独立した法人格を有するという事実により，その行為を親会社に帰属させる可能性を排除することには足りない」とし，ICI の子会社は単一の親会社の拡張であり，親会社と子会社には経済的一体性があると認定し，子会社の法人格を否定した。したがって，ECJ は，EC

領域外の親会社（本件の場合，ICI 社）に対しても管轄権を行使できると判断した。

　欧州委員会と Mayras 法務官は効果理論に対して支持を示したのに対し，ECJ は，子会社の行為を親会社に帰属させるアプローチにより EC 競争法が本件を規制できるとした。ECJ のこの考え方は，「経済的一体化理論」とされている。なお，同理論は，親会社の域外における共謀について域内の子会社は責任を負うという特徴から，「帰責理論」（liability doctrine）または「行為帰責理論」と呼ばれることもある。[15]

　経済的一体化理論が Dyestuff 事件により確立されたにもかかわらず，域外で EU に影響を及ぼす反競争行為を行った事業者が EU 領域内に子会社等が存在せず，もしくは子会社によることなく，行為を遂行した場合，経済的一体化理論では当該反競争行為を規制できないという問題が残されていた。

2　Woodpulp 事件と「実行理論」

　1993年の Woodpulp 事件判決では，ECJ が「実行（implementation）」[16]行為の共同市場内の存否を管轄権行使の根拠として EC 領域外で行われた反競争行為を規制した。

　本件では，EC 領域外のウッドパルプ製造業者41社と２つの事業者団体が共謀して EC に販売するウッドパルプの価格を引き上げた。欧州委員会は，当該行為を EC 条約85条(1)項に違反するものと認定した。

　本件は Dyestuff 事件と違い，当事者各社が EC 域内に子会社がなく，もしくは実質的な支配力がなかったと指摘されていた。[17]したがって，欧州委員会は価格を引き上げる協定の欧州共同市場に及ぼした効果は実際的かつ意図的（not only substantial but intended）なものであり，協定とその実行（agreements and practices）の主要的かつ直接的な結果（primary and direct result）であると認定し，効果理論を管轄権の根拠とした。処罰された事業者は委員会の決定に不服として提訴した。

　本件では，Darmon 法務官は Dyestuff 事件の Mayras 法務官と同じく，制限された効果理論を適用すべきであると主張した。[18]

ECJ は，反競争行為に対して管轄権根拠となる決定的な要素は実行地であるとし，反競争行為の実行地が EC 域内であれば EC が反競争行為を規制することができると判示した。この実行地を重視するアプローチは「実行理論（実施理論ともいう）」と呼ばれる。

注意すべきなのは，ECJ の Woodpulp 判決は，効果理論を否定するものではないことである。また，本件判決において「実行」の意味が明らかにされていないとも言える。すなわち，判決は，「領域内で直接販売する」以外の例を明言せず，「直接販売」が「実行」に該当するか否かは明らかではない。[19)]

当時，経済的一体化理論と実行理論により EC（EU）の管轄権の存在を確立できない場合，効果理論が最終手段として採用される可能があると指摘されていた。[20)]

3 Gencor 事件

1999年の Gencor 企業結合事件で，ECJ は，はじめて効果理論のアプローチを適用した。

本件は，プラチナ事業を営む南アフリカ企業 Gencor 社とイギリス企業 Lonrho 社が，1995年に各自のプラチナ事業を統合させた事件である。

欧州委員会は，EC 企業結合規則（the EC Merger Regulation[21)]）の規定に基づき，委員会自身が本件結合に対し管轄権があると認定し，本件に対して審査を行った。その結果，欧州委員会は本件結合が寡占をもたらすおそれがあると認定し，結合を禁止した。[22)]

これを不服とした Gencor 社は，当時の欧州第1審裁判所（the Court of First Instance，以下 CFI という。リスボン条約発効後は欧州普通裁判所，General Court となり，以下 GC という）に提訴した。

CFI は委員会の決定を支持した。判決において，CFI は EU 領域内の売上が EU 企業結合規定の最低限の基準を満たせば，実行行為に該当するとした上で，反競争効果が即時的（immediate），実質的かつ予見可能な場合，EU 企業結合規則を本件結合に適用することが国際公法上正当化できる（is justified under public international law）と説明した。[23)]

自由論題

　これは，EC司法機関によって，はじめて効果理論（制限された効果理論）が認められた判示である。

　注意すべきなのは，判決において，CFIは実行理論と効果理論の両方を管轄権の根拠として適用されることを示したため，Gencor事件判決からみれば，実行理論と効果理論の関係が明確ではないことである[24]。

　また，Gencor事件判決後，効果理論の適用が企業結合分野のみに認められ，この適用を国際カルテルなどの行為類型に類推すべきではないという慎重説が有力であった[25]。

4　InnoLux事件

　EUが規制した，グローバル的に多発している部品と完成品が関わる国際カルテル（いわゆる「転々流通」）事件の代表として挙げられるのは，InnoLux事件である[26]。注意すべきなのは，本件は反競争行為そのものではなく，課徴金をめぐって効果理論の議論が行われた事件であるということである。

　本件では，2010年の液晶パネルカルテルに対する欧州委員会の制裁金賦課決定[27]に対し，台湾事業者InnoLux社はGCに訴訟を起こした。2014年，GCは基本的に欧州委員会の決定を支持したが，InnoLux社に対する制裁金額を減額した[28]。その後，InnoLux社はECJに対し上告した。2015年7月9日，ECJはGCの判決を支持し，InnoLux社の上告を棄却した[29]。

　本件の特徴は，カルテルの対象となる部品の一部が，アジア諸国・地域で最終製品に組み込まれて欧州経済領域（European Economic Area，以下EEAという）に販売されていたこと（転々流通）である。そのような経営構造・商流等に鑑み，欧州委員会は3つの販売カテゴリを定義した。

1．直接販売（direct sales）：最終製品について，EEA領域内にある独立第三者に対する販売（sales of products to independent third parties）。

2．変形された商品を通じた直接販売（direct sales through transformed products）または内部販売（internal sales/captive sales）：部品が違反行為者の企業グループ内で販売された後，グループ内の企業が部品を最終製品に組み込み，EEA内にある独立の第三者に販売した部分。

3．間接販売（indirect sales）：部品が EEA 外の独立の第三者に販売された後，当該独立第三者が部品を最終製品に組み込んで EEA 内に販売した部分。

InnoLux 社はカテゴリ 2 を本件制裁金の適用対象とするべきではないと主張した。それに対し，欧州委員会は制裁金賦課決定において，カテゴリ 1 だけでなく，カテゴリ 2 （内部販売）も EU に反競争効果を与えることができるとしており[30]，さらに，法の実効性を確保するために，必要に応じて EU 領域外の独立第三者による販売（すなわち，カテゴリ 3 の間接販売）も適用対象とすることができると述べた[31]。

Wathelet 法務官は InnoLux 社の主張を支持し，Gencor 事件で適用された制限された効果理論（すなわち，即時的，実質的かつ合理的に予見可能な効果テスト）に基づいて InnoLux 社の販売行為の EU に対する反競争効果の存否を検証しなければならないと主張し，部品の EEA 領域外の販売について，InnoLux 社が EEA 領域外の販売行為により他法域の競争当局に処罰される可能性があるため，二重処罰の回避を考慮すべきであると指摘している[32]。

ECJ は InnoLux 社と Wathelet 法務官の主張を否定し，内部販売も算入すべきであり，そうでなければ InnoLux 社の行為の反競争性を反映できないと強調した[33]。

本節冒頭で述べたように，本件の効果理論に関連する議論は制裁金算定にとどまり，部品と完成品に関わる国際カルテルと EU 競争法規制及び効果理論との関係は不明確なままである。その問題を明らかにするための重要な一歩は，Intel 事件 ECJ 判決であると考える。

Ⅲ　Intel 事件 ECJ 判決

前節で述べたように，Intel 事件前の EU 司法機関は効果理論ないし「制限化された効果理論」を忌避していたが，徐々に効果理論を受容していく姿勢がみられる。そして，EU 司法機関ではじめて効果理論を正面から認めた判決は，本節で検討する ECJ の2017年の Intel 事件判決である[34]。

Intel 事件 ECJ 判決により，EU 競争法の域外適用は新たな段階に入ったと言える。本節では，Intel 事件の GC と ECJ 判決をまとめた上で，各判決の域

自由論題

外適用に関する判示を検討する。

1 Intel 事件の概要

2009 年 5 月，欧州委員会は，Intel 社が 2002 年から 2006 年にかけて，X86CPU 市場において，TFEU102条（市場支配的地位濫用の禁止）に違反する 2 種類の市場支配的地位の濫用行為を行っていたと認定した。

欧州委員会の決定によれば，この 2 つのタイプの市場支配的地位の濫用行為は，以下の通りである。

① 必要な CPU の全量又はほぼ全量を Intel から購入することを条件として，コンピュータ・サーバーメーカー 4 社（Dell，HP，NEC 及び Lenovo）にリベートを供与していた。さらに，川下のパソコン小売業者（Media Market）に対し，Intel 製の CPU を搭載しているパソコンのみを販売することを条件として金銭を供与していた（「条件付きリベート」）。

② Intel は唯一のライバルである AMD 製の CPU を搭載した特定の製品の販売を中止させ，延期させ，又は制限するため，パソコンメーカー 3 社（HP，Acer 及び Lenovo）に直接金銭を供与していた（「あからさまな制限（naked restrictions)」）。

欧州委員会は，Intel の行為を競争法違反とし，違反行為の取りやめを命じ，10億6000万ユーロの制裁金を課した。Intel は欧州委員会の決定を不服として提訴したが，2014年 6 月に GC に棄却された。[35]

その後，Intel は ECJ に控訴した。2017年 9 月に，ECJ は，問題となるリベートが競争を制限し得るものであったか否かについての検討を GC が行っていないという理由により，GC の判決を差し戻すこととした。しかし，ECJ は Intel が主張した欧州委員会の管轄権が欠けるとの主張については棄却した。[36]

2 Intel 事件欧州司法裁判所の域外適用に関する判示

(1) GC の管轄権根拠に関する判示

管轄権の根拠について，GC はまず，実行理論と効果理論とが累積（cumulative）関係ではなく選択的（alternative）な関係にあるとし，両者のいずれかが

単独的な EU の域外反競争行為の管轄権の行使を国際公法上正当化することができる根拠であると判示した。[37) その上で，GC は効果理論と実行理論の両方から本件における管轄権の根拠を検討した。

　(a)　効果理論について　　Intel は① Acer と Lenovo に対する販売がアジアで行われたため，「即時的」効果が EEA 領域ではなくアジアにあり，Intel と独立している両社が Intel から購入した CPU 部品をパソコンに組み込んで EEA 領域に販売したとしても，それは「即時的」とは言えない，② EEA に対する販売の売上高が低く，「実質的」要件を満たさなかったと主張した。

　それに対し，GC は，実際（actual）に発生した効果でなくとも効果理論に基づいて EU の管轄権の行使を国際公法上正当化できるとした。そして，GC は，Intel の Acer と Lenovo 社に対するリベート提供と制限行為が AMD 製 CPU を搭載するパソコンを EEA を含む市場に進出させないためであるとして，Intel 社が意図的に EEA 領域内に反競争効果を及ぼしていたと認定した。[38)

　「実質的」について，GC は，両社が購入した CPU の数量が低いことを理由として，Intel 社の行為の効果が実質的でないとは認定できないと述べ，CPU 購入数量を独立して見るのではなく Intel 社の唯一の競争相手を排除する長期的戦略の一環として総合的に見るべきであり，そして Intel 社が川下市場にある取引先に取引制限をかけることは，競争相手を市場から排除しようとする行動であり，潜在的に実質的効果を生じさせることができると示した。

　「即時的」について，GC は，Intel の両社に対する販売が EEA 領域外で行われても，その反競争効果が EU に対して直ちに即時的でないものにならないとし，Intel の両社に対する競争制限行為により，AMD 製 CPU を搭載したパソコンの EEA 領域を含む世界市場における販売が減少し，EU に即時的な反競争効果をもたらしたと判示した。

　「予見可能な」について，GC は，Intel 社は自らの行為により両社の EEA 領域内で販売する AMD 製 CPU を搭載したパソコンの数量が減少することを合理的に予見できると判示した。

　したがって，GC は，制限された効果理論に基づいて EU は本件に対して管轄権を有するとした。

自由論題

　(b)　実行理論について　　効果理論の要件の他，GC は「実行理論」のアプローチに基づいて，本件に対する管轄権の根拠を検討した。

　訴訟において，Intel 社は Woodpulp 事件判決が直接販売のみを実行行為として例示したことから，本件の場合 EEA 領域内における実行行為は存在していないと主張した。この主張について，GC は，Woodpulp 事件判決においては直接販売が実行行為として例示されたが，それは実行を直接販売のみに限定する意味ではないと判示し，本件において Intel の Acer と Lenovo 両社に対する競争制限行為が，最終的に両社の AMD 製 CPU を搭載したパソコンの EEA を含む世界市場における販売を減少させる・遅らせる行為を導いたとし，両社の行為が本件の実行行為に該当すると判示した。[39]

　すなわち，GC によれば，違反事業者の行為を実行と認定する場合もあれば，その違反事業者の取引先の行為を実行行為として考慮する必要がある場合もあるという。

　以上のようにして，GC は制限された効果理論と実行理論の両方から EU が本件に管轄権を有することを認めた。

　(2)　Wahl 法務官の意見

　2016年，Wahl 法務官は本件に対して意見を提出した。[40]

　GC の Lenovo 社と Acer 社の行為を実行行為として捉えた判示について，Wahl 法務官は，両社の行為が Intel と共同に実施されていない限り，実行者は両社にとどまり，Intel の行為を実行行為に認定すべきではないとした。Wahl 法務官からみれば，GC の実行行為の認定アプローチは，EU の管轄権の過度な拡張をもたらすおそれがあるというものである。[41]

　効果理論の要件について，Wahl 法務官は，①両社の販売を Intel の競争相手排除戦略の一環として捉えて総合的に判断する GC のアプローチが，Intel の行為と両社の EEA 領域内の販売行為を強引に繋げるものであるため，Intel の行為には「実質的」な効果がない，② GC が単に Intel の行為が両社の商業決断に影響を及ぼしたことを根拠として Intel の行為の効果を「即時的，合理的に予見可能」なものと認定するのは間違っていると述べた。Wahl 法務官はさらに，本件において Intel の行為による Acer 社と Lenovo 社に対する効果

が，EU にとって即時的，実質的かつ合理的に予見可能なものではなく，「仮想的，不確的かつ実質的ではない（hypothetical, speculative and unsubstantiated）」ものであると批判した。[42]

(3) ECJ の管轄権根拠に関する判示

ECJ は，GC の管轄権根拠に対する判断を支持した。

具体的にいえば，ECJ は，効果理論は実行理論と同様に，EU 域外で行われたが EU 市場に反競争効果を及ぼした行為を規制することを目的としており，制限された効果理論も EU の管轄権根拠アプローチのひとつであると明言した。[43]

次に，ECJ は GC の前述した即時的，合理的に予見可能な効果を認定するアプローチに賛同することを示し，予見可能なテストを満たすためには可能性の高い効果（probable effect）があれば足りることと，Intel の戦略をひとつの全体的なものとして捉えるべきであることを明言した。[44]

最後に，GC 判決の「実行」に関する検討について，ECJ は，完全を期すため（for the sake of completeness）に，効果理論以外に実行理論をめぐる検討をしたのは妥当であるとし，そのような検討に対する批判の存在により判決を無効にすることはできない（cannot lead to the judgment's being set aside）と判示した。[45]

3 Intel 事件判決域外適用部分の検討

Intel 事件判決は，欧州司法当局により企業結合領域以外の事件における効果理論の適用がはじめて認められた事例である。その意味では，本件判決の意義は大きいと言えよう。とくに，競争法の域外適用において，効果理論と実行理論とが選択的な関係にあることを明らかにしたこと，および商流が複雑である場合に本件のような「即時的，合理的に予見可能な」効果の認定基準を採用したことが重要である。本項では，Intel 事件判決の域外適用部品の意義と問題点等を検討する。

(1) 部品と完成品に関わる国際カルテル事件との関係

本件は市場支配的地位濫用事件であるが，本件の事実，すなわち，部品が

自由論題

EEA 領域外の企業に販売された後に，それらの企業により完成品に組み込まれて EEA に販売されるという商流は，まさにアメリカの Motorola 事件[46]や前述した InnoLux 事件の商流に類似しているとみられる。

　問題となるのは，商流が類似しているため，市場支配的地位濫用事件である本件において，国際カルテル事件の即時的，実質的かつ合理的に予見可能な効果に対する判断基準を適用できるか否かである。実際に，Intel は，本件が InnoLux 事件のように部品提供者と完成品販売者の間の関連性が弱いと主張した。[47]

　従来の転々流通に関わる国際カルテル事件の場合，通常，「即時的（≒直接的）」が「合理的にみて主因（reasonable proximate cause）[48]と考えられる」の意味として捉えられている。[49]具体的には，カルテル対象製品の組み込まれた完成品が自法域に輸入された場合，カルテル対象製品の完成品に占める割合，完成品に対する重要性等が検討される。

　前述のように，本件の場合，GC（と後の ECJ）は「即時的」を判断する際に，Intel 社の取引先へのリベート提供等の行為が，競合事業者（AMD 社）に対して影響を及ぼしたことを取り上げていた。GC のこのような認定アプローチが，Wahl 法務官に批判された。Wahl 法務官によれば，市場に供給されないようにしたこと及び競争者の販売先を閉鎖したことを重視する GC のアプローチが間違ったものであり，EEA 市場で競争者の CPU をめぐる競争能力の減殺を濫用行為の効果とすべきであるという。

　これについて，上杉秋則教授は，カルテル対象製品およびカルテルの影響が及ぶ製品の範囲は比較的に容易に判別できるが，排除行為の場合には，排他リベートの対象とされた商品につき直接排除効果が現れるのではなく，競争品が搭載される機会が排除されることにより市場の競争機能が損なわれるという形で間接的に現れるため，カルテルの場合よりも国内効果が一層識別し難いという問題を抱えると述べている。[50]

　上杉教授はさらに，本件の場合，本件の EEA 市場に対する効果が，部品が完成品に搭載されないことから生まれる効果であるため，排除行為により競争が排除された市場で生産された（部品が搭載されていない）完成品が，当該法域

に輸入されたか否かで管轄権が及ぶか否かを判断するほかないとし，カルテルの競争制限効果と排除行為の競争制限効果とでは，その発現の態様に大きな相違があり，排除行為の場合，排除行為の性格に照らして直接性の認定方法を工夫しなければならないと指摘している[51]。

このように，本件 GC の認定アプローチは，まさに「合理的にみて主因であるか否か」を重視するものであり，本件事実に鑑みれば，もっとも相応しいアプローチであると考える。

(2) 実行理論に関する判断について

本件の場合，実行行為について，Intel 社は，東アジアにある Acer 社と Lenovo 社に対するリベート供与行為と制限行為について，ACER と Lenovo 両社の生産施設が EEA 領域外にあり，両社が EEA 領域内の Intel と AMD から CPU を購入しておらず，本件の「実行」行為が東アジアで行われたと主張していた。

GC は「実行」の範囲を Intel 社の取引先の EEA 領域内での不作為（AMD 社の CPU を購入しないこと）まで広く認定した。すなわち，GC は違反行為者の取引先の行為も実行行為として捉え，「実行」を広く解釈した。

Wahl 法務官が指摘したように，このような捉え方は過度な域外適用をもたらすおそれがあると考える。Wahl 法務官によれば，実行行為が EU 領域内で発生しなければならないとし，間接販売を実行行為に該当するか否かはケースバイケースで判断すべきであるという。さらに，Wahl 法務官は，実行理論によると域外事業者が行った共同取引拒絶などの反競争行為を規制できないため，実行理論を唯一の域外適用アプローチとすべきではなく，効果理論に基づいた域外適用アプローチを適用する必要があると説明した[52]。

GC 判決の「実行」に対する解釈は，ECJ では正面から取り上げられることなく，単に，「完全性のための議論に対する批判の存在により判決を無効にすることができない」とされた。

たしかに，前述のように，Woodpulp 事件判決は，「直接販売」のみを例示し，「実行」の範囲を明確にしなかった。これについて，ECJ は必要ではないためあえて「直接販売」以外の要素に言及しなかった可能性があると指摘され

自由論題

ている。[53]

　しかし，実行理論は国際公法の原則に反し，「実行」を無制限に広く解釈することはできないと考える。そして，本件における GC の「実行」に対する解釈は，まさに，従来の実行行為の範囲を著しく拡大したものであり，ECJ の擁護を得られがたいものとしていると考える。

　これについて，まさに小畑徳彦教授の指摘のように，効果理論によっても管轄権が認められるのであれば，「実行」の範囲を拡大する必要はあまりない。[54]

　また，本件の実行理論に関する判示について，上杉教授は，実行理論には（域外で発生した行為を）国内事件の延長線上で捉えることを可能にするとのメリットがあり，「したがって，まず実行理論の検討が先行し，それでだめなら効果理論により検討することが妥当である」と述べた。上杉教授はさらに，本件の場合，実行理論により管轄権の行使を正当化させるのが困難であり，「ECJ が効果理論を採用し，CPU の輸入で見る考え方を肯定したことは，国際調達が日常化した今日の現実に適合した考え方といえる」と指摘した。[55]

　もともと，Woodpulp 事件において実行理論が採用された理由は，当時国際公法上論争となっていた効果理論の適用を回避して自身の管轄権を制限するためであると認識されている。[56]しかし，Gencor 事件判決及び Intel 事件判決により効果理論が管轄権の根拠として認められた以上，今後，「実行」の範囲をさらに拡大して域外反競争行為に対する管轄権の行使を正当化させる意義が少なくなっていると考える。

　実行理論は今後，域外で行われた反競争行為に対する管轄権の行使を正当化させる最初のアプローチとして存在し続けると考えている。もっとも，実行理論のもとで，EU 領域内に対する直接販売などの行為が発生されれば，これをただちに EU 競争法により規制することができる。[57]しかし，それ以外の行為の場合，実行理論と効果理論が累積的な関係ではなく選択的な関係であることが判決で認められたため，実行理論による検討を経ず，効果理論により管轄権の行使を正当化させることができる。その意味では，国際調達のさらなる複雑化につれて，実行理論の将来の出番は少なくなると考える。

(3) 効果理論の企業結合以外の事件における適用の当否

前節で述べたように，Gencor 事件判決後，効果理論の適用は企業結合分野のみに認められ，この適用を国際カルテルなどの行為類型に類推すべきではないという慎重説が有力であった。

Intel 事件判決により，少なくとも企業結合以外の事件においても効果理論が適用されることが明らかになった。しかし，Intel 事件が市場支配的地位濫用事件であるため，国際カルテル事件の場合やはり実行理論のみ適用できるという説も成り立ち得ると考えられなくはない。

これについて，まず，事件類型ごとに域外適用の管轄権根拠を区別する実益は少ないと考える。また，前節でまとめられたように，Gencor 事件以来，欧州司法裁判所は，効果理論を一部の行為類型のみに適用できると判示したことは一度もない。すなわち，少なくとも国際カルテル事件を効果理論の適用範囲から排除する判例法理は存在しない。

そして，共同的取引拒絶等の実行行為が自法域内で発生されていない場合，効果理論に基づいて EU の管轄権の行使を正当化するしかないと考える。

(4) 中国の本件に対する管轄権および二重処罰の危険について

(a) 中国の本件に対する管轄権について　　本件の排除行為の一部が中国で行われ，かつ反競争効果が中国にも及んだ（AMD 製 CPU が搭載したノートパソコンが EEA を含む各法域で販売されないため，ECJ 判決の論理によれば，反競争効果は中国にも及ぼした）ため，中国も本件行為に関して管轄権を十分に有していると考える。

Wahl 法務官は，Intel 社と中国の会社との合意が，域外で製造販売される CPU の販売に関するものであり，AMD 社の中国での CPU 販売を阻害したものであると主張し，排除行為は中国で実行されたと指摘している。[58]

これについて，上杉教授は，これは実行理論の観点からは素直な捉え方であると述べ，法務官の意見は，実行理論を本件に対して適用できず，EU でも効果理論を採用するように主張してきたものであり，効果理論と実行理論を併用するのであれば，排除行為は中国で実行されたとみることに合理性があるとした。[59]

自由論題

　上杉教授はさらに，「国際調達が進展した今日の経済下では，市場の競争機能が損なわれないようにする役割につき，完成品を生産する国の当局にその多くを期待することには無理がある」とし，本件の排除行為は中国が対応すべき問題ではなく，完成品の価格に反映される反競争的効果は，排除行為の行われた地がどこかを問わない問題というべきであると指摘した上で，本件のような完成品の輸入法域の競争当局が市場の競争機能が損なわれないようにする役割を果たすことは，消費者利益の確保に相応しい方向性と言えると主張している[60]。

　たしかに，本件の場合，中国が管轄権を発動せず，Intel 社の行為を規制しなかった。その主な原因は，EU がすでに本件を規制しているためであり，そして，その規制活動が Intel 社にとって十分な抑止力になっていると考えているからである。言い換えれば，かりに本件の Intel 社の行為に対し，EU が管轄権を発動しなかった場合，もしくは EU の規制が十分ではなかったとみられる場合，中国が管轄権を発動して本件を規制する可能性があったと考える。

　実際に，2018 年 3 月，当時の中国競争当局であった国家発展委員会，商務部，国家工商総局の競争部門担当者はそれぞれ Intel 社の執行副社長，首席法律担当役員 Steve Rogers 氏と競争法関連問題について商談をした[61]。これをみれば，少なくとも，中国の競争当局は EU の Intel 社に対する規制などに関心がないわけではないと言えよう。

　(b) 二重処罰について　　かりに中国が本件 Intel 社の反競争的な行為を規制すれば，二重処罰，すなわち，Intel 社の行為に対して EU と中国がそれぞれ独立して処罰するおそれがあった。

　従来の判例からみれば，EU は競争法関連事件に対して二重処罰を積極的に回避してこなかった。たとえば，SGL Carbon 事件判決では[62]，ECJ は欧州委員会が制裁金を算定する際に外国競争当局がすでに制裁金を徴収したことを考慮に入れなければならない国際公法上の条約などは存在しないとした。前節で述べた InnoLux 事件判決では，ECJ は「二重処罰禁止原則もその他のいかなる法原則も，欧州委員会に対して，当該事業者が非加盟国において服した手続きとペナルティーを考慮に入れねばならないことを要求するものではない」と端

234

的に判示している。そして，CRT カルテルに対する決定において，欧州委員会は，2009年の EU・韓国協定に言及し，KFTC の決定は，単に韓国競争法の観点から韓国の国内競争に及ぼす効果のみを念頭に置いて下したものであり，EU の処罰対象と同一ではないため，二重処罰問題とはならないとしている。[64]

　しかし，EU は完全に競争法上の二重処罰を考慮していないわけでもないと考える。たとえば，2013年の Wire harnesses 事件決定では，古河に対する制裁金について，欧州委員会は明言しなかったが，実際，日本公取委がすでに課徴金納付命令を下したことを考慮したという主張もなされている。[65]

　したがって，現段階では中国競争当局の二重処罰に対する考え方が明らかではないが，かりに中国が本件を規制したとしても，一方または両方による制裁金額の調整等の方法で二重処罰を回避することができると考える。

Ⅳ　Intel 事件判決の管轄権に関する判示の意義

　ECJ の判示が EU 競争法の域外適用管轄権根拠に対する最終的な判断ではないという見方も存在しているが，[66] 前述のように，ECJ の効果理論と実行理論両方を選択的に適用できるという判示は，司法においてはじめて効果理論を正面から認めたものとして，大きな意義を持っていると考える。

　Intel 事件判決により，EU ないし世界中の競争法域外適用の議論が新たな段階に進んだとも言えよう。すなわち，EU の効果理論を回避する必要なく，あらゆる国際的反競争行為の類型に対し，「効果理論」，「経済的一体化理論」と「実行理論」から最も事件解決に有利なアプローチを選択することができるようになったことは，EU のみでなく，先進国であるアメリカ，域外適用アプローチが明らかになっていない日本及び途上国である中国・ベトナム等の法域の競争法の域外適用に影響を及ぼすことになると考える。

1　アメリカとの関係

　ECJ 判決後，先進国の代表であり，効果理論を最初に提起したアメリカは，ECJ の効果理論を認めた判示に賛同を示し，EU とアメリカ競争当局の間での効果理論に関する対話が重要であると述べた。[67]

自由論題

　注意すべきなのは，ECJ の Intel 事件判決の即時的，実質的かつ合理的に予見可能な効果に対する解釈は，アメリカの2017年「反トラスト法国際執行ガイドライン（Antitrust Guidelines For International Enforcement and Cooperation）」の直接的，実質的かつ合理的に予見可能な効果に対する解釈と似ていることである。具体的に言えば，従来から EU の「即時的」・「合理的に予見可能」とアメリカの「直接的」・「合理的に予見可能」という基準の意義は一致しており，ECJ の Intel 事件判決とアメリカの2017年ガイドラインはともに「実質的」が量の問題を意味するのではないとし，他の要素（たとえば，Intel 事件の場合は Intel 社の戦略）とともに総合的に考える問題であると説明している。[68]

　これは，アメリカと EU の管轄権の行使を正当化させるアプローチおよび要件に対する解釈が収斂しているように捉えられる。この管轄権を認定するアプローチの収斂を背景に，今後，EU とアメリカはより柔軟な考え方で反競争行為の効果が即時的（直接的），実質的かつ合理的に予見可能なものであるか否かを検討することになると考える。

2　Intel 事件判決と日本独占禁止法の域外適用

　独占禁止法に域外適用に関する条項がない日本は，Intel 事件前の EU のように，効果理論に極力明言せず，独禁法 6 条の「間接的域外適用」や「自国所在需要者説」等の解釈論のアプローチにより独占禁止法の域外適用を行ってきた。

　多くの議論を巻き起こしたテレビブラウン管カルテル事件最高裁判決は，[69]サムスン SDI マレーシア東京高裁判決で採用された実行行為論ではなく，単に自国の自由競争経済秩序が侵害される場合，すなわち競争機能が損なわれることとなる市場が自国に属する場合，自国競争法の適用が認められると判示している。

　この判示は，自国所在需要者説を認めたものとして捉える見方もあれば，[70]自国所在需要説を否定したものであるという見方も存在している。[71]いずれにせよ，「直接的，実質的，合理的に予見可能」という要件が検討されなかったため，この判示はアメリカと EU が適用している制限化された効果理論によるも

236

のではないと言える。

　最高裁は効果理論を正面から検討せず，細緻な解釈論に基づき事件に対処してきた結果，日本の独禁法の域外適用に一般的・長期的なルールが存在しない状況が続くことになり，解釈論に基づくアプローチは安定性・透明性に欠けるとして国際的に広く認められないと考えられる。

　このように独禁法条文に域外適用規定がなく，2条6項の要件解釈で国際的適用の範囲を確定するという「内向きの」論理で域外適用を行う日本の現状に対し，法改正等により，どのような場合に日本の独禁法が適用されるのか立場を宣言する必要があると指摘されている[72]。Intel事件ECJ判決をきっかけに，日本において，効果理論を各主要法域に正面から認められた競争法の域外適用アプローチとして捉え，効果理論を域外適用アプローチとして明言する条文を現行法に入れる法改正もしくは即時的（直接的），実質的かつ合理的に予見可能な効果に対する理解等を明確にする指針の作成が期待される。

3　途上国に対する影響

　ECJのIntel事件判決は，競争法の域外適用経験が少ない途上国の競争当局にとって大きな示唆を与えるものであると考える。

　全体としてEU競争法をモデルとした中国反壟断法2条は，「中華人民共和国国境内の経済活動における独占行為に対して，この法律を適用する。中華人民共和国国境外で行われる行為のうち，国内市場における競争を排除し又は制限する影響を及ぼす行為には，この法律が適用される」としている。このように，中国は反壟断法制定当初から，効果理論を法条文に入れている[73]。

　しかし，この条文は極めて原則かつ包括的な規定であり，要件としての「競争を制限・排除する影響」の具体的な認定方法は不明である。実際に，競争法の域外適用を巡り，国際カルテルの規制能力不足などの問題が存在すると指摘されている[74]。

　また，ベトナムも2018年の競争法改正において，競争法の効力要件を「ベトナムにおいて事業を行う」という属地主義に想起される条文を[75]，「ベトナム市場に競争制限効果を与えるまたはその恐れのある」に変え[76]，中国のように効果

理論の採用を条文で明言した。ただ，ここの「ベトナム市場に競争制限効果を与える」の具体的な意味も，現段階では明らかではない。

したがって，ベトナムと2017年から本格的に反壟断法の改正を始めた中国のような，効果理論を受け入れたが競争法の域外適用経験が豊富ではない途上国の競争当局にとって，Intel 事件 ECJ 判決の域外適用に関する判示は，アメリカの2017年「反トラスト法国際執行及び協力に係るガイドライン」とともに，自国競争法の域外適用条文の具体的な運用（とくに即時的，実質的かつ合理的に予見可能な効果の認定基準に関する論述）に大きな示唆を与えるだろう。

V おわりに

以上の Intel 事件判決の域外適用に関する判示の検討から，Intel 事件により，EU 競争法の域外適用が新たな段階に進んだと言える。すなわち，今後，EU は効果理論を回避せず，より安定性のあるアプローチにより域外で行われた反競争行為を規制することができるようになった。

そして，Intel 事件判決にみられるアメリカと EU の効果理論に対する理解が収斂している傾向は，各法域の競争当局にとって注目すべきものである。すなわち，前述した日本や中国だけでなく，EU 競争法の効果理論の受入は，あらゆる法域の競争法域外適用にとっても重要な意義がある。この収斂により，効果理論はもはやアメリカ一国に主導されたものではなく，競争法の域外適用における一種の国際的慣習になっているとも捉えられる。従って，競争法の域外適用経験が乏しい法域は，EU やアメリカの直接的，実質的かつ合理的に予見可能な効果に対する解釈等を参照し，効果理論の下で自法域の域外適用アプローチを構築することが可能となっている。

その意味では，規律管轄権に対する検討は，過去の問題や議論する実益が乏しいものではなく，むしろより現実的な問題となっていると考える。すなわち，Intel 事件 ECJ 判決により，各法域（とくに域外適用経験が少ない法域）が効果理論の諸要件をいかに解釈するかが新たな課題になっている。そして，貿易紛争が多発している国際社会において，効果理論が自法域管轄権を無制限に拡張する道具として濫用されないように，各先進国は効果理論を適切に解釈・運

用し，途上国によい手本を示すことがより重要になっている。

　これらの課題は，先進国と途上国の競争当局間の規律管轄権に関するコンセンサスの形成に直結していると考えられる。そして，そのコンセンサスも，調査・執行協力，積極礼譲等を含む競争法の国際的執行に関するより効果的な国際協力の礎になるだろう。したがって，法改正やガイドライン作成等により，日本の規律管轄権アプローチを明確にすることは，自国競争法の域外適用のためだけでなく，周辺諸法域によい手本を示し，将来の執行管轄権に関する国際協力のためでもあり，大きな意義を持つであろう。

1) United States v. Aluminum Co. of America, 148 F. 2d 416 (2d Cir. 1945).

2) Scott Joanne, "Extraterritoriality and Territorial Extension in EU Law," *American Journal of Comparative Law*, 62 (2014), p. 125.

3) F. A. Mann, "The Doctrine of Jurisdiction in International Law," *Recueil des cours de l'Académie de La Haye*, 111 (1964), p. 104.

4) M. Robert Kruithof, "The Application of The Common Market Anti-Trust Provisions to International Restraints of Trade," *Common Market Law Review*, 2 (1) (1965), p. 80.

5) Mann, *supra* note 3, p. 99.

6) Mann, *supra* note 3, p. 100.

7) Grossfillex-Fillistorf, 1964 J. O. (58) 915, 3 *Common Market Law Reports* (1964), p. 237.

8) Beguelin Import Co. v. E. C. Comm., Case 22/71, *Common Market Law Reports* (1972), p. 81.

9) 根岸哲『独占禁止法の基本問題』（神戸大学研究双書刊行会，1990年）231頁。

10) M. Friend, "The long arm of Community law," *European Law Review*, 14 (1989), p. 169.

11) Judgment of the Court of 14 July 1972. Imperial Chemical Industries Ltd. v Commission of the European Communities. Case 48-69.

12) F. A. Mann, "The Dyestuffs Case in the Court of Justice of the European Communities," *International & Comparative Law Quarterly*, 22 (1973), p. 35.

13) Opinion of AG Mayras, ECJ Case C-48/69 (ICI v. Commission), EU:C:1972:32, p. 693.

14) *Ibid.*, p. 694.

15) 越知保見『日米欧 独占禁止法』（商事法務，2005年）1096頁。

16) Judgment of the Court (Fifth Chamber) of 31 March 1993. A. Åhlström Osakeyhtiö and others v. Commission, Case C-89/85.

17) Paul L. C. Torremans , "Extraterritorial application of E. C. and U. S. competition law," *European Law Review*, 21 (4) (1996), p. 284.

自由論題

18) Opinion of Mr. Advocate General Darmon, (1992) at http://curia.europa.eu/juris/showPdf.jsf?text = &docid = 93810&doclang = EN

19) *Supra* note 16. para. 27.

20) J. H. J. Bourgeois,"EEC Control over International Mergers," *Yb. European Law*, 10 (1990), pp. 103, 116. *See also*, I. VAN BAEL & J.-F. BELLIS, *Competition Law of the European Community*, 4th ed. (The Hague, Kluwer Law International, 2005), p. 160.

21) 最初のバージョン：Council Regulation (EEC) No 4064/89 of 21 December 1989 on the control of concentrations between undertakings, 最新のバージョン：Council Regulation (EC) No 139/2004 of 20 January 2004 on the control of concentrations between undertakings.

22) Gencor/Lonrho, M. 619, OJ 1997 L11/30, (1997).

23) Judgment of the Court of First Instance (Fifth Chamber, extended composition) of 25 March 1999. Gencor Ltd v Commission of the European Communities, para. 90.

24) Peter Behrens,"The extraterritorial reach of EU competition law revisited: The "effects doctrine" before the ECJ,"Discussion Paper, Europa-Kolleg Hamburg, Institute for European Integration, No. 3/16 (2016), p. 12. *See also*, A. Layton &A. M. Parry, "Extraterritorial jurisdiction - European Responses,"*Houston J. I. L.* (2004), pp. 309, 322.

25) Cedric Ryngaert, *Jurisdiction in International Law: United States and European Perspectives* (2007). p. 312, Fn1581. at https://www.law.kuleuven.be/iir/nl/onderzoek/Onderzoek_medewerkers/Doctoraat_Cedric.pdf

26) Judgment of the Court (Third Chamber) of 9 July 2015, InnoLux Corp. v European Commission. Case C-231/14 P.

27) Commission Decision COMP/39. 309-LCD (2010).

28) Judgment of the General Court (Sixth Chamber), 27 February 2014, InnoLux Corp. v European Commission, Case T-91/11.

29) 公正取引委員会「欧州司法裁判所, LCD パネルカルテルに関する2010年12月の欧州委員会決定を支持した欧州普通裁判所の判決を支持し, 欧州委員会の管轄権の範囲について判示」(2015) http://www.jftc.go.jp/kokusai/kaigaiugoki/eu/2015EU/201509eu.html

30) *Supra* note 27, para. 380.

31) *Ibid.*, para. 395

32) Opinion of Advocate General Wathelet in InnoLux, 5, *Common Market Law Reports* (2015), p. 13.

33) *Supra* note 28, paras. 52-63.

34) Judgment of the Court (Grand Chamber) of 6 September 2017. Intel Corp. v European Commission. Case C-413/14 P.

35) 公正取引委員会「欧州委員会, 同委員会が2009年に行った10億6000万ユーロの制裁金をインテルに賦課する決定を不服とする同社の訴えを棄却した欧州普通裁判所の判決を

歓迎」(2014年) https://www.jftc.go.jp/kokusai/kaigaiugoki/eu/2014EU/201407eu.html

36) 公正取引委員会「欧州司法裁判所は，インテルによる市場支配的地位の濫用事件について，同社によるパソコンメーカー等に対するリベートが競争を制限し得るものであったか否かについての検討が行われていないとして，欧州普通裁判所の判決を差戻し」(2017年) https://www.jftc.go.jp/kokusai/kaigaiugoki/eu/2017eu/201710eu.html

37) Judgment of the General Court (Seventh Chamber, Extended Composition), 12 June 2014. Intel Corp. v European Commission, Case T-286/09, paras. 236-244.

38) *Ibid.*, paras. 250-256

39) *Ibid.*, para. 305.

40) Opinion of Wahl in Intel EU:C:2016:788.

41) *Ibid.*, para. 312.

42) *Ibid.*, para. 324.

43) *Supra* note 34, paras. 45-49.

44) *Ibid.*, paras. 50-57.

45) *Ibid.*, para. 63.

46) Motorola Mobility LLC v. AU Optronics Corporation, 775 F. 3d 816 (7th Cir. 2015).

47) *Supra* note 34, para. 35.

48) 「近因」とも訳される。

49) たとえば，後述のアメリカの2017年「反トラスト法国際執行及び協力に係るガイドライン」(Antitrust Guidelines For International Enforcement And Cooperation) はアメリカの競争当局がこのように「直接的」を捉えていると明言している。*See,* DOJ&FTC, *Antitrust Guidelines For International Enforcement And Cooperation* (2017), p. 18.

50) 上杉秋則「独禁法の国際的適用ルールのあり方——最高裁判決と欧州司法裁判所判決が示したらのは何か——」『国際商事法務』Vol. 46, No. 7 (2018年) 906頁。

51) 同上，906-907頁。

52) *Supra* note 40, paras. 294-296.

53) M. Jeffrey, "The Implications of the Woodpulp Case for the European Communities," *Leiden Journal of International Law,* 4 (1991), pp. 100-107.

54) 小畑徳彦「EUの領域を超える事件に対するEU競争法の適用及び制裁金」『EU法研究』4号 (2018年) 25頁。

55) 上杉「前掲論文」(注50) 908頁。

56) Ryngaert, *supra* note 25, p. 217.

57) 主に効果理論を適用しているアメリカも，2017年「反トラスト法国際執行及び協力に係るガイドライン」において，反競争的な行為の一部がアメリカで発生 (take place) されれば，アメリカの管轄権が即に認められるとしている。*See,* DOJ&FTC, *Antitrust Guidelines For International Enforcement And Cooperation* (2017), Fn 80.

58) *Supra* note 40, para. 310.

59) 上杉「前掲論文」(注50) 908頁。

自由論題

60）同上，909頁

61）商務部反壟断局：吴振国局長会見英特爾全球執行副総裁史蒂夫（2018年3月5日）
http://fldj.mofcom.gov.cn/article/xxfb/201803/20180302718037.shtml
中国公平競争網：英特爾全球執行副総裁史蒂夫·羅杰斯拜訪商務部反壟断局和工商総局競
争執法局（2018年3月7日）http://zggpjz.com/keji/shuma/3407.html
国家発展改革委員会：国家発展改革委价監局会見英特爾公司（2018年3月9日）
http://www.ndrc.gov.cn/gzdt/201803/t20180309_879233.html

62）Judgment of the Court（Second Chamber）of 29 June 2006. Commission of the
European Communities v SGL Carbon AG. Case C-301/04 P.

63）InnoLux 事件の二重処罰に関する議論について，土田和博「競争法と国際的二重処
罰」金井貴嗣ほか『舟田正之先生古稀祝賀　経済法の現代的課題』（有斐閣，2017年）
478頁を参照。

64）Commission Decision AT. 39437-TV and computer monitor tubes, 2012, paras 1026,
1030.

65）Lukas Ritzenhoff, "Indirect Effect: Fine Calculation, Territorial Jurisdiction, and
Double Jeopardy,"*European Competition Law Review*, 6（10）（2015），p. 692.

66）たとえば，Jean-Francois Belis 弁護士は，Intel 事件 ECJ 判決は，Lenovo が中国のみ
でチップを購入していることを無視していると指摘し，本件を EU 競争法の管轄権アプ
ローチに関する終局的な判断（「last word」）として捉えるべきではないと主張してい
る。*See*, Mlex, Intel ruling giving DOJ food for thought on reach of antitrust law
（2017）. at https: //mlexmarketinsight. com/insights-center/editors-picks/ antitrust/
cross-jurisdiction/intel-ruling-gives-doj-food-for-thought-on-reach-of-antitrust-law

67）*Ibid.*

68）*Supra* note 57, p. 23.

69）最高裁判所第三小法廷平成28（行ヒ）233号事件平成29年12月12日判決『最高裁判所
民事判例集』71巻10号1958頁。

70）白石忠志「ブラウン管国際事件最高裁判決の検討」NBL No.1117（2018年）10頁。

71）村上政博「独占禁止法と国際ルールへの道──平成29年ブラウン管国際カルテル事件
最高裁判決──」NBL No.1116（2018年）22-24頁，「ブラウン管国際カルテル事件最高
裁判決（平成29年12月12日）」『国際商事法務』 Vol. 46, No. 2(2018年)152-153頁を参照。

72）土田和博「独占禁止法70周年──日本型競争法の特徴と課題──」『公正取引』No.
801（2017年）11頁。

73）戴龍「中華人民共和国独占禁止法調査報告書（抜粋）」（2009年）3頁。 https://
www.jftc.go.jp/kokusai/worldcom/kakkoku/abc/allabc/c/china2_files/china01.pdf

74）法制日報：第六届中国競争政策論壇在上海挙行《反壟断法》修訂研究工作正式啓動
（2017 年） http: //www. legaldaily. com. cn/index_article/content/2017-08/31/content_
7303091.htm?node = 5955

75）2018 年 改 正 前 の 条 文 は 外 務 省 ウ ェ ブ サ イ ト（http: //www. moj. go. jp/content/
000111322.pdf）から引用されたものである。

242

76) Truong Huu Ngu, 柳瀬ともこ「ベトナム競争法の改正」(2018年) https://www.jurists.co.jp/sites/default/files/newsletter_pdf/ja/newsletter_201807_asia.pdf

77) 同「前掲論文」(注74)。

(早稲田大学比較法研究所助教)

〈文 献 紹 介〉

Pablo Ibáñez Colomo

The Shaping of EU Competition Law

(Cambridge University Press, 2018, xxv + 361pp.)

多 田 英 明

1 はじめに

本書 (邦題仮訳『EU 競争法の形成』) は,EU 競争法に係る欧州委員会決定,EU 裁判所 (一般裁判所,司法裁判所) 判決の分析を通じ,EU 競争法の執行機関に見られる特徴が実体規定に係る解釈の形成に与えてきた影響を検討するものである。著者の Pablo Ibáñez Colomo 氏は,London School of Economics and Political Science 教授のほか,College of Europe 客員教授を務めている。

EU 競争法の執行は,欧州委員会と EU 裁判所の協働を特徴とする。一般裁判所,司法裁判所は欧州委員会決定の取消訴訟を通じ,また司法裁判所は加盟国裁判所から付託された事案に対する先決裁定手続を通じ,規定の解釈を提示してきた。

本書では,EU 競争法の実体規定のうち,カルテル等を規制する EU 運営条約101条,市場支配的地位の濫用を禁止する同102条,および合併規則 (旧規則4069/89,現行規則139/2004) の 3 規定を対象に,欧州委員会決定,裁判所判決の分析を通じ,101条1項における競争の制限の概念,102条における濫用の概念,および合併規則における判断基準について検討を行う。検討の対象とされた事例は,草創期のものから脱稿時に係属中のものに到るまでの281件に上る (欧州委員会決定136件,一般裁判所判決53件,司法裁判所判決92件)。なお,事例の抽出に利用されたデータベースは,出版社ウェブサイト (www.cambridge.org/9781108429429) に無料にて公表されている。

2 本書の構成と概要

本書の構成は,次のとおりである。

第Ⅰ部 理論
　第1章 序
　第2章 EU 競争法制度に対する分析の枠組み
第Ⅱ部 分析
　第3章 EU 運営条約101条 1 項の下での競争の制限
　第4章 EU 運営条約102条にいう濫用の概念
　第5章 合併の実体面での評価
第Ⅲ部 含意
　第6章 EU 競争法の形成：過去と見通し
　第7章 結論

第1章において著者は，実体規定と執行機関の組織面は不可分一体の関係にあり，実体規定の解釈に見られる進展が執行機関に変化をもたらし，執行機関の組織の在り方が実体規定の解釈に影響を与えるとの認識を検討の出発点として提示する。実体規定の解釈における進展は，執行機関が通常の裁判所によるのか，専門機関によるのかにより大きく左右される。関連条項の解釈について，通常の裁判所は法的安定性と制度の運用可能性に重きを置いて特定の事件を超えた判断をする傾向がある一方，専門機関は当該事件に特有の状況に重きを置く傾向がある。また公益に基づいて競争法を執行する専門機関の動機は，私訴（損害賠償請求訴訟）を提起する私人の動機とは異なるものである。この点，私訴が重きをなす米国反トラスト法と，専門的行政機関（欧州委員会，加盟国競争当局）による公的執行が重きをなすEU競争法は好対照をなしている。もっとも，EU競争法においては，欧州委員会が「検察官役」として調査を行い，「裁判官役」として決定を採択することによりバイアスが生じる可能性も指摘する。

第2章では，101条における競争の制限の概念（第3章），102条における濫用の概念（第4章），合併規則における判断基準（第5章）の分析に共通する検討項目として，①実体規定の観点（Substantive Context），②執行組織の観点（Institutional Context），③判例法展開の分析（Dynamic Analysis）の3点を設定する。①の実体規定の観点からは，規定自体から見た検討を行い，いずれも広範かつ抽象的に規定されている条文の文言の下で，上記の概念・判断基準が形成されてきた背景と経緯を概観する。②執行組織の観点からは，欧州委員会による決定，裁判所による取消訴訟の判決，先決裁定について，形式と内容の両面から統計的分析を行う。③の判例法展開の分析では，①と②の観点からの整理を踏まえ，具体的な欧州委員会決定，裁判所判決を素材に分析を行う。

第3章では，101条1項にいう競争の制限の概念を検討する。①の実体規定の観点からは，101条の規定に特徴的な点として，1項の文言が目的において（by object）競争を制限するのか，効果において（by effect）競争を制限するのかを区別している点，および同条がカルテル等を禁止する1項と，所定の要件を満たすカルテル等について1項の適用を免除する3項が置かれている分岐構造（bifurcated structure）となっている点を挙げる。②の執行組織の観点からは，旧施行規則（62/17）の下で行われていた個別適用免除とネガティブクリアランスに係る欧州委員会の決定と，司法裁判所の先決裁定が競争の制限の概念の定立に大きな役割を果たしてきたことを指摘する。③の判例法展開の分析では，各種流通契約（排他的流通，排他的取引，付随契約），ライセンス契約，水平的契約に係る事例の分析を行う。著者は欧州委員会決定に見られる競争の制限の概念に係る解釈の変化について，1960年代から1990年代後半ないし2000年代前半までの時期とそれ以降を区別して議論する。従前の欧州委員会決定には，競争制限の目的と効果を明確に区別しない形式的な法適用が目立ったが，2000年の垂直的協定ガイドライン制定を転機として，関連市場に与える影響に照らして競争制限効果を判断するようになったことを指摘する。水平的協定についても，欧州委員会による競争法の現代化（mod-

文献紹介

ernisation）の文脈で採択された一連の一括適用免除規則とガイドラインに欧州委員会の法適用を巡る同様の傾向が看取できる。

　第4章では，102条における濫用の概念を検討する。①の実体規定の観点からは，初期においては，102条に掲げられている濫用行為の例は，不当な価格設定や差別的取扱い等の搾取的濫用行為のみを対象とするという見解が見られたが，その後の判例法の展開を通じて排除的濫用行為をも対象となることが明らかにされた。②の執行組織の観点からは，欧州委員会による初の102条違反事件は1971年であり，101条違反事件よりも少数に留まっていること，また102条に係る欧州委員会決定は101条と合併規則に係るものと比べ裁判所に取消訴訟が提起される割合が遙かに高いことを指摘する。なお，102条に係る先決裁定の数は限られており，濫用の概念は取消訴訟を通じて明確化されてきた。また知的財産のライセンスに関する事例など，欧州委員会決定が裁判所判決に先行して判断を示した事例も見られる。③の判例法展開の分析では，略奪的価格設定，排他的取引，取引拒絶について検討を行っている。その中で，102条にいう濫用の概念の明確化に関する特筆すべき事柄として，欧州委員会が2009年に公表した排除的濫用行為に対する102条の適用方針を示した文書（ガイダンス・ペーパー）が挙げられる。

　第5章では，企業結合の審査基準についての検討が行われる。①の実体規定の観点からは，旧合併規則の下では，反競争的効果がある全ての事例に介入しないという考え方により，欧州委員会には当該取引による市場支配的地位の形成または強化の立証が求められていた（市場支配力テスト）。これに対し現行合併規則の下では，競争減殺のおそれがあれば，市場支配的地位が形成されない取引についても規制対象とされる（競争の実質的減殺テスト）。②の執行組織の観点からは，企業結合規制においては，101条・102条の下での規制とは異なり，合併規則の適用範囲の定立に先決裁定が果たしてきた役割は極めて限定的であり，裁判所に係属したほぼ全ての事件が欧州委員会決定の取消訴訟であることを指摘する。もっとも2017年9月15日の時点までに欧州委員会は，新旧合併規則の下で6457件の審査を行ったが，このうち取消訴訟が提起されたものは78件に過ぎない。これは，ほぼ全ての事例が欧州委員会による第一次審査により承認されているためであり，企業結合規制における欧州委員会とEU裁判所の協働関係を見る上で適切ではないことに留意すべきである。③の判例法展開の分析では，共同支配（collective dominance）と暗黙の共謀，非水平的企業結合，共謀のない寡占の事例が検討される。企業結合規制が101条・102条の下での規制と大きく異なる点は，第二次立法（理事会規則）である合併規則により規制されることである。このため企業結合に対する欧州委員会のスタンスは，規則案に盛り込む実体規定を策定する立法段階と，採択された規則を実際に解釈適用する執行段階の2段階で検討可能である。欧州委員会には，実体規定の適用範囲を拡大して解釈する傾向が見られるが，この点は，102条に限らず合併規則においても共同支配が規制されるに至った事例が典型である。旧合併規則2条の下では，欧州委員会には共同支配を規制する権限が与えられているかは明らかではなかったが，

欧州委員会が主導した共同支配に対する規制は，後に裁判所判決により承認されるに至った。

第6章では，前3章での検討を踏まえ，欧州委員会決定と裁判所判決に見られる欧州委員会と裁判所行動様式を総括する。欧州委員会については，個別の事件について見ると，各条文の文言を広く解釈して禁止される範囲を比較的容易に拡大する傾向，体系化されない法的テストを創造する傾向，形式主義重視の分析実施が目立つ。他方，事件を総体として見ると，裁判所判決の解釈については，狭く解釈する事例と広く解釈する事例の双方が見られる。欧州委員会に見られる上記の行動様式はいつの時代にも観察できるが，欧州委員会の形式主義重視の傾向は，欧州委員会と同様の性格を有する競争当局に共通のものである。また，執行組織と実体規定の両面から欧州委員会に変化を与えたものとして，現行の施行規則（2003/1）により導入された分権的執行の影響が挙げられる。分権的執行体制の実現により，101条と102条の事例の大半は加盟国レベルで実施されるようになった。その結果，加盟国競争当局の決定を端緒とする先決裁定の事例が増加することで，先決裁定が欧州委員会と裁判所の協働関係に影響を与える事例が多くなった。その一方，欧州委員会決定に対して提起される取消訴訟が減少しているが，これは確約措置の導入が一因である。確約措置は，欧州委員会による柔軟性ある措置を可能にするものとして迅速な法執行の上で有用である反面，法的安定性が犠牲となった点は否めない。

裁判所の行動様式については，第Ⅱ部の検討から，裁判所は欧州委員会の決定を常に支持するのではなく，欧州委員会による実体面の分析について審査を行ってきているとする。裁判所に見られる行動様式には，いくつかの説明が可能である。まず個別の判例法を検討すると，裁判所の判断が欧州委員会の確立した判断の枠組みから乖離する場合が見られたのは，裁判所が形式重視の分析の影響を受けていたことによる。他方，判例法を総体として見ると，裁判所の行動様式には，高度の経路依存性（path-dependence）が見られ，判例法を反復する傾向があるとする。判例法の尊重が規範となり判例法が依拠する原則が守られる分野がある一方，これが例外的となる分野もあることから，判例法には揺らぎが見られるようになった。判例法に一貫性を欠く事態が生じた場合，裁判所は時間を掛けて慎重かつ徐々に判例を変更する形で対応してきている。この点，特に102条について顕著であり，具体的な例として，リベートの供与，抱き合わせ販売に係る判例の変遷が挙げられる。

第7章では，本書での検討の結論と今後の課題が述べられる。内容については，次項にて触れる。

3　コメント

EU競争法は，EUの前身であるEEC（欧州経済共同体）の草創期から今日に到るまで六十余年の間大きな発展を遂げ，今日では米国反トラスト法と並ぶ世界における主要な競争法として揺るぎない地位を確立している。本書は，著者の問題意識であるEU競

文献紹介

争法の執行機関の組織的在り方が実体規定の展開に与えてきた影響について判例法を素材として丹念に分析した労作であり，欧州委員会と裁判所の判例法による101条，102条，合併規則の概念・判断基準の生成，展開が余すことなく描出されている。

　著者の問題意識に基づく検討は，独特かつ重層的な執行体制を有するEU競争法に限るものではなく，他の法域についても実施することが可能である。我が国独占禁止法については，公正取引委員会を中心とする執行体制が敷かれているが，2013年の改正により審判制度が廃止され，公正取引委員会の命令に不服がある場合は，東京地方裁判所に抗告訴訟が提起されるようになった。本改正は，独占禁止法違反事件の処理手続における抜本的改正として位置づけられる。次いで2018年には，独占禁止法違反の疑いを公正取引委員会と事業者との間の合意により解決する仕組みとして確約手続が導入された。著者は結論を述べる第7章において，本書第2章で提示した3つの観点による検討は，他の競争法にも応用可能な「ひな形」であるとしており，かかる観点から我が国独占禁止法について検討を行った場合，どのような結論となるのか興味深い。

　また著者は第7章において，本書における検討対象をEUレベルでの執行事例，すなわち欧州委員会とEU裁判所の事例に限ったが，加盟国レベルでのEU競争法の執行の検討を残された課題のひとつとして挙げている。EU競争法の執行体制は，現行の施行規則により従前の欧州委員会を中心とする中央主権的な体制から加盟国競争当局・加盟国裁判所が執行の一翼を担う分権的な体制へと移行した。これにあわせてECN（European Competition Network，欧州競争ネットワーク）が創設され，欧州委員会と加盟国競争当局は執行において緊密な連携を取る体制が確立している。しかしながら，加盟国競争当局によるEU競争法の執行には，依然として齟齬が見られる。著者自身も指摘するように，研究対象を加盟国レベルでの執行にまで広げることで，本書の問題意識に基づいた包括的・網羅的に検討が可能となろう。このほか著者は，本書の対象としなかった実体規定における他の概念の検討も残された課題として挙げている。著者によるこれらの課題の検討が俟たれるところである。

（東洋大学法学部教授）

文献紹介

Piotr Szwedo,

Cross-Border Water Trade:
Legal and Interdisciplinary Perspectives

（Brill/Nijhoff, 2019, ix + 392pp.）

玉　田　　大

1　はじめに

　本書は，「越境水貿易」（cross-border water trade）に関する国際法規則を広範に分析
した研究書である。近年，「水」に関する国際法研究は急速に進展しており，行政法・
環境法・人権法などの幅広い関連分野を有する点が特徴である。著者の主たる問題関心
は，伝統的な国際貿易法（主に GATT/WTO 法）が水貿易に関する諸問題を解決する
のには適しておらず（p. 25），これに代わる新たな法規範（特に水のヒューマン化やエ
コロジー化に対応した法）が形成されている（あるいは形成されつつある）のではない
か，という点にある（p. 26）。とりわけ，水を経済商品としてではなく，公共財（public
good）とみなす考え方を如何に評するべきか（実定国際法にどこまで取り込めるか）と
いう点が主たる問題関心である（pp. 26-27）。こうした問題関心は，筆者の独特の方法
論にも繋がっている。すなわち，筆者は従来の GATT/WTO 法の欠陥・欠缺を明らか
にした上で，他の法規範・非法規範の分析に自覚的に踏み込んでいる。加えて，伝統的
な法実証主義を前提として採用しつつも，その内容に関しては，筆者のいう自然法論に
足を踏み入れている（p. 32）。ただし，本書は全面的に自然法論を展開したものではな
く，あくまでも実証法分析の枠内で「最低限の自然法の内容」を見出そうとしている。
そのため，如何にして伝統的分析手法と非法的規範の分析を接合させるかという問題
は，著者の手腕が問われる点となる。以下，本書の概要を紹介した後で，評者のコメン
トを付しておこう。

2　本書の概要

　第 1 部「前提的問題」（pp. 1-38）。「水」は化合物としての水と自然状態における資源
としての水の 2 つの意味を有しており，法文書ではいずれかの意味を有する。水は自然
環境で永久的に循環している。「水への権利」（right to water）は人権であるが，「水の
権利」（water rights/entitlements）はより広い概念であり，水利権に加え，下水処理施
設の建設等が含まれる。「越境水貿易」は，国際水資源法，国際貿易法，国際環境法お
よび国際人権法に跨る。本書の方法論の特徴は以下の点にある。第 1 に，伝統的な法実
証主義に依拠しつつ，その欠缺部分や正統性に拘わる部分では自然法（自然法の最低限
の内容 minimum content of natural law）の分析が必要となる。第 2 に，国内法の参照

日本国際経済法学会年報第28号（2019）　**249**

文献紹介

であり，概念上の類似性により，国際法は国内法の考え方に依拠して形成される。そこで本書では，（法適用よりもむしろ）法形成の側面で国内法を分析対象とする（pp. 36-37）。本書では以下，国内法類推の観点から水に関する理論的問題を明らかにし（第2部），次に水貿易に関するWTO法の分析を行い，その不完全性を指摘し（第3部），さらに，国家実行を分析する（第4部）。最後に，水貿易の条件・制約に関する国際法原則を網羅的に分析する（第5部）。

第2部「規制モデルの探求」（pp. 39-89）。国内法上の水貿易規制モデルを抽出する。伝統的に水は「公有物」（*res communis, domaine public*）とみなされていた（例：ローマ時代の自然法概念）。大陸法（特にフランス法）はこれを継承し，水資源「遺産」の維持という一般的利益が強調される。他方で，水は所有対象でもある（例：ポーランド法上の行政法と民法の規定）。さらに，幾つかの国内法では，水利権取引（trade in water rights）の自由化が生じた。すなわち，水利権が土地所有権から切り離され，私法で規律されることになった結果，国内市場において水利権が取引対象となった。自由化の帰結として，第1に水利権取引が制度化される（例：コンセッションや認可の制度）。第2に，幾つかの国では州間（interstate）水取引とその規制が生じ，EU法では水保存の経済的メカニズムも取り入れられている。

第3部「WTO法における貿易産品としての水」（pp. 90-130）。第1に，GATT 1947の規定上，水が「産品／貨物」（goods）と「産品」（products）のいずれに該当するかが問われる。WTO-DS上，後者は前者より狭く解されており，自然状態の水は前者に含まれる。なお，NAFTA解釈宣言（1993年）は，「水はgoodでもproductでもない」と述べるが，WTO協定の解釈変更とはみなせない。第2に，GATTでは輸出制限が禁止されているが（11条），同20条（例外規定）が適用される余地がある。水をGATT上の「産品」（goods）とみなす場合，とりわけ飲料水は同20条(g)の「有限天然資源（exhaustible natural resources）」に該当する（p. 104）。第3に，水供給は公共サービスの側面を有するものの，GATS 1(3)(b)条の「サービス」に該当する。第4に，農産品の生産に要した水を輸出入に勘案する「仮想水貿易」（virtual water trade）に関しては，課税制度や許認可制度の提案が見られる。以上より，自然状態の水は（石油等と同じく）GATT上の産品には該当しないが，軽度の生産過程（運搬等）を経るだけで商品化する。その結果，GATT 11条（数量制限の禁止）や同20条(g)（例外）が適用される。さらに，GATT/WTO法は（ボトル水だけでなく）加工前の水や仮想水にも適用される。

第4部「国際的国家実行における水貿易」（pp. 131-207）。GATT/WTO法は人権・環境保護等の非商業的価値を反映し得ないため，「自然法の最低限の内容」に合致しない。そこで以下，（GATT/WTOに関連する）国家実行において，上記価値が考慮されているか否か，さらにGATT/WTO法に取って代わる慣習国際法形成が見られるか否かを検討する。(1)「法に従った実行」（secundum-legem practice）として，水輸出に関する二国間条約が多数存在している。同様に，二国間の交換契約（水利用の制約と水力

発電電気の交換など）も多く見られる。(2)「法を補充する実行」（praeter-legem practice）は，地域的な特別の二国間慣習規則の形成に寄与し得る。こうした実行としては，補完的実行（水源地の貸借と水開発施設の建設をも対象とした合意）と代替的実行（南アとレソトの例では，水取引ではない形態の水移転が行われている。公物としての水が想定されており，国家は水管理の受任者とみなされる）がある。(3)「法に反する実行」（contra-legem practice）とは，水を越境公物とみなす考え方に対する諸国家の反論である。ひとつは「一貫した反対国」として表れる。例えば，カナダは自然状態の水を国際貿易対象とみなすことに一貫して反対している。もうひとつは「後に生じた反対国」（subsequent objector）である。これは慣習法形成後に反対する国家であり（例：スロバキア），端的に違反国である。

第5部「水貿易の条件および制約としての国際法原則および国際法制度」(pp. 208-315)。既存の国際法諸原則・諸制度が水資源および水貿易の「商品化」に如何なる影響を与えているかを検討する。第1に，「天然資源に対する国家主権」概念がある。国際水路の沿岸国は自国領域内での規制権限を有するが，一定の制限に服する（「衡平で合理的な利用原則」，人民の自決権，先住民の権利など）。第2に，「連帯」（solidarity）概念は，法規範よりもむしろ倫理原則であると解されるが，国際法上は公物や共同財産概念に取り込まれている。また，幾つかの法文書では各種義務（協力義務，手続的義務，交渉義務，協議義務）が定められており，領域主権との間での均衡が図られている。また，時間的連帯に関連して，「世代間の衡平および持続可能な発展」概念が登場している。持続可能な発展の概念は，手続的義務（環境影響評価実施義務）に関連する。また，同概念の慣習法性および法の一般原則としての地位が容認される傾向にあり，WTO判例で取り入れられる例もある。さらに，健康的な環境で生活する権利のように，集団的人権としての「連帯権」（solidarity rights）も認められつつあるが，慣習法としては未確立である。第3に，「人類の共同財産」（common heritage of mankind）概念は，国連海洋法条約等で定められている。また，学説上，世界遺産（自然遺産）が国家領域内に存在する場合に水資源を含み得る。大気中の水（雲）や氷に関しても人類の共同財産の議論が見られる。第4に，「人権としての水への権利」として，既存の権利（社会権や生命権）に依拠して水への権利が主張されており，慣習法化している部分が見られる。以上のように，水の商品化や国際貿易は排除されないが，国際法諸規範（国際人権法など）によって当該活動は制約される。ただし，（逆に）水貿易が人権保護に役立つ側面も存在する。

第6部「結語」(pp. 316-326)。第1に，WTO法上，自然状態の水でも商品又は越境貿易品になり得る。すなわち，水は公共物としての地位を有するが，商業的な性質は排除されない。第2に，水貿易の（WTO法上の）許容性は国際慣習（法）によって制約され得る。カナダのように一貫した反対国も存在する（水を経済的商品とみなす慣習に反対する実行）。第3に，国際法上の諸概念（水に対する人権，衡平で合理的な水資源

文献紹介

利用の原則，協力原則，持続可能な発展原則）は，水貿易に関する国家の自由を制約する。これらの概念は国際貿易法の解釈（条約法条約上の関連国際規則）に影響を与える。第4に，国家実行と国際判例により，現行国際法は，水の非経済的側面（人権等）を徐々に反映しつつある。

3　コメント

(1)　問題関心　　本書の著者（Piotr Szwedo）は，広範な国際法規範と非法的概念を分析しているため，読者が著者の問題関心を途中で見失う危険がある。加えて，本書は実証的分析手法に依拠しつつも，既存法を超える部分については「自然法の最低限の内容に抵触する」という表現を頻繁に用いており，不要な誤解を招く恐れもある。そこで（誤解を恐れずに）筆者の問題関心を要約するとすれば，「水貿易に関する国際法に関しては，GATT/WTO法に依拠した経済市場アプローチ（＝水の商品化）には限界・問題があり，人権・環境・連帯といった非貿易的な国際法規範および（非法的）諸概念による制約，さらには発展の契機が生まれつつある」という点に集約される。その趣旨を（評者の言葉で）強調すれば，「商品から公物へ」というパラダイム転換を図るものと言えよう。そのため，筆者の分析対象は，第1にGATT/WTO法となるが（第3章），その限界や問題点を見定め，これと異なる実行を分析した上で（第4章），その他の国際法規則・概念が分析されている（第5章）。第3章と第4章はセットになっており，第4章では，GATT/WTO法との関係で3種類の国家実行が分析されている。その結果，本書の主眼は第5章の諸概念の分析にあると言ってよいであろう。

(2)　自然法論　　著者は随所で「自然法の最低限の内容」に触れていることから，これが本書のモチーフのひとつであることは確かであるが，著者を自然法論者と位置付けると，著者の趣旨から外れてしまう。実際に，著者の研究手法は極めてオーソドックスな実証分析であり，条約規定・国内法規定を中心に考察した上で，関連判例を渉猟しており，「自然法」を語る必要性はないように見える。他方で，著者は，国際法だけでなく，他の法分野，さらには非法分野を含めた複眼的な視点からの考察を行っている。本書のタイトルにある「分野横断的」（interdisciplinary）視点とは，国際法内の複数分野を指すのではなく，国内法規制や倫理・自然法といった（国際法上は）非法的な諸概念を指している。上記の「自然法」は，法と非法の間のグレー・ゾーンの分析に踏み込む著者の研究手法を端的に表現するためのひとつの方策であると解される。

他方で，筆者の主張内容は，単純に「あるべき法」（lex ferenda）を推し進めるタイプのものではなく，全般的に実証法研究と評してよい。第1に，新たな議論動向（特に国連総会決議など）については，その背景を詳細に分析した上で，多くの場合，端的に「法になっていない」と結論付ける。すなわち，慣習法論に関しては，法と非法の区別を厳格に意識した議論展開を行っている。第2に，lex ferenda に関しては，lex lata への取り込まれ方を丁寧に分析している。すなわち，国際判例（WTO-DS，国際裁判，国際仲裁）において，「後に生じた実行・合意」または「国際法の関連規則」として各種

252

文書が条約解釈に際して考慮されている点が詳細に分析される（例えば，環境権に関する議論）。あくまでも lex lata を基軸に据えた議論が展開されているといえよう。第3に，本書では，国際文書に加えて，国内法・国内判例が多く参照されている。これは第1章で説明されているとおり，国際法概念との類似性や淵源として国内法概念が参照されることに起因する。すなわち，国際法形成に際して国内法概念が用いられるという考え方が基底にある。以上のように，本書は（法適用よりもむしろ）法形成の側面を重視しており，今後の「水」国際法の展開の方向性を如何に予想するか，という視点から読んだ方が，著者の目論見に合致しているであろう。

　(3)　分析結果　　上記のような問題関心と研究手法を採用した結果，本書の結論はむしろ謙抑的な印象を与えるものである。というのも，GATT/WTO 法上は水の「商品化」（商品として水を扱う態度）が見られるが，これに反する国家実行も見られると理解した上で，その他の諸規範・諸概念が発展していることから，GATT/WTO 法と異なる「水」理解が生まれつつある，というに止まる。当然ながら，上記の結論に至るために膨大な分析量を要することは改めて指摘するまでもないが，他方で，以下の疑問点が残されている。第1に，「水」を広く扱うことに起因する分析対象の拡散である。本書で指摘されるように，GATT/WTO 法が一義的な適用法と解されるものの，人権・環境・倫理といった他の諸規範が個別の法レジームにおいて水貿易を制約するファクターとして機能する場合，GATT/WTO 法とその他の法規範との抵触問題が生じる。この場合，あくまでも GATT/WTO 法の解釈・適用に対して諸概念が作用するという視点（GATT/WTO 中心的視点）が維持されるのか，それとも「水国際法」という新たな法分野・法概念が形成されるのか，著者の考え方は明らかではない。第2に，上記のように，著者の大きな問題関心が「商品から公物へ」というパラダイム転換にあると解した場合，個別法秩序（著者の用語では subsystem）が乱立している状況下で，こうしたパラダイム転換が起こり得るのか否か（さらに，起こるとすればどのようにして起こるのか）が明らかではない。この点について著者は，条約解釈規則を通じた法秩序間の調和に依拠した議論を展開しているが（pp. 319-320），この点については，さらなる分析とその結果を期待したい。

　　　　　　　　　　　　　　　　　　　　　　（神戸大学大学院法学研究科教授）

文献紹介

Ariel Ezrachi & Maurice E. Stucke,

Virtual Competition:

The Promise and Perils of The Algorithm-Driven Economy

（Harvard University Press, 2016, viii + pp. 356）

大 槻 文 俊

1 新しい経済への適応を説く

コンピュータやインターネットなど情報通信技術を用いた商品やサービスが，我々の生活や企業の経済活動の中に，相当な速さで入り込んできている。企業は，情報通信技術や大量のデータなどを駆使して経済活動を行う。このような経済を表す言葉としては，デジタル経済など様々あるが，筆者らは，アルゴリズムで駆動する経済と呼ぶ。アルゴリズムは，コンピュータが一定の課題を解決するための処理手順のことであり，アルゴリズムに基づいて，プログラミング言語を用いてコンピュータ・プログラムが作成される。本書は，このアルゴリズムで駆動する経済における問題について，競争法上の問題を中心にして検討を行なったものである。

アルゴリズムで駆動する経済において，Amazon などの巨大 IT 企業がいくつも出現している。これら巨大 IT 企業は，大量の個人データを蓄積しており，経済のみならずそれ以外の分野にも影響力を及ぼすようになっている。欧米では，巨大 IT 企業に対する警戒感が高まっており，特に欧州連合は，巨大 IT 企業に対する規制を積極的に行い始めている。米国は欧州ほど規制に積極的でないと思われたが，政治家や人権団体などから規制の必要性を主張する声が上がっており，政府機関などが規制に乗り出している。本書の問題関心は，そのような流れの中にある。

アルゴリズムで駆動する経済の問題に対処するにあたって，筆者らは，経済に対する認識を転換する必要性を解いている。市場経済の実態については，「我々はもはや，見えざる手により統治される市場経済にはいない」と述べている。現在の市場経済は，「デジタルの手」により動かされているというのである。さらに，「見えざる手」に対する支持は近年下がっており，理性的な資本主義（conscious capitalism）と共有価値の人気が高まっているにもかかわらず，「多くの政策立案者は，規制されない自由市場を礼賛し」，「政府介入を控えることによる過小規制の害（cost）よりも，政府介入による過剰規制の害のほうを問題視する」と述べ，競争当局の消極的な姿勢について再考を促すのである。

筆者らは，様々な悪影響発生の可能性を指摘しているが，アルゴリズムで駆動する経済を単純に否定的に捉えているわけではない。競争環境を改善する要素があることも認

めている。その要素は，次の３つである。第１は，市場の透明性が向上すること。第２は，探索費用が低減すること。第３は，オンライン・プラットフォームに出店できるようになり，市場への参入が容易になることである。これら３つの要素により，技術や事業の革新につながる競争を促進することが期待できるという。また，デジタル化された市場では，市場の透明性の向上や参入障壁の低下などによって，商品・役務の売り手の力が低下するという。

このように，アルゴリズムにより駆動する経済には肯定的な側面があることを認めながら，筆者らは，主として競争法の観点から，多様な悪影響が生じるおそれがあることを指摘し，その対処方法を模索するのである。筆者らは，競争法上の問題点を，３つの問題に分けて論じている。それは，事業者の共謀に関する問題，行動に応じた差別取扱（behavioral discrimination）およびフレネミー（frenemy）に関連して生じる問題である。

本書が指摘する問題点は多岐に渡る。既存の競争法の解釈論では対応できない問題が多く含まれており，筆者らは，他の法分野を含めた立法論や政策論に踏み込んで，解決策を探っている。

2 アルゴリズムと共謀

アルゴリズムが関わるカルテルは，最近日本でも法律雑誌や研究書などで論じられるようになってきており，それらの文献の中には，本書を参照するものも複数見られる。アルゴリズムが関わるカルテルの分類は論者により複数あるようであるが，筆者らは，共謀の問題を４つのシナリオに分類している。

第１のシナリオは，カルテル参加企業がアルゴリズムをカルテル合意の実効性確保手段として用いるもので，従来の半トラスト法で対応可能なものである。第２のシナリオは，競争者が同じアルゴリズムを採用し，アルゴリズムがカルテルのハブとして競争者の価格設定や行動を調和させる，ハブ・アンド・スポーク型の共謀である。これは，競争制限的な結果が生じる蓋然性の認識が事業者にあることが立証できれば違法とできる。

問題は，第３と第４のシナリオである。これらは，各事業者が，自身の判断で価格を設定するアルゴリズムを導入した結果，アルゴリズムが暗黙の共謀（tacit collusion）を生み出すものである。ここでいう暗黙の共謀は，日本の独占禁止法で論じられる暗黙の合意や意思の連絡とは異なるもので，意識的並行行為に相当する。そのため，欧米でも日本でも，競争法で価格カルテルとして違法とできないと考えられてきた。ただ，第３のシナリオは，利益最大化戦略のアルゴリズムによるもので，反競争的意図の存在を立証できる場合はあり，その場合，米国法では，FTC法５条などを適用する余地はあるという。これに対して，第４のシナリオは，最適戦略を見つけるアルゴリズムによるもので，暗黙の共謀はありうる結果のひとつに過ぎず，反競争的意図の存在も認められない。この問題への対処については，筆者らは，違法性の基準を変えるべきかどうかとい

文献紹介

う議論を投げかけているが，結論は出していない。

　日本の独占禁止法では，カルテルは不当な取引制限として規制することになる。既述のように，意識的並行行為は違法とならないが，日本においても同様のことが起こるのだとすると，アルゴリズムにより生じる意識的並行行為に対して，立法も含めて法的規制を行う必要があるのかどうか問題となろう。

3　行動に応じた差別取扱

　本書で指摘される第2の問題は，筆者らが行動に応じた差別取扱と呼ぶものである。これは，オンラインの世界において現れつつある差別対価の新たな範疇であるという。この差別取扱は，企業が，ウェブサイトの閲覧履歴，ネットでの商品購入履歴，SNSへの書込み，GPSの位置情報などから収集した大量の個人データをもとに，消費者1人1人について留保価格や商品の好みなどを分析し，個人個人に，その人が購入すると予想した商品を，その人が支払うと予想した価格で広告を行うものである。情報通信技術を駆使して大量の個人データを集めても，個々人の留保価格を完全に探り当てることはできないが，「ほぼ完全な（almost perfect）」行動に応じた差別取扱は実現可能性があるという。問題は，これだけにとどまらない。行動に応じた差別取扱を行う能力を獲得した企業は，この能力を利用して，行動経済学の研究成果などに基づく様々な手法を取り入れて，個人が必要としないかもしれないものや欲しいと思っていなかったものを購入するように誘導するようになるという。

　違法性の判断については，筆者らは，経済的観点だけではなく，社会的観点（公正さと平等）も検討されなければならないとする。差別対価が社会に受容されるには，利潤を最大化させることだけでは足りず，最優先の目的が社会的目的への寄与である必要があるとするのである。この基準に照らすと，利潤獲得を志向する企業が支配的な市場では，差別対価は，品質の改善その他の社会的目的の実現に貢献せず，消費者の富をできるだけ多く獲得しようとする場合が多いので，一般に不公正なものと捉えられることとなる。

　筆者らは，米国では近年，差別対価が違法とされることは稀であることを指摘して，競争当局に考え方を変えるよう求めている。しかし，この問題は，最近，欧米では認識されるようになっているようであり，日本でも欧米の議論を紹介する文献などで言及されることがある。差別対価については，原因は米国と異なる部分もあるが，日本でも違反事例は少ない。差別対価の違法性については，独占禁止法の究極目的に適うか否かの判断において社会公共目的が考慮される余地はあるが，基本的に経済的観点から説明されてきた。違法性を判断するにあたって，社会的観点も考慮すべきという筆者らの主張は，傾聴に値しよう。

4　フレネミーの行動とプライバシー問題

　本書が取り上げる第3の問題は，フレネミーに関するものである。フレネミーは，friendとenemyを掛け合わせた単語で，競争関係にあると同時に協力関係にある者を意

256

味する。本書では，GAFA に代表されるようなスーパー・プラットフォームと Uber の
ようなプラットフォーム上で利用されるアプリケーション・ソフトを提供する事業者の
関係を取り上げている。これらの事業者は，個人を追跡し，個人のデータを集め，その
個人に最適な広告を行うところまでは協力関係にある。しかし，そのデータを用いて消
費者から利益を得る段階では，利益を奪い合う。

　問題のひとつは，独立のアプリが，消費者にとって有益なサービスを提供するもので
あっても，スーパー・プラットフォームや他のアプリの収入源を脅かす場合は，プラッ
トフォームから追い出されるおそれがあることである。本書では，利用者の位置情報を
収集せず，利用者のデータを広告主に売らないなど，利用者の個人情報収集を抑えたア
プリを，Google が同社の Play Store から排除した事例が紹介されている。しかし，筆
者らは，これに政府が反トラスト法を使って対処することは期待し難く，アプリの事業
者が訴訟を起こすことも費用などの面から現実的でないとする。また，革新的なアプリ
の会社が，買収などにより，スーパー・プラットフォームに取り込まれることも問題視
している。これらは，技術革新を妨げる可能性があるという。

　筆者らがもうひとつの問題として強調するのは，プライバシーの侵害である。フレネ
ミーたちは，大量の個人情報を収集して利用するのだが，これにより，プライバシーが
損なわれる事態が生じる。筆者らは，プライバシー問題を，個人情報管理の側面に着目
して論じていると思われる。プライバシーの問題は，従来，競争法の問題とは考えられ
てこなかった。そのため，従来の競争法の理論枠組を念頭に置いて本書を読み進める
と，違和感を感じることになるかもしれない。しかし，筆者らは，プライバシー保護も
競争に関わる問題であると主張する。筆者らによれば，プライバシー保護は，「品質競
争の媒介変数（parameter）となりうる」。また，プライバシーは，新古典派経済学理論
とも整合するという。企業が個人データを利用して消費者から利益を搾り取っているの
ではないかと消費者が不信を抱くようになれば，プラットフォームやモバイル機器など
の利用を控えるようになる可能性があり，そうなれば，死重損失（dead weight loss）
を増加させることになるという。

　しかし，プライバシーの問題は，競争法で対処するのが難しい場合が少なくないこと
を，筆者らも認めており，プライバシーを保護する法律などのほうがうまく対処できる
と述べている。対策としては，個人情報の収集をポップアップ・ウィンドウなどで個人
に通知することを義務付けることや，初期設定にプライバシー保護に役立つ選択肢を入
れることをプラットフォームなどに要求することなど，いくつかのものを提案してい
る。

　独占禁止法においては，個人データは，事業者の競争上の優位や市場への参入などの
文脈で，事業者の個人データ入手可能性について論じられることが多いように思われる
が，公正取引委員会の検討会などでは，競争秩序に関わるものとしてプライバシーの問
題が取り上げられ始めている。個人データとプライバシーの問題は論文などでも散見さ

文献紹介

れるようになっており，筆者らの問題意識が日本でも共有され始めていると見てよいであろうか。

5 結 び

本書は，アルゴリズムにより駆動する経済の実態を丹念に説明し，そこから生じる多様な問題について検討している。出版されたのが2016年であることもあり，本書で取り上げる問題は，情報通信技術が広く浸透した経済の問題点として政府等の報告書や他の文献で取り上げているものもあるが，アルゴリズムで駆動する経済が抱える課題を鳥瞰できる論考として，有用なものであろう。また本書は，様々な課題について，十分な解決策を提示しているとは言い難いが，解決策を見出すための手がかりを与えてくれるものである。日本でも最近，政府・与党が巨大 IT 企業に対する規制を行う姿勢を示しており，公正取引委員会も独占禁止法を用いて，巨大 IT 企業の競争制限的な行為を規制する方針を明らかにしていることから，今後日本でも，アルゴリズムで駆動する経済の問題点に関する議論が活発になっていくと予想される。本書は，日本における解決策を考えるにあたっても，様々な示唆を与える 1 冊と言えよう。

（専修大学法学部教授）

Yun Zhao (eds.),

International Governance and the Rule of Law
in China under the Belt and Road Initiative

（Cambridge University Press, 2018, xiv + 342p.）

張　博　一

1　本書の問題意識

2013年 9 月，中国の習近平主席により，ユーラシア大陸を覆う広域経済圏構想として「一帯一路」構想（the Belt and Road Initiative，以下 BRI とする）が提起された。本構想の目的は，中国と古代シルクロード沿線国との間での貿易，投資，技術革新といった経済活動の拡大を通じて，関係国家間での協力関係を強化，発展を促進することである。現在，中国による巨額の融資のもと，関係国では「国際的なインフラネットワークの形成」のための大型投資プロジェクトが進められ，新しい形態の地域経済統合の形成が目指されている。

　本書は，2016年に編者である趙雲（YUN ZHAO）教授が務める香港大学で開催された国際会議の成果をまとめたものである。本書の目的はそのタイトル通り，「BRI のもとでの中国における国際ガバナンスと法の支配」を検討することであり，6 つの国と地

域（中国，台湾　香港，ドイツ，韓国，シンガポール）の研究者による分析が，(1) BRI の影響力と関連する国際規則の収斂（2本），(2)貿易，投資，金融など個別分野における協力に関する議論（8本），(3) BRI における紛争解決制度（3本）の3部，計13本の論文として収められている。なお，各論稿がそれぞれに個別の主題を扱っており，共通の論点を洗い出し，比較検討して評釈する手法をとることが難しいため，以下，各論稿のうちの BRI との関連部分を中心に順次に紹介し，最後に若干のコメントを加えることとする。

2　本書の概要

第1部「国際規則の収斂」では，2本の論文がそれぞれ「国際公共財（international public goods）」と「主権概念」の視点から，BRI における国際法の役割について論じる。

SHI（論文1）は，まず，BRI が参加を望むすべての国に開かれ，参加国すべてがその利益を享受することから，「非排除性」と「非競合性」という性質をもつ人為的な「国際公共財」とみることができるとする。他方，実際の運用にあたっては，政治不安定要因を抱える国への中国企業の投資リスクの回避，BRI 懐疑国への対応の必要性から，法的な枠組みの確立が必要である。そのための手段として，二国間投資協定，二国間・地域的自由貿易協定，租税条約を通してその安定性を確保すべきであるとし，その過程のなかで，中国は国際法を作る主体となりうると期待を寄せる。

SEPPÄNEN（論文2）は，BRI と主権の関係について分析し，国際法における主権概念は「絶対主義（absolutist）」と「相対主義（relativist）」を軸に展開されてきたが，BRI の推進に際して中国は，第三の立場である「ポスト相対主義 post-relativist（postist）」を採用すべきとしている。すなわち，主権はその国・地域に合わせた多種多様な形態をとる必要があり，国際法における主権概念は統一的ものよりも，行為遂行的（performative）に用いられるべきであるとする。そのうえで，中国企業が国外投資を行なう際には，外交政策として不干渉主義を維持しつつ，政治リスクと法律リスクを避けるために，投資受入国に国内立法を求める必要があると主張する。

第二部「実体国際規則の発展と中国の寄与」は，BRI に関連する様々な論点を扱った8本の論文によって構成される。

LEE（論文3）は，まず，BRI の性格について，市場の自由化の拡大を目的とする従来の FTA と異なり，参加国間の輸送路の形成，インフラの建設，人・文化の交流などを通じて，地域の関連性を高める新しい形態の経済協力レジームであるとし，そのうえで，BRI 参加国が BRI のもとで新に締結する協力協定と，既存の WTO 協定，自由貿易協定，二国間投資協定のもとで負う法的義務の関係について分析を行なった。とりわけ WTO 協定との関係では，BRI のもとで行なわれる「特定の国に有利となるような販売，分配」は最恵国待遇違反，「発展途上国に対する優遇」が内国民待遇違反にあたると非参加国によって申立てられる可能性があり，その場合に「政府調達」例外に当たるかが

争点となると指摘する。

WERSBORG（論文4）は，中国の独占禁止法の施行から10年経過したのを踏まえて，中国における企業結合の関連規定と司法解釈，「独占協定」と「市場支配地位の濫用」に関する国家発展改革委員会と国家工商行政管理総局の役割と関連判例，事業者は独占行為による民事責任（50条）に基づく損害賠償の事案の増加について概括する。続いて，BRI を進める際の国有企業による事業展開と独占禁止法の関連について，BRI 関連事業が国家・国有企業による独占をもたらす危険性があるとし，特に「国有経済が支配的地位を占める，国民経済の根幹及び国家安全に係る業種，法に基づき独占経営及び独占販売を行う業種」での国の監督管理・コントロール権（7条）と，行政権限の濫用禁止（32-37条）に関する条文が，実際の運用において，新しい形態の独占に繋がらないよう注視する必要があるという。

KWOK（論文5）は，中国と BRI 参加国が「円滑な貿易（unimpeded trade）」という目的を達成するための方策として，(1)輸送時間とコストの削減，(2)政府による貿易障壁の撤廃，(3)国境を越えて行なわれる反競争的行為の除去が必要となるとする。これらを実現するためには，現在重点的に進められている大規模なインフラ設備の建設の他に，今後，参加国間での貿易自由化及び競争政策の確立が必須であると強調する。貿易自由化に関しては，中国 ASEAN 自由貿易協定を中心に進めること望ましく，競争政策に関しては，私企業による国境を越える独占行為の禁止を関係国間で協力して実現する必要があると指摘する。

SHEN（論文6）は，BRI 参加国のほとんどが発展途上国であり，国内法における財産権の保障基盤を欠くことから，二国間投資協定の締結による中国投資家の保護が不可欠であるとする。なかでも，筆者は収用に焦点を当て，国際法上，収用が適法であるためには(a)公的目的(b)適正手続(c)非差別(d)補償の要件を満たす必要があるが，中国が締結する二国間投資協定も，これらの要件に関する規定が設けられている。他方，「間接収用」については，2006年中印投資保護協定ではじめて規定を設けられたことからとりわけ重要となるが，今後，間接収用規定とハル・フォミュラーに基づく補償基準を取り入れた，BRI のすべての参加国を締約国とするメガ地域投資協定の締結が目指されるべきであると提言する。

CHEN（論文7）はまず，東南アジア諸国連合（ASEAN）における金融サービスの統合の現状を整理し，そのうえで，中国 ASEAN 自由貿易協定に基づいて，中国の銀行，保険業が ASEAN 諸国に対して行なう金融サービスの越境提供と市場アクセスの課題を考察する。中国の銀行・保険業は現地で事業展開をする際には現地のライセンス要求等の要件満たす必要があること，さらに，技術開発による新たな形態の金融サービスの提供に対応した法整備を行なう必要があるとする。

PENG（論文8）は，国際開発金融機関（MDFIs）による開発資金提供に際しての適用法規について，世界銀行やアジア開発銀行（ADB）などのこれまでの慣行を分析し，

アジアインフラ投資銀行（AIIB）はそれらの手法を踏襲すべきかについて検討する。これまで，国際仲裁の際の適用法規は，借入先が国家である場合には国際法，非国家主体（民間企業）である場合には国際法または国内法が適用される。AIIB は，発展国へのインフラ整備資金提供を担い，法的安定性の確保の観点から事前に融資協定において適用法規の決定が重要となる。筆者は，借入先が国家である場合には，AIIB は協力関係にある世界銀行や ADB と方法を統一すべきであり，非国家主体が借入先である場合には，適用される国内法の選択に関しては，中国法でも借入国法のいずれも適切ではなく，国際金融センターが所在する国の法律が選択されるべきであるとする。

　BIAN（論文９）は中国とミャンマーの環境影響評価（EIA）規則の内容を比較し，ミャンマーの EIA 手続は国際基準を明確に引用している，国内外の機関及び第三国の EIA 手続きへの参与を広く認めるなど透明性を有している，環境以外の社会的文化的問題もカバーしている，という３点において中国 EIA 法よりも優れており，中国投資家がミャンマーで事業展開をする際には中国国内よりも高い基準の EIA 基準を満たす必要がある。また，ミッソンダム計画の中止の経験から，一層環境評価に留意して活動を行なう必要があり，今後，両国は相互に知識と経験を共有し，越境 EIA を用いてサルウィン川における水力発電計画を進めていく必要があると指摘する。

　ZHAO（論文10）はアジア太平洋地域における地域協力と宇宙安全保障（space security）の関係について論じる。宇宙安全保障の定義には統一した見解は存在しないが，宇宙安全保障を達成するためには国際協力が不可欠であることは国際社会の共通認識であり，1960年代以降様々な条約が締結されてきた。現在，アジア太平洋地域の宇宙利用の促進とその交流・協力を推進する場として，アジア・太平洋地域宇宙機関会議，アジア太平洋宇宙科学技術教育センター，アジア太平洋宇宙協力機構がある。筆者は，今後，ヨーロッパ地域の経験を参照しつつ，協力体制を強化していく必要があり，参加国のほとんどがアジア太平洋地域の国々である BRI はそのフォーラムとして最適であるとみる。

　第三部「BRI における国際紛争処理の発展」では，BRI 参加国の法制度が大きく異なり，関係国間での貿易投資紛争が今後多発することが予見されることから，その解決のための望ましい手段について論じる３本の論文を収める。

　CHAI（論文11）は中国，日本，韓国の３カ国における国際商事仲裁制度に焦点をあて，その発展，担当機関，紛争解決手続を整理した。３カ国ともに紛争解決の手段として調停を重視し，仲裁と調停を合わせて用いる特徴が見られるが，中国の仲裁法は依然として国際基準から遅れをとっており，日本と韓国に関しては制度自体が停滞していると指摘する。そこで筆者は，中立性を有する香港に，商事仲裁を扱う事務所を立ち上げて資料収集など資源利用の効率化を図り，また，東アジア国際民事紛争処理センターを設立すること，さらに，これらとは別に，３カ国の国内に複数の国際民事紛争処理機関を設立することで，当事者が紛争状況に最適な機関を選択する可能性を増やすことに資

文献紹介

すると提言する。

　GU（論文12）は，関係国間の紛争案件を扱う場として，中国の国内裁判所よりも，専門性，迅速性，柔軟性などの観点から，中国国際経済貿易委員会，その他香港，シンガポールの国際仲裁制度を利用することが望ましいと提言する。そのうえで，仲裁裁定の執行は仲裁制度への信頼性と直結し，ビジネスの安定性と確実性を確保するがあることから，外国仲裁判断の承認及び執行に関する条約第5条2(b)が，承認及び執行が求められた国が「国の公の秩序に反すること」と認めた場合には仲裁判断の承認及び執行を拒否できる旨の「公の秩序」例外を設けていることに注目し，今後のBRI紛争事案のなかで，アジア地域における「公序」概念の明確化，一貫性を推進することが期待されるとする。

　JIANG（論文13）は，BRI関連事業をめぐる紛争の処理手段として，WTO紛争解決制度は，BRI関係国の4分の1がWTO非加盟国であること，WTO協定から生じる紛争のみをカバーしていること，WTOが重視する「形式的公平性」がBRIの目指す関係国間の実質的公平性と親和的ではないことなどから，その利用は適切ではなく，また，BRIが既存の地域的経済連携協定と性格が異なることから，それらの紛争解決手続を模倣すべきではないとする。筆者は，BRI自体が開かれた地域経済協力体制であるため，その紛争解決制度も柔軟性のある，多様な紛争に対応した仲裁を第1の解決手段とし，外交交渉と合わせて用いるべきであるとする。具体的な提案として，BRI関連紛争を扱う仲裁機関を設立すると同時に，紛争当事国がBRI仲裁機関，WTO，その他の地域貿易協定の紛争手続のいずれを利用するかを選択可能にすること，さらに，裁定が履行されなかった場合には，直ちに強制措置に移さず，裁定履行を導くための一連の手続を用意すべきであると提案する。

3　若干の評釈

　BRIは中国の国内生産過剰による輸出拡大の必要，国内コストの上昇による新たな海外生産拠点・投資先の模索という現実的課題に対処する同時に，①平和協力，②開放と包摂，③相互学習，④相互利益とウィンウィンをその基本理念に掲げ，開かれた地域経済の一体化を目指す中国の「対外政策」である。

　その性格ゆえに，BRIは貿易，投資，金融，エネルギー，技術支援，人的交流など広範囲の活動を包摂しており，これらの活動が展開される際に，既存の法制度との関係や国際経済秩序全体に与える影響とそのリスクについてはまだ不明瞭な部分が多く，多方面からアカデミックな分析が必要不可欠である。本書はそのようなニーズに応え，各分野の専門家が様々な視角から検討を加えたものであり，BRIの関連領域の広さを改めて顕示した。他方で，会議の論文集であることから，「BRIのもとでの国際ガバナンスと法の支配における中国の役割」いう共通テーマはあるものの，論文相互に関連性はなく，書籍として一つの論評を加えることは難しい。また，「宇宙安全保障」とBRI（論文10）など，その関連性が必ずしも明確ではない（筆者はBRIを通じての地域協力の強

262

化による宇宙安全保障の実現を主張）ものや，「BRI 関係国すべてを締約国となるメガ
地域投資協定の締結」（論文 6 ）「東アジア国際民事紛争処理センターの設立」（論文11）
といった提案が多くなされたが，具体的な実現可能性やそのための手法が十分に議論さ
れたとは言い難い。これらのアイディアや各論文に含まれている論点を読者がキャッチ
し，各自がその関心に応じてさらに詳細に検討を進めることが求められよう。

　BRI の始動から 5 年が経過し，現在，中国の研究者を中心にその進捗状況の把握，関
係地域への経済的インパクト，懸念される法的問題など多くの検討が行なわれている。
もっとも，BRI を議論する際に，BRI はあくまでも中国の国家戦略方針であり，それを
一括りに論じることは不可能であり，無意味である点に留意すべきであろう。国際経済
法から BRI をみた場合に，その内実は，中国と関係国との間での覚書，二辺的・多角的
経済連携協定の締結を通じた輸出入の拡大，サービス貿易の自由化，投資の促進と法的
保護，国際商事仲裁のあり方など，これまで既に研究が行なわれてきたテーマと大きく
異なることはない。BRI の最大の意義はむしろ，豊富な研究素材を提供する点であろ
う。政治体制，経済体制，経済の発展レベル，文化などが異なる60以上の国で多分野に
跨って展開される経済協力活動の規模の大きさから，その過程で生じるであろう様々な
法的問題を，既存のルールの遵守確保，新たな制度作りの可能性の観点から詳細に検討
することを通して，国際経済法の諸規則の精緻化が図られることが期待される。

（小樽商科大学商学部准教授）

Jarrod Hepburn,

Domestic Law in International Investment Arbitration

（Oxford University Press, 2017, xxii + 207 pp.）

二 杉 健 斗

1　本書の背景

　投資条約仲裁（以下，投資仲裁とする。）の本旨が，投資条約による投資紛争の「脱
現地化（delocalization）」にあるならば，投資受入国の国内法はそこに居場所を持たな
いはずである。国や投資家の行為の国内法上の合法性は，条約の適用に何ら影響せず
（条約法条約27条），「国際法およびその機関たる〔仲裁廷〕の立場からは，国内法は
〔……〕単なる事実である」からである（常設国際司法裁判所（PCIJ）上部シレジア事
件本案判決（1927年））。国内法が役割を得るのは，投資条約からの *renvoi*（送致）があ
る場合に限られる。

　本書はこの素朴な理解に挑戦し，次の 2 点を主張する。①投資仲裁においても，数々

文献紹介

の場面で被申立国法の検討が必要となる。②それにも拘らず，仲裁廷は国内法の問題を適切に扱ってきておらず，これは法的に不正確であるばかりか，仲裁制度の正統性をも毀損する。本書は，「いつ（*when*），どのように（*how*），仲裁廷は国内法の問題を扱うべきか」を論じ，この問題に対する処方箋たらんとする。

著者 Jarrod Hepburn は，2015年よりメルボルン大学ロースクール上級講師（Senior Lecturer）の職にある。国際投資法研究者には，あるいは投資仲裁ニュースサイト *Investment Arbitration Reporter*（https://www.iareporter.com）の記者としてその名を目にする機会の方が多いかもしれない。その経験と知見は，本書でも詳細な事例分析に活かされている。本書は著者の博士論文（2014年・オックスフォード大学）の改訂版であり，著者にとって1冊目の単著書である。

2 本書の概要

本書は全2部からなり，それぞれが上の主張①と②に対応するという簡明な構成をとる。

第1部「投資仲裁における国内法の問題の特定」では，投資仲裁で被申立国法が問題となる3つの局面——公正衡平待遇（FET：fair and equitable treatment）（第2章），収用（第3章），救済（第4章）——が特定される。

第2章「国内法と公正衡平待遇」は，FET 条項の適用過程における国内法の位置づけを論じる。まず，国内法違反の行為は当然に「公正衡平」たり得ないとの見解と，国内法は同条項の適用に一切関係し得ないとの見解が対比された上で，仲裁実行が検討される。結論として，被申立国による自国法の遵守／違反は，同条項の遵守／違反に直結（determinative）しないが，正当な期待等の要素を通じて影響を与える（contributory）と述べられる。

第3章「国内法と収用」は，収用判断の3段階——①被収用権利の有無の判断，②収用該当性（police power）の判断，③合法性の判断——の内，国内法の役割が伝統的に認められてきた①のみならず，②および③でも国内法の考慮が求められると論じる。具体的には，国内法の遵守が② police power 抗弁の要件および（条約の文言にもよるが）③適正手続要件の一部となっていると主張される。

もっとも，③については，実際には補償の有無だけを検討して収用の違法性を認定する例が多いところ，本書は投資仲裁の公的性質からこれを批判する。第1に，国内法違反を考慮することは，行政職員に対する法令遵守の誘引となる。第2に，適正手続要件の活用は，受入国における法の支配の促進という投資法の目的にも資する。この点で国際投資法は，補償要件に先んじて国内法の遵守如何を検討する欧州人権裁判所の収用判例に学ぶところが大きい。

第4章「国内法と救済」は，救済の決定においても国内法が一定の役割を果たすと主張する。国家責任法上の救済規則は，投資仲裁で適用可能だと仮定しても，その内容は不明確であり，仲裁廷の裁量的判断の中で国内法が参照されることがあると説明され

264

る。

　具体的には，仲裁廷は①裁判遅滞の事例で，当該国内裁判所が命じたであろう賠償額を命じたり，②損害額算定のために，契約の有効性等を国内法により判断したりしている。また③利息計算の際に被申立国法や仲裁地法を適用する例もある。③については，これを法の一般原則の適用と解する学説もあるが，かかる原則の実定法性と内容の不明確さから，著者はあくまで特定国の国内法の適用の例と解する。もっとも，国内法上利息が不当に制限される場合には，仲裁廷は国内法を離れて判断する裁量を有する。責任の存否とその内容が別個の法秩序により決定されることについては，著者は，国際法と国内法との混合は投資仲裁においてさほど異常な事態ではないとする。また，④国内法違反の有無は，収用の補償・賠償基準の決定や，過失相殺の文脈でも関係する。さらに，⑤原状回復等の非金銭的救済は，国内法違反を是正する効果を持ち，投資仲裁の公法的性格とも合致する。

　第2部「投資仲裁における国内法の諸問題の解決」は，以上で特定した局面において，仲裁廷が国内法の問題をどのように扱うべきかが論じられる。

　第5章「投資仲裁における国内法の内容特定」は，この点に影響する種々の論点を検討し，国内法の内容特定のための「枠組み」を定立する。本書の骨子と言い得る章である。

　まず，「国内法は法か事実か」という問いに対して，投資仲裁では，国内法は単なる事実ではなく，それ自体が実体準拠法として直接に適用され，その不適用は仲裁判断取消事由にさえなり得るため，仲裁廷には適用法の慎重な同定が求められると指摘される。

　その上で，当該国内法の専門家ならぬ仲裁人がとるべき「態度」として，著者はPCIJ ブラジル公債事件判決（1929年）に依拠し，「国内で適用されているように国内法を適用し，国内裁判所の判決に最大限の考慮を払う」というアプローチ（「ブラジル公債原則」）を提示する。これは，国内法が適用法となる投資仲裁ではより一層求められるという。

　次に，そのための具体策として，国内法解釈の際にいかなる資料を用いるべきかが論じられ，様々な1次・2次資料を駆使して国内法を解釈する他の国際裁判所や，国際商事仲裁での扱い（2008年 ILA 国際商事仲裁委員会報告書）が投資仲裁の参考になると主張される。

　また，「裁判所は法を知る（*iura novit curia*）」原則により，仲裁廷は当事者の主張を超えて独自の国内法調査の権限を持つ。さらにその義務まで負うかは未確立だが，適用法の不適用による取消しの可能性や投資仲裁の公的性格に加え，特に管轄権段階では濫訴防止の必要性から，能動的調査の要請が強まると論じられる。

　資料の評価に関しては，国内判決の積極的参照を促す一方で，国内判決による法解釈に拘束力を与える欧州連合（EU）・カナダ FTA（CETA）等の規定は批判し，あくま

文献紹介

で仲裁廷は独自の解釈権を保持するとする。当事者提出の鑑定人意見については，その独立性の問題に加え，意見の妥当性を仲裁廷が判断できないとの批判もあるが，仲裁人が法律家である限りは，少なくとも一定の評価は可能である。他方，仲裁廷による鑑定人の任命は，それにより事件の帰趨が決定されてしまったり，費用増加を招くといった問題があり，慎重になされる必要があるが，当事者からの情報提供が乏しい場合には適当となる場合もあり得る。

結論として，投資仲裁廷は，「ブラジル公債原則」に従い，能動的な国内法調査を行うとともに，国内判例を考慮するべきであると主張される。もっとも，法情報へのアクセス等の問題から，常に綿密な調査が期待されるわけでもないと付言される。

第6章「枠組みの適用─先決事項」では，仲裁廷が国内法の意義を極小化するためにしばしば行う議論が検討され，概ね棄却される。

一部の先例は，投資家が遵守するべき「国内法」は，一定の重要原則や，投資に関係する規則のみに限定されると判示するが，これは妥当ではない。他方，所謂「法の内在道徳」を備えた法のみが遵守に値するという欧州人権裁判所の見解は，公的性格を有する投資法でも採用し得る。投資法の目的からは，投資家の信頼保護よりも法令遵守の要請を優先するべきであるため，投資家の違法行為，特に詐欺や贈賄等の公序に関わる行為に関する国の主張には禁反言は適用されないとされる。

第7章「枠組みの適用─実践」では，第5章で示した枠組みを前提に，仲裁廷が犯しがちな過ちと，奨励すべき実行とが指摘される。

まず，次の過ちが指摘される。①参照すべきときに国内法を参照しない，②当事者の主張の欠如を理由に国内法適用の努力を怠る，③法律の文字面だけを見て解釈する，④理由付けを怠る，⑤不適切な資料に依拠する。他方で，第5章の枠組みに適った実行として，仲裁廷が①国内裁判官に「なりきる（emulate）」，②様々な国内法資料に依拠する，③(i)（特に選任当事者に不利な）鑑定人意見に依拠する，および(ii)対立する鑑定意見を適切に評価する，等が挙げられる。ただし，各仲裁廷が国内法の扱いにつき裁量を持つ点は再度強調されている。

第8章「結論」では，本書の2つの主張が確認され，その意義が強調される。

投資家の保護水準を受入国法と同程度に引き下げる最近の傾向（「カルボ主義の再生」）の中で，投資仲裁における国内法の重要性は増しており，その法的に正確な扱いが求められる。国内法の扱われ方の明確化は，投資家の利益にもなる。また，自身の正統性を高め，国家からの受容を得んとするならば，仲裁廷は，国家自身による国内法解釈を尊重するべきである。確かに，投資仲裁が投資家の利益に偏重しているとの正統性批判は「思い込み（perception）」に過ぎないかもしれない。しかし，投資法において「思い込みは現実よりも力を持ち得る」のであり，思い込みの種それ自体を取り除く必要がある。本書は，投資条約レジームをより整合的かつ正統なものとするための一歩である。

3 評 釈

投資条約規定の解釈に忙殺されてきた今世紀のこれまでの国際投資法研究にとって，国内法の問題は盲点であった。本書は，主題の選択それ自体によって既に投資法研究への重要な貢献をなしている。またその内容においても，本書は仲裁実行を仔細に記述分析し，見過ごされてきた問題に光を当てることに成功しており，検討され提案される数々の具体的方策は，実務に対する目新しい問いかけとなっている。

本書のいまひとつの功績は，投資仲裁の正統性問題に対して被申立国法からのアプローチが可能であることを示した点にある。本書は正統性概念を体系的に論じてはいないものの，第8章からは，その趣旨が「被治者」たる被申立国による同意と受容の調達にあることが読み取れる。また，被申立国法の適切な運用が，国際投資法の目的のひとつである法の支配の促進に資するとの議論も，投資法を公法的制度と捉える近年有力な立場と軌を一にするものであり，主張の実質的説得力を高めることに寄与している。

もっとも，正統性向上（国による受容の確保）と投資法の公的目的の追求という2つの要請間の関係については，特に説明がない。例えば，著者はCETA 8.31条2項（投資裁判所は国内の裁判所または権限ある当局の国内法解釈に拘束される）を批判し，仲裁廷の独自の解釈権をあくまで維持する（132頁）。だが，国による受容を得ることで正統性が回復されるのであれば，条約に明定された当事国（者）の意思はいかにして批判可能なのだろうか。本書は，投資法の公的目的はその正統性を犠牲にしてでも実現すべきと主張しているのだろうか。ここでは，「国際投資法」と個々の投資条約との間の関係が問われていると言えよう。

また，あるいは主題の新規性も影響して，本書には若干の理論的不鮮明さも見られる。第1部と第2部との間の論理的関係がそれである。前述のように，第1部（特に第2章と第3章）は，FET条項の適用および収用条項の適用（の第2段階以降）において国内法が考慮されると論じる。そして第2部（特に第5章）は，仲裁廷が国内法に真剣に向き合うよう説き，その論拠として，国内法が適用法となることを挙げる（105-108・110頁）。

確かに，国内法も投資仲裁における実体準拠法となり得る。しかし，これは国内法があらゆる局面で常に適用法となることを意味しない。第1部が詳論するFET条項や収用条項の適用の場合には，当事者の実体法関係を規律するのは当該条約規定であり，国内法は，あくまでその要件に照らして考慮するべき「事実」にとどまる。著者は，国内法が実体準拠法となることの例証として *Soufraki* 事件と *Emmis* 事件を引用する（110頁）。しかし両事件では，投資家の国籍や被収用権利の存否に関して条約が国内法に *renvoi* しており，第1部が論じる場面とは区別されねばならないであろう。この混乱は，「いつ」に加えて「なぜ（*why*）」各場面で国内法が考慮されるのかを本書が論じていれば，回避できたと思われる。

もっとも，これはブラジル公債原則の妥当という本書の主張の根幹を直ちに揺るがす

文献紹介

ものではない。国内法が（テクニカルな意味で）「法」である場合はもちろん，たとえ「事実」であったとしても，その内容が，当該国内法秩序で通用する解釈方法（H.L.A. Hart の言う2次規則）によって初めて明らかとなる点は変わらないためである（坂田雅夫「投資協定仲裁における国内法の位置づけ——事実論を再考する——」『国際法外交雑誌』117巻4号（2019年）も参照）。この点を実例とともに展開する本書の議論は貴重である。

しかし他方で，同原則の具体的実施（「どのように」）は，上の混乱の影響を受けざるを得ないと考えられる。なぜなら，条約適用の際に考慮すべき国内法を考慮しないことは，適用法（条約）の誤適用には当たるとしても，その不適用には当たらない以上，仲裁判断の取消しを招来しないからである（なお，そもそも取消しのハードルが総じて高い点は本書も触れている（125頁））。国内法調査は費用の増加を伴い，本書も結局，調査方法につき仲裁廷の裁量を認める。取消しという制裁が伴わない場合に，訴訟経済のために国内法の検討を省略するという「不真面目」な慣行を改める仲裁廷はどれほどあるのだろうか。この点で，本書もまた，公法としての理想を私的手続きという現実の中でいかに実現するかという，投資仲裁特有の難問に立ち向かう意欲作であることが判明する。

最後に留意すべきこととして，本書は，その標題に反して，あらゆる国内法のあらゆる問題を扱っているわけではなく，特に，投資家本国法や仲裁地法，承認執行地法は殆ど扱われていない。これは，それら国内法は本案段階では問題にはなりにくく，正統性問題とも深くは関わらないため，本書の関心から外れるためであると推測される。もっとも，本書の議論がこれらの法の扱いについても何らかの示唆を与える可能性はあり，本書はその直接の主題を超えて広く検討に付されるべき文献であろう。

なお，本書刊行後に，著者の関連論考として"Domestic Investment Statutes in International Law," *American Journal of International Law*, Vol. 112, No. 4（2018）が刊行された。また，EU司法裁判所は，2019年4月30日，常設投資裁判所がEU法の解釈適用権限を持たないことを条件の1つとして，CETAのEU条約適合性を肯定した（Opinion 1/17, paras. 120-136）。

（岡山大学大学院社会文化科学研究科講師）

文献紹介

Taylor St John,

The rise of investor-state arbitration:
politics, law and unintended consequences

（Oxford University Press, 2018, viii + 279 pp.）

山 下 朋 子

1　はじめに

　本書は，現在，ICSID を中心に興隆を極める投資家と国家間での紛争解決（ISDS）の
ための投資協定仲裁という制度枠組みを出現させたものは「何」であったのかについ
て，人間組織の分析を行う歴史的制度主義（historical institutionalism）の観点から，ド
イツ，ニュージーランド，スイス，英国，米国および世界銀行の膨大な公文書を丹念に
読み解くことで，国際公務員である世界銀行の官僚が果たした役割を明らかにした研究
書である。著者は，執筆時点においてはノルウェイの Oslo 大学 PluriCourts 博士研究員
兼英国 Oxford 大学 Global Economic Governance プログラム助教であり，現在は英国
St. Andrews 大学国際関係学部専任講師をつとめる気鋭の国際政治学者である。本書の
第 1 節は，著者が2015年に Oxford 大学に提出し受理された博士論文『The power of
modest multilateralism: the International Centre for Settlement of Investment
Disputes（ICSID）, 1964-1980』を基礎として執筆されている。

2　本書の概要

　本書は，全体像を説明する序章ならびに第 1 章，ICSID 条約制定までを検討する第 1
部（第 2 章から第 5 章），ICSID 条約制定後の ISDS の運用状況についての第 2 部（第 6
章から第 8 章），結論から構成される。

　まず序章で，本書の全体像が簡潔にまとめられている。本書の結論は，(1)外国人投資
家による ISDS への志向は ICSID 設立当初はほぼ見られず，徐々に増大したものである
こと，(2)各国政府は ICSID 条約を利害関係の最小公倍数と捉え，条約制定時点において
ISDS は最善の投資紛争解決制度とは考えていなかったこと，(3) ICSID 事務局は歴史上
自律的な主体として行動し，各国政府の投資協定をめぐる意思決定に多大な影響を与え
たこと，(4)一度認めた投資家の権利を取り上げることは政策費用的観点から困難を極め
ることの 4 つであることが示される。

　つづく第 1 章では，本書の全体像について歴史的制度主義に基づく理論的な概説がな
される。第 1 に，ICSID 条約制定に至る経緯では，1960年代に政府間の不和が続く中，
(1)多国間投資保険機関の設立，(2)投資保護のための実体的基準に関する多国間条約
（OECD 草案），または(3)国際仲裁による ISDS を旨とした紛争解決手続に関する多数国

文献紹介

間条約（ICSID 条約）という 3 つの選択肢が議論され，これらは相互補完的で全て実現
されると一般に理解されていた。しかし最終的に ICSID 条約のみが選択されたのは，重
要な論題であるにも拘わらず，特に世銀から支援を受ける途上国が政策決定に関与でき
るだけの能力を持ち合わせていなかったことから，能力や戦略面で秀でた世銀官僚が方
針決定への関与の度合いを増したことにあると指摘する。第 2 に，ICSID 条約制定後の
運用段階では，1990年代に生じた政府や弁護士事務所などによる制度維持への関与の強
化，ICSID 条約体制での ISDS を可能にする数千もの条約，契約および国内法の策定に
よる制度の重層構造（layering），時間の経過とともに生じた漸進的な制度目的の転換
（conversion）によって，現在の ICSID を中心とする ISDS の興隆が生じたという。ま
た，ISDS の出現に関する先行研究はいずれも合理的選択制度論，リアリズム，構成主
義に分類されるところ，本書は歴史的制度主義に基づき，世銀の中のごく少数の集団に
よって ICSID 条約が形成された事実に注目する点に特異性があることが強調される。

　第 1 部では，既存の仲裁機関を用いた ISDS が可能であるにも拘わらず，なぜ ICSID
条約が策定されたのか，その起草から締結，諸国による批准に至るまでの経緯が綿密な
史料的裏付けによって描き出される。これには ICSID が，大半が新規独立国からなる資
本輸入国への支援を主たる任務とする世界銀行の権威の元に設立された機関であること
が，国際政治上，大きな意味を持っていたという。

　第 2 章は，ICSID 条約体制確立以前の国際投資紛争処理について概観する。18 - 19世
紀には，外交的保護，武力干渉と国家間仲裁が三位一体となって機能していたと著者は
指摘する。海外直接投資（FDI）の90％を所有する欧州 6 カ国と米国（資本輸出国）に
よって外交的保護学説が形成され，それに対抗する形で資本輸入国もカルヴォ学説に基
づく主権平等や内国民待遇原則の主張を展開した。1899年からのヴェネズエラ干渉と仲
裁を経て，1907年には債務回収のための武力行使を禁ずるポーター条約が締結される。
第一次大戦後から戦間期にかけて，かつて無い規模で FDI の差し押さえが行われるが，
もはや武力干渉ではなく政府間交渉や司法的解決など平和的解決が志向されるようにな
る。さらに1920 - 30年代にかけて，国際投資保護に関する実体規則を策定するための会
議が開催され，ICC による仲裁条約草案では，私人たる投資家への訴権の付与が議論さ
れ始める。それが実現するのは第二次大戦後になるが，戦間期には帝国主義から脱却
し，FDI が開発促進のための道具として認識され始める。1950 - 60年代にかけての脱植
民地化の時期には，植民地時代から継続するコンセッション契約の有効性，すなわち，
資本輸出国による資本輸入国の天然資源開発から生じる利益の搾取構造が問題視される
ようになる。メキシコ等のように交渉で契約内容が見直された事例も存在するが，1951
年に国有化宣言がされたイランの Abadan 製油所を巡っては，英国が強硬な姿勢を見
せ，武力干渉計画を策定しながら ICJ や安保理での国有化の撤回を試みるも全て失敗し
たために，最終的には英国と米国の諜報機関が画策したイラン政権内部のクーデターに
より，両国企業に有利な解決が図られた。このように，武力行使から仲裁へ，開発のた

270

めの道具へという流れの中，脱植民地化によって FDI を巡る諸国間の対立が顕在化する中で，ICSID 設立への提案がなされた。

　第3章では，1960年代に検討されるも実現されなかった OECD 草案と多国間投資保険機関をめぐる経緯について論じられる。まず OECD 草案に，2つの素案が統合されたものであるという。ひとつはドイツ人銀行家 Hermann Josef Abs によるもので，彼の素案「投資保護のためのマグナ・カルタ」は，間接収用も収用の一形態とし，国家と個人両方が仲裁における当事者適格をもつとする内容で，1958年に OECD の前身である欧州経済協力機構（OEEC）に提示された。対案となったのは，英国の司法長官等を歴任した Hartley Shawcross によるもので，内容的には ISDS は想定されていなかった。両草案とも自国政府による支持は受けず私案として提示され，統合案の Abs-Shawcross 草案は1962年に正式に OECD 条約草案となるが，開発途上国との二国間投資協定（BIT）を戦略的に締結する流れの中で徐々に支持を失う。投資保険機関については，途上国への FDI による損失を保障するものとして投資家からの支持も厚く，1960年代を通じて OECD 諸国は世銀に対し保険機関の設立を要請しつづけ，ICC の報告書も強い支持を表明した。1948年に世銀が第一草案を示してから多数の草案が示されたが，1962年に世銀が保険機関の設立によって途上国に対する新規の FDI 増加は見込めないとする報告書を出し，拠出資金分担についての争いが解決不能となった為，最終的には保険機関は設立されなかった。

　第4章は，世銀官僚が戦略的に ICSID 条約草案の策定を主導した動機と理由について詳述する。世銀幹部は第3章で述べた動きについて，組織レベルでも個人的繋がりを通じても詳しく把握していた。保険機関については1960年代当時においても世銀の果たすべき役割が期待されていたが，Aron Broches は先述の世銀の報告書による否定的見通しと，法律家としての法的紛争解決に対する絶対的な信頼から，ICSID 設立による ISDS 型の投資協定仲裁の実現を推進した。1960年代は脱植民地化が進行途上であり，FDI と新規独立国の政治的経済的独立の問題を完全に切り離して論じることは不可能であった。世銀が主な支援先である新規独立国すなわち資本輸入国と良好な関係を築いていたことは，資本輸出国から見れば，世銀内に設置される仲裁機関の判断に途上国が従う動機づけになると考えられた。1961年に米国弁護士会が設置した小委員会草案を下敷きに，Broches は ICSID 条約の草案を公式にまとめ，地域ごとの4つの法律専門家会合で協議するという戦略をとった。この戦略は，特に能力的に不利な立場にある新規独立国の担当者が，世銀から FDI への対処方法を学び，また諸国間の政治的対立を避けることが可能となった点で非常に有用であった。

　第5章は，世銀主導で策定された ICSID 条約に関する政府間対話と各国が批准に至る過程について論じる。当時，資本輸出国は ISDS で自国が被告となる可能性を想定しておらず，ICSID 条約の成功は新規独立国による批准にかかっており，当時の政治状況から世銀に主導権を握らせるのが賢明であると考えられていた。ICSID 条約により投資環

文献紹介

境が改善される根拠は明確ではなかったが，ICSID の成功は世銀の組織としての信用によるところが大きく，Broaches は専門家会合で ICSID 条約は FDI を力の支配から法の支配へ移行させる制度であること，仲裁は国内的救済と補完的であることを強調した。これにより，一部の途上国は説得されたが，ラテンアメリカ諸国の反発は強固であった。投資家に国家と対等の地位を与えること，国内的救済完了が回避される可能性，仲裁によって国内公共政策が制約される可能性，そして条約上，投資の定義が明確ではなく拡大解釈される可能性への懸念は払拭されなかった。それでも，1965年から1970年にかけて資本輸出国，英国の旧植民地諸国，サブサハラ・アフリカ諸国が批准したことで ICSID 条約は発効する。

　第 2 部では，投資協定仲裁に必要な国家の二重の同意について，学説上の理論的展開が外交史料から読み取れる国家の意思との関係でどのように評価されうるのかについて，分析的視座が示されている。

　第 6 章では，ICSID 条約に基づく ISDS を実現するためには，投資受入国が同条約の批准に加え，BIT，国内法，契約いずれかの方式で仲裁への同意（二重の同意）を示す必要があるという，同意の重層構造の構築に貢献した世銀官僚 Broaches の活躍について詳述される。背後には，仲裁による投資紛争の予防及び法の支配の実現という政策目標に加え，ICSID の組織としての生存がかかっていたことが強調される。ICSID 設立当時，ISDS は国家間仲裁の補完的役割を果たすに過ぎないとされ，1960年から1981年にかけて投資家からの関心も薄く，係争事例もほぼ存在しなかった。ICSID 事務局の予算は僅少でスタッフも世銀と兼務であり，ICSID 事務総長の Broaches も世銀法務部長と兼務していたが，世銀総裁 Robert McNamara から等閑視されていたために ICSID のために多大な時間を割くことができた。このような状況下，Broaches は新規独立国の国内法整備支援，投資家に対してはモデル契約条項の提示，締約国への BIT のモデル条項の提示を包括的に行った。

　第 7 章は，1974年から NAFTA 発効の1994年までの米国の投資政策から，ISDS をめぐる漸進的な制度目的の転換を検証する。この間，米国の投資政策では一貫して ISDS を重視してはいるが，投資紛争への政府の関与の度合いは様々であった。ジャマイカのボーキサイト産業国有化を巡り，1974年に米国人投資家が初となる ICSID での仲裁を提起した際には，米国政府は両国間関係を悪化させるものとみなした。NAFTA 以前の BIT を米国は新規投資を促進する目的ではなく，あくまで自国民の投資を保護するための手段として捉えており，当初 BIT を締結した比較的小規模の国との関係においては重視していなかったが，1980年代後半以降にポーランド，アルゼンチン，ロシア，トルコといった国々と BIT を締結するにあたっては内政自由化を推し進める目的で，相手国の ICSID 条約加盟を重視するようになった。

　第 8 章は，一度行った ISDS への同意を撤回することが事実上不可能であることが論じられる。法的には，ICSID 条約からの脱退のみでは他の仲裁機関及び仲裁規則を利用

272

文献紹介

できるため，同意の撤回としては不十分で，二重の同意を撤回すべく国内法，契約，BIT の全てを訂正する必要があり，そのいずれもが非常に煩雑でかつ評価を得がたい作業であるため，政府職員は自らの在任中に着手したがらない傾向にある。また，ISDS に関わる弁護士事務所が増大したことで制度の維持に大きな利害関係を持つようになっており，制度変更が容易ではなくなっていると著者は指摘する。

結論では，序章で述べられた結論に加え，私見として今後は ISDS への二重の同意は国内法や投資協定ではなく契約で表明されることが主体となっていくであろうとする予測が述べられている。

3 コメント

投資協定仲裁に関しては，先行研究のほとんどが個別の仲裁事例とそれに関連する法的論点の分析に終始するか，外交的保護制度の成立前後に関する歴史分析を行うものであり，国際関係論の分析手法を用いるものも個別の論文単位でしか存在しない。本書のように，近年の外交史研究で重要視されているマルチ・アーカイブ・リサーチ手法を本格的に用い，ICSID 条約の起草，締結，各国の加盟に至る経緯と，それに貢献した世銀官僚の活躍，当時の欧米からなる資本輸出国と途上国からなる資本輸入国の対立構造を包括的に整理し，20世紀後半の国際政治・外交史における ICSID の出現という現象の全体像を鮮やかに描き出した単著は極めて稀であり，今後，法学研究にも貴重な示唆を与えるものであるといえる。現在の国際投資法の発展について検討する際には，そもそもなぜ力の政治で搾取されつづけてきた中南米諸国や新規独立国が，ICSID 条約体制に組み込まれたのかという疑問が常につきまとう。現に本書が示したとおり，この点については，歴史的制度主義に基づいて実際に政策決定に関与した人間組織を分析することによる説明が非常に有用である。諸国が ISDS 離れを指向する現状を考察する上でも，極めて意義深い研究であるといえる。

ただし，博士論文を基礎とした第3章から第7章が綿密な史料調査に基づく労作である分，書籍化の段階で加筆されたその他の部分，特に第1章および第8章は補足説明といった印象が否めない。しかしながら，これはあくまで歴史分析箇所との比較での評価であり，後付け箇所も一般的な研究水準として劣るということは決してなく，本書のテーマを統一的に論ずるにあたっては，むしろ不可欠な要素であると評価できる。

（愛知県立大学外国語学部国際関係学科准教授）

文献紹介

Mavluda Sattorova,

The Impact of Investment Treaty Law on Host States: Enabling Good Governance ?

(Hart Publishing, 2018, xx + 220 pp.)

平 野 実 晴

1 はじめに

　書名の冒頭にある「影響」に興味を抱き本書に手を伸ばすのは，おそらく評者のみではないであろう。国際投資法（著者は「投資条約法」と記すことで条約に基づく投資家の実体的保護規則と，いわゆる投資条約仲裁の制度を念頭に置いていることを示唆する）に近年関心がよせられる背景には，国際平面での紛争解決を含む法実行と投資受入国の国内政策とが密接に関連するようになっているとの見方が少なからず存在する。多くの論考で用いられる説明を要約すると，投資条約に基づく仲裁では，一方締約国の投資家に対し不利益を生じさせた他方締約国（投資受入国）の国内規制措置が条約の基準に適合していたかが争われ，仲裁判断で違法と認定され金銭賠償が命じられた場合，投資受入国が賠償に応じずとも ICSID 条約やニューヨーク条約などに基づいて当該判断を第三国で執行することができる。投資条約上に定められる実体的規定は抽象的で解釈の余地が多分にあり，諸条約の間でも規定ぶりが類似していることから，個別の仲裁判断の蓄積はいわば判例法の蓄積を見るかのようになっている。その結果，投資条約の締約国は，投資紛争を未然に予防し，あるいは敗訴後には後続する申立てを回避すべく，政策を改めようとする。国際投資法が有する以上のような力学は説明として理解できるとしても，評者のように「果たして，このような影響は本当に存在するのだろうか」との疑問を持つ人も少なくないであろう。そこに，法学研究としてはおそらく初めてこの「影響」を取り上げた本書が出された。本書では，英国リヴァプール大学の上級講師（刊行時；現在は准教授）で国際経済法を専門とする著者が，2013年から2017年にわたり実地調査や国内法制度分析といった実証的素材を積み重ねた成果が反映されている。

2 紹　　介

　本書は 7 章で構成されている。中心をなすのは，本文の 4 分の 1 近くの量を占め，実証的素材を提示している第 3 章である。ただし，全体の構造を理解するためには本書の副題に目を向ける必要がある。本書は，著者が「グッドガバナンスのナラティブ」と呼ぶところの現代的な国際投資法の役割を正当化する見解の妥当性を検証することにある。そのため，前半 2 章で批判対象とする諸学説や仲裁判断の動向を示し，第 4 章以降でこのナラティブが想定する国際投資法の機能を調査研究の結果をもとに批判的に考察

するという構成をとっている。

導入である第1章では，問題提起として，投資条約仲裁の制度が立脚する目的を確認する。著者の理解では，もともとは外国投資家に対し国際的な最低限の保護を保障する慣習国際法の規則群であった国際投資法が，現在は投資条約に基づく保護を外国投資家に与え，仲裁手続を用いることで国内司法手続を迂回し，投資受入国に対して直接に違法行為に基づく損害賠償を請求できるようになった。蓄積されている仲裁判断では，相対的に低い程度の不適当な措置にも違法の判断が下されている。このように国際投資法は投資家の利益保護に偏っており，高額な賠償や仲裁手続にかかる費用は途上国の経済発展を阻害しかねず，結果として両締約国の経済発展を促すという制度目的に疑義を呈しうる。こうした状況下で，国際投資法の発展を正当化する理屈として，途上国がグッドガバナンスの基準を取り込むことを促進させる作用があるという主張が提唱されるようになっている。しかし，この「グッドガバナンスのナラティブ」には十分な根拠がないことを示すために，本書は国際投資法の規範と国内的問題の関係を学理的，経験的，そして比較による分析を行う，と説明される。

本書で検証の対象とされる「グッドガバナンスのナラティブ」とは，例えば投資条約は短期的な政策転換を抑止し国内平面での法の支配の効果を高める（Echandi），あるいは，投資仲裁が課す金銭的制裁によって国は投資条約上の義務に適合するよう国内法秩序を改めるように圧力がかけられる（Schill）といった想定である。第2章では，著者が使う「グッドガバナンス」の語が含意する内容を説明するために，まずは関連する諸学説の理解を紹介する。その後，仲裁判断を確認し，公正衡平待遇の内容として示される透明性，安定性，予見可能性といった基準について，歴史的に参照されてきた慣習国際法上の最低基準が要求する待遇を大きく上回り，しかも条約上に明文の根拠がないと指摘する。他にも，仲裁判断に見られる外国投資家に対し，効果的な司法的救済手続を確保する義務や良好な条件を創設する義務などを紹介する。つまるところ，国際投資法には主に途上国に対しグッドガバナンスを促進させる役割があるという考えは，学説と仲裁判断の蓄積によって作られたレトリックにすぎず，強固な法的根拠を有さない，という。

グッドガバナンスの促進が実際に生じているか検証するために，第3章では，国際投資法，特に投資条約仲裁の判断が投資受入国の行動にいかなる影響を持つか，という本書の主要な問いを扱っている。調査対象国であるカザフスタン，ナイジェリア，トルコ，ウクライナ，ウズベキスタンの政府関係者らに行ったインタビューを，2つの質問項目からまとめている。ひとつ目は，政府関係者の国際投資法についての認識ないし知識に関するもので，投資仲裁への申立てによって海外投資や仲裁手続にかかわった政府担当者の認識が広がる一方で，その他の政府機関の担当者には知られていないことが多い（例：司法，立法，公衆衛生・環境行政，自治体など）という結果を紹介している。2つ目は，投資条約法を「内面化」する方策に関する質問で，被申立時の対応部局や投

文献紹介

資紛争が激化することを予防する国内法上のメカニズムの存否，投資条約仲裁で判断を
受けたのちの対応などについて，制度構造や関係者の認識を紹介する。結論としては，
国際投資法への理解が十分に浸透していない国も多く，学習過程が進む国でも行政や司
法の関係者までは効果が及んでおらず，グッドガバナンスの推進は限定的にしか確認で
きないというものである。

　以下の章では，実証研究から得られた示唆をもとに，「グッドガバナンスのナラティ
ブ」の想定する国際投資法制度の機能が検討される。

　第4章は，外国投資家に対して金銭賠償が与えられうるという投資条約法の救済手段
の設計によって，投資受入国が投資条約上のグッドガバナンスに関する基準に従うよう
仕向けられるという想定に対し否定的な見解を示す。著者は，インタビュー記録を引げ
つつ，投資条約規則の違反の認定は，必ずしも将来的な違反を妨げず，ガバナンス改革
を促進させるとは限らない，と指摘する。その根拠に，例えば投資受入国が効率的違反
（efficient breach）に至ることを示唆する証言を紹介している。加えて，著者は，金銭
賠償によるグッドガバナンスの推進には緊張関係・実効性の欠如が内在していると主張
し，その理由に金銭的制裁による圧力の効果が乏しいことや，多額の金銭賠償が投資受
入国の経済発展の促進という投資条約の目的と矛盾していると指摘している。

　第5章では，確かに法的保護を受けるのが外国投資家のみであるとはいえ，投資受入
国がベスト・プラクティスを国内行政に徐々に導入することによって，国民や住民への
波及効果が期待できる，という想定に対し，批判的な見解を述べる。というのも，外国
投資家に特別の保護を与え外国法に基づき紛争解決を行うこともできる特区の設置に代
表されるように，国民全体に適用される国内法とは一定程度切り離された保護を外国投
資家に与えることを国際投資法が容認しているためである。加えて，著者は投資仲裁制
度自体もグッドガバナンス基準を満たさなければ，その判断に従う正統性に欠くことに
なるであろうと指摘した上で，現行制度において透明性が不十分であり，判断の一貫性
が確保されず，判断の予見可能性に欠けると述べる。

　第6章は，現在進行している議論の中に国際投資法の「グッドガバナンスのナラティ
ブ」を位置づけるとし，投資受入国内の政治的・社会的な改善運動に対し国際投資法制
度が無関心でさらには抵抗までしていると指摘する。著者は，民主主義，参加，市民の
政治的・社会文化的権利なしにグッドガバナンスは促進されないが，国際投資法制度が
これらを欠いていると述べる。論拠には，途上国が投資法規範の形成に不十分な貢献し
かできない構造になっていることや，市民社会を含む幅広いステークホルダーの参加が
限定的にみられるにすぎないことを挙げる。

　結論では，要点が簡潔にまとめられている。

3　評　釈

　本書の特徴は，国際投資法が国内平面において組織体制や政策の形成および実施に与
える影響の存否に着目し，調査研究を行い，その結果を法学研究の中に位置づけようと

276

した点にある。まず，質的な調査について述べると，英語が公用語ではない（したがって情報へのアクセスがより難しい）国を含む国内の公務員などによる関連法政策の運用実態に迫った点で，本書は貴重な資料的価値を有し，国別で導入されている制度について興味深い情報も多い。もっとも，著者も認める通り調査の範囲は限定的であると言わざるをえない。対象国は，投資条約の当事国であり，投資仲裁で被申立国となった経験がある上述5カ国と，比較対象として補足的に文書に依拠して国内法制の紹介があったブラジル，コロンビア，ペルーの3カ国であった。インタビューは54名の公的機関に所属する職員に対して行われているが，これらの対象者は，回答者から知人を紹介してもらうスノーボール・サンプリング法によって集められているため，バイアスが生じるリスクがある。とはいえ，安易な批判は避け，むしろ今後のさらなるデータの蓄積に期待しつつ，社会調査に付随する限界を専門外の読者として理解したい。インタビュー調査の対象者には，投資条約起草作業ないし仲裁手続に携わった省庁および機関の職員と，投資条約・仲裁とは直接かかわっていない国内で外国投資家と関わる政府機関の職員とが含まれていた。他方，例えば後者のグループで投資条約法の関連性が知られていないことは，必ずしも直観に反するようなものではない。もちろん，裏付けが得られること自体に価値があり，今後の制度の見直しに有用であろう。

　国際投資法の影響という本書の主題を明らかにするために，著者は，国家が国内の様々な公的機関そしてそれらを構成する個々人によって成り立っているという現実的な見方を前提に，国際法の遵守（評者としては，国内でも規範内容の再解釈・適応がなされることを含め「実現過程」と言い換えたい）を，国内平面での個人の法認識として法社会学的に確認する方法を採用した。ここで著者は，国際投資法分野で国際法規範の実現過程をモデル化していることになる。国際法の実現過程を実態に即して明らかにしていく手法は，今後も様々な分野で用いられることになると思われるため，本書の採用した方法論に注目したいところである。

　こうしたモデルを用いて実証を行い，枠組みを発展させていく上で問題になると考えられるのが，どういった認識を確認できた場合に国際投資法の実現過程の行為と位置づけうるか，という基準である。評者が国際投資法の「影響」というテーマから思い浮かべた基準は，萎縮効果（chilling effect）の有無であった（萎縮効果の存否については，社会科学的調査のリサーチデザインの下で研究された博士論文が公開されている Christine Côté, *A Chilling Effect? The Impact of International Investment Agreements on National Regulatory Autonomy in the Areas of Health, Safety and the Environment.* PhD（LSE），（2014））。それに対し，既に紹介したように本書は，法学者や一部の仲裁廷のナラティブが想定しているグッドガバナンスの促進が，国内平面で確認される国際投資法への応答において確認されないことを示す意図があった。言い換えれば，国際投資法がどこまで浸透しているか，その末端を発見しようとするのではなく（萎縮効果の場合はこれがあてはまる），未だに効果が及んでいない実態を示すにすぎない。こうした

文献紹介

アプローチは，論者が批判しようとするナラティブに対し，効果的なのだろうか。

　著者が「グッドガバナンスのナラティブ」と呼ぶ学説の議論は，国際投資法制度が一定の基準によって国内政策に影響を与えることを容認するか，しないか，という各論者の立場決定を支える理論的根拠のレベルでこそ論じられる意義がある。例えば，Schillは，あいまいな国際投資法の実体規則の内容について，様々な国の公法に通底する一般原則を比較法によって明らかにし，それを基準として採用することができると提案している。この理論からすれば，国内で実現されようがされまいが，この方法で具体化される実体規則の基準は十分に根拠があり，正しい法解釈で仲裁廷が採用すべきだし，国内で違法状態を解消するには一致させるべきであるという規範的な主張につながる。しかし，著者は，グッドガバナンス基準を国際投資法が推進すべきか否かについてはあくまで中立的な態度をとっていることを繰り返す（10頁，25頁）。それでも，本書の節々では，途上国に対して外圧によって国内制度改革が促されることについて明示的に懸念も示している。かと思えば，第6章では国際投資法制度の「民主化」が進めば，グッドガバナンスの推進は容認しうるとの論調も見られる。国際投資法の実現過程の現状を踏まえ，国際投資法をどのような目的を掲げる制度として改革していくかことが望ましいか，示唆が欲しかったところであるが，提案に至る前に本書は締めくくられている。

（立命館アジア太平洋大学アジア太平洋学部助教）

芳賀雅顯

『外国判決の承認』

（慶應義塾大学出版会，2018年，xiv + 522頁）

岩　本　　　学

1　はじめに

　本書は芳賀雅顯教授（以下，「著者」とする）の国際民事訴訟法の研究成果のうち，外国判決の承認執行にかかる既刊の論文をまとめたものである。（但し，第Ⅰ部と第Ⅴ部及び第Ⅲ部のうち第2章の補論は書き下ろしとなっている）。

2　本書の基本理念と概要

　著者は，外国判決の承認制度は，従前，司法共助の一種とされ，主権の調整の役割を果たしていたところ，同制度は現在，民事紛争制度へとその役割が変貌していることから，私権実現の制度であることを基本理念とすべき，とする。本書では，この理念の下，司法共助を法文の解釈の出発点とはするものの，そこに私権の実現という理念をぶつけることで，現代的に妥当な解釈論を展開する。

文献紹介

　紙幅の都合上，以下の本書の概要については，上記筆者の主張が現れている部分を中心に記す。なお，第Ⅱ部から第Ⅳ部のタイトル末尾に★1〜★3を記したが，これはコメントに際して用いるための分類記号である。

　第Ⅰ部「総論」は，第1章「序論」という本書の目的，視点及び流れなどを示す章と，第2章「わが国における外国判決承認制度の歴史的概観」と題する論文で構成される。第2章は，外国判決の承認制度に関するわが国民訴法の規定の成立過程について，第Ⅱ部以降の議論の前提として確認するものである。

　第Ⅱ部「要件論」は，第1章「間接的一般管轄」との表題の下，第1節「外国判決承認要件としての国際裁判管轄—間接管轄の基本姿勢と鏡像理論をめぐって」（★1）及び第2節「米国判決の承認と国際裁判管轄—いわゆる不統一法国の間接管轄」（★3）の2つの論文，第2章「送達」の表題の下，第1節「外国承認要件としての送達」（★1）及び第2節「渉外訴訟における付郵便送達の適法性—国際送達と手続保障：第1節の補足を兼ねて」（★2）の2つ論文，第3章「公序」の表題の下，第1節「外国判決の承認と公序—名誉毀損に関する英国判決のアメリカ合衆国における承認をもとに」（★2），第2節「懲罰的損害賠償を命ずる外国判決の承認」（★2）及び第3節「国際民事訴訟における判決の抵触と公序—ドイツにおける議論を中心に」（★2）の3つの論文，そして第4章に「外国判決承認要件としての相互保証—その現代的意義」（★1）と題する論文の，計8つの論文で構成されている。

　第1章第1節については，外国判決の承認要件のひとつである間接管轄の基準を論じるにあたり，管轄の基準を判決国とする説と承認国とする説は相対的なものであるとしつつ，民訴法118条の文言解釈，公序の肥大化の防止，及び，間接管轄の独自性を認めることによって，後者がより適切と述べる。その上でいわゆる鏡像理論を分析するにあたり，ドイツ法を素材に，これは相互保証の要件が，国際裁判管轄の次元で明確な形で発現したもの，と評した上で，これを批判し，私人間の紛争解決に適した国であるのかという点を重視した解釈が重要であると説く。

　同章第2節は，前節につづき間接管轄を題材にしたものである。本稿では，ドイツの議論を詳細に分析した後，米国の場合，州では無く米国全体を管轄の判断に用いるべき，と結ぶ。本節では，外国裁判権の過剰な行使から個人を保護するという間接管轄の目的について，日本の司法権に対する外国の侵害を防止するといった主権的配慮から，被告を過剰管轄から保護する側面へのシフトがなされていることを指摘し，後者も重視すべき，との思考に本書に通底する考えが示されている。

　第2章第1節では，民訴法118条2号の開始文書の送達の要件の審理について，当事者の任意性と立証責任での解決を重視した立場に立っており，ここでも私権を重視した立場が貫かれている（なお，本書145頁以下の，ハーグ送達条約10条(a)，について拒否宣言を留保していたわが国の現状を踏まえた上での検討箇所については，本書発刊後の2018年12月21日にわが国はこの拒否宣言をした。このことは従前の筆者の見解へも影響

文献紹介

を及ぼすものと思われる）。

　同章第2節は，外国にいる被告への付郵便送達を認めるとする主張を展開するに際して，司法共助を用いたのでは原告の救済が図れない場合を想定し，同送達を認めるべきとする。翻って，この議論からの類推により，外国判決の承認の場面において一律に公示送達を排除する民訴法118条2号への疑問を原告の救済の側面から提示する。

　第3章第1節は，民訴法118条3号の公序について米国における名誉毀損判決の承認執行を素材として，帰納的な考察を試みるものである。内国牽連性の要件が公序判断において重要なファクターあることを示しつつ，しかしそれゆえにどの判決が公序に反するのかについて明確化が困難であるといった問題点を浮き彫りにしている。

　同章第2節は，懲罰的損害賠償について国内の議論を詳細に分析したのち，外国判決承認制度へのその照射について検討する。結論においては，前節に連なる形で，反公序性の判断は個別事案によるとし，類型的な部分的承認も可能であるとする点で，承認機会の拡大を図る。

　同章第3節は，内外判決の抵触の処理について，国際訴訟競合や複数の抵触する外国判決の承認の事態を統一的に解決する基盤の定立を試みる。そこで，承認国法を基準とする訴訟係属の先後により決する前訴優先ルールが妥当との立場から立法論としてはこれを明文化すべきとしつつ，解釈論として民訴法118条3号の公序での処理をなすべき，と結論づける。

　第4章は，相互の保証要件を扱う。この章は，本書における筆者の指針といえる，司法共助から脱却し，私権の実現を重視するという視点で外国判決の承認を捉えるべき，との理念がもっとも明確になっている部分である。つまり当初は，同要件は自国の尊厳を守るという政策的観点に重きが置かれていたとしつつ，今日においてもこれを貫き，相互の保証を欠くことで外国判決を承認しない場合，内外手続の利用者間で不平等が生じるとする。そして，正当化根拠への疑義，比較法上廃止の傾向にあること，などから，承認要件として本質的なものではなくなっており，任意処分性を認めるべきとし，緩和された解釈論を展開しつつ，立法的手当ての必要性を説く。

　第Ⅲ部「効果論」は，第1章「外国判決の効力―総論的考察」（★1）と題する論文，第2章「訴え却下判決の国際的効力―国際裁判管轄を否定した外国判決の効力をめぐって」（★3）及びその補論「訴え却下判決の既判力をめぐる国内訴訟法の議論との関係」と題する論文，第3章「執行判決訴訟の法的性質について」（★1）と題する論文の，計3つの論文（＋1つの補論）で構成されている。

　第1章は，外国判決の承認については，国際民事訴訟法上の公序に該当する場合を除き，外国判決の効力をわが国では制限しないとの立場に立つことで，当事者行動の予測可能性の確保を重視する。なお，懲罰的損害賠償や国際訴訟競合における訴訟対象の議論についても，筆者の考えを敷衍することが当事者の利となることが示されている。

　第2章は，外国での訴訟判決は承認されるのか，という基礎的であるはずだが，わが

280

国で詳細に検討されてこなかった問題に目を向けるものである。筆者は，訴訟費用負担命令の承認が最高裁判決で認められた例などを挙げ，本案判決以外の附従的な判決も承認適格を認められるとし，訴訟判決も承認対象とすべきとする。続けて書き下ろしとなった，同章補論では，訴え却下判決の拘束力との関係で，仲裁契約が有効であることを根拠に訴えが却下された場合，その後の仲裁判断において仲裁の効力を否定できないとするドイツ判例の立場とそれを巡る賛否の学説の議論を紹介する。

　第3章は，執行判決の性質について，包括執行である倒産手続における属地主義からの脱却の議論をベースにして，個別執行たる強制執行についても属地主義の堅持には疑問があるとし，それを根拠とした形成訴訟説に対して疑義を唱える。その上で，執行力もわが国に拡張されるとの立場から確認訴訟説に立つ。

　第Ⅳ部「法律要件的効力」は，「外国での訴え提起と消滅時効の中断」（★3）と題する論文1つで構成されている。同論文は，消滅時効の国際私法上の性質決定問題の検討を経て，外国での訴えの提起の評価に際しては，判決と同視して承認要件を課してこれを判断するとの多数説と対峙する。筆者は，外国での訴えの提起とその判決の承認との連続性を否定し，実体準拠法の解釈において訴えの提起を判断すべきとの立場を採る。

　そして，第Ⅴ部「まとめ」からなる。

3　コメント

　上記の通り，本書に所収の論文を，評者の視点から★1〜★3に分類した。★1は，およそすべての外国判決承認執行の問題に重要な関わりを有するが，その答えが未だ不明確なものへの筆者の回答との位置づけができる論文，そして，★2は，個別の問題への回答であるが，帰納的に総論へ影響を与える論文，である。最後に，★3であるが，これは従来，裁判例が乏しく議論が活発とは言えなかった問題，あるいはそれほど問題として意識されていなかった論点について，著者の切り口で問題を顕在化させ，今後の議論への足がかりを形成した論文，である。以下この論文群ごとにコメントする。

　★1論文が問題とする論点についてはいずれも，いわば総論であり，外国判決承認全体への影響が大きい。それゆえか，先行研究においては，簡便な記述で閉じられたものか，結論を留保する論稿が散見されたテーマばかりである。しかし，筆者は本書編纂へ連なる，外国判決の承認を巨視的に俯瞰した研究を行うことで，正面からこれらの問題に取り組み，自身の体系を構築した上，説得的に総論上の議論への回答を提示してきた。本書所収前の個々の論文からも読み取ることができたが，本書の中で章という単位で相関性を意識して読めるようになった点で，一冊に編まれた意義はとりわけ今後筆者の研究に触れる研究者にとって大きい。★2論文は，筆者の研究素材選択の妙が表れている論文群である。例えば，名誉毀損判決の承認執行という題材は，各論的・個別的な検討を想起させるが，そこに筆者は憲法と公序の関係や，内国牽連性といった公序に内在する要件の基礎的な問題の解決の糸口を見出している。また，付郵便送達を論文の題材としつつ，公示送達を要件とする民訴法118条2号への批判を展開するとの流れも，

文献紹介

検討事項から逆算して研究素材を選択したものと推測され，外国判決承認執行ルールと国内民事訴訟法を巨視的な視点から考察できる，筆者の経験値の豊かさゆえの構成といえる。そして，★3論文に取り上げられた論点については，国際民事訴訟法の基本書などではほとんど触れられておらず，当然の前提のようなものが存在しており，意識的に詳細に論じられる多くなかった問題といえる。評者も，ときに★3論文の論点について疑念を抱き調査することがあった。その際には，先行研究のチェックにおいて，比較法の手法を用いて詳細に分析した筆者の本書所収前の論文と出会い，疑念が払拭されることもしばしばであった。本書発刊時でも，その価値は色あせていない。

　一方，本書において，気になった点を挙げるとすれば，立法過程や史的展開を論じた部分において，著者が前提としている司法共助や主権の調整から私的実現へのシフトがどのタイミングでなされたのか，について明確にされなかった点ではなかろうか。

　不平等条約の撤廃に向けた外国法を模範とする法典化の作業おいて，ドイツの外国判決承認執行制度をわが国が導入するにあたっては，一国の判決の効力は主権の範囲にのみ及ぶと理解した上で外国判決の承認を義務づけるためには，より上位の規範を本来見出す必要があったはずである。しかし本書で示されたテヒョー草案に端を発するわが国が模範としたドイツ法にはその明確な回答は提示されていないように思われる（矢ヶ崎武勝「外国判決の執行に関するドイツ法体系の原則成立過程についての若干の史的考察」『国際法外交雑誌』61巻3号（1962年）22頁以下も参照）。仮にそうであれば，なぜこの規定が必要であるのかについて，当時の日本の立法者が首をかしげたことは想像に難くない。もっとも明治23年民訴法は，承認に際して国際条約を要するとしたことでこの疑問は傍らに置かれたのかもしれない。しかし，事実上の相互の保証で足りるとした大正15年民訴法へ舵を切った際には，上記疑問がまた頭をもたげたであろう。そこで説明をするための道具が，国際司法共助の必要性という媒介であったのではないだろうか。そして，国際的判決調和や，当事者の負担の考慮，そして，国際レベルでの裁判資源の有効活用といった国際司法共助により得られる国際的視点の実際上の根拠に支えられて存続してきたものが，現在の外国判決の承認制度といえる。

　そうであれば，著者の言う，私権実現の制度への流れはどの時期に生じたと評価できるのか。そしてそれは，パラダイムシフトのごとき大転換であるのか。前提の議論といえるだけに，この点の説明が本書において具体的になされなかったことが，本書の明快さに影を落としているのであるとすれば，やや残念である。もっともこの点はいわゆる「行間を読む」ことで理解できる事項であったのかもしれない。それができなかったならばそれは評者の能力不足に他ならない。

　なお，既存のこの外国判決の承認執行制度という装置については，近時別の方向から新たな指摘がなされている。ひとつには，司法共助的な方法のほうがより私権の実現に効果的ではないのかというものである。例えば，外国の裁判ないし行政決定で決せられた扶養料の自国での回収に際しては，外国判決の承認執行という装置は手段のひとつに

282

過ぎない。扶養料回収という目的の前では，より簡便な司法ないし行政的な共助があれば，そちらを選択すべきであろう。これは，2007年ハーグ扶養料回収条約で採られている立場である。加えて，より広い外国国家行為を，承認という装置で処理すべきとの議論，また，身分関係でみられる「状況の承認」論との関係も問題となる。これらは，外国判決の承認という装置からみれば，承認対象の拡大と位置づけられるが，その要件効果については，従前の議論がどこまで該当するのか，議論が進められているところである。私権実現を目指す筆者の外国判決の承認の体系が上記問題とどのように関わっていくのか。筆者の研究の進展に注目したい。

（富山大学経済学部准教授）

種村佑介

『国際不法行為法の研究』

（成文堂，2017年，xii + 384頁）

西 岡 和 晃

1　本書の概要

（1）　はじめに　　本書は，2部構成をとっており，第1部では，イングランドにおける不法行為抵触法（国際不法行為法）の生成と現在までの展開について，基礎理論的な考察が行われる。第1部は，著者が早稲田大学大学院に提出した博士論文を基礎とし，これに加筆修正等を加えたものである。第2部では，第1部の考察を基礎に，国際不法行為法における解釈上の諸問題について，個別的に考察・検討がなされる。第2部は，著者がこれまでに公表した論稿に加筆修正等を加えたものである。

（2）　第1部　イングランドにおける国際不法行為法の生成と展開　　国際不法行為法は抵触法革命が最も典型的に展開した分野である。その影響を受けてか，日本を含む諸国の準拠法選択規則は，硬直的な不法行為地法主義を緩和しつつ，より密接な関係がある地の法への例外的連結等を認めることで，柔軟化の一途を辿っている。このような柔軟化について，著者は，その適切さを評価するためには，法選択における「原則と例外との間の関係」を検討する必要があるが，そこでは，「ヨーロッパ国際私法とアメリカの現代学説との間の調和」という課題に直面するという（3-4頁）。そして，そのような調和という点では，米国と近似する法体系を有し，かつヨーロッパ大陸諸国と相互に作用してきたイングランドにおける議論が示唆的であることを理由に，イングランド法を考察の対象とすることが表明される。

第1章では，二重の規則（double actionability rule）の成立史が考察され，著者によ

文献紹介

れば，以下のような流れを辿る。中世から近世にかけて，裁判管轄と準拠法は分離されておらず，裁判管轄が認められる限り，法廷地法が適用されていた。その後，法廷地法の原則適用と不法行為地法による行為の正当化という考え方が定着し，法廷地法が中心的な役割を果たすルールは，1870年の Phillips 判決で二重の規則が採用されるまで支配的であった。著者は，裁判例の考察を通して，法廷地法と不法行為地法の累積適用には確固たる理論的根拠がないことを指摘する。

第2章は，二重の規則を理論的に補強したダイシー（A. V. Dicey）の国際私法の本質にかかる理解及び既得権説（acquired rights theory）を考察する。著者は，米国のビール（Joseph H. Beale）が提唱した既得権説（theory of vested rights）との対比も交えた上で，ダイシーの学説の意義は次の2点にあると評価する。第1に，国際私法が国内法であると確言した点である。第2に，既得権説が法選択の指針を一定程度提供すると共に，訴訟原因が発生した場所の法の参照を理論的に正当化し，オランダ学派の論者が主張する「礼譲」理論に変わる合理的根拠を提供できた点である。

第3章は，ダイシーの既得権説の克服からモリス（J. H. C. Morris）が不法行為のプロパー・ロー理論を提唱するまでの学説の変遷を考察する。ダイシーの既得権説は，米国等における議論の影響を受けたチェシャー（G. C. Cheshire）による批判を発端として，最終的には，モリスにより克服される。その後，国際不法行為法では，隔地的不法行為における行為地の解釈をめぐり議論が展開され，モリスは，米国の新しい方法論を受容し，実質法の目的と個々の論点の重要性とを強調する同理論を提唱する。著者は，このようなモリスの学説を，当時支配的となりつつあった「最終結果」理論がもたらす「不法行為準拠法の硬直化」に一石を投じるものと位置付ける。

第4章は，モリスの学説の理論的背景及び方法論的意義を考察する。著者によれば，二重の規則が不適切な結果を導きうること，そして不法行為地というしばしば偶発的な連結点を介して準拠法が決定されることに対する批判から，モリスは不法行為地という連結点にとらわれない柔軟な準拠法決定を提唱するに至ったのであり，その基本的な発想はイングランドの契約法分野で発達したプロパー・ロー理論を国際不法行為法においても妥当することを示すことにある。モリスの方法論について，著者は，連結点の質的評価と法律関係の細分化を柔軟に行う点，そして適切な準拠法を決定するために，政策要因も考慮する点に意義があると評価する。

第5章は，不法行為のプロパー・ロー理論のその後の展開，特にモリスの学説に示唆を得たカーン・フロイント（O. Kahn-Freund）の学説と裁判例の変遷を考察する。カーン・フロイントの学説について，著者は連結点を柔軟化する点でモリスの学説と同様であるが，不法行為地に代わる連結点を事案の具体的事情の分析により確定しようとする点，及び例外的連結を行う具体的な方法論に関心を向ける点で，モリスの学説とは異なるという。他方，裁判例の変遷については，著者は1969年の Boys 判決を契機として，二重の規則に対する柔軟な例外則が認められる傾向にあり，一部の見解が例外則を不法

284

文献紹介

行為のプロパー・理論に沿うものと理解していると指摘する。

第6章は，前章までの議論を踏まえた上で，従来の判例法と共に，イングランド国際不法行為法を構成する2つの成文法（1995年国際私法と2007年契約外債務の準拠法に関する欧州議会及び理事会規則（以下，「ローマⅡ規則」））の準拠法選択規則について，例外則の位置付けを軸に考察する。著者は，その対比を通して，いずれも「一般則プラス例外」という構造をとるが，例外則の目的及びそこで考慮されうる要素が異なるため，それらが機能する場面に大きな違いが生じうるのであり，1995年法からローマⅡ規則への移行は「外観以上の変革をもたらすかもしれない」と指摘する。

（3）第2部 国際不法行為法における解釈論上の諸問題　第2部は，国際不法行為法における解釈論上の諸問題を個別的に考察・検討する。

第1章は，日本法の累積適用ルールを定める通則法22条の制限的解釈について主に論じる。著者は，諸外国における議論も踏まえた上で，日本法が累積適用されるべきか否かを検討する際には，日本法による加害者保護が実際に必要であるか，との視点が重要であると述べた上で，累積適用される「日本法」をいわゆる絶対的強行法規（強行的適用法規）に限定する解釈が適切であり，これが唯一の手段であると主張する。また，著者は，22条の意義自体にも疑念を示しており，将来の展望として，累積適用ルールの必要性及びそれから生じる弊害について，理論面のみならず，実務面からも説得的に論じる必要があると主張する。

第2章は，イングランドの裁判管轄権を制限する「モザンビーク・ルール」の生成と展開を考察する。著者は，史的考察を通して，同ルールが一部の英米法諸国においては現在も裁判管轄権を制限する理論としての役割を有する一方で，同ルールが有する意味は時代に応じて変化していること，そして，現在では，フォーラム・ノン・コンビニエンスの法理の発展を含む国際裁判管轄規則が整備されたこともあり，同ルールが制限または廃止される方向にあることを指摘する。

第3章は，外国知的財産権侵害訴訟に対するイングランド裁判所の消極的態度の淵源，特に裁判管轄の制限と例外的な準拠法選択の妥当性を考察する。裁判管轄について，著者は，消極的態度の淵源がモザンビーク・ルールにあるものの，外国知的財産権侵害訴訟の文脈では，主権者の権限行使という側面がより強調されており，主権原則の影響を大きく受けていたこと，そして，現在では，国際裁判管轄規則が整備されたことで，制限的態度が緩和されつつあることを指摘する。他方，準拠法について，著者は，知的財産権の属地性を理由とする特別な処理が行われるが，そのような処理は，結果として知的財産権の過小保護をもたしているだけでなく，ユビキタス侵害などの新たな局面に十分に対応できていないと指摘する。

第4章は，国際法違反に基づく不法行為責任について論じる。著者は，米国における議論の動向を考察した後，次のような問題を検討する。外国所在の子会社等が外国で行った国際法違反（たとえば，人権侵害）につき，日本の親会社等が国内で不法行為責

日本国際経済法学会年報第28号（2019）　285

文献紹介

任を問われる場合，日本の国際私法はどのような対応ができるのか。具体的には，外国
での環境侵害や児童労働といった国際法違反の不法行為について，普遍主義によって管
轄権の行使を説明することができるのか，規範は国際慣習法に求められるのか，あるい
は国内実質法に求められるのか，国内実質法に規範が求められるとして，不法行為地法
の適用が加害者に過剰な保護をもたらす場合，どのように対応すべきかといった問題が
検討される。著者は，これらの問題に対し現時点における解を示した上で，これらの問
題は従来の国際私法の理論的蓄積のもと対応可能であると述べる。

2　コメント

本書は，イングランドの国際不法行為法について，史的展開を踏まえた上で理論的考
察を行った最初のモノグラフであり，その点で意義がある。特に，不法行為のプロ
パー・ロー理論の展開についてこれまで意識されてこなかった観点が示されており，参
考になる。第2部は解釈論上の諸問題を扱うが，国際法違反の不法行為責任について論
じる第4章が特に興味深い。この問題にかかる近時の国際的な動向を踏まえると，日本
においても活発に議論すべき時期にあると言え，その際に参考になろう。本書の考察対
象は多岐にわたるが，以下では，著者が冒頭に掲げた「ヨーロッパ国際私法とアメリカ
の現代学説との間の調和」と国際法違反に基づく不法行為責任の2点に限定して，評者
なりに気づいた点を簡単に述べる。

著者は，史的考察から，不法行為のプロパー・ロー理論が判例法上，二重の規則に対
する例外則として受容されたと理解されていること，判例法上の例外則にかかる議論が
成文法の例外則の解釈（特に法目的や国家の利益が考慮されるか）に一定程度影響を及
ぼしていることを明らかとする。これらの点を踏まえた上で，「ヨーロッパ国際私法と
アメリカの現代学説との間の調和」はどのように評価されるのか，そしてヨーロッパ国
際私法の理論的影響を強く受ける日本法へは何らかの影響ないし示唆があるのか。ここ
で思い起こしたいのは，不法行為のプロパー・ロー理論に著者が着目する動機であり，
それは次の言葉に表れている。「適用されるべき法の内容にまで立ち入った法選択は，
その可否も含め，現代において再び問い直されるべき時期に来ているように思われる。
われわれに求められているものは，不法行為類型の多様化や制度自体の複雑化にともな
う不法行為法の機能変化を認識しつつ，一方で伝統的な方法論を堅持しながら，他方で
現代的な議論に合わせた修正の可能性を常に探求し続けることである（107頁）。」それ
では，多様化・複雑化した不法行為に対し，日本法は，準拠法選択規則の根本的な転換
の可能性や通則法20条の具体的な解釈の在り方を含めどのように対応すべきであろう
か。著者は，第2部第1章において日本法の累積適用を求める通則法22条について論じ
るが，その他の点については必ずしも見解を明らかとしていない。今後はこれらの点に
ついての考察が期待される。

また，本書はイングランド法における展開に着目するが，不法行為のプロパー・ロー
理論の現代的展開という点では，判例法上の準拠法選択規則（二重の規則プラス例外

則）が現在も妥当し，判例法上の展開（第三国法がプロパー・ローとなりうることを示唆した Rickshaw Investments Ltd v. Nicolai Baron von Uexkull [2007] 1 SLR 377など）が見られる香港及びシンガポールにおける議論も参考になるのではなかろうか。

　国際法違反に基づく不法行為責任は，2011年に国際連合の人権理事会が「ビジネスと人権に関する指導原則」を公表したこともあり，特に人権侵害との関係で世界的に注目を集めている。日本における従来の議論は米国の外国人不法行為法を中心に展開されており，本章も主に同法から示唆を得ている。しかし，本章も指摘するように，同法は米国連邦裁判所の事物管轄権に関するものであり，国際法違反に基づく不法行為責任に対するひとつのアプローチとしては興味深いものであるが，日本における解釈に直接影響を与えるものではない。日本法の解釈という観点では，人権侵害などの国際法違反を不法行為の一類型と捉え，従来の関連する国際私法ルールのもと処理しようとする EU 及びスイス等における議論（とりわけ，不法行為地の解釈及び特別な連結の必要性）も示唆的である（諸外国における近時の議論について，例えば，see, F. J. Zamora Cabot, L. H. Urscheler, and S. Deycker (eds.), *Implementing the U.N. Guiding Principles on Business and Human Rights* (2017)）。今後は，この観点からも考察されることが期待される。

　なお，本書も指摘するように，2013年の Kiobel 判決は，外国人不法行為法が米国「領域外の行為」に適用されないことを明らかとし，同法に基づく訴訟の多くはその適用範囲から排除されることとなった。しかし，同判決が示した「touch and concern the territory of the United States」との基準がどのような場合に満たされるかは，その後の裁判例の展開を見ても，必ずしも明らかではない（see, H. S. Dahl, "The Implementation of the UN Principles on Business and Human Rights in Private International Law: US Experiences," in F. J. Zamora Cabot, L. H. Urscheler, and S. Deycker (eds.), *Implementing the U.N. Guiding Principles on Business and Human Rights* (2017), p. 63）。同法の解釈は日本法に直接影響を与えるものではないが，米国の動向は実務上重要であるので，同法をめぐる議論の動向はなお注視する必要があろう。

（大和大学政治経済学部講師）

文献紹介

石井由梨佳

『越境犯罪の国際的規制』

（有斐閣，2017年，xii + 516頁）

田 村 暁 彦

1 本書の企図と概要

　筆者の本書における企図は，評者が理解するに，国際公法学を長年に亘って支配してきた「法実証主義，静態的法理解，そして国家中心主義」という考え方に対して，それは実態に合致していないと批判する近年の潮流を，国家中心主義が最も濃厚に残存する法分野である刑法を材料として実証的に汲み取っていこうというものである。オッペンハイム（Lassa Oppenheim）が20世紀初頭に，「実定国際法のみが国際法であり，実定国際法を作ることが出来るのは国家意思のみである以上，国際法の権利義務主体は主権国家のみである」という，国際法における法実証主義，国家中心主義を唱えて以降，1世紀以上に亘り，国際法に対するこのような静態的理解は，国際法学において通説の座を占めてきた。しかし，これは近年，国際社会の現実を反映していないという批判に晒されており，例えば，大沼保昭が提唱するように，国際法の多様な「社会的機能」に着目して「多様な国際法関与者の国際法実現過程への多様な関わり方」を捉えることを通じて，国際法を動態的に理解し，上記の伝統的立場の限界を克服しようという潮流が台頭している。本書は，この潮流に沿うものである。

　筆者は先ず，分析検討対象として「越境犯罪」という概念を措定する。筆者の出発点が，国家中心主義的な思考枠組では国際法と現実社会の真の関わり方を把握できないという認識にあることから，この概念は，その現実社会で起きている現象を捉えるために必要であった。「越境性」という概念は，ジェサップ（Philip C. Jessup）が1956年の著作で，現実に生じている個人，企業，国際組織が関与する「越境的な局面」を伝統的な国際法理論が把握しきれないことを批判する中で，「国境を越える行為あるいは事象を規律する全ての法を包含する」法として「越境法」を概念化したことから着想を得ている。「越境犯罪」概念は，1975年の国連犯罪防止・刑事司法部会で用いられる等，公的文書でも用いられたことはあるが，必ずしも定まった定義がある訳ではない。筆者は本書では，ジェサップの概念に立ち戻り，「国際法上の犯罪ではないが，恒常的かつ定型的な国際的規制を必要とする犯罪群」として，「越境犯罪」を定義づけている。ここで言う「国際法上の犯罪」とは，例えば，戦争犯罪，人道に対する罪，ジェノサイドといった，国際法に直接準拠して個人の刑事責任を問うことの出来る犯罪である。これらの「国際法上の犯罪」が本書の検討対象から外されているのは，国際法の「動態的」解

釈を駆使しなくても国際公法の枠内で把握することが既に可能だからであろう。

　筆者の関心対象は，むしろ，国際法の「動態的」解釈を以て初めて把握することのできるような「越境的」（transnational）犯罪類型である。それは，筆者によれば，「処罰の根拠が国内法にありながらも，国家間法に立ち戻らないと把握できない犯罪群」である。これはやや分かりにくい表現であるが，本書でも紹介があった17世紀のグロチウスの刑罰論を参照すると，国内法と国家間法の関係の論点性が理解し易くなると評者は考える。グロチウスは，1625年の『戦争と平和の法』で，自然法あるいは万民法に違反する行為がなされた場合には，統治者は彼らに直接関係がないとしても，被害者が誰であっても，その行為をした者に対する処罰権を有する，と唱えた。そこには，万民法，即ち「ユス・ゲンティウム」は国家間法に限定されず，刑罰権も国家に一元的に帰属するとは捉えない，という発想がある。この時代は，国際社会の基本単位が主権国家であることを決定づけた1648年のウェストファリア条約前夜であり，自然法に対する考え方や国家と個人の関係が，近代に向けて大きく変化しようとする直前期であった。この時期であれば，国内法と国際法（国家間法）の区別は未分化であり，「越境犯罪」というカテゴリーの余地はない。「越境犯罪」は，主権平等原則や領域主権原則に支えられた，主権国家中心の国際社会構造の下で初めて存在し得る。かかる国際社会構造における主権国家の最も基本的な機能が刑罰権の実現であり，仮に犯罪規範について共通の伝統があったとしても，他国の刑法を自国領域内で実現するという挙は，「刑法の『禁忌』」として各国の裁判所が忌避してきた。

　しかしながら，20世紀後半以降の経済のグローバル化に伴い，犯罪もグローバル化した。近代以来の国際社会構造や，国内法と国際法（国家間法）の関係性が，再度，大きな揺らぎを経験する。複数の領域間の人，モノ，資本の相互の結びつきが著しく強化されていることを利用して，領域に拘束されず，組織的かつ反復継続的に展開される犯罪行為が恒常化し，領域主権原則を厳格に守るのでは対応が困難という現実が生じる。このように，近代的な国際社会構造の枠組みは変わらない中で，犯罪のグローバル化という，この構造の限界を試すような現象が発生したこと，そしてそれへの対処が必要となったこと，これらに象徴される国際社会の過渡的局面においてこそ，「越境犯罪」という概念による事象把握の必然性が生まれる。国際社会の過渡期の「クレバス」の中にこそ，国際法の本質を見ることが出来る。

　このような「越境犯罪」に対して，領域主権原則の枠内で，即ち自らの領域外で発生した犯罪に対する刑事管轄権を及ぼすことが原則できないという制約下で，当該犯罪に利害関係を有する国家が如何に自らの国内刑法を適用・執行し対処してきているか，という法的現象を実証的に把握するのが，本書の主眼である。「越境犯罪」への対応の主軸が国内刑法の適用執行である以上，対応における最も重要な要素は，領域管轄権の及ばない情報や証拠の入手となる。本書も，越境犯罪の類型ごとに採用されている情報交換あるいは証拠収集に関する国際協力に焦点を当てている。筆者は，「越境犯罪」を，

文献紹介

国際法の関与の程度を基準にして以下の3つに分類している。一つ目は,「国際法が直接規律しない越境犯罪」,二つ目は,「国内法に共通する越境犯罪」,三つめは,「国際法益を害する越境犯罪」,である。この三類型に従って,それぞれに分類される個別犯罪類型毎に,領域管轄権が一義的には及ばない場所に存在する証拠や情報の入手の具体的な態様を描出することに,本書の大半は費やされている。国家中心主義に立脚した伝統的な刑事共助の形態は,証拠が所在する国の裁判所あるいは司法当局に対してその取得を依頼する制度である嘱託(嘱託状による共助)であるが,相互主義や双方可罰性要件の充足が求められるとされてきたこと,外務省又は裁判所を通す必要があったこと等の制約があるため,越境犯罪への効果的な対応の観点から,領域外の証拠や情報の入手に関する新たな手法や共助の在り方が模索されてきた。この点で最も積極的なのは米国である。米国の積極的姿勢をトリガーとして,他国の防御的姿勢,司法摩擦等の展開を経て,個別犯罪類型毎に現実的な刑事共助体制が構築される,というのが,本書で描出される一般的な展開である。

2 本書の構成と内容

以下,本書本文の記述を活用し要約する形で本書の構成と内容を紹介する。

(1) 国際法が直接規律しない越境犯罪(第Ⅰ部)　ここで扱われる越境犯罪の類型は,「犯罪の規律に関する基準の統一が国際法上なされないままに二国間で国内法の執行の調整がなされている」ものであり,具体的には,競争法,経済制裁法,証券法,租税法違反である。

競争法においては,米国が1980年代に「効果主義」に基づいて反トラスト法を域外適用し,域外に所在する証拠に対する管轄権を主張したことを端緒に,司法摩擦が発生したことをトリガーとして,共助の発展が開始した。米国が域外適用を通じて外国企業に対する情報・証拠提出命令の執行を行ったことに対して,諸外国,特に欧州諸国はいわゆる「対抗法」を制定し,自国企業が米国当局に対して情報開示することを禁止した。そのような中,欧州共同体においてEC競争法が形成され,その発展の過程で,米国と同様に,会社一体性の法理や効果主義に基づき管轄権の域外適用を肯定するようになり,「司法摩擦」は緩和された。少なくとも米欧においては,一方的法執行が許容されるという前提で,規制当局間で,消極礼譲,積極礼譲,執行協力といった共助が発展した。また,競争法違反の厳罰化が進んでいるため,企業の対応も当局に協力する傾向が認められる。

経済制裁法は,交戦国の国民との交易を禁止する戦時法としての性格を離れ,戦後は,武力によらずして対象国の国際法違反を停止させるための主要手段として位置づけられるようになったものである。米国が,対敵通商法,輸出管理法,ヘルムズ・バートン法,ダマト法等,自国の経済制裁法を積極的に第三国の個人や法人に対して適用し,制裁対象国への制裁の実を上げようとしたことに対して,カナダ,メキシコ,EUから対抗法の制定等を以て抗議がなされ,激しい司法摩擦を惹起した。その後,2000年代以

降米国は，属地主義と属人主義の枠内で法適用対象を可能な限り拡大するという方法に転換した。米国は，特に金融機関を制裁対象とし，米ドル建取引の規制，コルレス口座の米国内開設禁止，等を梃子として経済制裁法の執行の実を上げている。

証券犯罪は，証券詐欺罪，相場操縦罪，内部者取引罪が主なものである。米国の証券法は，規制対象を米国と「関連のある」証券取引とするが，米国当局は証券法の域外適用を，国際法上確立した管轄権基準である属地主義や属人主義に基づいて行ってきており，競争法や経済制裁法に比べると司法摩擦の程度は小さかった。また，証券犯罪については，他の経済犯罪に先駆けて，司法摩擦を回避するために，各国が金融当局の権限を拡張して外国当局との情報交換が出来るようにしたことは注目される。これにより，嘱託等伝統的な共助と相互補完関係となる，行政当局のネットワークを通じた情報交換システムが効果的に機能することに道を開いた。

租税犯罪は，伝統的に刑事司法協力の対象から外され，租税条約を通じた協力が積み重ねられてきた。課税が属人主義や居住地主義に基づいて行われる場合には，課税対象が全世界所得となるため，税務当局は，違反に対する制裁を課すために，自国民や自国居住者が域外でどれだけ所得を得たかを把握する必要がある。特に銀行口座の情報開示を求める場合には，納税者が自らの海外所有資産に対して有する「金融プライバシー」の保護との関係も問題となる。カリブ諸国等のオフショア市場やスイスのように厳しい銀行秘密法制を擁する領域における銀行口座情報の入手を巡っては，深刻な司法摩擦を引き起こした。しかし，戦後，二重課税防止条約のモデル条約や租税情報交換協定（TIEA）を手掛かりとして，交換対象となる情報の範囲が拡大すると共に，銀行秘密法制が情報交換要請の拒否事由として認められなくなる傾向が生まれた。このような条約による情報交換の仕組の発展と共に，米国の外国口座税務コンプライアンス法（FATCA）やOECDグローバルフォーラムを通じて，多国間の租税情報交換枠組みが大幅に深化した。

（2）国内法に共通する越境犯罪（第Ⅱ部）　ここで扱われる越境犯罪の類型は，「犯罪の規律に関する基準の統一が国際法上なされ，かつ，二国間で国内法の執行の調整がなされている」ものであり，具体的には，薬物犯罪，組織犯罪，外国人公務員贈賄罪である。ここで扱われる犯罪類型は，国際機関等の主導によって，対象犯罪を具体的に特定化し，締約国に対してその処罰と防止の確保のための国内法制定や，締結国間相互の共助を義務付ける条約が締結されている。

薬物犯罪や組織犯罪については，戦前から戦後にかけて，条約を通じた多国間犯罪規制が行われてきたが，犯罪の構成要件の統一や共助の確立について不十分なところがあった。薬物犯罪については1988年に国連で麻薬新条約が採択され，これらの問題が一定程度克服された。組織犯罪についても，1970年に米国が組織犯罪規制法を制定したことを皮切りに諸外国で組織犯罪対策が本格化し，国内法整備が進んだことを受けて，国連で2000年に組織犯罪防止条約が採択された。ちなみに，これらの犯罪の捜査の特殊性

文献紹介

の故に，これらの条約の枠組みから外れた共助の仕組も別途形成されてきている。米国
とカリブ海諸国の間での執行管轄権の域外行使や略式的協力，ＥＵ域内における刑事共
助，等が挙げられる。なお，これらの犯罪の捜査方法の特殊性（通信傍受等）に鑑み，
被告人の権利が国際人権法の下で保護される現象が認められる。特に欧州人権裁判所に
よる欧州人権条約の解釈適用においてそれを指摘することが出来る。

　外国公務員贈賄罪については，1997年に採択されたOECD外国公務員贈賄防止条約
と2003年に採択された国連腐敗防止条約を通じて，犯罪の構成要件の標準化，国内法を
通じた犯罪化の加盟国への義務付けが図られている。但し，条約に基づく共助の範囲が
限定的であるため，欧米諸国では，当局間での略式的な捜査協力も行われている。更
に，米国は，属地主義や属人主義に基づき自国法の一方的法執行を強化して対処してい
るが，管轄権を調整しない捜査により，複数国による重複的制裁という，一事不再理の
法理に照らして問題となる事態が発生しうる。

　⑶　国際法益を害する越境犯罪（第Ⅲ部）　　ここで扱われる越境犯罪の類型は，「諸
国の共通利益を害するために，犯罪の規律に関する基準の統一が国際法上なされてお
り，かつ，共助が国際法上義務付けられている」ものであり，具体的には，テロ犯罪，
資金洗浄罪，テロ資金供与罪である。なお，今日のテロ規制は，単なる刑事共助ではな
く安全保障協力を伴う点にその特徴がある。テロ行為の防止に重点が移行しており，資
金洗浄罪とテロ資金供与罪と統合して対応することが必要になっている。

　テロ犯罪に関しては，その規制とプライバシー権との緊張関係が特に大きな問題とさ
れる。テロ犯罪防止諸条約の下では，プライバシー保護の厳格な国が，その基準に合致
しない国に情報提供を拒否することが認められている。一方，米国は，特に2001年の同
時多発テロ事件以降，愛国者法の制定及び関連法改正によって一方的法執行を拡大させ
たため，他国との調整が必要な事態となった。特にEUはデータ保護指令があるため，
米EU間で米国団体が個別に十分性適合認証を受けることで情報移転を許可する「セー
フハーバー枠組」，その後新たな協力枠組みである「プライバシーシールド」が導入さ
れた他，傘協定としての「データプライバシー保護協定」が米EU間で2016年に締結さ
れた。これらの枠組みでは，限定的とは言え，個人の申立権が認められている。

　資金洗浄罪・テロ資金供与罪は，金融機関に対して，口座名義人本人の身元確認，疑
わしい取引の通報，取引記録の保存義務付け，疑わしい資金の凍結や没収等の措置を設
けることを通じて規制される。両犯罪ともに国内法上の犯罪化と共助を義務付ける条約
が成立している。更に，資金洗浄罪でいえば，Ｇ8金融活動作業部会（FATF）という
法的拘束力のない，しかしそれ故に機動性に富んだ政府間枠組や，ウォルフスバーググ
ループという金融機関相互のネットワークが，国際基準の成立，国内法の調和，共助の
深化に大きな役割を果たした。更に米国は，国際基準に上乗せして，テロ資金追跡プロ
グラムを展開し，EUと協定を締結し，国際銀行間通信協会（SWIFT）から米国当局に
資金決済メッセージデータを転送出来るようにした。

292

文献紹介

3 所　感

　最後に評者の所感として何点か指摘したい。まず，著者は，越境犯罪を巡る刑事共助において私人の人権保障がどの程度図られているのかという問題については，「本書の最終的な問題関心」であると述べているものの，実際には，この問題には多くの字数を割いてはいない。むしろ，同問題について検討を行う前処理段階である，刑事共助という国際協力の実証作業に本書執筆の労力の大半が割かれている。国際法学者である著者に対しては，次作において，本書での共助の描出作業の成果を土台として，越境犯罪の国際的規制において非常に心許ない私人の人権保障について，特に犯罪類型を絞って分析検討して頂くことを期待したい。

　本書は全体として，実証的色彩が極度に濃厚であり，その裏返しとして，当為に関する論述が抑制されているのが印象的である。その意味で，法学者の手による書籍としてはやや特異であるとの印象を評者は持ったが，著者の意図はさておき，本書はこの個性の故に，今後更に推進されるべき研究テーマである「国際法学と国際関係論の協働」に向けて効果的に参照されるべき代表作たりうると，評者は密かに考えるところである。国際関係論の主流であるリアリズムやリベラリズムは，国際政治アクターの動因を規範よりも利益に求める傾向があるが，これが規範性を重視する国際法学との協働の障害のひとつになっていた（例えば，Jeffrey L. Dunoff & Mark A. Pollack (eds.), *Interdisciplinary Perspectives on International Law and International Relations - The State of the Art* (Cambridge University Press, 2013), pp. 11-21）。この認識論的（epistemological）懸隔を埋める方向性は２つあり，ひとつは，国際関係論のうち規範を重視する社会構成主義との協働の追求であり，もうひとつは国際法学の側として国際法が機能する過程を現実主義的利益の観点から観察する視点であろう。筆者の認識論的立場は必ずしも明らかではないが，越境犯罪の国際的規制の実現に向けた共助の発展の描写の態様を見る限りでは，本書の内容自体は，後者の視点に立脚して，グローバル化した犯罪行為への国際社会の対応というひとつのテーマについて更に検討を行わしめる材料を，国際関係論の学徒に対して国際法学の側から提供するものであると，評者は思料する。

　最後に，本書の主張とは直接関係ない所感を述べて締め括りたい。越境犯罪を巡る共助の発展過程では，米国が大きな役割を果たしていることに改めて気づかされたが，米国のルールメーカーたる最大のレバレッジは，国際貿易投資における米国市場の存在感や，国際資本市場における米ドルという通貨の持つウェイトに依存している。トランプ政権の下で台頭した「米国第一主義」が，仮に今後米国が国際経済との関わりの希釈を志向するものであるならば，その事は米国のルールメーカーとしての地位に決定的な影響を与えるであろう。ひいてはそれは，国際政治経済秩序の安定性にも大きなインパクトを与えるのかも知れない。

（前政策研究大学院大学教授）

〈2018年貿易・投資紛争事例の概況〉

WTO 紛争事例

伊 藤 一 頼

1 GATT
2 セーフガード協定
3 アンチダンピング（AD）協定
4 補助金協定
5 貿易の技術的障害に関する協定（TBT 協定）

＊2018年中に公表された WTO パネル及び上級委員会の報告書の中からとくに注目されるものの概要を紹介する。上級委員会報告書を中心に扱い，パネル報告書については上訴中のものは除外した。それらは上級委員会報告書が発出された後に次号以下で紹介の対象とされる可能性がある。

1 GATT

ブラジル——課税事件は，一定の生産工程をブラジル国内で実施することや収益の50％以上を輸出すること等の条件を満たす企業や産品に対して税制上の恩典を付与するブラジルの各種プログラムにつき，日本及び EU が申立てを行った事案である。

これに関してパネルは，当該恩典を享受しうるのはブラジルの国内産品であり，同種の輸入産品を不利に扱うものであることから，GATT3条2項第1文に違反すると判断した。[1] また，ある企業が中間財を購入する場合に，国内産品を購入すると税の減免や行政負担の軽減といった優遇措置が受けられることは，国内産品と輸入産品の競争条件を後者に不利に変更するものであり，GATT3条4項に違反するとした。[2] このほか，本件措置は内国民待遇を満たさない貿易関連投資措置（TRIM）である点で TRIMs 協定2条1項に違反し，また輸入代替（国内産品優先使用）補助金としての性質を持つ点で補助金協定3条1項(b)にも違反する。なお，ブラジルは本件措置の GATT 違反に関し，GATT20条の一般例外条項を援用して正当化を試みた。ブラジルが本件措置の目的の1つとして主張したのは，ブラジルにおけるデジタル格差の緩和や社会統合の促進であり，これは20条(a)の「公徳の保護」の射程に入ることをパネルは認めたが，税制上の恩典がどのように当該目的に貢献するのかをブラジルは具体的に論証していないことなどから必要性テストを満たさないと判断された。[5]

本件の上訴においては，GATT3条8項(b)の解釈が問題となった。同条は，国内生産

者のみを対象として補助金を交付しても内国民待遇違反を構成しないとするものであるが，もし当該補助金が，輸入産品よりも国内産品の優先使用を求めるような差別的な受給要件を含む場合には，３条８項(b)による正当化は働かないとパネルは述べていた。もっとも，その際にパネルは，「産品間の差別をもたらす補助金の諸側面」には３条８項(b)は適用されないという過度に広範な表現を用いており，これでは同条が本来想定している場面まで除外されてしまうため，上級委はこの表現に関わる部分のパネル判断を破棄した[6]。そのうえで，同条の文言が「補助金の支払い（the payment of subsidies）」となっていることから，ブラジルが行っているような税の減免という形式は，同条が対象とする補助金には含まれないと述べた[7]。

2 セーフガード協定

インドネシア——鉄鋼及び鉄製品事件は，インドネシアがガルバリウム（アルミニウム・亜鉛合金めっき鋼板）の輸入に対するセーフガードとして特別関税を賦課したことにつき，台湾及びベトナムが申立てを行った事案である。申立国・被申立国とも，本件措置はセーフガードであるとの理解に基づき主張を行っていたが，パネルは，本件措置はGATT上の譲許を撤回するものでないことから（インドネシアはガルバリウムの関税譲許を行っていなかった），セーフガード措置には該当しないと判断し，この点が上級委において争われることになった。

上級委によれば，紛争解決了解（DSU）11条が問題の客観的評価を要請していることを踏まえると，パネルには，申立国によって援用された対象協定の条文が，そもそも当該事案に対して適用可能であるかを検討する責務がある[8]。協定整合性に関する判断の前に，協定の適用可能性に関する判断が先行しなければならないのであり，かかる検討を行った本件パネル判断は付託事項を逸脱したものではない[9]。そのうえで上級委は，ある措置がセーフガードとしての性質を有するための条件をあらためて定式化する。すなわち，セーフガードとはGATT上の義務を停止し，または譲許を撤回もしくは修正するものであり，また，その措置は国内産業の損害を救済するという特定の目的でとられたものでなければならず，義務の停止と損害の救済との間に立証可能な結び付きが存在しなければならない[10]。そして，措置がかかる特徴を備えているか否かを判断するに際しては，措置の設計や構造，及び予期される作用を全体として評価することが求められる[11]。

こうした基準に照らした結果，上級委もパネルと同様に，本件措置はセーフガードの不可欠の特徴を備えているとは言えないと結論づけた[12]。このようにセーフガードの定義が示されたことは，米国が通商拡大法232条に基づき鉄鋼・アルミニウム製品に追加関税を賦課したことに対してEU等の主要国がそれをセーフガードとみなしてWTOに提訴したという近時の紛争に関しても重要な示唆を与えるであろう。

3 アンチダンピング（AD）協定

ロシア——商用車事件は，ロシアがイタリア及びドイツからの商用車の輸入に対しAD税を賦課したことにつきEUが申立てを行った事案である。パネル判断では，損害

認定の方法などいくつかの点において本件措置がAD協定及びGATTに違反している
と認定された。

上訴された論点のうち，まず国内産業の定義について，ロシアの調査当局はある国内
生産者による質問状への回答に瑕疵があったことを理由に当該生産者を国内産業から除
外したが，上級委によれば，AD協定4.1条ではかかる情報の瑕疵は国内産業の定義から
の除外理由として挙げられておらず，むしろ調査当局は当該生産者から正しい情報を得
るように努めなければならない。次に調査手続に関して，パネル判断は，調査当局が秘
密として扱った情報がAD協定6.5条の要件を満たしていない場合，それは重要事実の
開示を規定するAD協定6.9条にも違反すると述べたが，上級委はこれを否定し，両者
の評価は各々独立に行われなければならないとした。また，パネル判断は，調査当局が
ダンピング決定において用いた計算方法やデータの情報源はAD協定6.9条において開
示対象となる重要事実には当たらないと述べたが，上級委はこれを誤りであるとして破
棄した。

EU——バイオディーゼル燃料（インドネシア）事件（上訴なし）は，2016年に上級
委報告書が採択されたEU——バイオディーゼル燃料（アルゼンチン）事件とはほぼ同一
の事実関係を有しており，パネリストも2名が重複している。EUは，アルゼンチン及
びインドネシアから輸出されるバイオディーゼル燃料につき，その原材料となる大豆や
パーム油に両国が輸出税を課していることから，それらの産品が国内市場に滞留して国
内価格が押し下げられ，バイオディーゼル燃料の生産費にも歪曲が生じているとして，
両国の生産者が実際に支出した費用（原材料の購入価格）とは異なる数値を用いて構成
価額を算定し，そこから導出したアンチダンピング税をバイオディーゼル燃料に対して
賦課した。これに関してアルゼンチンが提訴したところ，上級委は，輸出規制により原
材料の国内価格が低く抑えられていたとしても，それは個々の生産者が実際に支払った
原材料価格を無視して他の代替価格を参照してよい理由にはならないと判断した。そも
そもアンチダンピング税は，個々の生産者の単位で，通常の価格よりも低い価格で輸出
を行う行為に対して対抗関税を賦課する制度であり，輸出規制により当該国の国内原材
料価格じたいが低く抑えられているという事実は措置発動の根拠にならないのである。
これと同様に，本件パネルも，EUがインドネシアの各生産者における実際の原材料調
達コストを無視して代替価格を参照したことはAD協定2.2.1.1条に違反すると判断し
た。

4 補助金協定

EU——PET事件は，EUがポリエチレンテレフタレート（PET）の輸入に対して補
助金相殺関税を賦課したことにつきパキスタンが申立てを行った事案である。EUの調
査当局は，パキスタンが自国からの輸出産品の生産者に対し，その投入物について一度
支払っていた輸入税の払戻しを認めていたことが補助金に当たると認定した。この点，
補助金協定1.1条(a)(1)(ii)の脚注は，輸出産品について支払われた内国税や関税の額を超

えない額の払戻しを行うことは補助金とはみなさないと定めており，言い換えれば，輸出産品の投入物につき生産者が実際に支払った税額を超えて払戻しを行えばその超過部分が補助金となる（超過払戻し原則）。しかしEUの調査当局は，パキスタンの法制度では輸出産品の生産に用いられた投入物を正確に特定するための仕組みが整えられていないことを理由に，払い戻された金額すべてが補助金であると認定した。これに関して上級委は，仮に輸出国において輸出産品の投入物を特定する仕組みが不十分であるとしても，調査当局は補助金協定12.7条に基づくファクツ・アベイラブルを利用して超過払戻しの有無を決定する余地があるため，払戻し額全額を補助金とみなすことは補助金協定1.1条(a)(1)(ii)に違反すると判断した。[19]

5 貿易の技術的障害に関する協定（TBT協定）

米国――マグロラベリング事件では，米国が同国内で販売されるマグロ製品にイルカ保護（dolphin-safe）ラベルを表示するための要件を定めたことに対し，メキシコがWTOへの申立てを行い，2012年に米国のTBT協定違反を認定する上級委報告書が採択された。その後，同報告書の履行をめぐり，DSU21.5条に基づく履行確認手続が2013年以降進められてきたが，メキシコの2回目の申立てに係る履行確認上級委が2018年12月に報告書を発出し，米国が2016年に導入した改正ラベリング措置がTBT協定整合的であることを認めたため，長期にわたった本件紛争に一応の区切りがつくこととなった。

原審の上級委は，マグロ漁におけるイルカ殺傷リスクは海域・漁法ごとに大きく異なるため，イルカ保護ラベルを表示するための要件もかかるリスクの程度に応じて調整（calibrate）が施されなければ不当な差別となりうるところ，米国の措置はそうした調整が十分になされていないとしてTBT協定2.1条違反を認定した。[20]この点，本件履行確認手続においてパネルは，米国の2016年改正措置が海域・漁法ごとに定めた新たなラベリング要件を詳細に検討し，全体として，それらはイルカ殺傷リスクの程度に応じて適切に調整されたものでありTBT協定2.1条に整合的であるとの結論に達した。[21]上級委もこのパネル判断を支持したため，[22]本件はWTO紛争解決手続を通じてある措置がTBT協定2.1条に整合するとの判断が確定した初めての事例となった。近時TBT協定をめぐる紛争案件が増加し，それらの事件において認定された協定違反が2.1条違反に集中している現状に鑑みると，本件履行確認手続でパネル・上級委が示した同条の判断基準（及び米国2016年改正措置が採用した制度設計のあり方）は，今後他のTBT紛争に取り組むうえでの重要な参照点になると思われる。

1) *Brazil — Certain Measures Concerning Taxation and Charges*, Panel Report, WT/DS472, 497/R, 30 August 2017, paras. 7.111-7.117, 7.174.
2) *Ibid.*, paras. 7.243, 7.255.
3) *Ibid.*, paras. 7.365, 7.500.
4) *Ibid.*, para. 7.568.

5) *Ibid.*, para. 7.602. ブラジルは20条(b)及び(g)も援用するが，同様に，目的性テストは満たすが必要性テストを満たさないと判断されている（*Ibid.*, paras. 7.921. 7.996）。

6) *Brazil — Certain Measures Concerning Taxation and Charges*, Appellate Body Report, WT/DS472, 497/AB/R, 13 December 2018, paras. 5.109-5.113.

7) *Ibid.*, paras. 5.114-5.122.

8) *Indonesia — Safeguard on Certain Iron or Steel Products*, Appellate Body Report, WT/DS490, 496/AB/R, 15 August 2018, para. 5.31.

9) *Ibid.*, para. 5.33.

10) *Ibid.*, paras. 5.55-5.56.

11) *Ibid.*, para. 5.60. なお，本件パネル判断は，これらの条件に加えて，「セーフガード措置を賦課するための全ての要件が満たされている状況」であるか否かを考慮すると述べたが，上級委によれば，これは協定整合性に関わる問題であり，セーフガードを定義する要素ではない（*Ibid.*, para.5.62）。

12) *Ibid.*, para. 5.70.

13) *Russia — Anti-Dumping Duties on Light Commercial Vehicles from Germany and Italy*, Appellate Body Report, WT/DS479/AB/R, 22 March 2018, paras. 5.20-5.22.

14) *Ibid.*, paras. 5.182-5.191.

15) *Ibid.*, paras. 5.218-5.222.

16) EUが構成価額の算定に使用した数値は，両国の政府が公表した大豆やパーム油の平均輸出価格または参照価格であるが，これは実際の国内販売価格を使用した場合よりも正常価額の値を押し上げることを意味するため，アンチダンピング税の額も増加することになる。

17) *European Union — Anti-Dumping Measures on Biodiesel from Argentina*, Appellate Body Report, WT/DS473/AB/R, 6 October 2016, paras. 6.26-6.37.

18) *European Union — Anti-Dumping Measures on Biodiesel from Indonesia*, Panel Report, WT/DS480/R, 25 January 2018, para. 5.139.

19) *European Union — Countervailing Measures on Certain Polyethylene Terephthalate from Pakistan*, Appellate Body Report, WT/DS486/AB/R, 16 May 2018, paras. 6.26-6.37.

20) *United States — Measures Concerning the Importation, Marketing and Sale of Tuna and Tuna Products*, Appellate Body Report, WT/DS381/AB/R, 16 May 2012, paras. 286-297.

21) *United States — Measures Concerning the Importation, Marketing and Sale of Tuna and Tuna Products*, Second Recourse to Article 21.5 Panel Report, WT/DS381/RW2, 26 October 2017, para. 7.717.

22) *United States — Measures Concerning the Importation, Marketing and Sale of Tuna and Tuna Products*, Second Recourse to Article 21.5 Appellate Body Report, WT/DS381/AB/RW2, 14 December 2018, paras. 6.255-6.257.

（北海道大学大学院公共政策学連携研究部教授）

〈2018年貿易・投資紛争事例の概況〉

投資仲裁決定

坂 田 雅 夫

1　EU 諸国間投資協定に基づく仲裁の EU 法適合問題：Achmea 判決
2　公正衡平待遇と正当な期待
3　国内法遵守問題

＊2018年中に公表された投資仲裁決定のうち特に注目されるものを紹介する。本文中では事件名は全て原告名の略称表記とし，事件名の詳細は注に記載している。取り上げた事件は全て投資協定に基づくもので，本文中初出時にはその事件名に付すかっこ内に，投資仲裁の根拠となった協定名を明記している。また裁定や判決などのパラグラフ No を本文中かっこ内で表記している。

1　EU 諸国間投資協定に基づく仲裁の EU 法適合問題：Achmea 判決

投資協定にかんする2018年の事件で最初に注目すべきは，協定仲裁の事例ではなく，欧州司法裁判所が 3 月 6 日に下した Achmea 事件判決[1]であろう。それはリスボン条約による改正により海外直接投資の問題が EU の共通通商政策に属するとされたことにより，EU 諸国間の投資協定がもはや効力を失っており，それらの協定に基づく仲裁は管轄権を欠くとされる年来の主張に欧州司法裁判所としてひとつの見解を示したものであった。

Achmea 事件の経緯は次のとおりである。1992年のオランダ・チェコスロバキア投資協定に基づき Eureko 社がスロバキア政府を UNCITRAL の仲裁手続に訴え出た。その後原告 Eureko 社は会社の合併により Achmea 社と社名を変更した。Achmea 事件は2010年に仲裁の管轄権裁定[2]が下され，2012年に賠償を命じる仲裁本案裁定[3]が下された。仲裁の被告スロバキアは，仲裁裁定の無効を求めて仲裁地であるドイツの国内裁判所に訴えを提起した。ドイツの裁判所が，EU 法の問題について欧州司法裁判所の先行判決を求めた。判決は，当該投資協定が仲裁の適用法規として「関係締約国で有効な法」と「締約国間のその他の関係する合意」を定めており，そこには EU 法が含まれうることを問題視する（40-41）。欧州司法裁判所による先行判決手続無しに投資協定に基づく仲裁が EU 法を解釈する可能性があることから，投資協定の仲裁条項は「加盟諸国間の相互信頼原則の問題となり，さらに EU 運営条約267条に定められる先行判決手続によって確保されている，条約（EU の基本 2 条約：筆者注）に定められる法の特有の性質の

保全の問題ともなっているのであって，それゆえに誠実協力原則と両立しない」と判決は述べる。さらに判決は，当該投資協定の仲裁条項は「EU 法の自立性に反対の影響を与えており」，EU 運営条約267条および344条は当該投資協定の仲裁条項のような EU 加盟諸国間で締結された国際合意の条項を排除すると解釈されなければならないと結論づける（58-61）。

　この判決を受けて2019年 1 月15日に EU 加盟国代表は共同宣言[4]を発した。この宣言は EU 法が EU 諸国間の投資協定に優越し，結果として，EU 諸国間投資協定に含まれる投資家対国家の仲裁条項の全てが EU 法に反し適用不能であると述べる。さらに宣言はかかる条項に基づく仲裁は管轄権を欠くとしている。欧州司法裁判所がいう EU 諸国間投資協定に基づく仲裁が「排除される」とはどのような意味なのか，宣言での「EU 法の優越」の，または「仲裁が管轄権を欠く」ことの根拠は何なのだろうか，実はその根拠が全く判然としないために，Achmea 判決を受けた2018年の投資協定仲裁における議論は混乱を極めた。

　被告となった EU 諸国により管轄権抗弁が提起された仲裁はどのような判断を下したのか。基本的には2017年以前から管轄権肯定判断[5]が続いている。Achmea 判決前に Novenergia II 事件（エネルギー憲章）の最終裁定[6]が下され，そこでは請求内容が EU 法のものではなく，もっぱらエネルギー憲章上のものであることなどを理由として被告の管轄権抗弁が却下されている。5 月 2 日の Antaris 事件（エネルギー憲章，ドイツ・チェコスロバキア投資協定）裁定[7]では，審議終了後に Achmea 事件欧州司法裁判所判決を受けて被告チェコが新たな管轄権抗弁の提起の許可を求めたが，抗弁提起にはすでに遅すぎるとして却下された（73）。

　Masdar 事件（エネルギー憲章）[8]において，Achmea 判決前段階での被告スペインは，EU 諸国間投資紛争除外の抗弁を，まずは人的管轄権の問題として提起し，続いて EU 法優越の問題として提起していた。人的管轄権の問題とは，つまり投資仲裁は，ある国家の国民である投資家とその投資受入国である別の国家との間の紛争であるのだが，EU の誕生により EU 市民たる投資家と EU 加盟国との間の紛争はその要件を満たしていないという主張である。この主張は単純に原告の所属国オランダと被告スペインがそれぞれ別の主権国家であることから仲裁によって却下された。EU 法優越の問題については，そもそも EU 法は他の裁判所や仲裁が EU 法を適用することを禁じていないとして，EU 法はエネルギー憲章の定める投資家対国家の仲裁手続と両立すると結論づけている（340）。Achmea 事件判決後に被告が審議の再開を求め，仲裁廷は両当事者に Achmea 事件判決への見解の提出を求めた。両当事者の見解を受けて，仲裁廷は，Achmea 事件がオランダ・チェコスロバキア間の二国間投資協定の問題であること，それに対しこの事件がエネルギー憲章という多数国間条約の問題であり，さらに同憲章には EU 自体が当事者として参加していることから，事案の性質が異なり Achmea 事件判決はこの事件には影響しないと結論づけた（678-679）。

300

投資仲裁決定

7月26日のMartin事件（キプロス・ギリシャ投資協定）裁定[9]では，投資協定とEU法の関係を同じ条約同士の関係と見なし，条約法条約による検討をおこなった。この裁定はAchmea事件判決が「もっぱらEU法に基づいており」，EU諸国間投資協定が「国際法規則の適用の結果として，終了もしくは適用不能になっている可能性の問題を検討していない（581）」と批判する。仲裁廷は，条約法条約30条（同一の事項に関する相前後する条約の適用）と59条（後の条約の締結による条約の終了または運用停止）の適用可能性を検討し，この条文がいずれも2つの条約が「同一の事項」にかんするするものであることを前提としており，本件の投資協定とEU運営条約が同一の事項にかんするものではないとして仲裁の管轄権を認めた。

Vattenfall事件（エネルギー憲章）仲裁廷は8月31日に「Achmea問題決定」と題した判断を下している[10]。この事件では，Achmea判決を受け，仲裁廷が当事者に意見の提出を求め，さらに訴外参加していた欧州委員会も意見を提出した。被告ドイツは条約法条約30条の後法優先原則または特別法優先原則に基づく主張をおこなった。欧州委員会の主張は条約法条約31条3項(c)の解釈の時に考慮されるべき「当事国の間の関係において適用される国際法の関連規則」としてEU運営条約およびAchmea判決を位置づけるものであった。仲裁廷による決定は，欧州委員会の見解に特に対応したものとなった。決定は，条約法条約31条1項の「文脈によりかつその趣旨及び目的に照らして与えられる用語の通常の意味に従い，誠実に解釈するものとする」という規定を条約解釈の出発点であると確認する。「解釈される条約を書き換える，または条約規定の素直な読解を，解釈対象たる条約とは異なる国際法のその他の規則に置き換える」行為は条約法条約31条3項(c)の適切な役割ではないと明言し，欧州委員会の見解が受入不可能であると断じた（154-155）。さらに仲裁は，EU法およびAchmea判決の意味を汲み取ることの困難性も付言し，上記のMasdar事件裁定を踏まえながら，Achmea判決が二国間投資協定にかんするものであり，エネルギー憲章のような多数国間条約への適用可能性について同判決が沈黙していることも指摘している（163）。

10月9日のUP and C.D Holding事件（フランス・ハンガリー投資協定）裁定[11]もさらに全く異なるロジックでAchmea判決の適用を拒否している。仲裁廷は「この事件が決定的側面においてAchmea事件と異なっているため，Achmea事件の詳細な議論は必要ない」と述べる。この裁定が着目したのは仲裁手続（およびその適用法規）の違いである。Achmea判決が前提とした仲裁手続はUNCITRALの仲裁規則であって，仲裁手続自体の適用法規は仲裁地として選択されたドイツ法が適用されていた。それに対してUP and C.D Holding事件の管轄権根拠は多数国間条約であるICSID規程であった。さらにAchmea事件では，仲裁裁定の無効手続として，ドイツ国内法に基づきドイツの国内裁判所に付託され，それゆえに欧州司法裁判所の先行判決手続へと事案が付託されたが，それに対してICSIDは規程52条によってそれ自体独自の無効手続を定めている（254-255）。仲裁は，Achmea判決がICSID規程に言及していないことを指摘し，

日本国際経済法学会年報第28号（2019）　301

Achmea 判決からでは EU への加盟によってハンガリーが ICSID 規程から拘束されなくなったと理解するのは不可能と断じる（258）。さらに付託の具体的根拠となったフランス・ハンガリー投資協定にかんして仮に2004年の EU 加盟により投資協定が終了していたという議論に立つとしても，当該投資協定の12条 2 項には終了後20年はこの協定が効力を持ち続けると規定されており，2024年まで有効であるとする（265）。

Foresight Luxembourg Solar 事件（エネルギー憲章）[12]において，被告スペインは付託根拠となったエネルギー憲章の条文に依拠した議論を展開した。主な議論は，「経済統合に関する協定」について定める25条と，仲裁の適用法規を「この条約並びに国際法の適用可能な規則及び原則に従って紛争の争点について決定を行う」と定める26条 6 項の規定に基づいてエネルギー憲章に対する EU 法の優越を主張するものであった。11月14日に下された最終裁定は，エネルギー憲章の規定を条約法条約に従い解釈して，管轄権を肯定した後で，議論を完全なものとするために，被告による EU 法の優越にかんする議論を簡単に処理すると述べる（214）。25条に関しては，「EU 法の優越問題についてエネルギー憲章25条には全く文言がない」と述べ，被告の主張を退ける。仲裁の適用法規として「国際法の適用可能な規則及び原則」を掲げる26条 6 項については，それが本案の適用法規を定めるものであって，手続の適用法規ではなく，仲裁管轄権の決定はエネルギー憲章の定める管轄権要件にのみ従うとし，「EU 法は仲裁の管轄権問題には関係がなく，EU 法の優越に基づく被告の管轄権抗弁は却下されるべき（219）」と結論づけた。

12月23日の Greentech 事件（エネルギー憲章）最終裁定[13]では，これまでの仲裁で扱われた論点の多くに触れられている。エネルギー憲章が当初から EU 諸国間紛争を投資仲裁の対象から除外していたとする被告の主張について，エネルギー憲章において明示の文言また黙示の意思でもそのようなことは確認できないと却下する（337-343）。エネルギー憲章がリスボン条約により修正されたのかについて，条約法条約30条を検討する。まず裁定は両条約が同一の事項を対象としていないとする。さらに EU 運営条約344条が二条約（EU 条約と EU 運営条約）上の紛争を他の手続に委ねないと定めているのは，国家間の紛争であって，投資家対国家の紛争はその対象ではないので，両条約間には抵触も存在していないとする。従って，エネルギー憲章は完全に管轄権根拠となると結論づける（344-351）。続いて Achmea 判決については，同判決が EU 諸国間の投資協定に基づくものであることに対し，この事件が EU 自体も当事者である多数国間条約であるエネルギー憲章を根拠としていることを主な根拠として，Achmea 判決がこの事件を仲裁の管轄権から除外するような効果を持たないとしている（395）。

欧州司法裁判所 Achmea 事件判決は，EU 諸国間投資協定とそれに基づく投資家対国家の仲裁手続が EU 法に反するかという激しい対立に一応の決着を見せたと思われたが，その後の仲裁実行においてもまだまだ議論は継続している。なぜなら，Achmea 判決は EU 法が別の国際法に優越する根拠を明示できておらず，さらに協定仲裁手続が排除される根拠も不明であった。それゆえに，判決がいう排除される対象もまた不明確で

投資仲裁決定

あった。さらに EU 諸国による協定仲裁が管轄権を欠くとする主張もその根拠は様々であった。結果として，欧州司法裁判所は根拠不明な結論を出すことにより，議論のボールを各仲裁に投げ返しただけであった。そのため2018年の仲裁は，EU 法の適用可能性，優越性，そして Achmea 判決の意味とその限界を巡って様々な議論を展開することになった。上記で紹介したとおり，2018年の仲裁それぞれが着目した論理は様々であったが，基本的には管轄権を肯定する流れを維持し続けた。

今後はどうなるのだろうか，政治的には EU 共同宣言に述べられているように EU 諸国間投資協定の廃棄を諸国は進めると思われる。そのため長期的にはこの問題にかんする議論は収束に向かうと思われる。短期的には，仲裁の場で管轄権抗弁が提起され，仲裁がそれを却下するのが続くと推測される。ただし，まさに Achmea 事件で生じたように，それらの仲裁の執行または無効確認が EU 諸国内の国内裁判所に求められた場合，EU 諸国の国内法に対する EU 法の優越の議論により仲裁裁定の執行が拒否されるまたは無効が確認される可能性はある。そうするとそれが翻って，執行されえない判断を出す仲裁に対する疑義が提起されることになるだろう。

2　公正衡平待遇と正当な期待

次に取り上げたい論点は公正衡平待遇と正当な期待である。公正衡平待遇を巡って仲裁決定は比較的落ち着いているのだが，国際司法裁判所が10月1日に下した判決の中の一文が今後この問題についての議論を再燃させる可能性があるため，取り上げておきたい。

公正衡平待遇はかつて激しい意見の対立を招いていた。主要各国は，公正衡平待遇が慣習国際法上の最低標準を投資協定に導入するだけのものでその文言自体には何の意味もないと主張し，その旨を投資協定に明記してきた[14]。それに対し一部の学説・仲裁判断は，最低標準があまりに古い用語概念であり，今日の投資保護には使いようがないとし，公正衡平は慣習国際法とは独立した独自の内容を持つ規範であるとしていた。最近の仲裁は公正衡平の内容について正当な期待という概念に注目し[15]，衡平衡平や正当な期待と慣習国際法との関係はあまり触れないままに，それらの具体的な要件論へと議論の軸足を移しつつある。

まだ取り上げていない事件の中から 2 つほど紹介しておこう。11月22日の South American Silver 事件（ボリビア・英国投資協定）裁定[16]は，「投資家の正当な期待が公正衡平待遇標準の一部をなすことに当事者間の争いはない」，「当事者間で意見が異なったのは条約の下で期待が保護されたのか否かであり，この標準が本件事実にどのように適用されるかであった（645）」と述べて，公正衡平待遇の議論が解釈というよりも，適用の段階の争いへと軸足を移していることを的確に表明した。5 月25日の OLIN 事件（キプロス・リビア投資協定）最終裁定[17]は，公正衡平待遇の内容について本文中では慣習国際法への言及はなく，正当な期待や透明性という用語に公正衡平待遇を事実上置き換え，その期待や透明性の内容を多くの仲裁判例を引用しながら具体化している

（299-358）。多くの仲裁は，正当な期待という用語を用いつつ，国家の規制権限と投資家の損失の相当性評価を，過去の多数の判例を踏まえながら，具体的におこないつつある。つまり公正衡平待遇を巡って仲裁の議論は落ち着いている。

しかしながら論争の爆弾は外から投げ込まれた。国際司法裁判所は10月1日に太平洋へのアクセス交渉義務事件（ボリビア対チリ）の判決を下した。その判決中の一文で次のように述べている。「正当な期待は，公正衡平待遇を定める条約規定を適用する，外国人投資家と投資受入国との間の紛争にかんする仲裁裁定に見られるものである。このような言及から，正当な期待と見なしえるものの基礎の義務を生起させる原則が一般国際法上で存在することにはならない[18]」。つまり正当な期待という概念の一般国際法上での義務性を否定したのである。このことは投資関連の国際協定で公正衡平待遇を慣習国際法上の最低標準と結びつけている国々の立場からすると，公正衡平待遇を正当な期待と置き換える最近の仲裁実行を認めがたいことになる。再び公正衡平待遇と慣習国際法の関係を巡る不毛な論争が再開される可能性がうまれた。

3　国内法遵守問題

最後に国内法遵守問題について触れておこう。投資協定仲裁は投資家が国家を訴える手続であり，世間一般には国家が訴えることができず，多国籍企業のみが訴えることができる差別的制度であるといわれることがよくある。しかしながら，実際には国家側が投資家の国内法違反を協定仲裁の場で主張することはよくある。その根拠について，ここでは「国内法に従った投資」要件について事件を紹介しておきたい。

10月22日のCortec事件（ケニヤ・英国投資協定）仲裁裁定[19]は，投資が国内法に従っていなかったことを根拠として仲裁の管轄権を否定した。協定の保護対象である「投資」が投資受入国の国内法に従ったものでなければならないという要件は，すでにいくつかの協定仲裁において条約に明示の規定がなくても投資協定の保護の当然の前提とされてきた[20]。Cortec事件裁定も投資協定の保護対象およびICSIDの管轄権要件としての「投資」は，投資受入国の投資に従ったものであることが必要であると繰り返した。仲裁廷は，軽微な要件の不充足は，公益のために課せられた重要な禁止への反抗と区別されるとし，「投資が国際平面で保護されるには，投資受入国の重要な法的要件の実質的遵守（321）」が必要とする。裁定は最終的に投資の根拠となった鉱山許可自体がケニヤ国内法に従ったものでなかったことを認定して，仲裁管轄権を否定した。

1) Case C-284/16, *Slowakische Republik v Achmea B.V.*, ECLI:EU:C:2018:158.
2) *Eureko B.V. v. The Slovak Republic*, UNCITRAL, PCA Case No. 2008-13, Award on Jurisdiction, Arbitrability and Suspension (26 October 2010).
3) *Achmea B.V. v. The Slovak Republic*, UNCITRAL, PCA Case No. 2008-13, Award (7 December 2012).
4) *Available* at https://ec.europa.eu/info/sites/info/files/business_economy_euro/banking_and_finance/documents/190117-bilateral-investmenttreaties_en.pdf

投資仲裁決定

5) とりあえず代表的なものとして，以下の事例を参照。*Eastern Sugar B. V. v. The Czech Republic*, SCC Case No. 088/2004, Partial Award（27 March 2007）, paras. 142-172; *Jan Oostergetel and Theodora Laurentius v. The Slovak Republic*, UNCITRAL, Decision on Jurisdiction（30 April 2010）, paras. 72-109; *Eureko B. V. v. The Slovak Republic*, UNCITRAL, PCA Case No. 2008-13, Award on Jurisdiction, Arbitrability and Suspension（26 October 2010）, paras. 217-292; *European American Investment Bank AG (EURAM) v. Slovak Republic*, UNCITRAL, Award on Jurisdiction（22 October 2012）, paras. 155-238; *Electrabel S. A. v. Republic of Hungary*, ICSID Case No. ARB/07/19, Decision on Jurisdiction, Applicable Law and Liability（30 November 2012）, paras. 4.111-4.199; *Charanne and Construction Investments v. Spain*, SCC Case No. V 062/2012, Award（16 May 2013）, paras. 207-224; *Blusun S.A., Jean-Pierre Lecorcier and Michael Stein v. Italian Republic*, ICSID Case No. ARB/14/3, Final Award（27 December 2016）, paras. 277-303; *Eiser Infrastructure Limited and Energia Solar Luxembourg S.à r.l. v. Kingdom of Spain*, ICSID Case No. ARB/13/36, Final Award（4 May 2017）, paras. 179-207.

6) *Novenergia II - Energy & Environment (SCA) (Grand Duchy of Luxembourg), SICAR v. The Kingdom of Spain*, SCC Case No. 2015/063, Final Award（15 February 2018）.

7) *Antaris Solar GmbH and Dr. Michael Göde v. Czech Republic*, PCA Case No. 2014-01, Award（2 May 2018）.

8) *Masdar Solar & Wind Cooperatief U.A. v. Kingdom of Spain*, ICSID Case No. ARB/14/1, Award（13 May 2018）.

9) *Marfin Investment Group v. The Republic of Cyprus*, ICSID Case No. ARB/13/27, Award（26 July 2018）. 本案段階において協定違反が認定されなかったために原告の請求は却下された。

10) *Vattenfall AB and others v. Federal Republic of Germany*, ICSID Case No. ARB/12/12, Decision on the Achmea Issue（31 August 2018）.

11) *UP and C.D Holding Internationale v. Hungary*, ICSID Case No. ARB/13/35, Award（9 October 2018）.

12) *Foresight Luxembourg Solar 1 S. Á. R1., et al. v. Kingdom of Spain*, SCC Case No. 2015/150, Final Award（14 November 2018）.

13) *Greentech Energy Systems A/S, et al. v. Italian Republic*, SCC Case No. V 2015/095, Final Award（23 December 2018）.

14) 例えばTPP11はその9.6条で「適用される国際慣習法上の原則に基づく待遇（公正かつ衡平な待遇並びに十分な保護及び保障を含む。）を与える」と定めている。

15) Greentech事件最終裁定・前掲（注13）は，正当な期待の内容についてあまり深い議論をしていない。しかしながら仲裁人Sacerdotiによる反対意見が正当な期待という用語自体は規定に存在していない旨を痛烈に批判し，投資家が当該条項で「期待」できるのは「公正かつ衡平な待遇を受けること」であると多数意見を批判し，公正衡平違反の認定に強く反対している。

16) *South American Silver Limited v. Bolivia*, PCA Case No. 2013-15, Award（22 November 2018）.

17) *Olin Holdings Ltd v. Libya*, ICC Case No. 20355/MCP, Final Award（25 May 2018）. FET違反は認めているのだが，その中の議論のひとつで裁判拒否については仲裁は認めなかった。また既出のAntaris事件・前掲（注7）でも過去の仲裁判例を具体的に分類しており，FETの違反を具体的に考える際に有益である。

18) *Obligation to Negotiate Access to the Pacific Ocean (BOLIVIA v. CHILE)*, Judgment（1 October 2018）, para. 162.

19) *Cortec Mining Kenya Limited, Cortec (Pty) Limited and Stirling Capital Limited v. Republic of Kenya*, ICSID Case No. ARB/15/29, Award (22 October 2018).

20) 例えば、*Phoenix Action, Ltd. v. The Czech Republic*, ICSID Case No. ARB/06/5, Award (15 April 2009), paras. 101-113を参照。

（滋賀大学経済学部准教授）

編集後記

　年報第28号をお届けする。昨年秋の岡山大学における第28回研究大会の各報告を中心に，座長コメント2本，論説10本，さらに文献紹介10本，および第26号から始まった毎年度の貿易・投資紛争事例の概況の2018年分を掲載することができた。各執筆者には，限られた時間と字数制限の中でご寄稿いただいたことに感謝申し上げたい。残念ながら，今回も投稿原稿がなかった。文献紹介についても，本数は確保できたものの，英語以外の外国語文献には及ばなかった。また，本学会の会員の専門分野は多岐に渡るため，編集委員会としては各分野からの選書を心がけているが，年度によっては特定分野に偏ることがあり，本号も必ずしも全分野を対象にできているわけではない。会員諸氏には，より積極的に，論説の投稿と文献紹介に値すると思われるそれぞれの分野の文献の推薦をお願いしたいところである。

　本号からは，第10期（2018〜20年）編集委員会による編集である。第10期編集委員会のメンバーは，副主任の北坂尚洋（福岡大学）のほか，小林友彦（小樽商科大学），坂田雅夫（滋賀大学），濱谷和生（甲南大学），山名美加（関西大学）の各氏である。編集委員会のメンバーには，編集方針の決定，論説執筆者の選定，文献紹介のための選書と執筆候補者の選定および依頼の打診などをお願いしている。

　この場を借りて，これまでの年報の編集に携わられた，前編集委員長の平覚先生をはじめとする前期の編集委員会のメンバーの皆様のご尽力に，心より敬意を表したい。前期に引き続き，会員の皆様からのご意見を聴きながら，高品質の論説と書評を掲載した一層高水準の学会誌とすることを目標に，編集委員会の全員で努力していきたいと考えている。

　最後になったが，法律文化社の田靡純子社長と編集部の舟木和久氏には，毎年のことながら厳しいスケジュールの中で柔軟に対応していただきご苦労をおかけした。改めて深謝したい。

高　杉　　直

執筆者紹介 （執筆順）

奥 邨 弘 司	慶應義塾大学大学院法務研究科教授
加 藤 暁 子	日本大学法学部准教授
大 熊 靖 夫	経済産業省通商政策局通商機構部国際知財制度調整官
上 野 達 弘	早稲田大学法学学術院教授
西 谷 祐 子	京都大学大学院法学研究科教授
竹 下 啓 介	一橋大学大学院法学研究科教授
森 下 哲 朗	上智大学法科大学院教授
石 井 由梨佳	防衛大学校人文社会科学群国際関係学科准教授
早 川 吉 尚	立教大学法学部教授・弁護士
森 田 清 隆	一般社団法人日本経済団体連合会上席主幹
福 永 佳 史	経済産業研究所コンサルティングフェロー
王 威 駟	早稲田大学比較法研究所助教
多 田 英 明	東洋大学法学部教授
玉 田 大	神戸大学大学院法学研究科教授
大 槻 文 俊	専修大学法学部教授
張 博 一	小樽商科大学商学部准教授
二 杉 健 斗	岡山大学大学院社会文化科学研究科講師
山 下 朋 子	愛知県立大学外国語学部国際関係学科准教授
平 野 実 晴	立命館アジア太平洋大学アジア太平洋学部助教
岩 本 学	富山大学経済学部准教授
西 岡 和 晃	大和大学政治経済学部講師
田 村 暁 彦	前政策研究大学院大学教授
伊 藤 一 頼	北海道大学大学院公共政策学連携研究部教授
坂 田 雅 夫	滋賀大学経済学部准教授

日本国際経済法学会年報　第28号　2019年
知的財産保護の国際的実現における現代的課題
国際経済法・国際取引法における仮想通貨の諸問題

2019年11月20日発行

編集兼
発行者　日 本 国 際 経 済 法 学 会

代表者　須 網 隆 夫

〒169-8051　東京都新宿区西早稲田1‐6‐1
早稲田大学法学学術院（土田和博研究室）
Email：secretariat@jaiel.or.jp

発売所　株式
会社　法 律 文 化 社

〒603-8053　京都市北区上賀茂岩ヶ垣内町71
電話　075(791)7131　FAX　075(721)8400
URL：http://www.hou-bun.com/

ⓒ2019 THE JAPAN ASSOCIATION OF INTERNATIONAL ECONOMIC LAW, Printed in Japan
ISBN978-4-589-04042-8

日本国際経済法学会編

日本国際経済法学会年報

第22号（2013年）　資源ナショナリズムと国際経済法　北朝鮮著作物事件

A 5 判・314頁・定価 本体4000円＋税

第23号（2014年）　環太平洋パートナーシップ協定（TPP）　国際化時代の不正競争

A 5 判・270頁・定価 本体4000円＋税

第24号（2015年）　国際経済法の発展における OECD の役割　地域経済統合と法の統一

A 5 判・220頁・定価 本体3700円＋税

第25号（2016年）

A 5 判・260頁・定価 本体4000円＋税

WTO 成立20周年　　座長コメント…松下満雄／WTO のルール・メイキング…間宮勇・荒木一郎／WTO 交渉機能の現状…股野元貞／WTO 紛争解決手続における国家責任法の意義…佐古田彰／日本の WTO 紛争解決手続の活用…田辺有紀

民事救済の国際的執行　　座長コメント…多田望／競争請求に関する外国判決の承認および執行…西岡和晃／外国競争法違反に基づく内国消費者訴訟…宗田貴行／特許権の国際的な Enforcement に関する近時の諸問題…紋谷崇俊

自由論題　　EU 競争法と加盟国競争法の衝突と調整規定…長尾愛女／国際通商体制における規範の多層化…内記香子

第26号（2017年）

A 5 判・304頁・定価 本体4200円＋税

投資紛争解決制度の再考察　　座長コメント…河野真理子／投資仲裁における効果的解釈原則…石川知子／Investor-State Arbitration as a 'Sub-System' of State Responsibility…Anna De Luca／国際投資仲裁判断の執行…高杉直

国際カルテルと東アジア競争法の域外適用　　座長コメント…土田和博／競争法の域外適用とその課題…泉水文雄／Extraterritorial Application of Monopoly Regulation and Fair Trade Act in Korea…Oh Seung Kwon／International Cartels and the Extraterritorial Application of China's Anti-Monopoly Law…Xiaoye Wang and Qianlan Wu

自由論題　　サービス貿易規律における最恵国待遇原則…高橋恵佑／DPA（Deferred Prosecugtion Agreement）（訴追延期合意），いわゆる交渉による企業犯罪の解決について…杉浦保友／個人情報の越境移転制限に対する規律…渡辺翔太／WTO 紛争処理における measure 概念の展開…平見健太

第27号（2018年）

A 5 判・290頁・定価 本体4100円＋税

国際通商法秩序の現状と将来を考える　　座長コメント…中川淳司／アジア太平洋における地域的な通商法秩序の構築に向けた動き…菅原淳一／米国トランプ政権の通商政策と日本の対応…梅島修／Brexit と英 EU 通商交渉の行方…中村民雄／国際通商秩序の今後について…西脇修

WTO 上級委員会のマンデートを再考する　　座長コメント…荒木一郎／WTO 上級委員再任拒否問題を再考する…伊藤一頼／WTO 紛争解決手続における先例拘束原則…玉田大／WTO における「訴訟経済」の行使の機能…清水茉莉

自由論題　　EU カナダ包括的経済貿易協定（CETA）の批准と国際経済法，EU 法，およびベルギー法…東史彦／EU 国際不法行為法における当事者自治の部分的排除…福井清貴／植物検疫上の国際紛争の解決…舟木康郎

上記以外にもバックナンバー（第4号〜第21号）ございます。ご注文は最寄りの書店または法律文化社までお願いします。　　TEL 075-702-5830／FAX 075-721-8400　　URL:http://www.hou-bun.com/